D1696405

Liebe Leserin, lieber Leser,

wir freuen uns, dass Sie sich für ein Galileo Business-Buch entschieden haben.

Galileo Business zeigt betriebswirtschaftlichen und technischen Experten, Business-Managern, Projektleitern und Beratern, wie Unternehmen durch neue Strategien und Konzepte Kosten senken, Wettbewerbsvorteile gewinnen und neue Geschäftsfelder erschließen.

Jedes unserer Bücher will Sie überzeugen. Damit uns das immer wieder neu gelingt, sind wir auf Ihre Rückmeldung angewiesen. Bitte teilen Sie uns Ihre Meinung zu diesem Buch mit. Ihre kritischen und freundlichen Anregungen, Ihre Wünsche und Ideen werden uns weiterhelfen.

Wie alle Galileo-Bücher endet auch dieses nicht mit der letzten Buchseite: Ganz hinten im Buch finden Sie Ihren persönlichen Registrierungscode. Melden Sie sich damit auf unserer Website www.galileobusiness.de an. Dort erhalten Sie unsere kostenlosen Zusatzangebote zum Themengebiet dieses Buches.

Wir freuen uns auf den Dialog mit Ihnen.

Ihre Kirsten Schreier
Lektorat Galileo Business

kirsten.schreier@galileo-press.de
www.galileobusiness.de

Galileo Press
Gartenstraße 24
D-53229 Bonn

Bieta · Kirchhoff · Milde · Siebe

Risikomanagement und Spieltheorie

Wie Global Player mit Risiken umgehen müssen

Galileo Business

Die Deutsche Bibliothek – CIP-Einheitsaufnahme
Ein Titeldatensatz für diese Publikation
ist bei der Deutschen Bibliothek erhältlich

ISBN 3-89842-285-2

© Galileo Press GmbH, Bonn 2002
1. Auflage 2002

Der Name Galileo Press geht auf den italienischen Mathematiker und Philosophen Galileo Galilei (1564–1642) zurück. Er gilt als Gründungsfigur der neuzeitlichen Wissenschaft und wurde berühmt als Verfechter des modernen, heliozentrischen Weltbilds. Legendär ist sein Ausspruch **Eppur se muove** (Und sie bewegt sich doch). Das Emblem von Galileo Press ist der Jupiter, umkreist von den vier Galileischen Monden. Galilei entdeckte die nach ihm benannten Monde 1610.

Lektorat Agentur Oliver Gorus, Engen, Kirsten Schreier **Korrektorat** Joachim Axler **Gestaltung des Einbands und der Titelseite** department, Köln **Grafiken** Stefan Engenhorst **Illustrationen** Undine Löhfelm **Herstellung** Iris Warkus **Satz** reemers publishing services gmbh, Krefeld – gesetzt aus der Linotype Syntax mit FrameMaker **Druck und Bindung** Bercker Grafischer Betrieb, Kevelaer

Daran erkenn' ich den gelehrten Herren!
Was ihr nicht tastet, steht euch meilenfern,
Was ihr nicht fasst, das fehlt euch ganz und gar,
Was ihr nicht rechnet, glaubt ihr, sei nicht wahr,
Was ihr nicht wägt, hat für euch kein Gewicht,
Was ihr nicht münzt, das sagt ihr, gelte nicht.
Mephistopheles, in: Faust II

Inhalt

Pro Domo: Warum das Buch?   9

Prolog: Risikomanager – Sekretäre der Götter?   17

Teil 1   **The Old View –**
          Warum ist Risikomanagement (k)ein Thema?   29

1   Bernoullis Welt: Eine vorsichtige Annäherung   31

2   Das Modell eines sinkenden Schiffes   49

3   Die Macht des Faktischen   65

4   Die theorielose Praxis   73

5   (K)Eine Quintessenz   77

Teil 2   **Risikomanagement – Kunst oder Wissenschaft?   79**

6   Risikomanagement im (Um)Bruch   81

7   Ein Big Picture entsteht   99

8   Ein Big Picture auf tönernen Füßen   117

9   (Normal)Verteilung fehl am Platz?   133

10   Big Picture gesucht   145

11   Ein neues Big Picture   159

12   Spiele: Ein Big Picture für die Praxis?   177

13   Was ist Spieltheorie?   199

14   Das Wesen der Strategie   221

15   Abrégé: So arbeitet die Spieltheorie   243

16   Nachhaltigkeit: (Ein) Wert der Spieltheorie   291

17   Reprise: Risikomanagement – quo vadis?   315

**Teil 3   The New View –
Wie ist Risikomanagement strategisch auszurichten?   321**

18   Risiko: Ein tägliches Geschäft   323

19   Riester-Rente: Aus der Sicht der Finanzdienstleister   345

20   Basel II: Aus der Sicht des Mittelstands   349

21   Fusionsrisiko – aus der Sicht von Global Playern   353

22   Organisationsrisiko: Problemlösung als Beratungsleistung   361

Teil 4   Das Drehbuch für Strategie   369

23   Wie man strategisches Risikomanagement umsetzt   371

        Epilog: Der Untertan steht auf dem Zauberberg   375

Anhang   381

A   Glossar   383

B   Personenverzeichnis/Zitaten-Guide   387

C   Literatur   391

D   Die Autoren   395

        Index   397

Pro Domo: Warum das Buch?

Wissenschaft kann nur feststellen, was ist, aber nicht, was sein sollte. Außerhalb dieses Bereiches werden Werturteile aller Art notwendig.

Albert Einstein

Im Großen zeigte das auf die Terroranschläge vom 11. September folgende Finanzdebakel für jedermann nur zu deutlich, was auch die Finanzmärkte im Kleinen, weniger Auffälligen schon lange irritiert: Risiken widersetzen sich dem Versuch ihrer lückenlosen Darstellung. Auch das in Realtime getaktete globale Finanznetz ist in seiner Risikolastigkeit unvorhersagbar. Durch interne Strukturen und Dynamiken gesteuert, ist sein Verhalten spontan. Seine hohe Innovationskraft und die direkte Abhängigkeit von Nachrichtenlagen macht es selbst zum beweglichen Ziel.

Dass Beweglichkeit der Feind von Beharrungsvermögen ist, stellt die moderne Prüfungspraxis mit Basel II in den Vordergrund. Basel II definiert mit der Neudefinition der Schnittstelle von Bankgeschäft und Risikomanagement die Spielregeln für Global Player neu: (Risiko)Management ist komplex. Basel II stellt mit der Verschiebung von vergangenheitsorientierten Kennzahlen hin zu zukunftsorientierten Bewertungskriterien das Standard-Risikomanagement auf den Kopf: Die Höhe des Eigenkapitals, mit der Banken Kredite unterlegen müssen, ist von der Zahlungsfähigkeit der Kreditnehmer abhängig. Basel II stellt die Qualität des Managements auf den Prüfstand: Der zur strategischen Positionierung der Bank notwendige Übergang zu formalen, prozessorientierten Strategiemethoden steht für die Auseinandersetzung mit Zukunftsfragen.

Trägt man zusätzlich noch der Tatsache Rechnung, dass Basel II in bestimmten Bereichen auf die disziplinierende Wirkung des Marktes als Ergänzung zu regulatorischen Vorgaben setzt und es erhebliche Diskrepanzen zwischen regulatorischen Mindeststandards und ökonomischen Standards gibt, bringt das Bundesaufsichtsamt für das Kreditwesen (BAKred) in Person seines Präsidenten die Brisanz der für das Risikomanagement ins Haus stehenden Veränderungen auf den Punkt: »Was Ihnen blühen wird, ist allerdings nichts weniger als eine Revolution der Bankenaufsicht, ein grundlegender Wandel der bisherigen Ordnung, der auf Ihre Geschäftsstrukturen nachhaltig einwirken wird.«

Robert Lewins Urteil »Complexity is a very slippery word« ist zeitlos. In ganzheitlicher Lesart steht es für den weit verbreiteten Irrtum, dass Fragen, die durch ihre Vielschichtigkeit, durch Vernetzung und Folgelastigkeit komplex sind, automatisch Probleme sind, die mathematisch kompliziert sind. Die schlichte Erkenntnis, dass etwas Komplexes nicht immer kompliziert ist (und umgekehrt), muss zum Bestandteil modernen Risikomanagements werden: Künstlich Distanz zu den Ursachen von Risiken setzend, erfassen in der Black-Scholes-Welt die eleganten und performanten Lösungen auf Punkt und Komma nur einen Ausschnitt der Realität. In diesem Sinne liefert die berühmte Formel, die die Erfolgsgeschichte von Risikomanagement erst begründete, nur Standardlösungen und nicht Problemlösungen.

Werden Risiken von Umfeldern getrieben, muss Risikomanagement zu oft erkennen, dass die unveränderlichen Wahrheiten der strengen stochastischen Messbarkeitslogik zwar unveränderlich bleiben, die äußern Erscheinungen (Risiken) aber so veränderlich sind wie Schatten. Daher sollte das Risikomanagement versuchen, im Großen und Ganzen richtig zu liegen. Oder anders gesagt: Das Risikomanagement muss vermeiden, exakt das Falsche zu tun. In diesem Sinne steht Basel II für einen Paradigmenwechsel: Risikomanagement in Informationsnetzen ist eine offene und keine geschlossene Veranstaltung. Wenn Risiko nicht mehr im Kennzahlenuniversum von Punkt und Komma gründet, dann muss Risikomanagement dialogfähig sein. Risikomanagement ist als Komplexitätsmanagement eine komplizierte Führungsaufgabe, wo quantitative Einsichten helfen müssen, qualitative Probleme besser zu verstehen.

Ein Paradigmenwechsel steht für das Aufbrechen von Routinen. Das Bequeme und das wohl Vertraute stehen zur Disposition, ohne dass sie unbedingt falsch werden: Alleinvertretungsansprüche von Theorien sind zu hinterfragen. So wird ein Buch über Risikomanagement zum Balanceakt, setzt es sich adäquat mit Fragen zur Steuerung von Risiko auseinander: Es darf den Fokus nicht von vornherein auf bestimmte theoretische Prozeduren beschränken. Es darf keinen Datenberg X besteigen, um hoch auf dessen Gipfel nur eine weitere Kennzahl Y zu schmieden. Es darf nicht die Geschichte einer Finanzinnovation XY lediglich referieren. Es darf auf gar keinen Fall nur ein weiteres Kochrezept XYZ präsentieren. Dem Rechnung zu tragen, ist ein Anspruch dieses Buches.

Um der einfachsten Argumentation willen kann man sagen: Ein Buch zum Risikomanagement hat Erkenntnis- und Erklärungswert, wenn es transparent, kommunizierbar und nachprüfbar durch ein besseres Verständnis der Ursachen von Risiken die Performance von Risikomanagement verbessert. Das Buch versucht, sich an dieses Qualitätskriterium etwas näher heranzutasten.

Damit ist klar: Es muss um prinzipielle Fragen gehen, die nicht ad hoc beantwortbar sind, weil sie das Fundament des Standardrisikomanagements erodieren. Damit ist auch klar: Das Beschreiten breit ausgetretener (»mathematischer«) Wege ist zu vermeiden, weil es zur im Ergebnis offenen Risikosteuerung keine geschlossenen Lösungen gibt. Damit ist des Weiteren klar: Es sind Wege zu konturieren, die zwar gangbar, aber oft dornig sind. Damit ist aber auch klar: Es ist nicht der Anspruch zu erheben, sich mit einer letzten und alles erklärenden Erkenntnis mit der Thematik Risiko und Risikomanagement auseinander zu setzen. Peter Bernsteins Frage, »Why is Risk such a hot four letter word?« muss weiter auf *die* letzte Antwort warten. Die Gründe dafür werden aber klarer.

Die oben genannten ganzheitlichen Aspekte von Risiko bestimmen die Diktion des Buches. Sein Herzstück ist der von RiskVision entwickelte Beratungsansatz zum strategischen (Risiko)Management. Er wurzelt mit der Spieltheorie in einer ausgereiften holistischen Prozessmathematik, die zur Strategiepraktik entwickelt wurde. Um ein Bild zu gebrauchen: Teil 4 ist das Herzstück des Buches. Und ist das Herz im Vergleich zum ganzen Körper auch nur klein, so hängt es doch mit jeder einzelnen Faser des Ganzen zusammen. Ein chinesisches Sprichwort heißt: »Auf einem weiten Weg gibt es keine Lasten.« Die Lasten von Teil 4 sind über das ganze Buch verteilt.

Der rote Faden des Buches ist Strategie. Das heißt: etwas sich Entwickelndes. Strategie ist wie ein Muskel, den man verliert, wird dessen Spannkraft nicht entwickelt und trainiert. Auch das Buch muss sich entwickeln, um sich mit der Strategiedimension ein komplexes Spannungsfeld tastend zu erschließen. Hier ist in Trippelschritten vorzugehen, weil die beiden Pole des Spannungsfeldes »Strategie« durch zwei Urteile markiert werden: das Urteil von Arthur Schopenhauer, »Ein Problem durchläuft bis zur Anerkennung drei Stufen. In der ersten Stufe wirkt es lächerlich, in der zweiten Stufe wird es bekämpft und in der dritten gilt es als selbstverständlich« und das Urteil von Goethe, »Ein Problem lösen heißt, sich vom Problem lösen.« Zwischen diesem »Worst Case« und diesem »Best Case« strategischer Analyse muss Strategie als bestmögliche Problemlösung balancieren.

Zur Sache: Die trotz (oder gerade wegen) Basel II oft gestellte Frage, ob Risikomanagement eine Wissenschaft oder eine Kunst sei, bestimmt den Stil des Buches. Es bestimmen die Darstellung eher Vergleiche, Metaphern, Zitate und Beispiele und nicht der typischerweise an Erklärungen arme mathematische Formalismus. Dies hat mehrere Gründe. Wir nennen zwei: Zum einen ist es eine notwendige Referenz an einen im Ergebnis offenen Paradigmenwechsel, das Neue in einem ersten Schritt zunächst einmal lernend (und manchmal auch staunend) zu erschließen. Die Physik liefert hierfür eine Vielzahl von Beispielen. Die kontrovers geführten Diskussionen im Umfeld von Basel II zeigen: Risikomanagement ist eben einfach noch nicht weiter. Zum anderen sind die Konsequenzen des Paradigmenwechsels auch teilweise wenig erfreulich. Als Mathematiker, Ökonomen und Berater wissen wir, wovon wir hier reden. Da hilft das geschickt gesetzte Zitat. Es macht umständliche Erläuterungen überflüssig und gibt auch unbequemen Argumenten Schützenhilfe von prominenter Stelle, um diese Argumente zu stärken.

Wir bitten den Leser daher, auch zwischen den Zeilen zu lesen: Der Paradigmenwechsel im Risikomanagement steht unter dem Diktum von Sokrates' Urteil: »Wer die Welt bewegen will, sollte sich erst selbst bewegen.« Im Buch wird das Rad nicht neu erfunden. Im Buch wird differenziert erklärt, wie Wertschöpfung möglich ist, wenn die Räder anders drehen. Wir werden sehen, dass dies nicht wenig ist.

Das Buch trägt dem »Neuen« im Risikomanagement gerade dadurch Rechnung, dass es viele (Soll)Bruchstellen traditionellen Risikomanagements nicht ausklammert. Strategisches Risikomanagement wird als das begriffen, was es ist: ein sich entwickelnder offener Lernprozess. Ein im Black-Scholes-Formalismus bequem eingerichtetes Standardrisikomanagement steht erst am Anfang dieses Prozesses. Risikomanagement in den trüben Informationsfluten der Finanzmärkte ist nicht klinisch rein, sondern es wird gerempelt. Wie sonst sollten Worthülsen wie »Winloose-Situationen in Win-win-Situationen wandeln« sonst ihre Sinngebung erhalten?

Für pflichtgemäß protestierende Kritiker daher der Hinweis: Die alle Gebiete der Mathematik umfassende und auf alle Methoden der Verhaltenswissenschaft zugreifende Spieltheorie wird hier ganz bewusst *nicht* als mathematisches Instrument, sondern als ein Werkzeug präsentiert, das komplexe Zusammenhänge strukturiert und Wege zu Problemlösungen zeigt, die sonst so nicht erwogen worden wären. Aber dennoch wird Genauigkeit in der Darstellung insoweit angestrebt, wie das ohne Verwendung von zu viel an mathematischer Symbolik, zu tiefer Theorie und zu vielen Spezifika aus dem Aufsichtsrecht möglich ist. In diesem Sinne reklamieren wir: »Lege artis«, nach den Regeln der Kunst.

Letzteres schafft Raum. Es wird zwischen per se unscharfen Begrifflichkeiten wie Gesamtbanksteuerung, Risikomanagement, Prozessmanagement, Finanzmarkt und Finanznetz nicht (»künstlich«) versucht zu unterscheiden. Wir müssen gestehen: So manche »Definition« außerhalb des uns gut vertrauten naturwissenschaftlichen Kontextes ist uns aufgrund ihrer geringen Halbwertszeit auch nicht bekannt oder schlicht entgangen. Nichtsdestotrotz: Es wird im Speziellen aber dort unterscheiden, wo es notwendig ist.

Im Generellen müssen wir jedoch eher strukturentdeckend voranschreiten. Beim Umgang und beim Strukturieren von Zusammenhängen, die durch Interaktion und Interdependenz komplex sind, geht es um sich methodisch und begrifflich erst entwickelndes General Management (Strategic Management). Diesem De-facto-Sachverhalt ist Rechnung zu tragen. Dieser De-facto-Sachverhalt macht strategisches Risikomanagement gerade zum Balanceakt. Zu Recht titelte jüngst die *Financial Times*: »Big banks play games of brinkmanship.«

Nicht ausblenden zu müssen, dass beim Wechselspiel von Kooperation und Nicht-Kooperation Randbedingungen leicht zum Kern des Problems werden können, ist zweifelsohne ein »Prae« der Spieltheorie. Aber dennoch: Auch die Spieltheorie kann einen am Rande des Abgrundes wandelnden Artisten nicht bei jedem Wetter auf dem noch sicheren Pfad halten. Spieltheorie liefert »nur« das allgemein denkbarste Bauprinzip für General Management. Das Bild vom Hausbau zeigt ihr Credo. Spieltheorie reduziert Gebäude auf Konglomerate von Ziegelsteinen, ohne dabei jedoch auszublenden, dass aus denselben Ziegelsteinen eine Fabrik, ein Palast oder eine Kathedrale gebaut werden kann. Weil Spieltheorie den Blick auf die Ebene des Gebäudes als Ganzes richtet, wird oft überhaupt erst erkennbar, in welchem Stil und in welcher Zeit das Gebäude entworfen und gebaut wurde.

In diesem Bild schließt sich der Kreis. Dass etwas im »Auge des Betrachters« entsteht, ist das Wesen von Strategie. Das »Auge des Betrachters« (und kein vorgefertigtes Modell) beantwortet Fragen zum lokalen Kolorit der Situation. Das »Auge des Betrachters« entdeckt und sieht, was Werte schafft. Das »Auge des Betrachters« investiert in das, was wirklich zählt, und managt das, was wirklich wichtig ist. Das »Auge des Betrachters« ist (milde ausgedrückt) getrübt, wenn es durch das traditionelle Risikomanagement sehen muss: Hier sieht es stets nur ein und dasselbe Mustergebäude. Dieses Mustergebäude hat zwar viele Etagen unterschiedlichen Zuschnitts, doch wohnt auf jeder Etage ein Mitglied der Großfamilie namens »Brown«. Wir werden ihr noch öfter begegnen.

Hinter dem Wandel im Risikomanagement steht Laotses Erkenntnis: »Auch ein Weg von tausend Meilen beginnt mit dem ersten Schritt.« Das im flüchtigen Jetzt von Nachrichtenlagen operierende moderne Risikomanagement muss erkennen, dass das Fundament eines Hauses zwar die Möglichkeiten begrenzt, was auf dem Fundament errichtet werden kann, die Form des zu bauenden Gebäudes aber nicht festzulegen vermag. Laotses erster Schritt ist zunächst einmal zu tun. Nicht nur die Ereignisse in den USA zeigen: Die Zeit wird knapp. Spieltheorie ist ein strategisches Navigationssystem, das diesen Schritt und die Folgeschritte unabhängig vom (Ver)Rauschen der Nachrichtenlagen organisiert.

Noch einmal zum Buch: Es ist am methodischen Dreh- und Angelpunkt moderner Risikomanagements verortet. Es hat vier Hauptteile. Um den Preis einer gewissen Redundanz hat es verschiedene Einstiege. Seine Teile sind autonom lesbar, weil aus sich heraus verständlich. Das Buch ist modular strukturiert: In Teil 1 wird der »Old View« des Risikomanagements skizziert. Teil 2 hat mit der Spieltheorie den Träger strategischen Risikomanagements zum Inhalt. Teil 3 beleuchtet als »New View« aus der Sicht des ins Tagesgeschäft eingebundenen Beraters einige Aspekte der Umsetzung strategischen Risikomanagements. Auf eine Kerngrafik reduziert, verdichtet Teil 4 strategisches Risikomanagement im RiskVision-Beratungsansatz.

Darum das Buch! Auch für nur an Lösungen auf Punkt und Komma interessierte Leser hält strategisches Risikomanagement noch Tröstliches bereit. Dass ein Paradigmenwechsel altes Wissen keineswegs durch neues Wissen entwertet, wenn altes Wissen als richtige Beschreibung eines Spezialfalls seine Gültigkeit behält, gilt auch für das Verhältnis von Standardfinanzmathematik und Spieltheorie. Es wird recht gut durch das Urteil von Georg Christoph Lichtenberg beschrieben: »Der gerade Weg ist der kürzeste, aber es dauert meist am längsten, bis man auf ihm zum Ziele gelangt.«

Aus der Perspektive der Spieltheorie muss man in der Tat sagen: Nicht-strategisches Standardrisikomanagement ist ein Spezialfall des strategischen Risikomanagements. Sind keine komplexen Ursache-Wirkungs-Prozesse zur Verknüpfung von Ergebnissen zu handhaben, dann ist Spieltheorie kein innovativer Ansatz, sondern nur ein kompliziertes, herkömmliches Kennzahlensystem. In welcher Welt der Risikomanager seine Spiele spielt, ist seine eigene Entscheidung – er ist der Stratege.

Antworten auf die Frage zu geben, was das richtige Spiel und wie es zu spielen sei, dafür steht Spieltheorie. Gegebene Spiele mit neuen Strategien zu verändern oder für gegebene Strategien neue Anwendungen zu finden, ist die strategische Reformulierung der Steuerungsimplikationen von Basel II.

Um im Bild zu bleiben: Beim Statement des BAKred fühlt man sich an das Dichterwort von Marcel Proust erinnert: »Die wahre Entdeckungsreise besteht darin, mit neuen Augen zu sehen.« Mit dem hier präsentierten strategischen Beratungsansatz dreht der Risikomanager in der Tat an der Schärfe der Optik seiner Instrumente zum Risikomanagement. Diese Optik kann wie das Auge eines Tiefseefisches eine Photozelle sein, die für den Restlichtempfang am Meeresgrund ausreichend ist. Diese Optik kann wie beim Bussard oder Gepard aber auch ein maßgeschneidertes Präzisionsinstrument für Beutejagd, Freund-Feind-Erkennung und die Überwachung des Lebensraumes sein. Diese Optik kann aber auch schlicht falsch justiert sein, Spiele zu gestalten und zu verändern ist nicht leicht. Es gibt viele strategische Fallstricke.

Sie kennen die Situation: Jetzt brauchen wir einen geschickten Ausstieg, um nicht in komplizierte Argumentation um den Wert des Buches abgleiten zu müssen. Seinen ursprünglichen Kontext nicht kennend, machen wir uns die Sache einfach. Wir wählen Georg Christoph Lichtenbergs (Auf)Ruf: »Wer ein Paar Hosen hat, mache eins zu Geld und schaffe sich dieses Buch an.« Warum? William Shakespeare gibt im Othello die Antwort: »It is the cause.« (Die Sache will's.)

Köln, im Juli 2002

Volker Bieta
Johannes Kirchhoff
Hellmuth Milde
Wilfried Siebe

Prolog: Risikomanager – Sekretäre der Götter?

Elpino: Wie kann denn das Universum unendlich sein?
Philotheo: Wie kann denn das Universum endlich sein?
Elpino: Wollt Ihr behaupten, diese Unendlichkeit lasse sich beweisen?
Philotheo: Wollt Ihr behaupten, diese Endlichkeit lasse sich beweisen?
Fracastorio: Zur Sache, zur Sache, wenn's gefällig ist, schon zu lange
habt Ihr uns auf die Folter gespannt.

Giordano Bruno, in: Über die Unendlichkeit des Universums
und die Welten

Mephistos Wortspiel und die (Weit)Sicht Giordano Brunos stehen für die alte Erkenntnis: Naturgesetze können sich wider die Anschauung auswirken. Das Moment, dass keinesfalls das Ganze stimmen muss, selbst wenn die das Ganze bestimmenden Details stimmen, ist nicht auf die Naturgesetzlichkeit der Erscheinungen der physikalischen Welt begrenzt. Das Ganzheitlichkeitsparadigma liquidiert im Generellen trennende Sichtweisen. Dass nicht alles so ist, wie man es zu wissen glaubt, ist wahr – auch im hochautomatisierten und routinemäßig messenden Risikomanagement. Man braucht nur offen die Tatsache anzusprechen: In der untrennbar mit der Münzwurf-Analogie verbundenen Erfolgsgeschichte von Risikomanagement werden Fragen zum Wesen von Risiko nicht gestellt.

In Finanznetzen ist Dynamik oberstes Gebot. Dabei ist für die ungleichgewichtige Ausweitung von Chancen nicht die Häufigkeit (Wahrscheinlichkeit), sondern das Potenzial von Ereignissen entscheidend. Entgegen der hinter dem Big Picture des Münzwurfs stehenden naturwissenschaftlichen Denk- und Messbarkeitslogik liefert die Finanzmarktrealität tagtäglich die Beweise dafür, dass die Wahrscheinlichkeit von Risiko und das Potenzial von Risiko nicht ein und dasselbe sind.

Als Resultat der Akkumulation von nicht antizipierten Folgen zielgerichteten Handelns zeigen Ereignisse wie Orange County, Metallgesellschaft, Barings Bank und das Long-Term-Capital-Management-Debakel nur im Großen, was auch im vergleichsweise Kleinen der Spiele zwischen Banken und Kunden gilt: Was (mathematisch) immer passt, passt eigentlich nie. Trägt man den Turbulenzen der Finanzmarktrealität also Rechnung, dann kann es nicht so recht überraschen: In der das Risikomanagement so elegant (und auch so problemlos) organisierenden Black-Scholes-Welt zeigen sich immer deutlicher Phänomene, die in dieser Welt nicht mehr zu erklären sind.

Die Wasser steigen

Finanzmärkte sind im ewigen Umbruch. Beim Alternative Risk Transfer entstehen mehr oder weniger spontan Prozesse zur Anpassung an sich verändernde Bedürfnisse und Handlungsbedingungen. Diese Prozesse springen immer öfter aus den fest verlegten Gleisen der Messbarkeitsroutinen, weil Risiko im »Auge des Betrachters« entsteht. Dies verwundert nicht: Ist bei wachsender Kontingenz und sich abschwächender Stabilität die Zukunft immer weniger ein Abbild ihrer Vergangenheit, dann garantiert die Verwendung rein quantitativer Methoden aus prinzipiellen Gründen noch keine vernünftigen Resultate.

Wir brauchen hier die mathematischen Gründe nicht vertieft zu referieren. Es reicht der folgende Hinweis: Durch Derivate nahezu jede Form von Risiko handelbar machende Finanzmärkte sind aus sich heraus keine wohl organisierte Veranstaltung im Sinne der Mathematik, sondern eher jedermanns Privattheater. Sind durch unscharfe Informationen konstituierte und für multiple Interpretationen offene Situationen die Regel, lehrt schon die sprachliche Logik: Begriffe, die immer passen, sind nicht prägnant. Folglich ist es gefährlich, wenn die Substanz *einer* Methode dann zusätzlich noch sensibel an kleinen Details festgemacht werden muss.

Hier wird das Credo traditionellen Risikomanagements zur Crux. Nimmt mit komplexen Prozessen das Gegenteil von Stabilisierung und Routinisierung von Abläufen einen immer größer werdenden Raum ein, gibt es im Risikomanagement nicht mehr *die* Formel, die alles aufschließt. In Finanznetzen lässt sich Risiko nicht mehr im Generellen (wohl aber im Speziellen) durch seine Essenzialisierung im Münzwurf mit der notwendigen Konfidenz auf Punkt und Komma arretieren.

Diese Erkenntnis ist für die Finanzmathematik natürlich nicht neu. Neu ist allerdings: In der Shareholder-Value-Philosophie werfen sich nur in Netzwerken realisierende »nichttechnische« (qualitative) Aspekte von Risiko mit höchstem Beantwortungsdruck Fragen auf, die in nicht mehr »klein zu rechnenden« Problemen wurzeln. Geänderte Verhältnisse bedingen auch neue Sichtweisen. Diese fordern dazu heraus, bislang für unproblematisch gehaltene Voraussetzungen und Begriffe hinterfragen.

Der Grund liegt auf der Hand. Bei einer Konzentration auf das routinemäßig Beherrschte droht der Überblick gerade dadurch verloren zu gehen, dass man am Ende vielleicht um wichtige Erkenntnisse zu speziellen Themen reicher ist, es aber ungewiss bleibt, was damit für das Verständnis der Probleme gewonnen ist. Hier liefert Albert Einsteins Urteil das Zeugnis für die Nicht-Trivialität der Herausforderungen im Risikomanagement von heute: »Manchmal kann das, was zählt, nicht gezählt werden, und das, was gezählt werden kann, zählt nicht.« Man braucht für die Kapriolen der Finanzmärkte nur die Lesart wählen. Der Zufall mag zwar blind sein, das den Zufall rechenbar machende Zufallsprinzip hat aber Methode.

Die nächste Krise kommt bestimmt

Digitalisierung ist das Big Picture der Welt von heute. In den Global Villages, locker verbunden durch höchst störanfällige Informationsströme, werden in von Ideen getriebenen Umfeldern die Werte mehr durch den Handel mit Informationen als durch die Entwicklung physischer Assets geschaffen. Hier entfaltet sich Risikomanagement als ein großer Zusammenhang. Hier ist Risikomanagement als Teil des komplexen Wirkungsgefüges zu begreifen, das die Risk Community konstituiert und antreibt. Und hier ist der Boden für methodisches Glatteis bereitet, wenn die ein intuitives Vorverständnis ansprechende Begrifflichkeit »Komplexität« nur als Worthülse für eine Vielzahl schwer definierbarer Probleme herzuhalten hat, die in ihrem Gebrauch die echte Erklärung aber schuldig bleiben muss.

Damit ist klar: Risikomanagement muss sich mit dem Zufall (mit dem Risiko) differenziert auseinander setzen können, obwohl der das Gestern, das Heute und das Morgen stets gleich erzeugende Münzwurf für einen zu engen Blickwinkel steht. Risikomanagement braucht eine Mathematik, die Veränderungen adäquat handhabt. Es gibt mehr als den *einen* schicksalhaften Weg in die Zukunft, der mit »Kopf« oder »Zahl« der Münze das »Up« oder »Down« der Kurse bestimmt. Es nimmt die Gefahr durch Scheinsicherheiten zu, wenn die immer deutlicher erkennbaren Zeichen von Grenzbedingungen für die mechanistische Messbarkeit von Risiko durch den im Zufallsprinzip steckenden Machbarkeitsglauben überdeckt werden.

Im globalen Risikomanagement sind Lösungen für ganze Klassen von Problemen nicht mehr ohne den Verlust an Analysepotenzial durch das *eine*, schematisierte Verfahren auf die Ebene der Routine zu transportieren. Folglich muss Risikomanagement auch dort klarer sehen können, wo mit dem Münzwurf ein zwar in seiner mathematischen Handhabung durchaus kompliziertes, aber dennoch zu einfaches Bild die eigentlichen zugrunde liegenden komplexen Probleme nur überdeckt. In einer im flüchtigen Jetzt der Nachrichtenlagen operierenden Network Community, wo kein Konjunktiv mehr unmöglich erscheint, um das Undenkbare zu realisieren, stellt das Auseinanderlaufen von Empirie und Prognostik für das schlanke, performante und durch hoch verdichtete Kennzahlen auch gut umsetzbare Risikomanagement mit der Flüchtigkeit von Risiko (zu) sperrige Hindernisse im Gebäude der traditionellen Finanzmathematik auf.

Diese Hindernisse sind nicht einfach aus dem Weg zu räumen. In den klinisch reinen Risikofabriken treiben Bazillen ihr Unwesen. Mit dem routinemäßigen Berechnen von Kennzahlen will das Bedrohliche nicht mehr so recht weichen. Sei es, weil bewusster wahrgenommen wird, dass der hohe Grad an Volatilität ein Synonym für das »Nicht-Benennen-Können« von Ereignissen ist. Oder sei es, weil sich immer öfter der Unterschied zwischen wahrgenommener Sicherheit und wahrscheinlicher Sicherheit als unkalkulierbares Risiko, als gegen den Anschein der Normalität wahrnehmbare Bedrohung, ins Spiel bringt.

Jeder Blick zurück bleibt sofort am 11. September 2001 haften. Das liefert den zurzeit wohl deprimierendsten Beweis dafür, dass sich Risiken nicht in *den* Spielräumen bewegen wollen, die von der Prognostik mit großem Aufwand doch so exakt abgezirkelt werden. Der risikounabhängig von seinem natürlichen Umfeld quantifizierende Münzwurf zeigt hier mit seinen Grenzen für die Verstehensgründe von Risiko in dramatischer Weise auch die Distanz zwischen routinemäßigen Deutungsmustern und einer sich durch ein Geflecht von Entscheidungsprozessen stets situativ konfigurierenden Realität.

Hier erhält das Dilemma des Risikomanagements im Wandel seine Konturen: Einerseits ist die Schwachstelle der Standardrisikomodelle nicht die Vorstellung, dass Risiko dem Bild des Münzwurfs folgt, sondern das Bemühen, sämtliche Phänomene von Risiko unter dem Bild des Münzwurfs zu bündeln. Andererseits ist es die Aufgabe von Risikomanagement, das eigene Gefangensein in der Geschichts- und Kontextlosigkeit des Münzwurfs selbst zum Bestandteil des Risikomanagements zu machen.

Krise: Wenn das Echo vor dem Ruf erschallt

Es verwundert nicht: Mit dem World-Trade-Center-(WTC-)-Desaster steht ein bisher in seiner Dimension für undenkbar gehaltenes Größtschadensereignis für mehr als den Super-GAU des kalkulierenden Risikomanagements. Als desaströses Ereignis im Speziellen erfordert es im Generellen Antworten auf Wesensfragen zum Risiko. Da diese Antworten keine Messbarkeitslogik und kein empirisches Gesetz begründen, ist Risikomanagement von heute nicht aufgrund partikularer Fehlentscheidungen, sondern aufgrund von Struktureigenschaften der Network Community im Ganzen um eine Nebenbedingung angereichert. Sie lautet: Es kann sein, was nicht sein darf.

Wird man schon geschoben, wenn man noch glaubt, selbst zu schieben, dann ist im modernen Risikomanagement also mehr als nur die Deutung eines Ereignisses in einem starren Bewertungssystem für Risiken zu hinterfragen. Manhattan war eine große Informationsstörung. Deren Ursachen lagen in den Tiefen der Netzwerke. Deren Folgen versickerten auch wieder in den Tiefen der Netzwerke, ohne jedoch ganz zu verschwinden, weil diffuse Ängste blieben. Manhattan zeigte als ein um (zu) viele Standardabweichungen wider den Normalfall aufgeblähtes »Force-Majeure-Ereignis« im Großen, was als gefürchtete »Surprises« auch im Kleinen Risiko bestimmt. Von Menschen Hand wurde das Undenkbare realisiert. Risiko erreichte durch ein »Man-Made-Ereignis« erstmalig die Dimension einer Naturkatastrophe. Ein klares Zerstörungskonzept, das nicht an Ort, Zeit und

Abläufe gebunden ist, braucht nur wenige, aber entschlossen Handelnde, um das Versicherungsprinzip zu sprengen. Die Tatsache dass dies überhaupt nur erreicht werden konnte, weil die Planung exakt jenes Wissen nutzte, das zwecks Absicherung gegen Risiken entwickelt wurde, darf nicht darüber hinwegtäuschen: »Man Made« und nicht »Nature Made« steht für eine qualitativ neue Dimension im Risikomanagement.

Natürlich wird an Finanzmärkten nicht »negatives« Risikomanagement betrieben. Natürlich hat das WTC-Debakel durch unkalkulierbare Nachwirkungen diffuser Ängste das Versicherungsprinzip nur belastet, aber nicht gesprengt. Die entscheidende Konsequenz für eine mit ihren Wetten auf die Volatilität der Märkte gerade auf Instabilitäten (Informationsdiffusion) spekulierende Risk Community ist aber nicht zu übersehen: Vernetzte Informationssysteme der Zukunft, die notwendigerweise noch komplexer sein werden, werden noch weniger sicher sein. Die Prämisse »Zufall« wird ausgehöhlt, sobald an die Stelle objektiver Zufallsprozesse, die (klinisch rein) von der Physik der Münze gesteuert werden, das Spektrum subjektiven Risikomanagements tritt, das (septisch) von der Psychologie der Risikoträger gesteuert wird.

Mit dem Sprung von »Nature Made« zu »Man Made« haben die Ereignisse von Manhattan für jedermann deutlich sichtbar in den Lichtkegel gestellt: Netzwerkrisiko ist als Informationsrisiko das Resultat von quantitativen und qualitativen Risikofaktoren. Damit ist im modernen Risikomanagement zumindest zweierlei nicht mehr zu ignorieren. Zum einen wird bei Geschäftsabschlüssen durch willentlich handelnde und auf ihren Vorteil bedachte Akteure der Zufall durch die Absicht verdrängt. Zum anderen ist in einer Risk Community, deren Operationsstil und Funktionieren bewegliche Balancen und nicht End-of-the-Pipe-Lösungen bestimmen, mit den Wertetreibern auch das Organisationsprinzip selbst höchst störanfällig.

Verwundbarkeiten als Teil des Risikospektrums sehen

Netzwerkaktivität wird zutreffend umschrieben durch: »Alles ist möglich.« Dies hat Konsequenzen für das Aufstellen des Risikomanagements. Zum einen muss in die Prozeduren einfließen, dass Risiko eine spezifisch ausgeprägte Informationsstruktur ist, wenn Werte dadurch erzeugt werden, dass mit höchster Geschwindigkeit Informationen generiert und genutzt werden und Information wie ein physisches Asset bewirtschaftet wird, obwohl Information selbst keine absolute Beschaffenheit hat. Zum anderen muss in die Prozeduren einfließen, dass im Information-Overload die Macht der Gewohnheit die Kontinuität der Warnung ignoriert.

Gerade das Erkennen, dass Informations- und Kommunikationstechnologie durch menschliches Versagen, Sabotage und Naturereignisse höchst störanfällig ist und dass der Mensch immer weniger die Folgen seiner von Computersystemen eingestellten Handlungen überblickt, machte das WTC-Debakel mit der deutlich gebrochenen Symmetrie zum alles abschließend erfassenden Münzwurf dann auch zum Wendepunkt. Es wurde (zu) deutlich erkennbar, dass mit der selbstverständlich gewordenen Anonymisierung von Risiko per Computerentscheidung unsichtbar das Potenzial von Risiko wächst.

Für Global Player, die sich ihre Spielräume als Überraschung für andere schaffen, ihr Risikomanagement durch standardisierte Prognostik aber wider allem, was digitale Zukunft verheißt, oft routinemäßig fahren, ist New York daher ein Menetekel. Neue Dimensionen der Verwundbarkeit sind aufgezeigt. Im locker geknüpften Informationsgeflecht der Risk Community geht im Gewand der Vielfalt von Kontext (der Pluralität von Risiko) ein Gespenst um. So wie beim Hausbau viel nachgedacht werden muss, weil das Fundament zwar die Möglichkeiten, aber nicht die Form des Hauses begrenzt, muss auch im Risikomanagement, das im Fadenkreuz zunehmend kritischer werdender Anspruchsgruppen steht, mehr über die Ursachen von Risiko nachgedacht werden. Warum? Durch massive Vernichtung von Werten rückte mit dem WTC-Debakel in das Bewusstsein, dass Prognosemodelle das Risiko zwar begrenzen, aber nicht vollständig determinieren.

Wenn die das Objekt »Risiko« entqualifizierende Routine wie eine Milchglasscheibe wirkt, die den Blick auf den Quellcode von Risiko systematisch trübt, dann fehlt Risikomanagement ein Erkenntniselement, das es gestattet, aus sich heraus die hinter den neuen Qualitäten von Risiko stehenden Konsequenzen tiefgründiger im Sinne von ganzheitlich adäquat zu erfassen. Bekommt der qualitative Sprung im Risikomanagement aber seine Konturen außerhalb der Realität des Münzwurfs, muss sich Risikomanagement in der Tiefe und in der Breite auch frühzeitig auf Feldern entwickeln können, die theoretisch erst noch zu durchdringen sind.

Anders gewendet kann man sagen: Ereignisse, die sich ohne messbare Vorläuferereignisse spontan realisieren, bleiben im alles überstrahlenden Großen und im weniger auffälligen Kleinen der größte Feind der Prognose. Es sei denn, unter einer Leitidee wie: »Nicht Spiegel, sondern Fenster sein« wird das Big Picture des Münzwurfs mit der perspektivischen Abbildung von Risiko durch wahrnehmbaren Kontext auch für die Realität geöffnet. In einer Risikophilosophie, deren Erfolgsgeschichte aber gerade darauf basiert, dass Fragen zum Wesen von Risiko nicht gestellt werden können, sind damit Antworten auf Heinrich Bölls satirischen Imperativ: »Es muss etwas geschehen!« zu finden. Die Frage ist nur: Was?

Wie groß ist Platons Höhle?

Die mit höchster Dringlichkeit gestellte Frage, was die Ursache von Risiko und was seine Natur sei, manövriert das im Weltbildapparat des Münzwurfs eingerichtete Risikomanagement in eine Zwickmühle. Risikomanagement wird nicht unbedingt komplizierter, aber komplexer.

Wie in Platons Höhlengleichnis beschrieben, sieht man auch im Risikomanagement, steht es unter dem Diktat des Münzwurfs, nur Schatten und schließt unter dem Trugbild der Schattenbilder auf die Ereignisse der äußeren Welt. Mit der Frage, wie groß Platons Höhle sei, kann man um der einfachsten Argumentation willen sagen: Vor dem Anspruch, den Risikomanagement als Beratungsleistung und Problemlösungskonzept an sich selbst stellt, ist bei kritischer werdenden und über mehr Handlungsspielraum verfügenden Investoren im Lichte diffuser Gefährdungen differenzierter der Sachverhalt zu beleuchten, dass die »Münzprognostik« ihre Erfolge durch die Bescheidenheit des Anspruchs erkauft.

Die These ist nicht gewagt: Der Anspruch von (traditionellem) Risikomanagement ist in der Tat bescheiden, wenn man bedenkt, dass Prognostik nur in der unpersönlichen Dimension der Realität mit der notwendigen Konfidenz funktioniert. Hat man die Probleme fest im Klammergriff der Mathematik rund um den Münzwurf, sind die Probleme schwer zu lösen, weil man sie fest im Griff hat. Um ein Bild zu gebrauchen: Man kann keinen Bergsteiger retten, ohne die Seilschaft zu gefährden, wenn man das Risiko (der Rettung) nur berührt aber nicht durchdringt.

Übertragen wir diese Metapher, dann wird klar: Beim Hinterfragen des akzeptierten Beschreibungssystems für Risiko (Münzwurf) geht es um die Veränderung der Sichtweise. Es geht um mehr als nur um einige technische Korrekturen des Beschreibungssystems selbst. Nicht aufzulösen, sondern umzugehen ist mit dem Sachverhalt: Bei Prognosen muss (aus prinzipiellen Gründen) das Unpersönliche über dem Persönlichen stehen, weil sich nur dann, wenn das Wiederholbare über dem Einzigartigen steht, die für die Vielfalt von Risiko stehende Frage, wie viele Karten im Spiel sind, mit der alles musterhaft glättenden Frage, welches Spiel zu den fixierten Spielregeln passt, elegant herausfiltern lässt. Man muss sagen: Risikomanagement braucht einen konzeptionellen Rahmen, der Sicherheit gibt, im richtigen Spiel zu sein, und der Sicherheit gibt, dieses Spiel auch mit der richtigen Strategie zu spielen. Ist das nicht der Fall, ist die Performance von Risikomanagement schlicht ungewiss.

Mit Goethes Urteil, »Das erste Anzeichen, dass wir nicht wissen, was wir tun, ist eine Besessenheit von Zahlen« lässt sich obiger Sachverhalt auch weniger freundlich formulieren. Etwa in der Art: Im Standardrisikomanagement hat das Denken dadurch seine Risiken sterilisierende Gewohnheit, weil mit der Vertrautheit der verwendeten Begriffe auch die Ansichten über Risiken vertraut sind, die man mit diesen Begriffen formuliert.

Bleiben wir in der Welt Goethes, tritt das im Standard-Risikomanagement verborgen liegende Faustische dann auch offen zutage: Es ist die den Fortschritt im Risikomanagement antreibende mathematische Sophistizierung, die auf der methodischen Ebene von Risikomanagement gerade die Widersprüche in ihrem Innersten zusammenhält, die auf der praktischen Ebene das Risikomanagement gerade auseinander fliegen lassen können. Die Diskreditierung aller Unschärfen durch stochastische Störterme in geeignet zu wählenden Gleichungssystemen führt in die Irre, wenn sich mit den zielgerichteten Spielen der Investoren die Dynamik der Finanzmärkte nicht mehr exakt in Einzelschritte auflösen lässt, die der Choreographie des Münzwurfs unterliegen.

Bildlich gesprochen: Im Risikomanagement heute ist nicht mehr tolerierbar, dass die Prognostik das Schlüsselloch dem Schlüssel anpasst. Das Gegenteil muss gelten. Der Schlüssel ist dem Schlüsselloch anzupassen. Seit New York ist die das Risikomanagement bisher verdeckt (und meistens erfolgreich) koordinierende Spielregel »Immer erst aktiv werden, wenn die Dinge passiert sind« gerade nicht mehr verdeckt.

Diese Spielregel ist dringend aus dem Risikomanagement herauszufiltern. Warum? Die Antwort ist schlicht, aber folgenreich. In Finanznetzen geht mit der Systematisierung und Interpretation von Information das zu quantifizierende Risiko durch das qualitative Nadelöhr des individuellen Denkens und Handelns, weil der nicht ausmessbare Mensch als Informationsbroker in irgendeiner Form immer als Risikoträger mit im Spiel ist, denn er kann seine Spiele (Finanzgeschäfte) in Sekundenschnelle wechseln. Das WTC-Debakel hat Sand in die durch die Stochastik gut geölte Maschinerie des Risikomanagements gestreut.

Ist spontanes Verhalten das Entscheidende für das Ausschwingen des Risikopendels, hat die Entmystifizierung (Verwundbarkeit) von »High-Sophisticated«-Risikomanagement eine benennbare Ursache. Zu viele kleine Risikofaktoren schlüpfen durch die zu großen Maschen des Netzes der Prognostik. Gemäß der aus ganzheitlicher Sicht obsoleten, auf René Descartes zurückgehenden strikten Trennung von Körper *(res extensa)* und Geist *(res cogitans)* kann man auch formulieren: Es sind gerade die in Informationsnetzen ihre eigenen Spiele spielenden »Descartschen Lebensgeister«, durch die Risiko durch die vom Münzwurforakel unbewachte Tür des unendlich Kleinen (Infinitesimalen) schlüpfen kann, um zum unendlich Großen (Infiniten) zu werden.

Wundern wir uns einfach nur, dass es trotz des Gedankengutes der Quantenphysik hier schon ausreicht, das mechanistische Weltbild von Descartes aufzurufen! Schnell kann etwas im Großen scheitern, wenn man nicht auf das Kleine schaut. Risikomanagern muss bewusst werden, wie stark mit der Abhängigkeit des Risikomanagements von der Annahme des zufälligen Eintritts der Ereignisse auch die Entscheidung über Risiko auf einem Formelwerk basiert, das zu kurz greifen muss, wenn die Absicht den im Münzwurf steckenden Zufall verdrängt. Man könnte auch fragen: Sitzt die moderne Kassandra im Computer?

Schwieriges (De)Programmieren

Informationsdiffusion fällt in die Klasse der Phänomene, die Mathematiker bescheiden »nicht trivial«, also »hoch signifikant« nennen. Folgt man Albert Einsteins Diktum, »Das einzige Unverständliche am Universum ist seine Verständlichkeit«, kämpft Risikomanagement heute in gewisser Weise auch mit der Unverständlichkeit seiner Verständlichkeit.

Diese Formulierung ist nicht gewagt. Ein Risikomanagement, das Risiken rigoros durch Punkt und Komma quantifiziert, ist in von Verhaltensrisiken getriebenen Finanznetzen (zu) oft mit Phantomrisiken befasst, die keine Präzedenzen kennen. Nicht mehr mechanistisch handhabbar sind Risiken, die entstehen, wenn die Schatten des Fortschritts zwar immer länger, die Schatten ihrer Treiber aber immer diffuser werden. Die Informationsszenarien sind zu grob gezimmert: Die in systematischen Fallgruben liegenden neuen Dimensionen der Verwundbarkeit sind nicht mehr übersehbar, wenn es nur der Zweck von Prognosemodellen ist, variable Größen quantitativ abzuschätzen, ohne in ihnen schon die ursächlichen Antriebskräfte für das analysierte Problem zu sehen.

Blind zu sein für Dinge abseits eines begrenzten Blickfeldes ist das Problem im Risikomanagement von heute. Risiko ist nicht mehr prognostizierbar, weil Risiko nicht mehr mathematisch zu denken ist. Risiko konfiguriert ein komplexes Kräftefeld harter (statistisch messbarer) und weicher (statistisch nicht messbarer) Risikofaktoren. Dass dieses Kräftefeld die Umwelt und nicht die prognostische Messbarkeitslogik konfiguriert, ist der entscheidende Punkt. Von der geschickten Ausbalancierung dieses Kräftefeldes hängt alles ab – dafür steht das WTC-Desaster.

Hier verwandelte sich im Großen das Unprognostizierbare in das Machbare mit richtungsweisender Konsequenz. Auch im Kleinen führt automatisierte Prognostik auf methodisches Glatteis, wenn ausgetretene Wege nicht verlassen und durch Transformation von Denkrahmen etablierte Werte nicht modifiziert werden. Dabei sind die Prognosen von heute die Problemfälle von morgen, weil Risikofrühwarnung durch eine die Zukunft im Voraus schematisch berechnende Prognose nicht dasselbe ist wie Risikofrüherkennung durch eine die Zukunft im Voraus denkende Antizipation. In diesem Sinne befindet sich Risiko im Speziellen zwar im Zentrum des Risikomanagements, ist aber im Generellen nicht sein Gegenstand.

Bertrand Russels Erkenntnis, »Was Not tut, ist nicht der Wille zu glauben, sondern der Wille zu entdecken, also genau das Gegenteil«, ist richtungsweisend für das in zielreichen Umgebungen operierende, kalkulierende Risikomanagement. Russels Erkenntnis ist gleichzeitig Warnung und Erklärung. Wahrscheinlichkeiten schließen zwar nichts aus, was Werte schafft, Wahrscheinlichkeiten vernichten aber dennoch Werte, weil sie blind sind gegen die Folgen, die ihre Erfolge begleiten und bedrohen.

Damit ist für die Finanzmathematik die Herausforderung fixiert. In einem dehnbaren und beherrschbaren Ansatz ist durch neue (ganzheitliche) Performance-Maße gerade das Paradoxe zu erfassen, nämlich dass Risiken als Folgen eigenlogisch ablaufender Prozesse den per Münzwurf erzeugten Wahrscheinlichkeiten folgen können – es aber nicht müssen. Spüren Risikomanager im Gefolge der Wahrscheinlichkeitstheorie allzu gläubig den Gesetzen des Zufalls nach, werden sie in übertragenem Sinne in der Tat zu Sekretären der Götter: Erst die Befragung des geeignet zu interpretierenden Orakels »Münzwurf« legt die Entscheidungen fest.

Dies ist zu wenig. Globales Risikomanagement erfordert die Betrachtung der (Daten)Berge aus den verschiedensten Blickwinkeln, bevor sie mit einem gewissen Maß an Sicherheit auf möglicherweise dornigen Pfaden bestiegen werden können. Fehlt in diesem Sinne die Bereitschaft, traditionelle Grenzen zu überschreiten, werden Risikomanager sogar zu Herolden der Unsicherheit. Folgen sie doch gläubig einer Interpretation der Welt, in der Risiken dadurch besser beherrscht werden, dass sich die Mathematik rund um die Physik des Münzwurfs verbessert.

(Risiko)Management ist Spiel

Was ist die Ursache von Risiko und was ist seine Natur? Warum muss (und wie kann) Risikomanagement das Faustische handhaben? Nur in der relativen Sicherheit des Vertrauten, der Routinen, können sich Phantomrisiken aus den Tiefen der Netzwerke heranschleichen; und sie bleiben genau dann unerkannt, wenn Risikomanagement funktioniert. Warum genügt oft ein Informationsfunke, um die Pulverfässer flüchtiger Nachrichtenlagen zur Explosion zu bringen, damit diese Phantomrisiken aus dem Nichts zu den gefürchteten »Surprises« werden? Warum ist Risikomanagement ein Drahtseilakt, wenn sich die Performance nach aufsichtsrechtlichen Regeln durch Rechenbarkeit und zeitnahe, entschiedene Durchführung und Kommunikation definieren muss? Warum sind in komplexen Umfeldern agierende Risikomanager nicht Sekretäre der Götter, sondern Moderatoren und Konfliktlöser, die als Change

Agents das Wechselspiel unabhängiger Organisationseinheiten entlang der mit Risikopotenzialen behafteten Wertschöpfungsketten so gestalten, dass Risikomanagement konzeptionell in der Lage ist, den gesamten mit menschlichen Ursache- und Wirkungskomponenten verbunden Risikoprozess zu begleiten? Warum steht mit Basel II ein prozessorientierter aufsichtsrechtlicher Standard durch den Auftrag zur Qualitätssicherung für den (Um)Bruch im Risikomanagement? Warum zeigen die kontroversen Diskussionen zur modernen Prüfungspraxis, dass dem Risikomanagement schwierige Aufgaben ins Stammbuch geschrieben wurden, wenn es zum Bestandteil des Big Picture werden muss, dass Finanzmärkte ein asymmetrischer Ort voller asymmetrischer Wesen sind? Warum sind an der Erkenntnis- und Erklärungsgrenze der Münzwurfanalogie den Münzwurf zwar hinterfragende, aber nicht ersetzende Fragen so brisant?

Ja, und warum ist dieses Buch trotz der Erfolgsgeschichte der Black-Scholes-Formel überhaupt geschrieben worden?

All diese Fragen zum Risikomanagement sind als logische Konsequenz der Realität berechtigt. Nach dem heutigen Stand des Wissens gibt es auf offene Wesensfragen zum Risiko keine letzten Antworten. So wie es in der Physik mit der ganzheitlichen Interpretation der Quantentheorie um nichts Geringeres geht als um die letztendlich wohl nur philosophisch zu würdigende Frage nach der Einheit der Natur, geht es auch im Risikomanagement von heute um nicht weniger als um eine neue Synthese. Diese muss ganzheitlich in dem Sinne sein, dass der mechanistisch Gesetzmäßigkeiten in die Welt hineinprojizierende Münzwurf in sein größeres, alles bedingendes Ganzes eingebettet wird. Dazu sind in einem methodisch konsistenten Ansatz verschiedenste Fragen aufzuwerfen und verschiedenste Möglichkeiten ihrer Beantwortung zu beleuchten.

Damit ist klar: In den Szenarien von Risikomanagement wird es nur im Ausnahmefall *die* eindeutige und durchschlagende Lösung geben. Es gibt nur Gedankensplitter, die ein fragmentarisches Bild der Situation liefern. Im Regelfall ist eine risikobewehrte Situation nicht »ad hoc« gegeben, sondern nur »step by step« zum wahrgenommenen Bild zu verdichten. Dies kann gelingen – es muss aber nicht.

Hier liefert das Big Picture der sich über ihre Erfüllung definierenden Spiele ein Mehr an Erkenntnis und Erklärung. Hier transportiert die Logik von Strategie (»Vielfalt«) das Moment in das Risikomanagement, dass man (wie ein Wanderer im Nebel die Konturen eines Bergmassivs momentweise aufleuchten sieht) Risiken nur schattenhaft erkennt und ihre Konsequenzen oft nur erahnen kann. »Über das hinaus zu gelangen, was im Risikomanagement bisher als selbstverständlich gilt«, ist daher eine erste Antwort auf die oben gestellten Fragen. Die in dieser Antwort zum Ausdruck kommende Bescheidenheit des Anspruchs darf nicht darüber hinwegtäuschen, dass Spieltheorie mit dem Zugriff auf die Strategiedimension auch zeigt, warum der Zuschnitt des Risikomanagements verbesserungsbedürftig ist und wie Risikomanagement durch Veränderung des Zuschnitts auch verbesserungsfähig ist.

Den Kontext der Physik überstrahlend, steht die Aussage von Niels Bohr, dass eingebrachte Ideen »(....) noch nicht verrückt genug sind« für die Triebfeder von Veränderung. Für den methodisch schwierigen Umgang mit der Komplexität von Veränderung steht das Paradoxe, das aus den Worten von Albert Einstein »Ich möchte Gottes Gedanken kennen, der Rest sind Einzelheiten« und Ludwig Mies van der Rohe, »Gott steckt in den Einzelheiten« resultiert. Über den praktisch schwierigen Umgang mit der Komplexität von Veränderung sagt Niccolò Machiavelli: »Es ist nichts schwieriger im Vollzug, zweifelhafter im Erfolg oder gefährlicher in der Handhabe als die Einleitung einer neuen Ordnung. Diejenigen, die Änderungen einführen, haben Feinde in all denjenigen, die von der alten Ordnung profitieren und nur mäßige Unterstützung von denjenigen, die von der neuen Ordnung profitieren.« Und schließlich steht uns Goethe bei: »Irrtum verlässt uns nie, doch zieht ein höheres Bedürfnis immer den strebenden Geist leise zur Wahrheit hinan.«

Es kommt noch schlimmer: Für das Problem modernen Risikomanagements steht gerade der Sachverhalt, dass Risikomanagement auf den durch diese Worte abgesteckten Spielfeldern differenziert operieren können muss: Es steht für die Notwendigkeit einer ausgewogenen und pragmatischen Führung, die, in der Logik von Strategie eingebettet, offenes Denken und operative Umsetzung über flexible Gestaltungsprinzipien balanciert und wohldosiert verzahnt.

In diesen unscharfen Aktivitätsfeldern operiert die Spieltheorie wertschöpfend: Sie geizt mit Ratschlägen für den, der mit alten Rezepturen nach der »goldenen Regel« für Strategie sucht. Sie handhabt wie sich in der Praxis die gewohnte Ordnung der Dinge aufzulösen beginnt, weil sie respektiert, dass es ohne Freiheit und Unabhängigkeit im Handeln keine Strategie geben kann. Im Bild von Platons Höhlengleichnis fragt die Spieltheorie: Wie groß ist Platons Höhle? Dabei ist das Entscheidende: In der Strategiedimension funktionieren die Dinge nicht so einfach, wie man (vor dem WTC-Debakel) angenommen hatte, und Antwortversuche können (nach dem WTC-Debakel) oft nur vorläufig, unvollständig und sehr allgemein sein. Dies schließt den Kreis zur neuen Dimension der Verwundbarkeit des Risikomanagements. Wie der Kreis geschlossen wird, wird uns im Folgenden beschäftigen. Dabei beschreibt Johann Gottfried Seume in seinem »Spaziergang nach Syrakus« das Prae: »Wer den Stempel hat, schlägt die Münze.«

Teil 1
The Old View –
Warum ist Risikomanagement
(k)ein Thema?

1   Bernoullis Welt:
Eine vorsichtige Annäherung

»Die Wirtschaftswissenschaft hat sich vorzüglich bewährt –
als Betätigungsfeld für Wirtschaftswissenschaftler«

John Kenneth Galbraith

Mit dem Risiko ist es folgendermaßen bestellt: Von Natur aus hat der »normale« Mensch eine eingebaute Neigung, bei seinen Entscheidungen und Handlungen auf »Nummer sicher« zu gehen – Überraschungen sollen bei Wahlhandlungen so weit wie möglich vermieden werden. Es gibt natürlich Ausnahmen von diesem »Normalverhalten«: Dostojewskijs Spieler »Alexej Iwanowitsch« ist als Psychopath und Zocker im Kasino eine solche Ausnahme.

Wirtschaftswissenschaftler betrachten typischerweise nur Normalfälle. Hier herrscht das Big Picture »Vorsicht ist die Mutter der Klugheit«. Die entsprechende Berliner Version heißt: »Vorsicht ist die Mutter der Porzellankiste.« Nach John Adams, zweiter US-Präsident zwischen George Washington und Thomas Jefferson, ist in der Tat »Security« (Sicherheit) eines der drei Elemente des Glücks. Die anderen Elemente sind »Comfort« (Behaglichkeit) und »Ease« (Seelenruhe). Man kann sagen: Unsicherheit ist gleichbedeutend mit Unglück. Man muss sagen: Innere und äußere Sicherheit haben seit den Anschlägen vom 11. September 2001 als bisher größtes Unglück weltweit eindeutig oberste Priorität für das politische Handeln.

Das Sicherheitsdenken hatte zu allen Zeiten und in allen Ländern einen hohen Stellenwert. So gibt es in den Informationsnetzen von heute die »Firewalls«, die gegen die Vielfalt der Risiken des Informationstransfers schützen sollen. So hat es aber seit Menschengedenken überall auch Stadtmauern als Schutz- und Sicherheitswall gegeben: Troja und Berlin sind bekannte Beispiele. Ganze Reiche haben Mauern als Sicherheitsgarantien angesehen: Das Chinesische Reich oder das Römische Reich mit seinem Limes seien hier nur genannt.

Dennoch gibt es regionale und zeitliche Unterschiede. Extremes Sicherheitsdenken scheint besonders in Deutschland weit verbreitet zu sein. Dafür gibt es genügend Evidenz. So lehnt etwa die überwiegende Mehrheit der Deutschen eine berufliche Selbstständigkeit rundweg ab. Heutzutage ist in Deutschland nur jeder zehnte berufstätige Mensch selbstständig. Innerhalb der Europäischen Union steht Deutschland mit dieser Quote fast am Ende der Liste aller Mitgliedstaaten.

Viele Soziologen erklären das betonte Sicherheitsdenken der Deutschen aus traumatischen Erfahrungen langer Kriegsperioden.

Der Dreißigjährige Krieg wird dafür oft als Beginn genannt. Der Kalte Krieg ist heute gerade mal seit 13 Jahren zu Ende. Im 20. Jahrhundert waren die 75 Jahre zwischen 1914 und 1989 für die Deutschen im Grunde genommen fast durchgehend Kriegszeiten. Nach anderen Erklärungen von Soziologen besteht ein enger Zusammenhang zwischen Sicherheitsdenken einerseits und Untertanenmentalität sowie Autoritätsgläubigkeit andererseits. Für die Mehrheit der Deutschen waren die Erfahrungen im Deutschen Reich eines Bismarck und im Dritten Reich sehr entscheidend und sehr prägend.

Sicherheitsdenken ist das Stichwort: Im ökonomischen Bereich lauten die Schlagworte dafür »Vorsichtsmotiv«, »Versicherungsschutz«, »Sicherheitsnetz« und »Risikomanagement«. Damit sind wir beim Thema. Ein kleiner Hinweis sei zuvor noch erlaubt: Auch die Autoren des Buches orientieren sich am Sicherheitsdenken. Wie der Leser oben nachprüfen kann: Es ist (aus guten Gründen) von einer »vorsichtigen« Annäherung (an Bernoullis Welt) die Rede. In unserer Annäherung beschäftigen wir uns in diesem ersten Teil des Buches, »The Old View« (in Finance), zunächst einmal mit den (traditionellen) Entscheidungsgrundlagen in Risikosituationen. Wir benötigen diese Grundüberlegungen, um einige Begrifflichkeiten ins Spiel zu bringen und die Defizite beziehungsweise die Verbesserungen von Ansätzen beurteilen zu können.

Es ist, wie es ist: Theoretische Überlegungen zum Risiko sind die Basis für alle Konzepte im Risikomanagement. Wir müssen dabei unvermeidlich auch auf Bernoullis Welt zu sprechen kommen.

(Zu) Grau ist alle Theorie

»The Old View« (in Finance) hat die Grundstruktur des derzeit allgemein akzeptierten Finanzmarktmodells zum Inhalt. In diesem Standardmodell schauen wir etwas genauer auf seine tragende Konstruktion. Dazu müssen wir ein wenig finanztheoretisches Prozedere betreiben. Wir werden feststellen: Zwischen den Modellannahmen einerseits und den real existierenden Rahmenbedingungen bei Finanzmarktentscheidungen andererseits bestehen tief greifende Diskrepanzen. Lehrbuchwelt und Entscheidungsrealität sind absolut nicht deckungsgleich.

Das wäre nicht weiter tragisch, wenn die Modelllösungen auf die Lehrbuchannahmen nicht sensitiv reagieren würden. Bedauerlicherweise ist das nicht der Fall. Es handelt sich um ganz zentrale Annahmen, mit denen die Lösungen stehen und fallen. Die Stichworte lauten hier etwa »Informationssymmetrie«, »Informationseffizienz«, »Zustandsrisiken«, »Random Walk«, »Diffusionsprozess« und »Brownsche Bewegung«. Die Konzepte hinter diesen Stichworten werden wir (soweit es nötig ist) im Buch grob erklären. Eine grobe, aber keinesfalls zu wenig differenzierte Erklärung ist auch ausreichend. Vieles, was im Argen liegt, zeigen schon die Denkfiguren (»Big Pictures«), die diese Konzepte begründen.

In diesem Sinne lautet dann auch die nächste Frage: Können Anlageentscheidungen und Kursbewegungen im Finanzsektor auf der Basis sehr »weltfremder« Annahmen noch zuverlässig erklärt und prognostiziert werden? Betrachtet man den gegenwärtigen »State of the Art« der Finanztheorie muss die Antwort schlicht und einfach »Nein« lauten. Um ein Bild zu gebrauchen: In der schweren See der Finanzmärkte ist das heute gängige Finanzmarktmodell ein »sinkendes Schiff«. Da sich viele Passagiere (wider besseren Wissens) weigern, von Bord zu gehen, ist hier vorsorglich an das Urteil von Bertrand Russell zu erinnern: »Wenn alle Experten sich einig sind, ist Vorsicht geboten.«

Der Abschnitt »Die Macht des Faktischen« stellt daher auch (in knapper Form) neuere Ergebnisse der empirischen Kapitalmarktforschung vor. Hier kommen Untersuchungsergebnisse zur Sprache, die den theoretischen (Standard)Überlegungen diametral widersprechen. Natürlich gibt es von Fall zu Fall auch theoretische Ad-hoc-Erklärungsversuche. Ihr Erfolg wird auch nicht bestritten. Aber dennoch ist die folgende Feststellung wichtig: Es existiert kein geschlossenes theoretisches Konzept zur konsistenten Erklärung der an den Finanzmärkten beobachtbaren Tatbestände. Jeder Wertpapieranalyst, Investmentbanker oder Anlageberater tut gut daran, alles zu vergessen, was er im Zuge seiner theoretischen Ausbildung an Universitäten oder Managementschulen gelernt hat.

Wenn man kritisch ist, kann (muss) man über die Qualität derzeitiger Ausbildungsprogramme sagen: Man sollte sie genau erlernen, um zu wissen, wie man es nicht machen soll. Es gibt jedoch zumindest zwei Argumente, die dafür sprechen, dennoch an der gelernten Finanzmarkttheorie festzuhalten. Das erste Argument lautet: Besser eine schlechte Theorie als keine Theorie. Das zweite Argument heißt: Wenn man heute im Risikomanagement einen Job haben will, muss man beim Interview jene Theorie nacherzählen können, die der Interviewer (Manager) vor langer Zeit selbst gelernt und internalisiert hat. In der Zwischenzeit hat der in die Routinen des Tagesgeschäfts eingebundene Manager meistens nichts hinzulernen können, getreu dem Motto: »Wes Brot ich ess', des Lied ich sing'.« Als Kandidat muss man also wohl oder übel die vielen Strophen der traditionellen Finanzmarkttheorie »(vor)singen« können. Wir werden das Libretto des Singspiels und die Partitur einiger weniger seiner Strophen grob skizzieren.

Mehr als eine Verstimmung

Die Praktiker im Anlagegeschäft (Bankmanager, Fondmanager, Vermögensverwalter, Analysten) haben schon seit längerer Zeit gelernt, mit der Diskrepanz zwischen Theorie und Praxis zu leben. In der Praxis wird schon lange Napoleons Devise »Man kann keine Eierkuchen backen, ohne ein paar Eier zu zerschlagen« gelebt. Es kommt, wie es kommen muss. Theorie und Praxis entwickeln sich auseinander, Praktiker haben sich mit dem herrschenden Defizit der Theorie ganz einfach abgefunden. Notlösungen mussten entwickelt werden.

Die Notlösungen sind dabei denkbar einfach. Sie bestehen darin, dass praktische Entscheidungen heute nur noch auf der Grundlage von Erfahrungen, Empfehlungen, Stimmungen, Fantasien, Sog- und Herdeneffekten getroffen werden. An allen Finanzplätzen ist Theorielosigkeit ein dominierendes Merkmal. Novalis' Urteil »Der Grund aller Verkehrtheit in Gesinnungen und Meinungen ist – Verwechslung des Zwecks mit dem Mittel« hat Konjunktur. Dies sollte nicht verwundern: Finanznetze sind von Ideen getriebene Geschäftsumfelder, die Werte (»Value«) nicht mehr allein durch die Entwicklung physischer Assets sondern zunehmend durch die Fähigkeit schaffen, in erstaunlicher Geschwindigkeit Wissen generieren und nutzen können.

Man kann es bedauern oder nicht. Es ist ein De-facto-Sachverhalt: Die Theorielosigkeit ist auch bei der Berichterstattung über den Finanzsektor vorherrschend. Die Interpretation von Geschäftszahlen beziehungsweise die Begründung von Geschäftsprognosen in Wirtschaftspresse und -fernsehen haben (zu) oft nicht den Hauch einer Theoriefundierung. Es wird (zu) oft drauflos fantasiert. Viele so genannte Börsenregeln dienen schlicht der »Volksverdummung«: Wo ehrliche informative Nachrichten fehlen, da wachsen halt die Gerüchte. Als Beispiele sind zu nennen: »Bei schlechten Nachrichten sollte man Aktien kaufen.« Oder: »Die Börse reagiert positiv auf die Bekanntgabe schlechter Quartalszahlen.« Oder: »Wenn die Zahlen schlecht sind, steht die Wende unmittelbar bevor.« Der Ehrlichkeit halber sollte, ja, muss man sagen: Theoretiker haben mit »Elfenbeinturmdiskussionen« den heutigen Zustand eigentlich selbst produziert.

Beschränken wir uns zunächst noch auf den Bereich der (traditionellen) Theorie, ist zu sagen: Mit dem Buch wird ein Konzept präsentiert, das die »Theorielosigkeit« dadurch überwindet, dass »Theorielosigkeit« als Bestandteil von Problemlösungen eben nicht ignoriert wird. Es ist unsere (im Weiteren gut begründete) Überzeugung: Das präsentierte Konzept ist keine Notlösung. Wir hoffen, dass auch der Leser nach der Lektüre des Buches unsere Überzeugung teilt: Überreden wollen (und können) wir ihn nicht, wohl aber überzeugen. Urteilte doch schon Georg Christoph Lichtenberg im Umfeld von (»Finanzmarkt«-)Prognosen: »Die gefährlichsten Wahrheiten sind Wahrheiten, mäßig entstellt.«

Riskiert man den ehrlichen Blick (nicht nur) an den Finanzmärkten, ist die folgende These nicht gewagt. Schillers Bonmot aus der Jungfrau von Orléans »Die Waffen ruhn, des Krieges Stürme schweigen« wird durch die Realität geradezu verkehrt. Wirtschaftsleben ist bei Interessengegensatz »Krieg«. Wirtschaftsleben ist bei Interessenausgleich »Frieden«. Da Interessengegensatz und Interessenausgleich zwei ungleiche, aber zeitgleich agierende Schwestern sind, ist Wirtschaftsleben beim Zugriff auf Information »Krieg und Frieden«. Es gibt eine Vielzahl von Gründen dafür, dass der Rohstoff für Entscheidungen hart umkämpft ist.

Damit unsere Operation »Überzeugung des Lesers« nicht (wie so viele andere) zur »Mission Impossible« wird, sind wir natürlich auch im Sinne der Metapher von Schiller bewaffnet. Mit dem Weltkrieg-II-Produkt »Spieltheorie« können wir dabei auf ein gut sortiertes Arsenal zurückgreifen. Im Gegensatz zur gängigen Praxis setzen wir Spieltheorie jedoch nicht als (mathematisches) Breitschwert ein, wenn wir ein (mathematisches) Florett brauchen. Deshalb ist es auch »Mission Statement« des Buches: Die Spieltheorie wird nicht »nur« auf die Mathematik rund um ihr berühmtes Nash-Gleichgewicht reduziert; die ganzheitliche (Denk-) Philosophie der Spieltheorie ist der rote Faden im Buch. Er wickelt sich auf im strategischen »RiskVision-Beratungsansatz«. Doch davon später mehr. Jetzt schlägt erst einmal die Stunde von (und für) »The Old View« (in Finance).

The Old View: Ein Drama in (7) Akten

Es ist nicht zu umgehen, dass sich »The Old View« (in Finance) in der üblichen spröden Argumentation und Präsentation mit den Grundlagen bei Entscheidungen in Risikosituationen befassen muss. Wir wollen nicht über Gebühr Mathematik betreiben, sondern den ein oder anderen qualitativen Aspekt beleuchten: Diese Aspekte fallen schwer ins Gewicht. Die Zweifel beginnen an den verschiedensten Punkten. Wir gehen in zwei Schritten vor. Grob präsentieren wir zuerst einen »Ad-hoc«-Ansatz. Danach erklären wir allgemein gehalten die Operation »Risiko« aus der Sicht von Bernoulli.

Das Bühnenbild

Gleich am Anfang ist wichtig, bei Risikoentscheidungen folgende Tatbestände zu berücksichtigen:

▶ Die Konsequenzen (»Consequences«: x_i) von Wahlhandlungen betreffen im Regelfall nicht die Gegenwart, sondern die Zukunft.

▶ Als Ursachenfaktoren bestimmen Details künftiger Konsequenzen kontrollierbare Handlungsalternativen (»Actions«: a_i) und unkontrollierbare Umweltzustände (»States«: s_i).

Die Zusammenhänge zwischen Handlungsalternativen a_1, Umweltzuständen s_i und Konsequenzen x_i zeigt Abbildung 1.1.

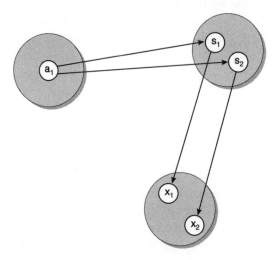

Abbildung 1.1 Entscheidung bei Risiko

Dabei werden im hier gewählten (Standard-)Szenario genau eine Aktion a_1 sowie zwei Umweltzustände s_1 und s_2 betrachtet. Man kann sich etwa folgendes Beispiel vorstellen:

a_1 = Produktion und Absatz von Regenschirmen,

s_1 = Sonnenwetter im laufenden Jahr,

s_2 = Regenwetter im laufenden Jahr.

Betrachten wir das obige Bild, ist erkennbar: Die Aktion a_1 generiert zusammen mit Zustand s_1 das Ergebnis x_1, während a_1 zusammen mit s_2 zum Ergebnis x_2 führt. In unserem Beispiel (mit zwei Zuständen) können die beiden Ergebnisse x_1 und x_2 folgendermaßen interpretiert werden:

x_1 = Periodenergebnis bei Regenschirmabsatz und Sonnenwetter,

x_2 = Periodenergebnis bei Regenschirmabsatz und Regenwetter.

Dabei ist intuitiv klar: Es gilt $x_1 < x_2$: Das Periodenergebnis für den Absatz von Regenschirmen ist bei Regenwetter halt besser als bei Sonne. Im Falle mit drei oder mehr Umweltzuständen hätte man natürlich auch drei oder mehr Ergebnisse unterscheiden können. Man sieht also: Eine exakt definierte Aktion führt in Abhängigkeit von den Details der herrschenden Umweltzustände zu sehr unterschiedlichen Ergebnissen. Eindeutige Zuordnungen von Aktion und Ergebnis sind in komplexen Situationen oft nicht mehr so einfach möglich.

Ein Sonderfall liegt vor, wenn unabhängig vom konkreten Umweltzustand immer das gleiche Ergebnis eintreten wird. Dann gilt: $x_1 = x_2$. Dieser Fall wird als »Sicherheitslösung« bezeichnet. So sind beispielsweise die periodischen Zinszahlungen und die Tilgung bei Staatsanleihen sichere Ereignisse: Unabhängig vom Wetter oder von der Budgetlage kann der Staat im Zweifelsfalle immer Geld drucken oder Steuern erhöhen. In der Realität kann dieser Sonderfall allerdings nur sehr selten beobachtet werden. Selbst bei Staatsanleihen sind sichere Zahlungen oft eine Illusion. Die Geschichte (Gegenwart!) zeigt: Staatsbankrotte hat es eben schon gegeben.

Im Normalfall sind bei unterschiedlichen Umweltzuständen auch unterschiedliche Ergebnisse zu erwarten. Das ist der typische Risikofall. Risiko ist die Möglichkeit des Auftretens einer Vielzahl verschiedener Ergebnisse bei Durchführung einer einzigen, genau spezifizierten Aktion.

Des Dramas 1. Akt

Wie sollen Risiken quantifiziert werden? Zur Beantwortung der Frage müssen wir uns das obige Bild noch einmal genauer anschauen. Wir stellen fest, dass wichtige Informationen fehlen. Wir benötigen also zusätzliche Detailinformationen über die Ergebnisse x_1 und x_2. Anhand von solchen Zusatzinformationen sind wir dann in der Lage, die Risikohöhe durch eine einzige Kennzahl auszudrücken.

Es kommt, wie es kommen muss: Unser Beispiel wird durch folgende Zusatzinformationen angereichert:

▶ Die Zustände s_1 und s_2 müssen durch Eintrittswahrscheinlichkeiten (Probabilities) genauer beschrieben werden: Wir nehmen hier einmal an: prob $(s_1) = \frac{2}{3}$ und prob $(s_2) = \frac{1}{3}$.

▶ Für die Periodenergebnisse x_1 und x_2 müssen genaue numerische Werte angegeben werden. Wir nehmen hier einmal an: $x_1 = 3$ und $x_2 = 12$.

Wir sind einen Schritt weiter. Bislang wurde nur genau eine Aktion a_1 betrachtet. Etwas mehr Szenario hat die »Dramatik« von »The Old View« (in Finance) schon. Um Vergleiche bei der Risikohöhe durchführen zu können, wird eine zweite Aktion a_2 mit folgenden Daten eingeführt:

▶ Die Ergebnisse von Aktion a_2 in beiden Umweltzuständen bezeichnen x_3 und x_4.

▶ Die numerischen Werte für die beiden Ergebnisse lauten: $x_3 = x_4 = 5$.

Die Aktion a_2 hat eine risikolose Ergebnissituation zur Folge. Das ist der oben erwähnte Sonderfall. Man spricht immer dann von einer risikofreien oder risikolosen Situation, wenn die Ergebnisse vom Eintritt alternativer Umweltzustände vollständig unabhängig sind. Alle bis jetzt bekannten Informationen sind in Tabelle 1.1 aufgelistet.

Aktion	s^1 mit $Pr(s_1) = \frac{2}{3}$	s^2 mit $Pr(s_2) = \frac{1}{3}$
a_1	$x_1 = 3$	$x_2 = 12$
a_2	$x_3 = 5$	$x_4 = 5$

Tabelle 1.1 Ergebnismatrix

Des Dramas 2. Akt

Obige Tabelle wollen (müssen) wir jetzt auswerten. Anhand der Eintragungen kann man für jede Aktion a_1 den Erwartungswert (»mit den Wahrscheinlichkeiten gewichteter Durchschnitt«) und die Varianz (»Abweichungen vom Erwartungswert«) der Ergebnisse berechnen.

In unserem Beispiel gibt es zwei Aktionen. Wir können also zwei Erwartungswerte und zwei Varianzen kalkulieren.

Für Aktion a_1 lauten die Werte:

▶ Erwartungswert: $E(x_i / a_1) \equiv \mu_1 = (\frac{2}{3})\,3 + (\frac{1}{3})\,12 = 6$
▶ Varianz: $Var(x_i / a_1) = \sigma_1^2 = (\frac{2}{3})\,3^2 + (\frac{1}{3})\,6^2 = 18$.

Die analogen Werte für Aktion a_2 lauten:

▶ Erwartungswert: $E(x_i / a_2) \equiv \mu_2 = 5$
▶ Varianz: $Var(x_i / a_2) \equiv \sigma_e^2 = 0$

Das risikolose Ergebnis von Aktion a_2 ist durch eine Varianz von null charakterisiert. Die riskante Situation von Aktion a_1 hat dagegen eine positive Varianz. Wir haben nun eine Basis: Die Varianz der Ergebnisse kann auf folgende Weise mit der Risikohöhe verknüpft werden:

▶ Eine große Varianz ist Maßzahl für ein hohes Risiko.
▶ Eine kleine Varianz ist Maßzahl für ein geringes Risiko.
▶ Eine Varianz von null ist Maßzahl für eine risikolose Situation.

Es ist Standard, die Varianz einer Zufallsgröße als Risikoindex zu definieren. Dabei gilt: Je höher die Varianz ist, desto größer ist das Risiko. Wie so oft im täglichen Leben, steckt auch in der Finanztheorie der Teufel oft im Detail. Stellen wir uns unter dem Begriff der »Dichtefunktion« einmal die Form eines Gefäßes zum Sammeln von Wahrscheinlichkeiten vor, muss man sagen: Im Gegensatz zu symmetrischen Dichtefunktionen ist bei asymmetrischen Dichtefunktionen oder Dichtefunktionen mit »Fat Tails« das Definieren von einem Risikoindex nicht ganz unproblematisch. Um hier dennoch (mathematisch) eindeutige Aussagen zu erhalten, arbeitet man in den gängigen Risikomodellen oft mit der Normalverteilung. Über die berühmte »Gaußsche Glockenkurve« wird noch zu sprechen sein. Hier ist noch der folgende Hinweis wichtig: Anstelle der Varianz wird oft die Standardabweichung als Risikomaß verwendet. Bei der Quantifizierung des Risikos sind beide Maßzahlen gleichwertig.

Im obigen Beispiel ist der Erwartungswert des Ergebnisses für Aktion a_1 größer als der Erwartungswert von Aktion a_2. Die riskante Situation hat ein höheres Erwartungsergebnis als die risikolose Situation. Unser Beispiel gibt die stilisierten Fakten hypothetischer Situationen sehr treffend wieder. Riskante Aktionen erzeugen, so die Lehrbücher, in sehr vielen Lebensbereichen wesentlich höhere Erträge als risikofreie Aktionen. Die Extraerträge werden oft als Risikoprämie bezeichnet.

Die charakteristischen Parameter der beiden Aktionen a_1 und a_2 werden in Tabelle 1.2 wieder aufgelistet:

Aktion	Erwartungswert μ_i	Varianz σ_i^2
a_1	6	18
a_2	5	0

Tabelle 1.2 Parameterkonstellation

Die Parameterwerte aus obiger Tabelle werden in Abbildung 1.4 grafisch dargestellt. An den Achsen stehen jeweils die μ_i-Werte und die σ_i^2-Werte der beiden Aktionen.

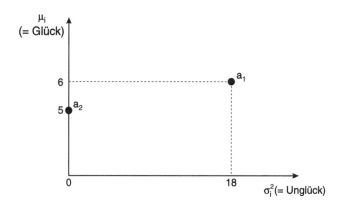

Abbildung 1.2 μ/σ^2-Diagramm

Des Dramas 3. Akt

Im nächsten Schritt geht es um ein Entscheidungsproblem. Nehmen wir an, ein Entscheidungsträger sei mit der obigen Abbildung konfrontiert. Jetzt soll er wählen. Die entscheidenden Fragen lauten also: Welche Aktion soll der Entscheider auswählen? Soll er sich für a_1 oder a_2 entscheiden? Um diese Fragen zu beantworten, muss unser Entscheider vorher die beiden Aktionen bewerten können: Entscheidung setzt immer Bewertung voraus.

Das Problem besteht jetzt darin, dass der Entscheidungsträger in einem persönlichen Zwiespalt steckt. Zwei gegenläufige Komponenten müssen bewertet werden. Hohe Erwartungswerte generieren aus subjektiver Sicht ein hohes Glück. Hohe Werte der Varianz sind gleichbedeutend mit hohem Risiko und generieren ein hohes Unglück.

Oben hatten wir gesagt: Im Normalfall präferiert der Entscheidungsträger den Sicherheitsfall und lehnt den Risikofall ab. Mit anderen Worten: Der Entscheidungsträger muss jetzt also entscheiden, welche Komponente für ihn persönlich besonders wichtig oder weniger wichtig ist. Die Entscheidung über die Wichtigkeit ist ein subjektiver Abwägungsprozess. Kann das Unglück des Risikos durch das Glück des Erwartungsertrags gerade kompensiert werden? Wird es vielleicht sogar überkompensiert? Oder reicht die positive Komponente für eine Kompensation der negativen Komponente nicht aus?

Des Dramas 4. Akt

Das Entscheidungsproblem kann »nur« durch die Einführung einer subjektiven Bewertungsfunktion Z gelöst werden. In der Bewertungsfunktion schlägt der Erwartungsertrag μ als gut (»good«) zu Buche. In die gleiche Funktion geht die Varianz σ^2 (Risikohöhe) als ungut (»bad«) ein. Die Differenz zwischen gut und ungut ist das Nettoergebnis seines Bewertungsprozesses. Beim Vergleich von gut und ungut spielt allerdings die subjektive Gewichtung eine zentrale Rolle. Der Optimist legt größeres Gewicht auf das »Gut«; der Pessimist bewertet dagegen das »Ungut« höher: Jedes Individuum ist durch seinen sehr speziellen Gewichtungsfaktor charakterisiert.

Im einfachsten Fall hat die Bewertungsfunktion die Form: $Z_{ij} = \mu_i - b_j\sigma_i^2$ mit $b_j > 0$. Dabei steht j für den Zählindex der Individuen, j = I, II, III usw. Der subjektive Gewichtungsfaktor für Individuum j wird mit b_j bezeichnet. Für das eine Individuum ist der b_j-Wert groß; für ein anderes Individuum ist er klein. Aus ökonomischer Sicht ist der b_j-Wert eine Maßzahl für die Höhe der subjektiven Risikoaversion des Individuums j: Je größer b_j ist, desto stärker wird ein vorgegebenes Risiko vom Entscheider negativ gewichtet.

Um zu sehen, dass diese Aussage richtig ist, nehmen wir als Beispiel für die beiden Individuen zwei unterschiedliche b_j-Werte an: $b_I = 0,05$ und $b_{II} = 0,1$. Es wird sich herausstellen: Individuum I ist wagemutig. Individuum II ist ängstlich.

Zusammen mit den Parameterwerten aus der letzten obigen Tabelle errechnen wir die Z_{ij}-Werte nach der obigen Formel. Durch Z_{ij} wird die subjektive Bewertung der Aktion a_i durch Individuum j ausgedrückt. Es wird noch einmal betont: Die b_j-Werte charakterisieren das Entscheidungssubjekt. Die Werte für μ_i und σ_i^2 charakterisieren das Entscheidungsobjekt. Man spricht von »degree of risk aversion« und »degree of riskiness«. Die Ergebnisse der Rechnung sind in Tabelle 1.3 wieder aufgelistet.

	Individuum I (nicht ängstlich)	Individuum II (sehr ängstlich)
Aktion a_1 (riskant)	$Z_{1I} = 6 - 0,05 \cdot 18 = 5,1$	$Z_{1II} = 6 - 0,1 \cdot 18 = 4,2$
Aktion a_2 (risikofrei)	$Z_{2I} = 5 - 0,05 \cdot 0 = 5,0$	$Z_{2II} = 5 - 0,1 \cdot 0 = 5,0$

Tabelle 1.3 Bewertungsergebnisse

Des Dramas 5. Akt

Wir unterstellen, dass die Alternative mit der höchsten Bewertung vom Entscheider gewählt wird. Der Entscheider »maximiert« bei der Wahl seiner Aktion die Zielgröße Z_{ij}. Wir erhalten folgende Ergebnisse:

▶ Individuum I (mit $b_I = 0,05$) wählt die Risikoaktion a_1. Hier ist $Z_{1I} = 5,1$. Bei der Aktion a_2 ist $Z_{2I} = 5,0$.

▶ Individuum II (mit $b_{II} = 0,1$) wählt die Sicherheitsaktion a_2. Hier ist $Z_{2II} = 5,0$. Bei der Aktion a_1 ist $Z_{1II} = 4,2$.

Die Ergebnisse bestätigen unsere Intuition: Je kleiner der Risikoaversionskoeffizient b_j des Entscheiders ist, desto stärker präferiert er riskante Aktionen. Oder umgekehrt: Je größer b_j beziehungsweise seine Risikoaversion ist, desto mehr wählt er die sichere Aktion. Ein Spezialfall liegt vor, wenn der b_j-Wert gleich null ist. Die Risikoaversion ist dann null: Wir sprechen hier von Risikoneutralität.

Hier richtet sich der Entscheider nur noch nach der Rangordnung der μ_i-Werte: Bei negativen b_j-Werten liegt der Fall eines »risk lover« vor. Einleitend hatten wir diesen Typ als »Psychopathen« bezeichnet. Der von uns als Normalfall bezeichnete »risk averter« hat immer einen positiven b_j-Wert. Man beachte: Die Werte sind je nach dem subjektiven Aversionsgrad des Entscheiders unterschiedlich groß.

Zum besseren Verständnis werden auch die Ergebnisse aus der letzten obigen Tabelle graphisch dargestellt. Um die obige Bewertungsformel im μ/σ_2 - Koordinatensystem darstellen zu können, müssen wir jedoch noch die folgende Umrechnung vornehmen: $\mu_i = Z_{ij} + b_j\sigma_i^2$

Die letzte Gleichung wird als Indifferenzfunktion bezeichnet. Sie gibt an, welche verschiedenen Kombinationen von μ_i und σ_i^2 denkbar sind, um für den Entscheider j ein vorgegebenes Bewertungsniveau Z_{ij} zu garantieren. Aus der letzten Formel folgt dann eine neue, aber sehr intuitive Erklärung für den Gewichtungsfaktor b_j.

Der Faktor gibt an, welche Reduktion des Erwartungsertrages für Entscheider j maximal akzeptabel ist, um die Risikoreduktion um »eine Varianzeinheit« gerade zu kompensieren. Man kann von einer »Versicherungsprämie« sprechen, die der Entscheider j maximal zu zahlen bereit ist. Oft ist auch von einer »Reservationsprämie« die Rede. Für ein sehr risikoscheues Individuum ist der b_j-Wert hoch: Er ist bereit, eine hohe Prämie zu zahlen. Weniger ängstliche oder stärker wagemutige Individuen haben kleine b_j-Werte: Diese können im Grenzfall gegen null gehen. Sie sind nicht bereit, hohe Prämien für ein Sicherheitsergebnis zu zahlen: Eine Unsicherheitssituation wird akzeptiert.

Anhand der folgenden Abbildung sehen wir: Ängstliche Typen II wählen die risikofreie Aktion a_2. Das sind die am Anfang angesprochenen »Deutschen« mit dem stark ausgeprägten Sicherheitsdenken. Weniger ängstlichen Typen I wählen die riskante Aktion a_1 und sind dabei auch glücklich. Man kann sich etwa einen wagemutigen Pionier aus dem US-Westen vorstellen. Die Steigungen der beiden Parallelen werden durch bI und bII festgelegt.

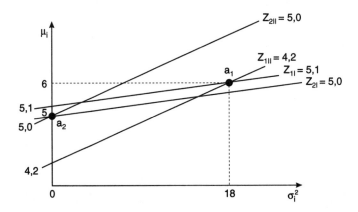

Abbildung 1.3 Entscheidungssituation

Des Dramas 6. Akt

Der Leser ahnt es: Unser Entscheidungsproblem kann natürlich viel eleganter gelöst werden. Der folgende Lösungsvorschlag stammt von Daniel Bernoulli (1700–1782). Sein Vorschlag war ein Beiprodukt der Lösung des St.-Petersburg-Paradoxons.

Nicht erst Dostojewskij beobachtete, dass viele seiner Landsleute fanatische Zocker waren. Kasinos und Spielbanken in Russland hatten das früh erkannt und nutzten diese Spielleidenschaft des Menschen professionell aus. Dabei beobachtete man jedoch unerklärliche Verhaltensbarrieren. Die Manager der Kasinos stellten nämlich fest: Auch bei Glücksspielen mit hohen Erwartungsgewinnen waren (sind?) die Spieler nicht bereit, mehr als einen relativ bescheidenen Betrag als maximalen Einsatz zu setzen.

Die substanzielle Diskrepanz zwischen Erwartungsprofit und Spieleinsatz war für die Manager von *Casino* (in St. Petersburg) ein Paradoxon. Bernoullis geniale Lösung lautete in den überzeichnenden Worten seiner Zeit: »Der Mensch lebt nicht vom Gewinn allein.« Er verwendet den Gewinn, um Wein, Weib und Gesang einzukaufen. Diese Einkäufe schaffen für den Entscheider einen subjektiven Gebrauchsnutzen. Die Verwendung der Spielgewinne lässt diesen Gebrauchsnutzen entstehen. Bei Françoise Sagan hört sich das folgendermaßen an: »Das Schönste am Geld war für mich immer das Ausgeben.« Bernoulli postulierte: Der Spieler sollte sich bei seiner Bewertung am Erwartungswert des Gebrauchsnutzens orientieren. In diesem Sinne ist der Erwartungswert des Spielgewinns eine unbrauchbare Zielgröße. In diesem Sinne ist das Bernoulli-Prinzip bis heute die Basis für Entscheidungsregeln in Risikosituationen.

Die Logik der Regel des Erwartungsnutzens ist auf den ersten Blick nicht sehr einleuchtend. Wir machen einen weiteren Erklärungsversuch und blättern zurück zu Tabelle 1.1. Wenn wir (wie ein Manager eines Kasinos) die Erwartungswerte jeder Aktion ausschließlich auf Basis der nackten Gewinnzahlen oder Gewinnergebnisse x_i kalkulieren, erhalten wir die Werte $\mu_i = 6$ und $\mu_2 = 5$. Der nächste Schritt ist wichtig. Würden die μ_i-Werte als exklusive Grundlagen für unsere Entscheidungen über die Wahl der Aktion herangezogen werden, dann muss gelten: $Z_{ij} = \mu_i$.

Nun vergleichen wir die letzte Formel mit unserer ersten Formel: $Z_{ij} = \mu_i - b_j\sigma_i^2$. Wir stellen fest: $Z_{ij} = \mu_i$ ist ein Spezialfall von $Z_{ij} = \mu_i - b_j\sigma_i^2$ für $b_j = 0$. Der Risikoaversionsgrad muss für alle Entscheider gleich null sein. Der Fall $b_j = 0$ definiert einen risikoneutralen Entscheider. Wir hatten oben darauf hingewiesen.

Ganz am Anfang sagten wir jedoch: Der »normale« Entscheider sei risikoscheu und nicht risikoneutral. Wie kann dieser Widerspruch aufgelöst werden? Wie kann man Risikoaversion in die Zielfunktion eines typischen Entscheiders einbauen? Die Antwort Bernoullis ist uns schon bekannt. Er schlägt vor: Die Zielgröße ist Erwartungsnutzen und *nicht* Erwartungsgewinn.

Des Dramas 7. Akt

Ausgehend von den Daten in unserer ersten Tabelle in Abbildung 1.1 werden wir jetzt die Anweisung Bernoullis befolgen. Es zeigt sich: Die Ergebnisse aus der letzten Tabelle können bestätigt werden. Wir erhalten zwar numerisch abweichende Werte. Nichtsdestotrotz: Die oben abgeleitete Rangordnung der beiden Aktionen bei den beiden Individuen bleibt aber dennoch eindeutig bestehen.

Um die Regel vom Erwartungsnutzen anzuwenden, müssen wir unsere erste Tabelle umschreiben: Anstelle der x_i-Werte müssen die $U(x_i)$-Werte eingetragen werden. Das heißt: Die Nutzenwerte für die alternativen Spielgewinne. Wir müssen ferner berücksichtigen, dass die Individuen I und II unterschiedliche Risikopräferenzen haben. Oben kamen die Diskrepanzen in den Präferenzen durch unterschiedliche b_i-Werte zustande: Jetzt kommen sie durch unterschiedliche $U_j(x_i)$-Funktionen zum Ausdruck. Wir folgen dem Vorschlag Bernoullis und arbeiten mit Wurzelfunktionen für $U_j(x_i)$. Für (»noch«) interessierte Leser: Die beiden Funktionen lauten hier: $U_I(x_i) = 3\,(x_i)^{1/2}$ und $U_{II}(x_i) = 3\,(x_i)^{1/5}$.

Analog zu unserer ersten Tabelle existieren jetzt zwei Tabellen von Ergebnissen: Für jedes Individuum eine. Wir tragen in die Tabellen für beide Individuen jeweils die Nutzengrößen der alternativen Zustände sowie die Erwartungsnutzen ein. Dabei ist der Erwartungsnutzen das »gewichtete Mittel« der alternativen Zustandsnutzenwerte. Nun die beiden Nutzentabellen:

Aktion	s_1 mit $P_r(s_1) = ?$	s_2 mit $P_r(s_2) = ?$	$E(U_I(x_i))$
a_1	$U_I(x_1) = 5{,}196$	$U_I(x_2) = 10{,}392$	6,928
a_2	$U_I(x_3)$	$U_I(x_4) = 6{,}708$	6,708
Aktion	s_1 mit $P_r(s_1) = ?$	s_2 mit $P_r(s_e) = ?$	$E(U_{II}(x_i))$
a_1	$U_{II}(x_1) = 3{,}737$	$U_{II}(x_2) = 4{,}031$	4,135
a_2	$U_{II}(x_3) = 4{,}139$	$U_{II}(x_4) = 4{,}139$	4,139

Tabelle 1.4 Nutzenmatrix der Individuen I/II

Ein Vergleich dieser Tabellen mit der zuvor entwickelten letzten Tabelle zeigt eine Deckungsgleichheit im folgenden Sinne: Entscheider I wird die Aktion a_1 wählen, weil der Erwartungsnutzen mit 6,928 größer ist als bei der Alternativaktion a_2. (Es war Z_{1I} bei a_1 gleich 5,1 und damit größer als Z_{2I}.) Entscheider II wird die Aktion a_2 wählen, weil der Erwartungsnutzen 4,139 größer ist als bei der Alternativaktion a_1. (Zuvor hatten wir die gleiche Rangordnung erhalten mit $Z_{2II} = 5,0$ sowie $Z_{1II} = 4,1$.): Neue Interpretationen der Ergebnisse sind nicht erforderlich.

Die Parallelität der Ergebnisse ist natürlich kein Zufall. Der Grund liegt auf der Hand: Zur Berechnung des Erwartungsnutzens muss man alle Zustandsnutzen mit den Eintrittswahrscheinlichkeiten multiplizieren und dann über alle Zustände summieren. Man erhält somit die Formel: $E(U(x_i)) = \Sigma\ U(x_i)\ prob\ (x_i)$

In dieser letzten Formel sind zwei Funktionstypen enthalten: Die Gebrauchsnutzenfunktion $U(x_i)$ und die Wahrscheinlichkeitsverteilung $prob\ (x_i)$. Wenn man für diese beiden Funktionen sehr spezielle Eigenschaften unterstellt, kommt man automatisch zur oben verwendeten Formel $Z_{ij} = \mu_i - b_j\sigma_i^2$. Die einzelnen Schritte muten wir dem Leser nicht zu. Das Moment des Spezialfalls und (wie immer in der Finanztheorie) der Hinweis auf die Existenz einiger (heute immer weniger einfach nur zu überlesender) mathematischer Eigenschaften führen uns zu einer interessanten Entdeckung.

Die beiden US-Professoren Arrow und Pratt haben nämlich unabhängig voneinander im Jahre 1964 nachgewiesen: Zwischen dem negativen Quotienten der beiden Ableitungen von U ($-U''/U'$) und dem b-Koeffizienten in der Formel $Z_{ij} = \mu_i - b_j\sigma_i^2$ besteht ein Zusammenhang. Man kann zeigen: Der Ableitungsquotient für Individuum I ist kleiner als für Individuum II. Das Ausmaß der subjektiven Risikoaversion kann ohne Widerspruch wahlweise mit dem einen oder dem anderen Konzept quantifiziert werden.

Diesem »Arrow-Pratt-Maß« gebührt Aufmerksamkeit. Wir stellen die Ergebnisse der beiden letzten Tabellen deshalb noch einmal grafisch in Abbildung 1.4 dar.

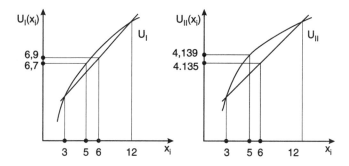

Abbildung 1.4 Entscheidung der Individuen I/II

Ausgehend von den individuellen Präferenzen wird von Entscheider I die riskante Aktion a_1 gewählt. Der Entscheider II wählt die sichere Aktion a_2. Die ängstlichen »Deutschen« werden durch die stärker gekrümmte Nutzenfunktion in der obigen Abbildung beschrieben. Die wagemutigen US-Pioniere haben die wenig stark gekrümmte Nutzenfunktion. Ist im Grenzfall die Funktion linear, gilt: $U'' = 0$, ist $b = 0$, haben wir den Fall eines risikoneutralen Entscheiders: Risikoneutralität führt aber zum St.-Petersburg-Paradoxon.

Die (Theater)Kritik: Ein Theater

Der Leser wird bei vielen der oben vorgetragenen Überlegungen seine begründeten Zweifel gehabt haben. Wir müssen (sollten) ja Börsenverhalten erklären. Vielleicht denkt er an das Urteil von Andre Kostolany: »Der Börsianer lebt von seinen Erfahrungen und Überlegungen und von seinem Spürsinn. Der Engländer sagt – My home is my castle. Des Börsianers Devise lautet – My nose is my castle.« Vielleicht denkt er auch an den schlichten (aber konsequenzenreichen) De-facto-Sachverhalt: Parameter und Daten, die wir als beobachtbar und bekannt unterstellt hatten, sind in Wirklichkeit eben nicht beobachtbar oder unbekannt.

Wie der Leser leicht nachprüfen kann, sagten wir beim »Bühnenbild«: Es fehlen sehr viele Informationen, um überhaupt weiter argumentieren zu können. Also machten wir konkrete Annahmen über die fehlenden Werte, und erzeugten »so« ein (rechenbares) Szenario per Illusion, was letztendlich in Kontrollillusion münden musste. Auf die Brisanz des Unterschiedes zwischen Beobachtbarkeit und Nichtbeobachtbarkeit beziehungsweise auf den Vergleich zwischen Theorie und Realität weiter einzugehen, ist müßig, bleibt doch der Blick auf Risikomanagement automatisch am 11. September 2001 hängen.

Nicht neu sind diese Fragen, die sich im Risikomanagement heute stellen. Neu ist, dass diese Fragen seit dem 11. September 2001 mit höchstem Beantwortungsdruck gestellt werden. Neu ist, dass eine sich durch Basel II und KonTraG in Richtung Prozessorientierung verändernde Prüfungspraxis auf diese Fragen unter Stichworten wie »Interne Modelle« und »Supervisory Review Process« auch theoretisch differenzierte Antworten erfordert. Zunehmend kritischer werdende Investoren erwarten dies außerdem unter dem Stichwort »Value-Based-Management« als modernen finanzmathematischen Stand.

Erschreckend ist, dass die heute geführten Diskussionen über Kenntnis oder Unkenntnis von Eintrittswahrscheinlichkeiten von Ereignissen bereits 1923 von Frank Knight in seinem Buch »Risk, Uncertainty, and Profit« konturiert werden. Schon Knight differenzierte zwischen objektiven und subjektiven Wahrscheinlichkeiten. Objektive Wahrscheinlichkeiten liegen beim Würfelspiel oder beim Roulettespiel vor: Hier spricht Knight von »Risk«. Liegen objektive Wahrscheinlichkeiten nicht vor, spricht Knight von »Uncertainty«. Beides ist nicht dasselbe: Wir kommen unter Stichworten wie »Risikofrühwarnung« und »Risikofrüherkennung« (was nicht dasselbe ist, obwohl sie ähnlich klingen) darauf zurück.

Im modernen Risikomanagement müssen mit den Denkfiguren (Big Pictures) die Schwimmbojen der finanzmathematischen Logik in den wilder (unkontrollierbarer) fließenden Finanzströmen zumindest generalüberholt und gelegentlich auch im Strom der trüben Informationsfluten versetzt werden können. Um im Bild zu bleiben: Die Bojen sind in die Jahre gekommen. Dies heißt nicht, dass die Bojen des Frühwarnsystems »Risikomanagement« nicht mehr funktionieren. Das heißt nur, dass eine Heulboje nicht da routinemäßig auszubringen ist, wo bei der Risikofrüherkennung (nicht Risikofrühwarnung) per Global Positioning System (GPS) differenziert zu navigieren ist.

Wir mussten in unserem kleinen Beispiel Aktionen und Präferenzen als beobachtbare und bekannte Modellparameter voraussetzen. Es ist unbestritten, dass dies eine sehr heroische Annahme ist. In der Realität sind weder Aktionen noch Präferenzen vollständig beobachtbar. Sie sind unbekannte Parameter. Sie sind teilweise in der Verhaltensdimension von Entscheidern so komplex aufgewickelt, dass mit überhaupt keinem System von Bojen (auch nicht mit dem im Buch präsentierten) noch zu navigieren ist. Um im Bild zu bleiben: Dann muss die Schifffahrt aus Sicherheitsgründen eingestellt werden. Die Stichworte, hier ernsthafte Behinderungen des Schiffsverkehrs, lauten »Informationsasymmetrie«, »Hidden Action« und »Hidden Information«. Diese großen Windmaschinen, die plötzlich (ohne für Navigationssysteme messbare Vorläuferereignisse) zwischen den Wettern von Kalmen und Roaring Fourties wechseln können, werden uns immer wieder begegnen.

2   Das Modell eines sinkenden Schiffes

*Innerhalb des Abendlandes diskutiert seit vier Jahrzehnten dieselbe
Gruppe von Köpfen über dieselbe Gruppe von Problemen mit derselben Gruppe von Argument unter Zuhilfenahme derselben Gruppe von
Kausal- und Konditionalsätzen und kommt zu derselben Gruppe von
sei es Ergebnissen, die sie Synthese nennt, sei es von Nicht-Ergebnis-
sen, die sie dann Krise nennt.*

Gottfried Benn

Edward Tellers Urteil »Der Versuch, die Kernphysik aus dem Gedächtnis zu
löschen, wäre genauso grotesk wie die Vorstellung, man könnte durch Zurück-
blättern im Kalender ins achtzehnte Jahrhundert zurückkehren«, ist keineswegs
auf die Kernphysik zu beschränken. Tellers Urteil, das, positiv gewendet, für die
berechtigte Resistenz »richtiger« Methoden steht, greift auch bei der Entwick-
lungsgeschichte von Risikomanagement. Hier spielen Normalverteilung, Optimierungskalkül und die Bernoulli-Welt die Rolle der Kernphysik.

In diesem Sinne ist auf »Bernoullis Welt« zurückzugreifen. In ihr liegt der Ausgangspunkt für Überlegungen zu Portfolioentscheidungen. Dieses »Zauberkonzept« für Risikomanagement müssen wir, der Chronistenpflicht genügend, jetzt in
groben Zügen unter die Lupe nehmen. Wir halten den Ball dabei aber weiter
flach. Wir skizzieren »nur« die wichtigsten Bausteine des Standardszenarios. Auf
die Modalitäten der »Optimalkombination« werden wir ein wenig genauer eingehen (müssen). Sie sind der Gegenstand des Themas kalkulierendes »Portfoliomanagement«.

Wir werden skizzieren, was laut Lehrbuch bei Portfolioentscheidungen zu beachten ist. Was Praktiker hingegen in der Realität machen, ist eine andere Geschichte,
die beobachtbare Praxis ist den nächsten Abschnitten vorbehalten.

Neue Schnittunterlagen für eine alte Geschichte

Ein Portfolio ist die Kombination von zwei oder mehr Zielobjekten. Ein Wertpapierportfolio enthält zwei oder mehr verschiedene Anlagetitel. Was sind die
Unterschiede und Gemeinsamkeiten der Entscheidungssituationen des letzten
und des jetzigen Abschnitts?

Wir haben gefragt, welche Aktion der Entscheider auswählen soll. Ist a_1 oder a_2
die bessere Entscheidung? Wir haben es hier (wie der Ökonom/Researcher sagt)
mit »Alles-oder-nichts«-Entscheidungen zu tun. Man spricht (im wahrsten Sinne

des Wortes) auch von »Bang-Bang«-Lösungen. Im Normalfall sind »Alles-oder-nichts«-Lösungen einem wirtschaftlich denkenden Menschen fremd. Kein Mensch käme ohne Weiteres auf die Idee, beispielsweise bei Konsum- oder Anlageentscheidungen alles auf eine Karte zu setzen.

Ökonomische Entscheidungen sind immer Kompromisslösungen. Im μ/σ^2-Diagramm fragt man nicht mehr: Welcher Punkt soll gewählt werden? Soll Punkt a_1 oder soll Punkt a_2 ausgewählt werden? In einem »alten« Diagramm als Spielfeld des Portfoliomanagements lauten die »neuen« Fragen: Wie sollen a_1 und a_2 miteinander kombiniert werden? Wie sieht die optimale Kombination der Aktionen aus? Auf die Anlageentscheidung übertragen lautet somit die entscheidende Frage dann: Wie sieht die optimale Wertpapierkombination aus? Wir müssen uns mit dieser Frage befassen.

Das Szenario

Gerade die jüngeren Erfahrungen mit Kursverlusten bei Technologieaktien oder die jüngsten Erfahrungen mit Kurseinbrüchen bei Aktien von Fluglinien beweisen die Richtigkeit des folgenden Grundsatzes: »Don't put all your eggs in the same basket.« (Lege nicht alle Eier in den gleichen Korb.) Wenn man die Eier auf verschiedene Körbe verteilt hat, kann man eine Phase mit Stolpern und Hinfallen ohne Totalverlust überstehen. Der Portfoliomanager spricht hier vornehm von »Diversifikation«.

Wenn man sein Wertpapierportfolio hinreichend diversifiziert hat, ist man (so das handlungsleitende Big Picture) in der Lage, selbst bei großen Börsenkrisen mit einem »blauen Auge« davonzukommen. Ohne Diversifikation hätte man wahrscheinlich sein ganzes Vermögen eingebüßt. Hinter dem fast mystischen Begriff »Portfoliodiversifikation« steht also zunächst einmal die schlichte Tatsache, sein Vermögen auf eine Vielzahl von verschiedenen Anlagealternativen aufzuteilen.

Man kann viel daraus machen, Zweck der Übung ist die Reduktion des Gesamtrisikos individueller Wertpapiere auf ein undiversifizierbares Minimum. Das Schöne dabei ist, dass die Risikoreduktion zum Nulltarif erfolgen kann. Oben sprachen wir davon: Risikoreduktion ist nur durch Reduktion des Erwartungsertrags zu erkaufen. Es war auch von der Zahlung einer Versicherungsprämie die Rede. Bei der Diversifikation gilt das alles nicht mehr. Jetzt ist Risikoreduktion ohne Ertragsreduktion beziehungsweise ohne Prämienzahlung möglich. Normalerweise erhält man im Wirtschaftsleben nichts geschenkt. Aber hier liegt ein seltener Ausnahmefall vor – Man erhält ein »Free Lunch«; man bekommt wirklich ein Geschenk.

Zieren wir uns nicht und nehmen wir das Geschenk »mutig« an. Dass es sich dabei um ein Danaer-Geschenk handelt, muss (und vor allem kann) uns bei »The Old

View« (in Finance) noch nicht interessieren. In diesem Sinne haben wir hier noch Glück: Aber dennoch: Da bei Homer der Name der Griechen »Danaer« ist, sollte die Geschichte rund um das Trojanische Pferd und die warnenden (aber von den Trojanern ignorierten) Rufe der Priesterin Kassandra nicht vergessen werden. Es ist (wie wir noch sehen werden) das Kennzahlenuniversum der »Griechen«, das uns im Risikomanagement ernste Probleme bereitet.

Das »Free Lunch« basiert auf der intelligenten Ausnutzung der Korrelationseigenschaft zwischen jeweils zwei Zufallsgrößen. Dabei versteht man unter *Korrelation* genauer einem Korrelationskoeffizienten (ρ), ein Maß für die Stärke einer eventuellen, näherungsweise linearen Beziehung zwischen zwei stochastischen Größen. ρ muss sich immer im Intervall von -1 und +1 realisieren. Sind die Abweichungen gleichgerichtet, spricht man von einer positiven Korrelation. Sind die Abweichungen gegenläufig, ist von negativer Korrelation die Rede. Ist keine Regelmäßigkeit erkennbar, spricht man von Nullkorrelation.

Wie wir gleich sehen werden, ist der Wert von ρ für die Ausprägungen denkbarer Alternativkombinationen von jeweils zwei Wertpapieren von zentraler Bedeutung. Die Kurve alternativer Wertpapierkombinationen wird »Opportunitätslinie« oder »Effizienzlinie« genannt. Der Zusammenhang zwischen dem Verlauf der Opportunitätslinie und der Höhe des »Korrelationskoeffizienten« soll nun kurz skizziert werden.

(K)Ein neues Bühnenbild in einem alten Drama

Wir gehen im Prinzip von unserem alten Bekannten, dem μ/σ^2-Diagramm, aus, werden jedoch drei Änderungen vornehmen:

▶ Die beiden Punkte a_1 und a_2 werden jetzt nicht mehr als Aktionen, sondern als individuelle Wertpapiere (»Assets«) interpretiert.

▶ Jedes Wertpapier a_i ist durch μ_i und σ_{i2} charakterisiert: Dabei sind μ_i die erwartete Ertragsrate und σ_i^2 ist die Risikohöhe des Wertpapiers a_i.

▶ Beide Wertpapiere a_1 und a_2 sind annahmegemäß riskante Anlagetitel: Deshalb müssen beide Varianzen positiv sein. Damit gilt: $\sigma_1^2 > 0$ und $\sigma_2^2 > 0$.

Das neue Gewand unseres μ/σ^2-Diagramms hält Abbildung 2.1 fest.

Die zentralen Fragen lauten: Wie sieht bei einer Wertpapiermischung die Verbindungslinie zwischen a_1 und a_2 aus? Ist sie linear? Ist sie konvex oder ist sie konkav? Wie baut man aus der Kombination von a_1 und a_2 effiziente Portfolios (P) auf? Um diese Fragen zu beantworten, müssen effiziente Portfolios zunächst einmal die folgenden Bedingungen erfüllen:

▶ Bei einem gegebenem Portfolioertrag μ_p ist das Portfoliorisiko σ_p^2 minimal.

▶ Bei einem gegebenem Portfoliorisiko σ_p^2 ist der Portfolioertrag μ_p maximal.

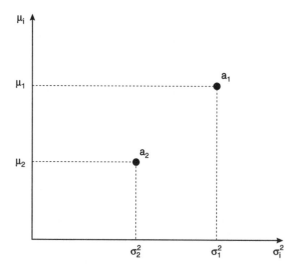

Abbildung 2.1 μ/σ^2-Diagramm zweier Risikoaktiva

Wir können nun (theoretisch wohl fundiert) auf unsere obigen Fragen antworten. Die Antworten lauten:

▶ Der Kurvenverlauf der Effizienzlinie ist im Normalfall konkav. Es wird von der »Bullet«-Form gesprochen.

▶ Für jeden Wert des Korrelationskoeffizienten existiert eine separate Effizienzlinie.

»Lege artis«, nach den Regeln der Kunst: Wir werden einige Details unserer (behaupteten) Antworten durch zwei (Bei)Spiele erklären. Hier die Regeln: In jedem Beispiel hat der Korrelationskoeffizient einen bestimmten Wert: Die Werte sind unterschiedlich groß. Die Beispiele sind durch die Daten in Tabelle 2.1 charakterisiert.

Wertpapier	S_1 mit $Pr(s_1) = \frac{1}{3}$	S_2 mit $Pr(s_2) = \frac{1}{3}$	S_3 mit $Pr(s_3) = \frac{1}{3}$
a_1	6%	24%	12%
a_2	9%	12%	3%
a_1	6%	24%	12%
a_2	12%	3%	9%

Tabelle 2.1 Renditedaten Fall 1/Fall 2

Das »Spiel« kann beginnen

Ein Blick auf beide Tabellen zeigt: Für das Wertpapier a_1 liegen identische Renditemuster vor. Beim Wertpapier a_2 stellt man fest, dass die drei gegebenen Renditegrößen oben wie unten auftauchen. Es wurden aber Verschiebungen innerhalb der Umweltzustände vorgenommen. Aus den Tabellen errechnen sich identische Erwartungserträge und Varianzen für beide Aktiva. Sie lauten: $\mu_1 = 14\%$, $\sigma_1^2 = 56\%$ und $\mu_2 = 8\%$, $\sigma_2^2 = 14\%$.

Im Gegensatz zu Erwartungswerten und Varianzen errechnet man jedoch für die Kovarianzen (Cov) und Korrelationskoeffizienten (ρ) aus beiden Tabellen unterschiedliche Werte: Cov (Fall 1) = + 14 bzw. ρ (Fall 1) = + 0,5 und Cov (Fall 2) = -28 bzw. ρ (Fall 2) = -1. Für den interessierten Leser der Hinweis: Der Korrelationskoeffizient ist der Quotient aus den Kovarianzen. Die Kovarianz ist die Differenz zwischen dem Erwartungswert des Produkts und dem Produkt der Erwartungswerte der hier als Zufallsvariablen zu interpretierenden Wertpapiere a_i.

Nichtsdestotrotz: Die beiden Fälle sind für uns aus folgenden Gründen interessant. In Fall 1 sind die Wertpapierrenditen positiv korreliert: Der Koeffizient hat den Wert + 0,5. Damit kommt der Koeffizient dem Wert eines repräsentativen Wertpapierpaares auf dem deutschen Aktienmarkt sehr nahe. Empirische Untersuchungen kommen je nach Länge der Testperiode beziehungsweise je nach Größe der Stichprobe auf Werte um + 0,6. Der Fall 2 ist zugegebenermaßen ein sehr unrealistischer Sonderfall. Wir behandeln diesen Fall dennoch, weil damit (milde ausgedrückt) die Idee der Diversifikation gut demonstriert werden kann.

Zu Demonstrationszwecken unterstellen wir noch: Der Anleger möchte einen Portfolioertrag von 10 Prozent realisieren. Woher diese Zielgröße kommt, steht im Augenblick nicht zur Debatte. Wir können uns an die Assoziation mit dem Danaer-Geschenk erinnern. Wir können aber auch sagen, dass wir hier nicht die Ziele und Präferenzen des Anlegers analysieren. Letzteres ist (so weit es geht) in der »Bernoulli-Welt« zu erledigen. Relevant sind hier die Eigenschaften der Anlageobjekte, die objektiven Rahmenbedingungen der Entscheidungssituation. Hier geht es zunächst einmal (noch) nicht um eine Auseinandersetzung mit Leonardo da Vincis Urteil »Stets muss die Praxis auf guter Theorie beruhen« im Generellen oder im Speziellen um die Frage nach Evidenz des Urteils von Joseph Schumpeter »Die Praxis von heute ist die Theorie der Großväter.«

Es müssen die folgenden Fragen beantwortet werden:

▶ Welche Portfolioanteile garantieren eine vorgegebene Zielgröße?

▶ Wie soll der Anleger sein Vermögen auf a_1 und a_2 aufteilen?

▶ Wie groß ist sein Portfoliorisiko im Fall 1? Wie groß ist das Risiko im Fall 2?

Die Sicht der Dinge

Wir bezeichnen den Portfolioanteil für a_1 mit y und den Portfolioanteil für a_2 mit (1-y). Damit ist die folgende Aufgabe zu lösen: 10% = 14% y + 8% (1-y). Mit dem Ergebnis: y = $\frac{1}{3}$ und (1-y) = $\frac{2}{3}$, muss ein Anleger 33,3% seines Vermögens in a_1 investieren. Die restlichen 66,7% investiert unser Anleger in a_2.

Dabei kann die Frage nach der Höhe des Portfoliorisikos (σ_p^2) anhand der oben errechneten Parameter schnell beantwortet werden. Es ist:

σ_p^2 (Fall 1) = $(\frac{1}{3})^2$ 56 + $(\frac{2}{3})^2$ 14 + 2 $(\frac{1}{3})$ $(\frac{2}{3})$ (14) = 18, 67

σ_p^2 (Fall 2) = $(\frac{1}{3})^2$ 56 + $(\frac{2}{3})^2$ 14 + 2 $(\frac{1}{3})$ $(\frac{2}{3})$ (-28) = 0

Zur Veranschaulichung verdichten wir unsere Ergebnisse einmal mehr in einer Grafik.

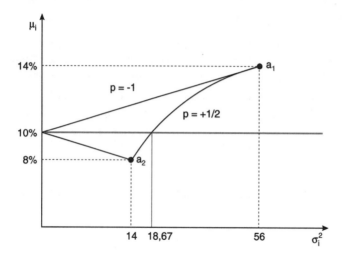

Abbildung 2.2 Effizienzlinien

Obige Abbildung ist nun mit unserem bekannten μ/σ^2-Diagramm zu vergleichen. Jeder Korrelationskoeffizient produziert (wie gesagt) seine eigene Effizienzlinie. Es ist noch einmal zu betonen: Der Koeffizient für ein gegebenes Paar von Risikoaktiva ist ein Datum. Daten sind, zumindest bei kurzfristiger Betrachtung, passiv hinzunehmen. Das tun wir hier auch, die Effizienzlinie ist in ihrem Verlauf durch die gegebenen Daten eindeutig festgelegt.

Alle Punkte auf der Effizienzlinie sind (wie der Name sagt) effiziente Kombinationen von Portfolioertrag und Portfoliorisiko. Alle Punkte rechts und unterhalb der Linie sind ineffiziente Kombinationen von Ertrag und Risiko. Sie sind deshalb ineffizient, weil man von jeder ineffizienten Kombination nach Norden, Westen oder Nordwesten gehen und dabei die Anlegersituation verbessern kann.

Jede Umstrukturierung eines Wertpapierfolios führt zu einer Abweichung von einer gegebenen Ausgangskonstellation. Die Bewegung nach Nordwesten ist deshalb eine Verbesserung, weil der Anleger dadurch sein Risiko reduzieren und gleichzeitig seinen Ertrag erhöhen kann. Was will er mehr? Geht er strikt nach Norden, bleibt das Risiko konstant. Nur: Der Ertrag erhöht sich. »Going west« ist gleichbedeutend mit einer Reduktion des Risikos bei Konstanz des Ertrages.

Unser Anleger ist in einer (auf den ersten Blick zumindest) glücklichen Situation, denn er hat (Ein)Sichten. Eine wichtige (Ein)Sicht ist:

▶ Die Passagen nach Nordwesten, Norden und Westen sind begrenzt durch die Lage der Effizienzlinie.

▶ Der Anleger kann nicht in den Bereich oberhalb der Effizienzlinie vorstoßen: Hier liegen die unerreichbaren und daher nicht wählbaren Kombinationen.

▶ Erreichbare beziehungsweise wählbare Kombinationen liegen auf und unterhalb der Effizienzlinie: Die unterhalb der Linie liegenden Punkte können als ineffiziente Kombinationen aussortiert werden.

▶ Übrig bleiben alle Kombinationen auf der Linie, da sie sowohl wählbar als auch effizient sind.

Damit hat unser Anleger quasi einen Kompass. Er kann »sicher« in den schwierigen (unbekannten) Gewässern des Portfoliomanagements navigieren. Die Effizienzlinie beschreibt die Gesamtheit der Rahmen- oder Nebenbedingungen für die Anlageentscheidung des Investors. Welcher Effizienzpunkt dann tatsächlich gewählt wird, hängt mit den subjektiven Präferenzen des Investors zusammen. In unserem Beispiel wollte der Anleger 10 Prozent verdienen. Andere Zielgrößen sind denkbar.

Kein Seglerlatein: Jeder Kompass gibt auch schlechte Weisungen

Über die Lage der Effizienzlinie müssen wir noch (zumindest) ein Wort sagen. Wir bleiben in unserem maritimen Bild und machen es per Auflistung kurz (und schmerzlos):

▶ Je kleiner der Korrelationskoeffizient ist, desto weiter wird der Kurvenverlauf nach Nordwesten verlagert. Dabei wird die Kurvenkrümmung immer stärker. Die Kurve muss allerdings immer durch die Punkte a_1 und a_2 laufen: Eine 100-Prozent-Anlage in genau einem Wertpapier (also die »Alles-oder-nichts«-Lösung) kann dadurch (in hoffentlich seltenen Ausnahmefällen) als effiziente Lösung nicht ausgeschlossen werden.

▶ Im Zuge der Nordwest-Verlagerung der Effizienzlinie wird die »Bullet«-Form dann immer spitzer: Sie nimmt im Grenzfall ($\rho = -1$) die Keilform an. Das ist Fall 2 in unserem (Bei)Spiel.

▶ Jede Nordwest-Verlagerung ist aus ökonomischer Sicht natürlich sehr erwünscht: Kombinationen von Risiko und Ertrag, die vorher im Unmöglichkeitsbereich lagen, wechseln plötzlich in den Möglichkeitsbereich über.

▶ Die Menge der wählbaren Kombinationen ist umso größer, je kleiner der Korrelationskoeffizient ist.

Aufgrund dieser Auflistung verwundert Folgendes nicht: Im Tagesgeschäft sollte man immer Wertpapiere suchen, die zusammen mit einer zweiten Anlageform einen möglichst kleinen Koeffizienten aufweisen. Man blickt dazu auch gern ins Ausland. Internationale Anlagetitel sind häufig nur wegen ihrer Korrelationseigenschaft sehr geschätzt, die Ertragsraten per se sind völlig sekundär. Wird man im Ausland nicht fündig, hilft im Regelfall die moderne Finanzmathematik. »Financial Engineering« ist die Kunst, neue Wertpapiertypen zu kreieren, die mit existierenden Papieren zusammen einen minimalen Korrelationskoeffizienten besitzen. Diese neu erfundenen Papiere sind dann die bekannten »Derivate«, die den alten Papieren als »Underlying« dienen.

Zurück zur Navigation: Die Nordwest-Verlagerung der Effizienzlinie erreicht im Grenzfall sogar einen Punkt im »gelobten Land«. Zu den Zeiten von Homer wären wir auf der »Insel der Seeligen« angelandet. Die Spitze des Keils berührt in unserer Abbildung die vertikale Achse. Hier ist das Risiko (und damit auch das Portfoliorisiko) null. Überprüft der Leser unsere kleinen Berechnungen, wird er in der Tat feststellen: Aus zwei riskanten Wertpapieren ist ein risikofreies Portfolio zusammengefügt worden.

Ein Intermezzo

»Der fremde Zauber reißt die Jugend fort« dichtet Friedrich Schiller in seinem »Wilhelm Tell«. Wir wollen nicht so weit gehen, in einem Dichterwort den Antrieb für »Quants« von heute zu sehen, die aus alten Bausteinen aufregende Produkte machen.. Aber etwas Mystisches hat Portfoliomanagement schon: Zum wirklichen Erkennen seines »Prae« ein kleines Zusatz(bei)spiel für unseren Fall 2.

Wir nehmen an: Ein Anleger hat zu Beginn des Jahres 1999 ein Vermögen von 1500 Euro in die Wertpapiere a_1 und a_2 investiert. Die Umweltzustände s_i werden folgendermaßen uminterpretiert: s_1 = 1999, s_2 = 2000, s_3 = 2001. Nach den oben festgelegten Anteilen investiert er 500 Euro in a_1 und 1000 Euro in a_2. Am Ende jedes Jahres berechnet er seine Portfoliorendite. Dabei ist er sehr überrascht, denn er kann die Ergebnisse in Tabelle 2.2 feststellen.

Jahr	Portfolioendwerte	Portfoliorendite
1999	530 + 1120 = 1650	
2000	620 + 1030 = 1650	$\dfrac{1650 - 1500}{150} = 10\%$
2001	560 + 1090 = 1650	

Tabelle 2.2 Portfoliorendite Fall 1

Für die drei Jahre konnte eine konstante Portfoliorendite erwirtschaftet werden, obwohl das Vermögen in zwei riskante Aktiva investiert worden war. Hier hat eine intelligente Portfoliodiversifikation ein Idealergebnis zur Folge – das Risiko konnte vollständig eliminiert werden. Wenn ein Portfoliomanager die »richtigen« Wertpapiere findet und dazu noch die »richtigen« Anteile berechnet, dann ist er für den Privatanleger sein Geld wert.

Schauen wir doch einmal hinter das Geheimnis des Erfolgs. Der alleinige Grund für das obige Ergebnis ist die Tatsache der perfekten negativen Korrelation der beiden Wertpapierrenditen. Oben hatten wir den Wert ($\rho = -1$) errechnet. Sobald jedoch der Wert größer ist ($\rho > -1$), wird es uns nicht mehr gelingen, eine konstante Portfoliorendite zu erwirtschaften. Hier muss auch der beste Portfoliomanager »passen«: Innovationen sind halt von begrenzter Haltbarkeit.

Der Vollständigkeit halber listet Tabelle 2.3 kurz auf, welche Renditegrößen für den Fall 1 mit $\rho = 0{,}5$ erreichbar sind.

Jahr	Portfolioendwerte	Portfoliorendite
1999	530 + 1090 = 1620	$\dfrac{1620 - 1500}{1500} = 8\%$
2000	620 + 1120 = 1740	$\dfrac{1740 - 1500}{1500} = 16\%$
2001	560 + 1030 = 1590	$\dfrac{1590 - 1500}{1500} = 6\%$

Tabelle 2.3 Portfoliorendite Fall 2

Im Fall 1 kann die Datensituation selbst bei einem wohl diversifizierten Portfolio keine Ideallösung mit einem Risiko von null zustande bringen. Ein undiversifizierbares Restrisiko bleibt unvermeidlich zurück. Im Normalfall mit realistischen Korrelationskoeffizienten kann man durch Diversifikation das Risiko zwar erheblich verringern. Man kann das Risiko aber leider nicht komplett zum Verschwinden bringen.

Zurück zum »Spiel«

Die entwickelte Idee der Diversifikation bei nicht strikter Korrelation hat ein wichtiges noch zu erwähnendes Merkmal: Es ist zwischen Portfoliorisiko und Wertpapierrisiko genau zu unterscheiden.

Wir werden sehen: Das relevante Risiko eines individuellen Wertpapiers darf in der Tat nicht durch die Varianz seiner Renditeverteilung gemessen werden. Tut man es dennoch, macht man einen Fehler. Andererseits macht man aber keinen Fehler, wenn man die Portfoliovarianz als Maß für das Portfoliorisiko verwendet. Dieses begriffliche Labyrinth ist etwas auszuleuchten. Die Rolle, die ein Wertpapier als Portfoliomitglied spielen kann, ist zu würdigen.

Gehen wir noch ein letztes Mal zurück zum oben skizzierten Sonderfall mit perfekt negativer Korrelation (ρ = -1). Wir konnten sehen, dass das resultierende Portfolio durch ein Risiko von null charakterisiert war. Wenn wir nun annehmen, die beiden in Rede stehenden Wertpapiere seien die allein existierenden Anlagetitel in dieser Idealwelt, dann gibt es genau eine Sicherheitslösung. Wir setzen voraus, dass die »richtigen« Proportionen im Portfolio gewählt wurden. Bei einer Sicherheitslösung macht es keinen Sinn, mit Risikozuschlägen zu arbeiten. Die Kalkulation von Risikoprämien ist überflüssig. Die beiden Wertpapiere sind aus ökonomischer Sicht risikofreie Aktiva.

Wieder ist der Hinweis wichtig, der speziellen (ökonomischen) Sicht der »Portfolioperspektive« weiter konsequent Rechnung zu tragen. Wertpapiere sind Teile eines Portfolios. Bei einer Analyse von Wertpapieren in »Splendid Isolation« sieht die Welt dagegen anders aus. Unsere Wertpapiere sind dann riskante Aktiva. Die Betrachtung von isolierten Wertpapieren ist in unserem Kontext jedoch falsch. So etwas tun Politiker oder Juristen, aber kein dynamischer Portfoliomanager.

Es ist an dieser Stelle dann auch zu betonen, dass die Portfolioperspektive in der praktischen Geschäftspolitik nachweisbar eine überragende Rolle spielt. In diesem Sinne ist der harte Kern dieses Theoriekonzeptes überzeugend. Und genauso hat sich die Portfoliotheorie (etwas im Zusammenhang zu sehen) in der Praxis auch bewährt. Was sich eindeutig nicht bewährt hat, sind die Lehrbuchverfahren zur routinemäßigen Quantifizierung des ökonomischen Risikos und der Risikoprämien. Ist der Wandel das Antriebsmoment in Finanznetzen, ist an das französische Sprichwort zu erinnern: »Wandel ist eine Tür, die nur von innen geöffnet werden kann.« Ob die Schlüssel der Portfoliotheorie dabei immer passen, ist hier die Frage.

Die Diskrepanz zwischen Portfoliorisiko und Wertpapierrisiko kann folgendermaßen plausibel gemacht werden. Im Normalfall sind die Renditen eines repräsentativen Paares von Wertpapieren positiv, aber nicht perfekt miteinander korreliert. Zum Beispiel ist $\rho = 0,5$. Wir haben oben gesehen: In diesem Fall kann das Portfoliorisiko beträchtlich reduziert werden. Das Risiko kann aber nicht auf null gedrückt werden. Ein Restrisiko bleibt selbst in einem wohl diversifizierten Portfolio zurück. Der zurückbleibende Risikoteil ist das »systematische« oder »nicht diversifizierbare« Risiko. Der nicht diversifizierbare Rest wird auch als Kovarianzrisiko bezeichnet.

Das Gesamtrisiko eines individuellen Wertpapiers a_1 hatten wir oben durch die Varianz σ_i^2 gemessen. Nach dem eben Gesagten können wir jetzt zwei verschiedene Risikokomponenten unterscheiden: Das Gesamtrisiko kann (scheinbar) per feinem chirurgischen Schnitt mit dem scharfen Instrumentarium der Finanzmathematik in einen diversifizierbaren Teil und in einen nicht diversifizierbaren Teil zerlegt werden. Der diversifizierbare Teil heißt »firmenspezifisches« Risiko oder »unsystematisches« Risiko. Der nicht diversifizierbare Rest ist, wie gesagt, die »systematische« Risikokomponente. Man kann sagen. Es gilt die Gleichung: Gesamtrisiko = systematisches Risiko + unsystematisches Risiko.

Bleiben wir im Bild der Gleichung: Man kann nun sagen: Die unsystematische Risikokomponente ist durch Diversifikation vollständig eliminiert worden. Oben stellten wir schon fest: Diese Komponente kann sogar zum Nulltarif eliminiert werden. Der Leser sei an die Story rund um »Free Lunch« erinnert: Eliminierte Risikoteile brauchen nicht durch Risikoprämien kompensiert zu werden. Risikoprämien sind Belohnungen für tatsächlich übernommene Risiken.

Der Schluss liegt auf der Hand: Kann man keine eliminierten Risiken übernehmen, bleibt zur Kompensation nur noch der nicht diversifizierte Rest übrig. So ist es dann auch, die Risikoprämie berechnet sich proportional zum systematischen Risiko. Letzteres (einige zusätzliche Annahmen seien unterstellt) wird durch das so genannte »Beta« eines Wertpapiers quantifiziert. Das »Beta« ist der Maßstab für die Höhe des ökonomisch relevanten Risikos, das heißt des systematischen Risikos. Zur Quantifizierung des »Griechen«, der nach Homer ja auch ein Danaer sein kann, werden wir unten noch ein paar Worte sagen. Hier nur so viel: Das dänische Sprichwort »Suche Rat bei den Griechen aber Hilfe bei Überlegenen« erhält beim Risikomanagement im Wandel eine konsequenzenreiche Sinngebung.

Beenden wir vor der drohenden Weite des Kennzahlenuniversums der »Grie-chen«, wo unser »Beta« nur für eine von vielen Inseln der Berechenbarkeit steht, unser kleine »Tour d'horizon« in die Welt des Portfoliomanagements. Zur Frage nach der Rolle eines Wertpapiers als Portfoliomitglied halten wir noch einmal fest: Das Gesamtrisiko eines effizienten Portfolios ist die Summe der systematischen Risiken der Portfolioteilnehmer (also der beteiligten Wertpapiere), wobei jedes individuelle Wertpapier seinen Risikobeitrag zum Portfolio leistet. Dieser Beitrag ist systematischer Natur: In einem effizienten Portfolio gibt es kein unsystema-tisches Risiko (die unsystematische Komponente ist null). Das Gesamtrisiko eines Portfolios ist identisch mit dem systematischen Risiko. Es ist richtig, für effiziente Portfolios die Varianz als korrektes Risikomaß zu verwenden.

Richtet man vor der bewährten Idee des Portfolioansatzes den Blick auf die Praxis, ist die Frage interessant, warum mit Jochen Sanio ein bedeutender Repräsentant der deutschen Finanzaufsicht (die sich im Wandel befindet) jüngst in der durch Basel II aktuellen Diskussion »Rating und Mittelstand« noch argumentierte: »Die Einordnung der Kreditnehmer ist letztlich ein subjektives Urteil, egal wie viele Faktoren die Maschine für das Zustandekommen vorgibt.«

Der Kreis schließt sich: Die Hintergrundgeschichte

Wir haben hier eine alte Geschichte referiert. Sie wurde vor genau 50 Jahren (und nicht 40 Jahren!) zum ersten Mal vorgetragen. Dass Innovation die dynamische Fortsetzung der Unternehmensgeschichte mit neuen Produkten ist und dass die Prognoseumfelder von heute im Vergleich zu den Prognoseumfeldern von damals vergleichsweise instabil sind, soll uns hier nicht weiter stören.

Zur Sache: In seinem Artikel »Portfolio Selection« stellte Harry Markowitz die Idee der Diversifikation zur Debatte. Der Artikel wurde im März 1952 im *Journal of Finance* publiziert. Weitere wichtige, später auch mit dem Nobelpreis ausgezeich-nete Beiträge folgten. Nach einem halben Jahrhundert »Finance in Action« ist die anfängliche Euphorie (milde ausgedrückt) doch einer eher als nüchtern zu bezeichnenden Betrachtung gewichen. Die nüchterne Betrachtung zeigt Schwach-stellen im Konzept und Zweifel bei empirischen Überprüfungen. Vor den De-facto-Defiziten durch das Gericht der Märkte darf man die Augen nicht verschlie-ßen. Alternativkonzepte müssen entwickelt werden.

Wir sagten oben, Anleger sind gut beraten, wenn sie die Wertpapiere in ihrer Rolle als Portfoliomitglieder betrachten. Portfolios sind in unseren Überlegungen immer effiziente Portfolios. Kein intelligenter Anleger wird die Umstrukturierung seines Portfolios vor dem Erreichen der Effizienzlinie stoppen. Das wäre in der Tat unvernünftig. Alle Investoren wählen also Effizienzportfolios. Wie sieht dann das von der Mehrheit der Anleger gewählte Effizienzportfolio aus?

Um diese Frage zu beantworten, benötigen wir ein Referenzportfolio: Nur dann können wir die repräsentativen Risikobeiträge individueller Wertpapiere abschätzen. In der Theorie wird uns eine wirklich »wundersame« Lösung präsentiert. Der Grundgedanke ist der folgende: Wir postulieren einfach die Existenz einer risikofreien Anlageform. Man kann sich darunter Staatsobligationen mit sehr kurzer Laufzeit vorstellen. In der Tat, wenn wir die risikofreie Anlage mit alternativen Effizienzportfolios kombinieren, erhalten wir genau eine Lösung, charakterisiert als »Tangentialportfolio«. Diese Lösung wird »Marktportfolio« genannt.

Die Intuition hinter der Festlegung des Marktportfolios ist die folgende: Die Anleger sehen die Alternativportfolios auf der Effizienzlinie und berücksichtigen zusätzlich die Existenz des risikofreien Wertpapiers. Sie sind mehrheitlich der Meinung, dass nur genau ein einziges Risikoportfolio auf der Effizienzlinie als Lösung in Betracht kommen kann: Das ist unser »Marktportfolio«. Man kann das Marktportfolio exakt auf Punkt und Komma berechnen. Wir ersparen dem Leser (und uns) seine routinemäßige Ableitung.

Das Marktportfolio ist ein theoretisches Konstrukt. Um damit arbeiten zu können, benötigen wir eine beobachtbare Proxygröße. Laut Theorie sollte der dominierende Börsenindex eines Landes als Proxy für das Marktportfolio gewählt werden. In Deutschland ist das der Deutsche Aktien Index DAX. In den USA ist es beispielsweise der Dow-Jones-Index. In jedem Land wird ein repräsentativer Aktienindex berechnet und publiziert.

Fixstern oder Super Novae?

So weit, so gut: Der letzte Baustein der seit Markowitz gültigen Finanzmarkttheorie ist die Markt-Effizienz-Hypothese. In den heute beliebten Anglizismen: Efficient Market Hypothesis (EMH). Oben sagten wir, das von den Investoren gewählte Marktportfolio könne nur auf der Effizienzlinie liegen. Das Marktportfolio muss also ein effizientes Portfolio sein. Alles andere ist »unökonomisch«.

Die Voraussetzung für dieses Ergebnis ist das Agieren von hoch professionellen, hoch kompetenten, hochintelligenten und hoch motivierten Investoren (und Researchern), die rund um die Uhr vor ihrem Computerbildschirm sitzen und nonstop unterbewertete oder überbewertete Aktien suchen. Sie haben Grund dazu: Eine Aktie, die nach dem aktuellen Informationsstand unterbewertet ist, hat definitionsgemäß ja eine Extrarendite, welche mehr als nur das systematische Risiko kompensiert. Diese Aktie kann den Legionen von suchenden Maklern, Brokern, Daytradern und Händler nicht verborgen bleiben.

Es kommt, was kommen muss. Alle diese Akteure werden »in next to no time« eine Kauforder geben. Der Kurs schießt momentan in die Höhe. Mit der Kurserhöhung ist die Überrendite momentan verschwunden. Umgekehrt setzt ein momentaner Kursverfall ein, wenn nach dem aktuellen Informationsstand ein Wertpapier über-bewertet ist. In jedem Fall reagieren Wertpapierpreise sehr spontan auf neue Nachrichten, neue Informationen und vor allem auch auf neue Gerüchte. Damit ist klar: Nicht genutzte Gewinnchancen sind damit in kürzester Zeit verschwunden. Wir hoffen, dass der Leser den ironischen Unterton einmal mehr herausgehört beziehungsweise einmal mehr zwischen den Zeilen gelesen hat.

Die sich in schnell anpassenden Märkten verdichtende Grundidee der EMH kann auch anhand des bekannten »20-Dollar-Witzes« plausibel gemacht werden: Wenn man auf offener Straße einen Geldschein findet, kann es sich nur um Falschgeld handeln. Aufsammeln ist sinnlos. Echtes Geld haben die hoch konzen-trierten Vorgänger ja schon vorher mitgenommen. Alle Schätze und Gewinnmög-lichkeiten sind ja stets bereits abgeräumt. Es gibt nichts mehr zu holen. Im über-tragenen Sinne heißt das: Momentane Preisanpassungen sorgen auf höchst effiziente Weise dafür, dass nicht ausgenutzte Gewinnchancen auf Finanzmärkten nicht lange überleben können.

Eine letzte Frage wollen wir noch stellen. Sie lautet: Welche Modellimplikationen hat die Behauptung von der Effizienz der Finanzmärkte? Informationsänderungen sind definitionsgemäß neue Informationen. Neue Informationen führen zu momen-tanen Kursanpassungen: Man redet hier oft von Gewinnmitnahme.

Aktuelle Kursniveaus reflektieren aktuelle Informationszustände; aktuelle Kursän-derungen können nur von neuen Informationen produziert werden. Letzteres ist das Entscheidende. So können Kursänderungen von gestern keinen Prognosewert für heutige Kursänderungen haben. Das Schlagwort lautet »Kurse haben kein Gedächtnis.« Die Konsequenz ist: Aktuelle Kursänderungen sind nicht prognosti-zierbar, weil neue Informationen nicht prognostizierbar sind. Denn wären aktuelle Kursänderungen prognostizierbar, so gäbe es keine neuen Informationen mehr. Wir werden später noch die Gründe erfahren, wie dieses intuitive Dilemma mit schwerem mathematischem Geschütz zumindest hinreichend »klein«gerechnet werden kann. »Zufallsprozesse«, »faire Lotterien« und »Random Walks« sind die Türme in dieser Schlacht.

Mission Statement (Cui Bono)

Aus den hier skizzierten Einzelaspekten kann ein geschlossenes Finanzmarktmo-dell gezimmert werden. In jedem Lehrbuch sind unter der Überschrift »Kapital-marktmodell« die Details seiner formalen Herleitung zu studieren. Im englischen Sprachraum (wo das Modell »erfunden« wurde) firmiert es unter dem Namen Capital Asset Pricing Model (CAPM). Seine wichtigsten Bausteine seien noch einmal genannt: Erwartungsnutzen, Risikoaversion, Diversifikation, Markteffizienz, Portfoliorisiko und Wertpapierrisiko.

Das CAPM macht eine Aussage über die Höhe der erwarteten Rendite individueller Wertpapiere in Abhängigkeit vom Wertpapierrisiko. Es ist auf Folgendes hinzuweisen: Nach CAPM ist nur ein Faktor für die Erklärung der Erwartungsrate heranzuziehen – das Wertpapierrisiko. Die Berechnungsvorschrift für die erwartete Rendite lautet »Erwartungsrendite = risikofreier Zinssatz + Risikoprämie«. Dabei errechnet sich die Risikoprämie als Produkt aus dem Marktpreis des Risikos und der systematischen Risikohöhe des konkreten Wertpapiers. Das systematische Risiko wird im CAPM wieder durch das »Beta« gemessen. Per Konstruktion besteht dann ein positiver Zusammenhang zwischen Erwartungsertrag und Risikohöhe.

Wir müssen diese Zusammenhänge noch erwähnen, weil sie unter der bekannten Begrifflichkeit »Wertpapiermarktlinie« subsumiert werden, der Security Market Line (SML). Die folgende Abbildung zeigt den typischen Verlauf der SML. Die schon gemachten Andeutungen, dass das »Beta« nicht ganz unproblematisch ist, bereitet den Boden für den nächsten Abschnitt. Also: Cui Bono? Wir werden sehen (müssen).

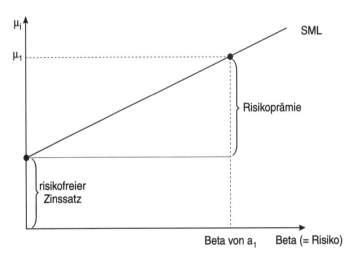

Abbildung 2.3 Wertpapiermarktlinie

3   Die Macht des Faktischen

Das Geheimnis des erfolgreichen Börsengeschäfts liegt darin zu erkennen, was der Durchschnittsbürger glaubt, dass der Durchschnittsbürger tut.

John Maynard Keynes

Um keine Missverständnisse aufkommen zu lassen: Die hier gesammelten Zweifel richten sich nicht gegen das Objekt »Finanztheorie«; sie richten sich ausschließlich gegen das unreflektierte und routinemäßige Anwenden von Finanztheorie vor dem sich verändernden Ganzen. Oben sagten wir: Extrarenditen verschwinden durch sofortige Kursanpassungen in »next to no time«. Für sofortige Kursanpassungen sind effiziente Kapitalmärkte nötig. Eine Armee hoch kompetenter Wertpapierhändler glättet komplexe Risikolandschaften.

Jeder Leser, der ein wenig das tägliche Börsengeschehen verfolgt, wird die dahinter stehende Geschichte um die Effizienz der Finanzmärkte nicht erst nehmen können. Auch empirische Kapitalmarktforscher zweifeln seit langer Zeit an der Geschichte um die Effizienz der Finanzmärkte. Das CAPM steht nicht erst seit heute auf tönernen Füßen. Schon immer bestand der Zweifel, ob das CAPM die Preisbildung auf realen Finanzmärkten korrekt beschreibt. So berechtigt diese Zweifel auch waren und sind, das CAPM hat ein gewichtiges Prae: Es ist elegant und bequem. Es ist zu performant, als dass es aufgrund empirischer Beobachtungen aufgegeben wird.

Der Ball sucht den guten Spieler

Hinter der wachsenden Kritik am CAPM steht eine Vielzahl von Forschungsergebnissen dem CAPM entgegen. Fast alle neueren empirischen Untersuchungen stimmen darin überein – das CAPM ist nur bedingt tauglich. Was ist am CAPM konkret zu kritisieren? Wir nennen aus einer langen Liste einige wichtige Testresultate wider das CAPM:

▶ Renditedifferenzen können im Regelfall nicht durch Risikodifferenzen erklärt werden.

▶ Existiert ein statistisch signifikanter Zusammenhang, ist er inverser Natur: hohe Risikenniedrige Ertragsraten.

▶ Die Unternehmensgröße erklärt die Höhe der Ertragsraten signifikant: kleine Unternehmen/hohe Ertragsraten.

▶ Der Quotient aus Buchwert/Marktwert erklärt Ertragsraten von Unternehmen (einer gegebenen Größenklasse) signifikant: großer Quotient/große Ertragsrate.

Obwohl dies ungewöhnlich erscheinen mag: Die hier genannten Beobachtungen stehen miteinander (scheinbar) nicht alle im Widerspruch. Bemerkenswert ist, dass Stichworte wie »Anomalie« oder »Sonderfaktor«, der Größeneffekt oder der »Kleine-Firma«-Effekt schon seit den siebziger Jahren des vergangenen Jahrhunderts bekannt sind.

Man fand bereits in ersten Testreihen nach der theoretischen Fundierung des CAPM den Sonderfaktor »Unternehmensgröße« als signifikante Variable. Nach dem Motto »Was nicht sein darf, das kann nicht sein« wurde der Sonderfaktor aber konsequent »herausgerechnet«. Hier sorgte mathematisches Raffinement dafür, dass das »gewünschte« Ergebnis auch empirisch bestätigt wurde. Ein probates Mittel war zu Hand – so konnten weitere Anomalien wie der »Jahresendeffekt«, der »Freitagseffekt« und der »Montagseffekt« auch wieder in das CAPM hineingerechnet werden.

Formuliert man schärfer, muss man sagen: Für jeden (Wochen)Tag wurde (und kann) auch vorsorglich ein das CAPM rettender Effekt gefunden werden. Durch die Verbesserung der ökonometrischen Methoden, die heute Marktdaten nonstop produzieren, verdunkelte sich der Himmel über dem CAPM aber schneller, als man das CAPM rettende Wortschöpfungen empirisch fundiert nachführen konnte. Es ist, wie es ist: Die Abenteuer an den Finanzmärkten von heute finden in den Computern und mit Bleistift und Papier auf den Konzeptpapieren der Researcher statt. So verwundert es nicht: Aus den seltenen Ausnahmefällen der Anfangsjahre wurde eine Flutwelle regelmäßiger Ausnahmefälle, die Ausnahme wurde zur Norm. Die Norm wurde zur seltenen das CAPM bestätigenden Ausnahme.

Mehr als dunkle Wolken

Hermann von Helmholtz' Urteil, »Wer immer in seiner wissenschaftlichen Arbeit sofort den praktischen Nutzen sucht, kann sicher sein, dass er vergeblich sucht«, ist auch heute nicht zu bestreiten. Doch die Zeiten ändern sich. Durch radikalen Wandel der (Finanz)Märkte und durch zunehmend kritischer werdende Investoren verkürzen sich schlicht und einfach auch im Risikomanagement die Suchzeiten nach Performance. Hier wird es zum Risiko, immer wieder neue (und vor allem auch kostspielige) Satelliten in eine Umlaufbahn um einen untergehenden Stern zu schießen.

Bleiben wir im Bild der Assoziation von CAPM und untergehendem Stern. Der Größeneffekt produziert interessanterweise eine empirische Evidenz, die mit dem Risikoeffekt aus der »Wertpapierlinie« kompatibel ist. Die Zusammenhänge sind leicht nachvollziehbar, gibt man sich mit einer oberflächlichen »Sicht der Dinge« zufrieden. Abbildung 3.1 steht für eine zwar stark vereinfachte, aber dennoch qualitativ konsequenzenreiche Einsichten liefernde Sicht der Dinge.

Die vier Felder erklären sich wie folgt:

▶ »oben links« steht für die empirische Evidenz: Kleine Firmen haben hohe Erträge. Große Firmen haben kleine Erträge. Über das »Warum« wird hier nicht gesprochen werden. Der negative Zusammenhang zwischen Ertrag und Firmengröße ist ein empirischer Tatbestand.

▶ »unten links« beschreibt den Zusammenhang zwischen Unternehmensgröße und Risikohöhe: Unter Risiko wird nicht mehr ein (sophisticated) »Beta« verstanden. Wir kehren zur Gesamtrisikobetrachtung zurück: Der Einfachheit halber wird die Renditevarianz wieder als Risikomaß benutzt. Der intuitiv plausible Zusammenhang lautet: Kleine Firmen sind risikoreicher als große Firmen.

▶ »unten rechts« spiegelt den Risikowert über die 45°-Achse von der vertikalen auf die horizontale Achse.

▶ »oben rechts« resultiert aus dem funktionalen Zusammenhang zwischen Risiko und Ertrag: Auf den ersten Blick entspricht diese Funktion dem Verlauf der SML.

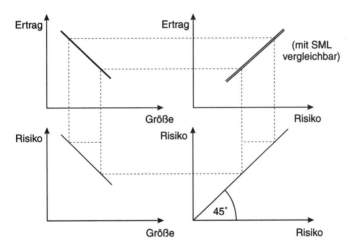

Abbildung 3.1 Größeneffekte

Bis in die achtziger Jahre hätte jeder Kapitalmarktforscher den positiven Zusammenhang zwischen Risiko und Ertrag als empirische Unterstützung für die SML (das CAPM) interpretiert. Diese Sichtweise steht heute für eine falsche »Sicht der Dinge«. Man hat erkannt: Es handelt sich nicht um einen Risikoeffekt, sondern um den schon lange wie ein Gespenst durch das Gebäude des CAPM schleichenden Größeneffekt. Aus heutiger Sicht wurden damals verschiedene Teileffekte schlicht falsch interpretiert. Wir werden sehen, warum.

Im Gegensatz zur alten Sichtweise ist heute Konsens angesagt, ein negativer Zusammenhang zwischen Risiko und Ertrag sei empirisch evident. Um den Nachweis zu erbringen, ist der Größeneffekt statistisch zu isolieren. Die in die Betrachtung eingehenden Daten dürften sich nur auf jeweils eine genau definierte Größenklasse beziehen.

Hier müssen wir den Leser bitten, den Glaubensakt zu vollziehen, dass mit jeder Größenklasse von Unternehmen eine Abbildung wie die folgende korrespondiert. Dabei dient die Kennzahl »Buchwert (B) zu Marktwert (M)« zur Klassifikation von Firmen innerhalb einer gegebenen Größenklasse nach dem Kriterium »Wachstumspotenzial«. Man kann sagen: Die Kennzahl (B/M) sortiert Unternehmen nach ihrem Wachstumspotenzial, wobei Wachstumsunternehmen einen Marktwert haben, der größer ist als ihr Substanzwert oder Buchwert ($M > B$; $B/M < 1$).

Zur Gruppe der Wachstumsunternehmen, den so genannten »Growth Stocks« oder »Glamour Stocks«, gehören typischerweise Firmen der New Economy. Auf der anderen Seite stehen mit den »Value Stocks« die wenig dynamischen Wertaktien. In diese Kategorie gehören Kaufhäuser und Versorgungsbetriebe. Hier weichen die Marktwerte nicht stark von den Substanzwerten ab: Buchwert und Marktwert sind fast größengleich ($M = B$; $B/M = 1$). Mithilfe der Kennzahl (B/M) sind wir also in der Lage, innerhalb jeder Größenklasse eine Klassifikation der Firmen vorzunehmen. Als Nächstes ist über die Renditeerwartungen bei »Value Stocks« und »Growth Stocks« zu sprechen.

Wir machen es wieder kurz: Die folgenden Renditezahlen stammen aus dem Artikel »The Cross-Section of Expected Stock Returns« der beiden US-Professoren Fama und French. Der Artikel erschien genau vor zehn Jahren im *Journal of Finance* Er gilt heute als Auslöser für die fluchtartige Abwendung von der EMH. Vor der Resistenz des CAPM im Research auf der einen Seite (noch einmal die Gründe: elegant, schlank, performant) ist es auf der anderen Seite mehr als nur eine Randbemerkung, dass sich mit Fama, der eigentlich Erfinder der EMH ist, von seiner EMH abwandte. Es ist auch interessant, die Frage zu stellen: Wohin führt die Flucht aus der EMH?

Der Kuhnsche Paradigmenwechsel erklärt das Kommen und das Gehen von Theorien. Der Kuhnsche Paradigmenwechsel erklärt aber nicht das Beharrungsvermögen des Research über Jahrzehnte. Nichtsdestotrotz: Die intellektuelle Kehrtwende von Fama (nicht der Theorie) ist schon erstaunlich. Es gibt nur wenige Menschen, die sich während ihres Lebens vom Saulus zum Paulus gewandelt haben. Die von Fama und French vorgelegten Zahlen sind überraschend, scheinen aber korrekt zu sein. Während der letzten zehn Jahre hielten sie den Überprüfungen pflichtgemäß protestierender Kritiker stand. Die folgende Abbildung fokussiert zwei Werte.

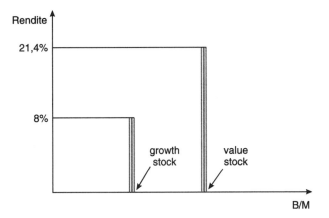

Abbildung 3.2 Abhängigkeit der Rendite von (B/M)

Aussagen über den Risikograd einschließend, fundiert der Ansatz von Fama Aussagen wie:

▶ Wachstumsaktien sind hoch riskant und erwirtschaften kleine Ertragsraten.

▶ Wertaktien sind risikoarm und erwirtschaften hohe Ertragsraten.

Beide Ergebnisse sind in den beiden linken Feldern der Abbildung 3.3 dargestellt: Den direkten Zusammenhang zwischen Risiko und Ertrag zeigt das Feld rechts oben.

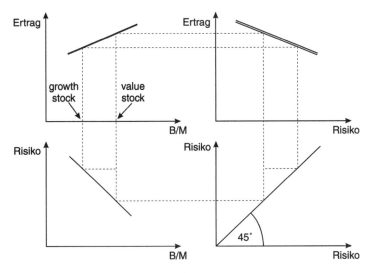

Abbildung 3.3 Wachstumseffekte

Es ist nicht (mehr) zu bestreiten; es existiert ein negativer Zusammenhang zwischen Risiko und Ertrag. Die Risikoprämie ist eine negative Zahl. Das ist die Macht der Fakten. Wir müssen zugeben, dass wir ratlos sind. Wir können unsere Sicht (nicht nur) auf das CAPM hier beenden. Eine plausible Interpretation fehlt bis auf den heutigen Tag. Klar ist nur: Man muss zu den bislang als das Nonplusultra angesehenen Risikokonzepten und Risikomodellen eine kritischere Distanz entwickeln (können), ohne sie jedoch gänzlich zu verwerfen.

Letzteres ist entscheidend. Das Kennzahlenuniversum der »Griechen« ist nicht obsolet. Ein griechisches Sprichwort lautet: »Wer versucht, allem Unglück auszuweichen, dem wird das Glück auch nicht begegnen.« Aber: Was ist (Un)Glück für einen willentlich entscheidenden Investor? In einer Zeit, wo der Wandel allein das Beständige ist, ist es für einen Investor möglicherweise in der Tat oft tröstlich, sich an das Urteil von Konfuzius zu erinnern: »Es ist besser, ein kleines Licht zu entzünden, als über große Dunkelheit zu klagen.«

In der Tat: Es ist die Sicht der Dinge

Sind Begriffe oft nicht klar und breitet sich dadurch auch im klinisch reinen Gebäude der Finanztheorie wie ein resistenter Bazillus »Unordnung« aus, ist zu fragen: Welche Annahmen traditioneller in der Welt der (Normal)Verteilung eingebetteter Risikomodelle (CAPM) sind für die bislang akzeptierten Ergebnisse verantwortlich?

Wir gehen hier (noch) nicht ins Detail, sondern weisen nur darauf hin: Bei jeder Diskussion rund um Risiko sind grundsätzlich zwei Risikoklassen im Spiel: Zustandsrisiken (Event Risk) und Verhaltensrisiken (»Behavioral Risk«). Bei den Geschichten rund um das CAPM ist eine Risikoklasse (Behavioral Risk) systematisch zu ignorieren.

Kurzum und (ein wenig) überzeichnend kann man sagen: Die Finanztheorie berücksichtigt aus Gründen der Rechenbarkeit von (Standard)Risikomodellen nur Zustandsrisiken. Hier ist die Verteilung allen Marktteilnehmern symmetrisch bekannt. Hier gibt es keine Informationsinsider oder Informationsoutsider. Hier herrscht die für klare Sichtverhältnisse stehende Informationssymmetrie: »Jeder weiß alles und jeder kann alles.« Man ahnt es, es stellt sich die Frage: Wie sehen Zufallsprozesse im Detail aus? Wie kommen Zufallsergebnisse zustande? Hier ist nicht der Ort, um die langen Geschichten rund um die Geschichte des mächtigen (und auch erfolgreichen) Risikokalküls zu erzählen. Allerdings werden wir immer wieder auf Wende- und Knickpunkte in dieser Geschichte zu sprechen kommen müssen – später.

Hier nur einige Gedankensplitter: Wie sieht die Ausgangslage bei Finanztransaktionen aus? Man muss sagen: Auf keinen Fall symmetrisch. Wir beobachten Informationsinsider und Informationsoutsider. Die Insider sind Firmenmanager, Bankmanager, Börsenhändler und Analysten. Zu den Insidern können wir auch institutionelle Anleger zählen. Die Outsider sind typischerweise die (Klein)Anleger. Sie kennen oft nicht die grundsätzlich beobachtbaren Eigenschaften von Wertpapieren. Sie können oft nicht bei Aussagen des Managements zwischen den Zeilen lesen. Sie können oft nicht die Aktionen ihrer Broker und Berater überwachen. In dieser komplexen Gemengelage müssen die Wurzeln in den Textzeilen von Bertold Brecht zu suchen sein: »Bankraub ist ein Unternehmen von Dilettanten. Wahre Profis gründen eine Bank.«

Das ist die eine Seite der Medaille, nämlich die praktische. Die theoretische (Schatten)Seite ist auch nicht schwer zu entdecken: Wie soll unser CAPM-Anleger die Werte für μ_i und σ_i^2 auf der Basis historischer Zeitreihen, vorgelegter Bilanzzahlen und/oder angekündigter Strategiekonzepte kalkulieren? Was ist der »richtige« Input für seine theoretischen Überlegungen, wenn er (überhaupt) theoretisch überlegt? (Nicht nur) beim CAPM fehlen dem Anleger schlicht und einfach alle Voraussetzungen für die Ableitung der Effizienzlinie. Man muss sagen: Ohne Effizienzlinie ist das CAPM tot.

Hat man Albert Einsteins Urteil »Die Theorie erklärt, was man beobachten kann« im Gedächtnis, kann man auch provokativ fragen: Resultieren die »open problems« an den Finanzmärkten daraus, weil Finanztheorie Investoren rigoros ihre Engagements vorschreibt und immer weniger Investoren das tun, was Finanztheorie vorschreibt? Viele offene Fragen sind im Risikomanagement gestellt: Sie erfordern offene Antworten. Wir können uns (im Buch) einigen Antworten auf der konzeptionellen und praktischen Ebene nähern. Endgültige (geschlossene) Antworten auf Punkt und Komma genau können auch wir nur im Speziellen geben.

In diesem Sinne können auch die im »The Old View« (in Finance) präsentierten (wegen ihrer exakten numerischen Lösung geschlossenen) Beispiele nichts am »Leiden« des CAPM (und anderer Standardrisikomodelle) in der Praxis ändern. Trotzdem sind Sie nicht gänzlich ohne Erkenntnis- und Erklärungswert, sie sollten den Leser nicht ermüden und schon gar nicht abschrecken. Nach eigenen Bekundungen stand auch Issac Newton auf den Schultern von Riesen (Kopernikus, Kepler und Galilei), die das Gebäude stützten, das er nicht zum Einsturz brachte, sondern durch neue (mathematische) Erkenntnisse und Methoden einfach besser ummantelte.

Da in der Finanztheorie, die in ihrer jetzigen Form ein Teilgebiet der Stochastik ist, alles über EMH und Grenzwertsätze miteinander verbunden ist, verfolgten unsere kleinen Standardszenarien zwei weiter gesteckte Ziele:

Zum einen sollten die Szenarien aufzeigen, dass man schon im (winzig) Kleinen viel Aufwand betreiben muss, um selbst in groben Zügen das Big Picture der traditionellen Finanztheorie zumindest halbwegs transparent »in action« zu illustrieren. Noch aufwändiger wäre dieser Zugang gewesen, wenn wir im (riesig) Großen aus der Klasse traditioneller Risikomodelle mit dem Black-Scholes-Modell das »Übermodell« ausgewählt hätten.

Zum anderen sollte das kleine Arrangement von Tabellen und Grafiken, auf einen im Risikomanagement durch den 11. September 2001 und durch Basel II (KonTraG) zunehmend wichtiger werdenden (aber doch massiv noch verdrängten) Sachverhalt hinweisen. Diesen Sachverhalt brauchen wir nicht zu kommentieren. Ihn bringt mit Emanuel Derman ein an exponierter Stelle wirkender »Quant« rigoros auf den Punkt, in dem er urteilt:

▶ »In physics, you are playing against God, and God does not change his mind very often. You are trying to describe the world he created, with a combination of intuition and experiments and mathematics. In finance, you are playing against God's creatures, the agents who value assets on the basis of their feelings are ephemeral, or at least unstable, and fresh news on which they are based keeps streaming in.«

▶ »Optionpricing is the only theory that managers to avoid referring to human preference, utility functions, and the other hidden (probably unobservable) variables that economic seems to require. The analytical and mathematical techniques are similar those used in physical science. One postulates dynamics and demands an equilibrium that leads to a differential equation.«

4   Die theorielose Praxis

Aus Uhrmachern sind (....) mathematische Instrumentenmacher geworden, welche die Instrumente machen, mit denen man Uhren macht; und wenn zuletzt die Uhrmacherkunst ganz verloren ist, wird niemand mehr wissen, wie viel Zeit ist.

Franz Grillparzer

Jede Entscheidung per Standardrisikomodell ist ein Endspiel. Es gibt eine numerisch exakte (perfekte) Lösung. Im Widerspruch dazu steht die Realität an den Finanzmärkten – hier gibt es keine Endspiele. Hier gibt es keinen Stillstand. Hier gibt es nur unendlich viele Spiele in einem großen Spiel. Hier spielt jeder Spieler seine Spiele so, wie er seine Spiele gerade sieht und spielen will. Hier löst sich der Treiber allen Geschehens in den komplex aufgewickelten Dimensionen der Urteile von Leo Tolstoi: »Betreibt man ein Spiel nicht ernsthaft, bleibt nichts davon übrig und man kann überhaupt nicht spielen«, Arthur Schnitzler: »Sicherheit ist nirgends. Wir spielen immer. Wer es weiß, ist klug« und Thomas von Aquin: »Spiel ist notwendig zur Führung eines menschlichen Lebens« nicht in vollem Umfang erklärbar auf. Hier verliert jedes (auch das später präsentierte) auf einer Messbarkeitslogik gründende Filtersystem irgendwann einmal die Spur (das später präsentierte nur später als andere).

Obwohl es nötig wäre – wollen und können wir hier noch keine tieferen (im Spielbegriff verborgen liegenden) ganzheitlichen Aspekte von Risiko fokussieren. Wir müssen uns, auch wenn wir uns in diese Richtung bewegen, noch ein wenig mit der offenen Flanke von »The Old View« (in Finance) auseinander setzen. Es sollte klar geworden sein: Wir müssen uns noch um ineffiziente Finanzmärkte kümmern. Mit anderen Worten, müssen wir uns noch um den größten Teil von dem kümmern, was Finance ist. Oder noch anders ausgedrückt: Wir müssen uns um die Praxis kümmern.

Um im Bild von »The Old View« (in Finance) zu bleiben: Wir müssen noch einmal die »Sicht der Dinge« aufrufen, die untrennbar mit dem Namen von Frank Knight verbunden ist. Er hatte (der heutigen Zeit weit voraus) schon mit dem Stellen der Frage »Was kann man im Falle des Fehlens objektiver Funktionen tun?« den Fokus auf die Frage gerichtet. Woher kommen die subjektiven Funktionen? Die Komplexität des Sachverhaltes verkürzend, wurde in der Finanztheorie daraus die Praxis: Man schaut auf die empirischen Daten vergleichbarer Risikosituationen in der Vergangenheit und gewinnt auf diese Weise die Daten für die Dichtefunktionen, mit denen künftigen Szenarios analysiert werden sollen.

Nur ist das eine nicht dasselbe wie das andere. Das berühmte Black-Scholes-Modell zur Bewertung von Optionskontrakten macht hier keine Ausnahme. Die lange Diskussion über die Problematik historischer Varianzen liefert das Zeugnis. Die Anwender der Black-Scholes-Formel sind sich über die systematisch einge-bauten Defizite im Klaren. Wenn man stochastische Modelle aber als Denk- und Entscheidungsgrundlage akzeptiert, muss man mit Notlösungen der für das Pro-blem »richtigen« (fehlenden) Dichtefunktionen leben. Dies mag in stabilen Zeiten noch tolerierbar sein. In den instabilen Zeiten der Gegenwart muss die Sicht eine andere sein beziehungsweise werden: Wendet man diese Modelle vor dem Gan-zen unreflektiert an, um Probleme im Risikomanagement routinemäßig zu lösen, ist es nicht verwunderlich: Risikomodelle springen beim Lackmustest der Realität ganz einfach aus den (zu) exakt verlegten Schienen der Stochastik.

Der Insolvenzfall von »Long Term Capital Management (LTCM)« im Jahre 1999 ist ein Paradebeispiel für diese Fehleinschätzung. Auch davor gab es eine Vielzahl ähnlicher Fälle mit spektakulären Verlusten durch zu routinemäßig (zu fern vom Risiko) betriebenes Risikomanagement. Daimler-Benz verlor im Jahre 1995 den Betrag von 1,5 Milliarden US-Dollar mit fehlenden und fehlerhaften Kurssiche-rungsgeschäften bei Währungsrisiken. Das englische Bankhaus »Barings« verlor im Jahre 1995 den Betrag von 0,86 Milliarden Britische Pfund beim Handel mit Kontrakten in Währungsderivaten. Der Kommunalverband Orange County in Kalifornien verlor im Jahre 1994 den Betrag von 1,6 Milliarden US-Dollar beim Handel mit Zinsderivaten. Die Liste kann man beliebig fortsetzen. Allen Fällen gemeinsam ist der De-facto-Sachverhalt: Man hatte sich routinemäßig auf Risiko-modelle mit gegebenen Dichtefunktionen verlassen. Irgendwie waren die Dichte-funktionen der Gegenwart die Dichtefunktionen der Vergangenheit: Vor dem sich verändernden Ganzen unbemerkt war das einer der wohl zentralen Fehler.

Angesichts dieser Tatsache haben sich »weitsichtige« Praktiker im Risikomanage-ment einfach dazu entschlossen, zu Daumenregeln überzugehen. Eine davon lau-tet: Die Überlebenswahrscheinlichkeit einer Organisation ist in Risikosituationen umso größer, je härter die Spielregeln im Risikomanagement sind. Diese Einsicht ist vernünftig. Mit sehr detaillierten Regeln kann man in Risikosituationen in der Tat oft mehr Schaden anrichten als Nutzen schaffen: Hohe Regelungstiefe und hohe Regelungsdichte sind der natürliche Nährboden für Routine.

Anders ausgedrückt heißt das, die Daumenregeln akzeptieren die Ohnmacht unseres heutigen (theoretischen) Wissens: Daumenregeln verzichten auf detail-lierte theoretische Fundierung. Die Theorielosigkeit von Handlungsregeln ist höhere Einsicht. Wir wissen, dass wir nichts wissen. In diesem Sinne ist die Zwick-mühle für Risikomanagement (zu) einfach zu stellen. Es ist ein altbekanntes Phä-nomen. Man könnte auch vom grundsätzlichen Paradoxon des Risikomanage-ments sprechen: Risikomanagement funktioniert reibungslos, wenn es zu keinem

Crash kommt. Risikomanagement funktioniert nicht und seine Mängel treten offen zutage, wenn es zum Crash kommt.

Dass Ersteres das Letztere bei weitem überwiegt, ist, wenn Letzteres eintritt, schnell vergessen. Ja, mehr noch: Es wird verkannt. Risikomanagement muss in einem komplexen Spannungsfeld operieren (können). Dessen Pole sind Daumenregeln als brauchbare »Second Best Solutions« und Theorielösungen als »First Best Solutions«, die wegen ihrer Ferne zur Realität (glaubt man an sie) schon an weltfremde Illusionen grenzen.

Nichtsdestotrotz: Wenn Risikomanagement heute als eine Problemlösungen liefernde Beratungsleistung zu begreifen ist, dann ist festzustellen, dass der Zustand des Patienten »Risikomanagement« trotz der heute betriebenen Intensivpflege durch intensive Modellpflege kritisch ist. Warum? Heute ist ein Akteur an den (Finanz)Märkten in irgendeiner Form ein Spieler: ein »Global Player«. Heute sind Risiken zu managen. Das heißt, Veränderungen sind zunächst einmal frühzeitig zu erkennen und wahrzunehmen, will man als Bank (Unternehmen) im verschärften Leistungswettbewerb bestehen, der immer eindeutiger durch den Kampf um Differenzierung und immer weniger vom Kampf um einzelne Abschlüsse bestimmt wird.

Wie steht es um die Ausgestaltung der fünf Schritte des Risikomanagementprozesses? Den Sachverhalt (ein wenig) überzeichnend muss man differenzierte Fragen nach der Zielsetzung, der Identifikation, der Quantifizierung, der Steuerung und dem Controlling stellen, wenn

▶ die Zielsetzung zu hinterfragen ist: Wird die Schaffung von »Shareholder-Value« unterstellt, produziert die Reduktion der Varianz bei operativen finanzwirtschaftlichen Cashflows nicht automatisch höheren Shareholder-Value. Ist die Zielgröße »Shareholder-Value« aufzugeben?

▶ die Identifikation zu hinterfragen ist: Risiken identifizieren zu können, ist ein »hohes Gut«. Kein Mensch hatte vor dem 11. September 2001 eine Vorstellung vom »Exposure« des WTC-Debakels. Man bedenke: »Exposure« heißt Angriffsfläche.

▶ die Quantifizierung zu hinterfragen ist: Bei Finanzrisiken ist Quantifizierung in Bandbreiten möglich. Alle bekannten Verfahren zur Quantifizierung (auch das Zauberkonzept »Value at Risk«) gehen von bekannten Dichtefunktionen aus. Die Funktionsparameter sind auf der Basis historischer Daten zu schätzen.

▶ die Steuerung zu hinterfragen ist: Der Einsatz spezifischer Instrumente im Risikomanagement muss festgelegt werden. Das Wirkungsmodell ist aber oft fragwürdig.

▶ das Controlling zu hinterfragen ist: Der Erfolg der Maßnahmen im Risikomanagement muss nach der Diktion moderner Prüfungspraxis (Basel II, KonTraG) unter quantitativen und qualitativen Aspekten überprüfbar sein.

Seien wir ehrlich, sind im Risikomanagement heute zunächst einmal Fragen wie: Was ist Risikomanagement? Was ist die Ursache von Risiko? Was ist seine Natur? differenziert zu beantworten, sind wir in einer Situation, wie sie Sokrates schon im antiken Griechenland beschrieb: »Wer die Welt bewegen will, sollte sich erst selbst bewegen.« Dies bedeutet im übertragenen Sinne, sich frei bewegen können, muss auch (wieder) im Kennzahlenuniversum der »Griechen« gelten.

Mit unserem heutigen in »The Old View« (in Finance) essenzialisierten Wissen können wir zu einem effizienten Risikomanagement nicht viel sagen. Alle bekannten (Standard)Risikomodelle schalten mit ihrem Fokus auf stochastische Prozesse das aus, was abseits stochastischer Messbarkeitslogik liegt, also den Menschen, der in den Informationsnetzen der Finanzmärkte als Informationsbroker der entscheidende Risikoträger ist. Das Verhalten des Menschen (Risiko) ist nicht messbar, das ist Fakt. Nichtsdestotrotz gibt es schon aus aufsichtsrechtlichen Gründen im Risikomanagement zum mathematischen Kalkül keine Alternative. Das mathematische Kalkül im Risikomanagement nicht sofort mit Stochastik gleichzusetzen, ist einer der Kernbausteine des mithilfe der Spieltheorie im Folgenden entwickelten strategischen Beratungsansatzes.

Wir beackern an der Grenze des Erkenntnis- und Erklärungswertes stochastischer Modellbildung (in Finance) ein aus den verschiedensten Gründen dorniges Terrain. Vor dem bisher Gesagten und vor dem im Folgenden noch zu Sagenden hoffen wir, dass kein Leser die Lektüre des Buches mit dem Aphorismus von Gottfried Keller quittiert: »Mein Herr, Ihr Stil ist flüssig, Ihr Buch aber überflüssig.« Tut er es doch, wüssten wir gern, warum. Dies meinen wir nicht ironisch, es ist unser Ernst. Wir erwarten Kritik sogar.

Aus der im Buch entwickelten (und wohl fundierten) »Sicht der Dinge« heraus haben wir Grund dazu, Risikomanagement differenzierter als gewohnt zu hinterfragen, und können es deshalb auch verantworten, dem Leser mit dem aus der Spieltheorie entwickelten strategischen Beratungsansatz ein ganzheitliches Problemlösungskonzept zu präsentieren.

Die Antwort auf die Frage des »Warum« ist vergleichsweise einfach. Im modernen Risikomanagement, das im Wandel ein tastendes Suchen nach Verbesserung durch das bessere Verstehen von Risiko sein muss, gelten zwei Urteile uneingeschränkt. Zum einen das Urteil von Friedrich II.: »Der schlimmste Weg, den man wählen kann, ist der, keinen zu wählen.« Zum anderen das Urteil von Christian Friedrich Hebbel: »Es gibt auch Spiegel, in denen man sehen kann, was einem fehlt.« Der Leser wird sehen, für eine Synthese aus beidem steht strategisches Risikomanagement (Spieltheorie) – für nicht mehr, aber auch nicht für weniger.

5   (K)Eine Quintessenz

Nullum est iam dictum, quod non sit dictum prius.
(Es gibt nichts mehr, das nicht schon früher gesagt ist.)

Terenz

Abbildung 5.1 »Irrtümer muss man teuer bezahlen, wenn man sie loswerden will.« (Goethe)

Teil 2
Risikomanagement –
Kunst oder Wissenschaft?

6 Risikomanagement im (Um)Bruch

The mathematics of financial models can be applied precisely, but models are not at all precise in their application to the complex real world. Their accuracy as a useful approximation to that world varies significantly across time and place. The models should be applied in practise only tentatively, with careful assessment in their limitations in each application.

Robert Merton

Dem amerikanischen Admiral Grace Hopper wird das Urteil zugeschrieben: »Vor dem Zweiten Weltkrieg war das Leben einfacher. Danach hatten wir Systeme.« Heute sind es dann auch die vielen kaum mehr überblickbaren Facetten der Informationssysteme, die die Network Community antreiben. Dabei stehen Schlagworte wie Flexibilität, Geschwindigkeit und Sprunghaftigkeit dafür, dass die Tage vertikaler und wohl organisierter Märkte gezählt sind. Weil auch die Finanzmärkte ihr Drehmoment aus der Vielfalt der Formen zum Generieren, Verarbeiten und Verteilen von Information ziehen, verwundert es daher nicht: Auch der Research der Banken setzt sich intensiv mit dem Problem auseinander, dem Profil der in Informations- und Kommunikationsnetzen ablaufenden Prozesse auf die Spur zu kommen. Sei es darum, dass an den Finanzmärkten die in der Flüchtigkeit von Information begründet liegenden Börsenturbulenzen zunehmend für Irritationen sorgen. Oder sei es darum, dass in den heute hoch automatisierten Ablaufprozessen des Risikomanagements die Risiken der Prozesstechnologie selbst neue Dimensionen der Verwundbarkeit aufspannen, wenn die Geflechte wechselseitiger Abhängigkeiten von Mensch, Organisation, Technologie und Finanzmarkt oft wie eine Milchglasscheibe wirken, die einen klaren Blick auf die sie die formenden Kräfte verwehrt.

Dass dem Research hier schwierige Probleme ins Haus stehen, liegt auf der Hand. Zum einen sind auf sich globalisierenden Finanzmärkten nicht nur die Wettbewerber im Auge zu behalten; auch global orientierte Investoren spielen ihre Spiele. Dass sie als Informationsbroker Information wie einen Produktionsfaktor optimal bewirtschaften, trägt mit dazu bei, dass sich für Banken die Marktsegmente immer schneller neu definieren, auf die es sich immer schneller zu konzentrieren gilt. Zum anderen gilt bei in Echtzeit getakteten Finanznetzen nicht mehr die triviale Spielregel, Analysten sollen Daten interpretieren und Investoren sollen sich nach den Analysten richten. Für die Erosion dieser lange Zeit gültigen Spielregel gibt es eine Vielzahl triftiger Gründe. Ein offensichtlicher Grund ist, dass in den Turbulenzen der Informationsströme vorsichtiger navigierende Investoren einfach kritischer werden, wenn sie unter dem »Machen ihrer Hausaufgaben« mehr verstehen, als nur Renditen und Empfehlungen von Analysten zu studieren und daraufhin zu entscheiden.

Mitverantwortlich dafür, dass in einer Network Community nur die Spieler gewinnen werden, die in der Lage sind, durch geschicktes Filtern von Information frühzeitig die Reaktionen ihrer Mitspieler zu antizipieren, um sich schnell(er) darüber im Klaren zu sein, welche Spiele gerade gespielt werden, sind die Entwicklungsschübe in der Informations- und Kommunikationstechnologie. Mit Internet und Informationsdiensten sind die Informationsquellen benannt, die heute rund um die Uhr die Investoren auch mit Information versorgen, die früher für ein breites Publikum gar nicht verfügbar waren oder nur großen Investoren zur Verfügung standen. Muss vor diesem Szenario im Research die Wissens- und Informationsverarbeitung ständig verbessert werden, obwohl immer mehr analysierende Menschen immer mehr und immer schneller personalisierte Informationen hervorbringen, deren Wahrheitsgehalt oft gar nicht mehr oder nur schwer überprüfbar ist, ist mit der erschreckend geringen Halbwertszeit von Information nur ein Problem benannt, was den Handel mit Information erschwert. Ein weiteres und keineswegs weniger gravierendes Problem ist, dass ein »Herausfallen aus Informationsschleifen« zu Defiziten führt, die nicht mehr aufzuholen sind.

In diesen instabilen Umfeldern müssen Banken auch (oder gerade) durch Ausnutzen der Turbulenzen ihr Produktdesign betreiben. Um dabei attraktive Alternativen beim traditionellen Risikotransfer und neue Lösungen in der Risikofinanzierung anbieten zu können, gestaltet das Financial Engineering unter dem Stichwort »Integrative Finanzierungslösungen« die neu entstehenden Dimensionen im Risikomanagement durch den Einsatz von Derivaten. Risikomanagement heute handhabt mit den Derivaten ein »Sample« von maßgeschneiderten Problemlösungen. Da den Preis eines Derivats ein anderer Preis bestimmt, ist es das Credo modernen Risikomanagements, durch Derivate dem Risikoprofil von Investoren entsprechende Rendite-Risiko-Profile kostengünstig darzustellen. Stark vereinfacht ausgedrückt, kann man sagen: Es ist die Vielfalt der von den Marktzuständen abhängigen Preisbildung, wodurch Derivate gerade die inhomogene Produktgruppe sind, mit denen Investoren, je nach Einschätzung des Marktes, von Kursschwankungen bis hin zu Naturkatastrophen auf jede Art von Unsicherheit spekulieren oder sich dagegen absichern können.

Sieht man in Derivaten eine Versicherung, mit denen Investoren ihre Risiken über Finanzmärkte auch sehr individuell absichern können, hat das Risikomanagement somit das Ziel, durch die Bündelung und Neuverteilung von Risiken als integrative Problemlösungen kundenspezifische Risikopakete zu schnüren. Zuständig dafür, dass Investoren mit dem Griff zum Derivat die Gegenwart nicht unvorbereitet an eine riskante Zukunft binden müssen, ist die Finanzmathematik. Durch das Financial Engineering ist die Finanzmathematik die Antriebsfeder modernen Risikomanagements, weil sie mit der Stochastik das sehr ausgefeilte Instrumentarium zur Analyse des Zufalls bereithält. Das Resultat traditioneller finanzmathematischer Analyse ist das bekannte Kennzahlenuniversum, durch das Informationen der Vergangenheit zukunftsorientiert interpretierbar sind. Prominent in diesem Universum zur Risikofrühwarnung (nicht Risikofrüherkennung) sind »die Griechen« bei Optionen, die Duration bei zinstragenden Anlagen, das Beta bei Aktien und der Value at Risk.

Kontext: Die offene Flanke

Der komplizierten Berechnung und der komplexen Erklärung stochastischer Kennzahlen auf der einen Seite steht auf der anderen Seite ein vergleichsweise schlichtes Konstruktionsprinzip für die Sicht auf die Finanzmärkte gegenüber. Grob formuliert und nicht ins Detail gehend, könte man sagen, mit der Stochastik steht die moderne Finanzmathematik auf zwei Pfeilern. Der erste Pfeiler ist die zentrale Denkfigur der Stochastik selbst. Weil die Prinzipien der Stochastik mit den für »Göttlichen Willen« stehenden Losorakeln tief in den »Gut-Böse«-Weltentstehungsmythen der Antike verwurzelt sind, kommt hier die Münzwurfanalogie (Gut-Böse/Kopf-Zahl) ins Spiel. Der zweite Pfeiler ist die zentrale Denkfigur für den Blick auf die Finanzmärkte. Weil die (Standard)Finanztheorie zur Sicherung der Rechenbarkeit ihrer Ansätze annehmen muss, dass alle Finanzmarktereignisse aus den Kursverläufen ablesbar sind, kommt hier der Begriff der Informationssymmetrie ins Spiel.

Beides zusammen bereitet den Boden, um das Risiko an Finanzmärkten nach einer festen Regel zur Systematisierung und Interpretation von Information zu quantifizieren. Man hat mit den aus der Münzwurfanalogie gewonnenen so genannten Verteilungen die notwendigen Wahrscheinlichkeiten, durch die Beobachtung von Kursverläufen mit den so genannten Fundamentaldaten die Ereignisse und mit der Mathematik stochastische Optimierungskalküle an der Hand. Diese sichern, dass mit der Portfoliooptimierung als »State of the Art« die Summe aller diskontierten Dividendenausschüttungen den Wert einer Aktie bestimmt.

Dass so konstruierte Risikomodelle (und alle Risikomodelle sind so konstruiert) nicht allzu oft entgleisen, sollen von Mathematikern, Physikern, Informatikern und Ökonomen ständig verbesserte Prognosen sichern. Trotz der Erfolge, im grob gezimmerten Standardszenario der Informationssymmetrie durch immer raffinierter werdenden Formalismus die Vielfalt von Information (»mathematisch«) in den Griff zu bekommen, ist der in den Risikomodellen liegende Schwachpunkt nicht zu verkennen. Nimmt man die Realität an den Finanzmärkten als Richtschnur, könnte man sagen, dass das hyperaktive, digitalisierte Informationsgeflecht der Finanzmärkte sich nicht mehr so recht in das enge Gefäß der Informationssymmetrie pressen lassen will.

Wechseln wir das Bild, zeigt sich der Kern des Problems sofort: Es wird (zu) viel Sand in das Getriebe feinadjustierter Risikomodelle gestreut, wenn Nachrichtenlagen den Kontext von Investoren schneller verändern als der mit der Informationssymmetrie wohl definierte und vor allem durch stochastische Prinzipien stets gleich gebaute Kontext der Risikomodelle mit dem Messen der so genannten Fundamentalfaktoren nachgeführt werden kann. Dass das Messen von Fundamentalfaktoren dabei für das Auswerten von Nachrichtenlagen in hoch komprimierter Form durch einige wenige standardisierte Bewertungsroutinen (deshalb Fundamentalfaktoren) steht, sollten Marktteilnehmer stets bedenken, wenn ihnen Datenmaterial dank neuer Informationstechnologie praktisch in Echtzeit zur Verfügung gestellt wird.

Das Thema ist gesetzt

Im Risikomanagement, das am Shareholder Value orientiert ist, ist die Unbefindlichkeit der Risikomodelle beim Umgang mit Kontext ein prominent gestelltes Managementproblem. Die Performance des Risikomanagements steht für Value, den an hohen Renditen und nicht am Mitfinanzieren schlechter Risiken interessierte Investoren kritisch hinterfragen. Dabei ist die Beantwortung der Frage, wie gut die Wechselwirkung zwischen Praxis und Theorie funktioniert, sehr aktuell und schwierig. Für das an Kennzahlen orientierte Management ist die Frage brisant. Die Antwort auf die obige offene Frage ist nicht an den Research »nur« zu delegieren, hängt doch die Antwort de facto vor allen Dingen von der Qualität der Übersetzung der Anforderungen der Praxis durch das Management ab. Auch für den mit der stochastischen Denklogik kontextfixierten Research ist die Beantwortung der obigen Frage schwierig: Muss doch das Moment eine Rolle spielen, dass die Zeit (Beginn der 1970er-Jahre), in der das die Finanzmärkte bis heute koordinierende Black-Scholes-Prinzip zum Durchbruch kam, im Vergleich zu den heute instabilen Umfeldern eine Zeit vergleichsweise stabiler Umfelder war.

Dass im kalkulierenden Risikomanagement in der Tat nicht alles zum Besten steht, wenn das Tempo des Wandels zu hoch wird, zeigten in der Vergangenheit dann auch die Märkte scheinbar überraschend treffende Ereignisse. Die Verluste von Metallgesellschaft (Öltermingeschäfte), Orange County (hoch fremdfinanzierter Fondsanteil), Barings Bank (große offene Index Future Positionen) und Long Term Capital Management Fund (Arbitragegeschäfte) sprechen für sich selbst. In der Gegenwart steht ein Ereignis wie das WTC-Debakel allerdings schlicht für den

Super-GAU eines heute nur noch global zu betreibenden Risikomanagements, falls es »nur« auf dem Fundament der Stochastik steht. Diese Spielart von Risikomanagement werden wir im Folgenden als traditionelles Risikomanagement bezeichnen.

Zur Sache: Seit dem WTC-Debakel liegen zumindest zwei Gründe für die Probleme traditionellen Risikomanagements offen auf der Hand. Einerseits existieren für ein derart desaströses Ereignis wie das WTC-Debakel weder empirisch fundierte Eintrittswahrscheinlichkeiten noch Erfahrungswerte und Verteilungen über die Schadenshöhe. Andererseits führt ein solches Ereignis, das durch seine unkalkulierbaren Folgewirkungen durch politische, wirtschaftliche und gesellschaftspolitische Reaktionen ein unkalkulierbares Verbundereignis ist, aufgrund der Nachhaltigkeit diffuser Ängste mit der Zäsur im Sicherheitsverständnis von Informationstechnologie auch zu einer Zäsur im Risikoverständnis selbst. Auch mit diesen beiden (neuen) Facetten von Risiko muss modernes Risikomanagement differenziert umgehen können.

Dass sich in New York die Informationssicherungssysteme und die Realität scheinbar unerkannt entkoppeln konnten, strahlt mit den vielen offenen Fragen rund um die Frühwarnung im Großen dann in der Tat auch auf das Risikomanagement im Kleinen aus. Man bedenke zum einen: Im hoch automatisierten, routinemäßig betriebenen Risikomanagement wird in der Hektik des Tagesgeschäfts das Problematische des Zusammenhanges oft einfach verwischt (oder gar ignoriert), dass die quantitative Seite von Risiko zu beherrschen es erfordert, vorab die qualitative Seite von Risiko zu erklären, weil das Prognostizieren von Risiko alternative Outcomes voraussetzt, die klar definiert sind. Man bedenke zum anderen Folgendes:

▶ Kursverläufe, die heute betrachtet werden, sind als hoch komprimierte Informationen von gestern und vorgestern eingefrorene Informationen.

▶ Researcher, die in die Zukunft sehen wollen, müssen mit Risikomodellen in die Vergangenheit schauen.

▶ Risikomodelle unter dem Konstruktionsprinzip der Stochastik haben keinen Filter für die Befindlichkeit des Marktes, weil sie mit dem Münzwurf auf Experimenten gründen, die Outcomes im Sinne der Physik als richtig oder falsch deklarieren.

Hier ist das Wesentliche dieser Punkte nicht zu verkennen. Risikomodelle sind mit dem »State of the Art« der Finanzmathematik (Philosophie des Münzwurfs) für die Fragen des Managements von Risiken schlicht versiegelt. Selbst wenn in New York das Risikomanagement der festen und wohldefinierten Spielregeln (des Münzwurfs) durch ein Extremereignis zum Krisenmanagement der vom Kontext bestimmten flexiblen Spielregeln wurde, wurden in New York durch den Unterschied zwischen »Risikomanagement« und »Management von Risiko« dann auch mehr als nur Bürotürme zerstört.

Man muss bei den Ereignissen des 11. September 2001 von einem schweren Schlag gegen die (Standard)Risikophilosophie sprechen. Warum? In New York wusste man nicht, was man in Formeln einsetzen sollte, um mit den Formeln seine Schlüsse für die Zukunft aus der Vergangenheit zu ziehen. Überspitzt kann man auch wenig freundlich formulieren: Mit der Wahrscheinlichkeitstheorie kann man bestenfalls noch beim Roulettespiel gewinnen, trägt man der Tatsache Rechnung, dass ein Man-made-Ereignis, das in New York erstmalig die Dimension ähnlich einer Naturkatastrophe erreicht hat, mit Macht zeigt, dass die geheimnisvolle Blackbox »Mensch« im Großen (und im Kleinen) und nicht der geheimnislos physikalischen Gesetzen folgende Münzwurf die Grenzen flexibel für das zieht, was Risiko tatsächlich ist.

Seit den Ereignissen im Umfeld von New York ist für jedermann klar: In der Network Community, wo sich im Beziehungsgeflecht von Informationen beim Handel mit Informationen alles einander bedingt, gibt es ein ernsthaftes Erkenntnis- und Erklärungsproblem, wenn Risikomanagement nur kennzahlenorientiert ist. Man stellt fest: Von Informationstransfer angetriebene Risikogefüge sind im Großen und im Kleinen unkalkulierbar. In der sich gemäß Nachrichtenlagen konfigurierenden Risk Community ist die Zeit vorbei, wo sich die Performance des Risikomanagements mit dem massiven und breitflächigen Einsatz von hoch automatisierter Prognostik stillschweigend über die Verschiebung von Risikomanagement in Richtung der Optimierung des Normalfalls definieren kann.

Für die Notwendigkeit einer sich aus dem obigen Zusammenhang ergebenden »neuen« Sicht der Dinge liegen zumindest zwei Gründe auf der Hand: Zum einen heißt im Risikomanagement auch das Undenkbare zu bedenken, dass im Vorhinein das Undenkbare zunächst einmal auch zu denken ist. Zum anderen werden Ereignisse, die als unwahrscheinlich erscheinen, scheinbar immer weniger unmöglich, wenn diesen Ereignissen mit strategischen (willentlichen) Konzepten quasi Drehbücher zugrunde liegen, die nicht an Raum, Zeit und schon gar nicht an ihre Einmaligkeit gebunden sind. Mit dem Drehbuch von New York steht durch ein klar und langfristig angelegtes Zerstörungskonzept dann auch ein strategisches Ereignis gerade dafür, dass der im Risikomanagement so gefürchtete Begriff der Kontrollillusion (Scheinsicherheit) eine zusätzliche nur noch als dramatisch zu bezeichnende Verschärfung erfahren hat. Der Risk Community wurde bewusst, dass die Risiken ihrer Wetten auf die Zukunft sich daraus ergeben, dass die Bewährung des

Entwurfs (Risikopotenzial) nicht schon aus den Konstruktionsplänen des Entwurfs (Risikomodell) abgelesen werden kann. Dramatisch ist diese Veränderung schon deshalb, weil New York das Versicherungsprinzip dadurch sprengte, dass ein Schaden absichtlich, strategisch, herbeigeführt wird.

Der (Um)Bruch

Im Risikomanagement sind die Konsequenzen für kalkulierendes Verhalten dann gravierend, wenn etwas in einen Kontext zu stellen ist, was im Risikomanagement dadurch keinen Kontext hat, weil die Fantasie von Akteuren und nicht mathematische Gleichungen die Risikopotenziale bestimmen. Muss sich adäquate Risikoprophylaxe aber, am Shareholder-Value orientiert, auch darüber definieren, mit so genannten Phantomrisiken umgehen zu können, zu deren Wesen es gerade gehört, dass der Ausnahme- zum Normalfall und das Unerwartete zur Regel wird, weil keinerlei Präzedenzen existieren, steht hinter der schlichten Erkenntnis, dass Phantomrisiken keine Fantasierisiken sind, die Frage: Was versichern innovative Finanzprodukte (Derivate), wenn sie unter dem Stichwort »Nichtversicherbares wird versicherbar« als komplexe, integrative Finanzierungslösungen gerade das Auftreten von Turbulenzen in Informationsnetzen nutzen?

Seit New York ist die Frage, was Risiko in Informationsnetzen ist, nicht mehr rhetorisch. Damit müssen sich im globalen Risikomanagement die Aufbau- und Ablaufprozesse nicht nur anders, sondern auch schneller als gedacht verändern. Dabei wirkt die Attacke eines höchst unterkomplexen Angreifers auf eine höchst überkomplexe Informationsgesellschaft wie ein richtungsweisendes Menetekel. New York erfordert die intensive Auseinandersetzung mit neuen Modellen im Risikomanagement durch alternative Behandlungsmethoden für Risiken.

Dies erfordert neue Überlegungen und neue Praktiken, die im Lichte der bisher gewohnten und bequemen Risikophilosophie von Punkt und Komma ungewohnt, unbequem, zeitaufwändig und teuer sind. Eine sich »nur« an Kennzahlen orientierende Risikophilosophie muss mit der Gläubigkeit an die Standardanalytik auch sich selbst auf den Prüfstand stellen (können). Nicht nur weil die *Financial Times* schon am 25 Juni 2000 titelte: »Big Banks play Games of Brinkmanship«, gibt dies Anlass zu Fragen. Dabei ist die wichtigste im Risikomanagement zu stellende Frage: Werden die Risikomodelle selbst oder wird nur der routinemäßige Umgang mit Risikomodellen zum Risiko?

Abbildung 6.1 Risikomanagement heute? (Quelle: Berliner Wertpapierbörse)

(K)Ein Bedarf am Sand im Getriebe

New York steht für ein Spielfeld, auf dem viele Spieler mit jeder Menge Hardware und jeder Menge Software gegen einige wenige Spieler mit jeder Menge Mindware spielten. In diesem Spiel stand der Informations*symmetrie* (wo jeder alles weiß) mit der Informations*asymmetrie* (wo einige wenige oft alles wissen und der Rest dagegen nichts weiß) ein mächtiger Gegenspieler gegenüber. Das bekannte desaströse Spielergebnis stellt für globales Risikomanagement de facto und nachhaltig damit den Punkt höchst aktuell, dass auch die feinste mathematische und datenverarbeitungstechnische Ausstattung für kalkulierendes Verhalten sehr schnell versagen kann, wenn durch Informationsasymmetrie die verschiedensten Ausprägungen von People Risk im Spiel sind.

People Risk ist das Stichwort: Dass kein Prognosemodell das Risiko handhaben kann, das entsteht, wenn sich Informationsasymmetrie plötzlich oder schlagartig als Extremereignis entladen kann, ist ein sicherlich richtiges Argument. Es braucht nicht weiter zu beunruhigen, bleibt es (wie bei Naturereignissen) auf das Phänomen der in der Tat zufälligen Schlagartigkeit und der Einmaligkeit des Eintritts des Ereignisses beschränkt. Vulkanausbrüche, Erdbeben und Epidemien haben seit Anbeginn der Zeit das Leben der Menschheit mitbestimmt, es aber nicht gefährdet.

In Informationsnetzen wird die Sicht qualitativ eine andere. Man muss der Tatsache Rechnung tragen, dass Diffusion (Störung) in Informationsnetzen durch die bekannten Surprises und Turbulenzen nicht der Ausnahme- sondern der Regelfall ist. Hier ist durch den Handel mit Information im Regelfall Menschenwerk und nur im Ausnahmefall Naturgewalt im Spiel. Hier wird die im Risikomanagement notwendigerweise zu beantwortende Frage, woher Informationsrisiken im Einzelnen rühren und worin ihre Natur besteht, zum Problem. Warum? Mit der Unvorhersagbarkeit von People Risk ist die prinzipielle Unvorhersagbarkeit der Quelle von Risiko im Spiel. Anders ausgedrückt: In einer Community, in der Schlagworte wie Flexibilität, Geschwindigkeit und Sprunghaftigkeit die digitale Zukunft repräsentieren, die es zu gestalten gilt, wird es zum Problem, dass zu vieles, was beim dynamischen Vorwärtsrollen nicht auf Anhieb erklärbar ist, durch die sich phasisch überlagernde Dynamik oberflächlich überdeckt wird, um sich möglicherweise erst später als ein überraschendes Ereignis zu zeigen, auf das man durchaus schon früher hätte reagieren können – hätte man seine Ursachen routinemäßig nur früher erkannt.

Ja, mehr noch, nur weil auf höchst verdichtete Informationen (Kennzahlen) angewiesene global agierende Akteure nur noch selten global denken können, wenn sie im dornigen Terrain des Neuen bei sich verkürzenden Aktions-Reaktions-Zeiten einfach darauf angewiesen sind, sich ihre Wege mit wohlvertrauten Instrumenten zu schlagen, finden die bekannten Erklärungen von Experten und Praktikern wie »Das konnten wir nicht voraussehen« und »Das haben wir nicht gewusst« zu schnell überhaupt erst ihre natürliche Erklärung. Der Mythos »Risiko« findet hier seinen fruchtbaren Boden. Genau diese (mystischen) Erklärungen reichen aber nicht mehr aus, wenn es immer offensichtlicher wird, dass zur Sicherung der Rechenbarkeit eines Prognosemodells mit dem Ausblenden von People Risk das Eigentliche des Problems routinemäßig keine Rolle spielt, was die Rechenbarkeit des Prognosemodells gerade infrage stellen könnte. Damit ist aber klar: Zu schlicht sind die Erklärungen von Experten und Praktikern gestrickt, wenn Flexibilität, Geschwindigkeit und Sprunghaftigkeit durch Informationsdiffusion zum schlimmsten Feind von Informationssicherheit in von Information angetriebenen Netzwerken wird.

Ist ein Ereignis also möglicherweise nur deshalb eine Störung des Tagesgeschäfts, weil es unter einer herrschenden Messbarkeitslogik keine messbaren Vorläuferereignisse hatte, reicht es ganz offensichtlich nicht mehr aus, dass Ereignis (von New York) nachträglich gerade durch die Schlagartigkeit seines Eintritts in einer solchen Messbarkeitslogik zu wenig differenziert zu erklären. Das sich People Risk in New York mit aller Macht in das Bewusstsein der Menschen gedrängt hat, darf also nicht darüber hinwegtäuschen, dass People Risk auch im kleinen Alltäglichen keineswegs etwas Außergewöhnliches ist. Man muss feststellen: In der Informationsgesellschaft lauert People Risk unter dem Stichwort »Informations(un)ehrlichkeit« überall.

Schon Paul Watzlawiks Axiom »Man kann nicht nicht-kommunizieren« lehrt: People Risk ist allgegenwärtig. Man braucht (so wie wir) nicht viel von Psychologie zu verstehen, um das Wesentliche des Punktes nicht zu verkennen. People Risk entlädt sich im Regelfall nicht durch extreme Ereignisse, sondern schleicht sich im interaktiven Informationsgeflecht von Finanzmärkten und im Informationsportfolio der (Bank)Organisationen durch Organizational Freeze oder Organizational Distress über verdeckte Spielregelsysteme unter dem Deckmantel der bekannten Störungen der Routinen des Tagesgeschäfts eher heran, als dass es spektakulär auffällt.

Die unanschauliche Grenze

Zumindest seit New York muss es erschrecken, dass People Risk nicht überwacht werden kann. Im Kontext der Informationsasymmetrie eingebettete Ereignisse senden für im Kontext der Informationssymmetrie eingebettete stochastische Filtersysteme zu schwache Signale aus. Schlimmer noch, es muss sogar beängstigen, dass Risikomanagement in einer sich über den Handel mit Information überhaupt erst definierenden Network Community mit dem grob gezimmerten Szenario der Informationssymmetrie als Standardszenario damit routinemäßig aus systematischen Gründen zu einer zu schlichten Vorstellung über die wahre Natur von Risiko führt.

Diese Ängste sind begründet. Wir nennen einen triftigen Grund: In den hoch automatisierten und hoch mathematisierten Organisationsformen des Risikomanagements begründet nämlich das stochastische Konstruktionsprinzip (das man unter das Motto stellen kann »Es kann nicht sein, was nicht sein darf«) erst die so paradoxe Situation, dass sich Risikopotenziale sogar unerkannt vervielfältigen müssen. Warum? Man kann nicht für etwas sensibilisiert werden, was man nicht identifizieren geschweige denn messen kann.

Dass der blinde Fleck des Risikomanagements immer größer wird, weil Global Player immer stärker auf die Informationsversorgung durch Beziehungsnetze angewiesen sind, die umso unzuverlässiger arbeiten, je unzuverlässiger die Bewertung von Information wird, ist für die Finanzmathematik nicht neu. Neu ist dagegen, dass die Bankenaufsicht durch das noch zu verabschiedende Basel-II-Konzept als Antwort auf Schwächen im Aufsichtsrecht schon jetzt mit Nachdruck dafür sorgt, dass der blinde Fleck des Risikomanagements auch zum Bestandteil des Risikomanagements selbst wird. Sei es darum, dass durch die Veränderung von Regelungstiefen und Regelungsdichten ein neu geformter Analysekörper richtungsweisend für das Risikomanagement der Banken wird. Oder sei es darum, dass unter dem Motto »Gesprungen wird, wenn zu springen ist« Basel II dafür steht, dass sich die Performance globalen Risikomanagements durch die Umsetzung des Leitgedankens »Weg von Strukturen, hin zu Prozessen« nachprüfbar durch untrennbar mit Verhalten (People Risk) verbundene Qualitätssicherung definieren muss. Darauf ist im Risikomanagement zu reagieren. Die Frage ist: Wie?

Basel II ist das Stichwort: Innerhalb einer sich verändernden Rechtslage zu Ergebnissen zu kommen, die unter dem Rubrum »Qualitätssicherung« tiefer und weiter nicht nur in die Finanznetze, sondern auch in die Organisation der Banken hineinleuchten müssen, steht für gravierende Umbauten im Gebäude der Finanzmathematik. Geht es bildlich gesprochen bei Basel II aus Sicht der traditionellen Finanzmathematik um den Umgang mit dem Paradox, einen Frosch zu sezieren, um seine Organe zu studieren, ohne dabei aber gänzlich das Wesen der Kreatur zu zerstören, liegt ein Grund für radikales Umdenken auf der Hand. Man stellt fest: Basel II steht in der prospektiven Logik der Risikofrüherkennung, die nicht mit der retrospektiven Logik der Risikofrühwarnung zu verwechseln ist, in der traditionelle Risikomodelle eingebettet sind. Anders ausgedrückt, wird mit Basel II dem Risikomanagement das frühzeitige Erkennen bestandsgefährdender Risiken und die Verschmelzung von Risikoverantwortung und Businessverantwortung als erste Schritte in Richtung prozessorientierter Qualitätssicherung ins Stammbuch geschrieben, ist dem Risikomanagement damit auferlegt, mit der Erosion des traditionelle Risikomanagement fundierenden Prinzips der reaktiven Nachsorge umzugehen.

Letzteres ist keine Trivialität. Die Antwort auf die Frage des Warum? liegt auf der Hand. Sie lautet: Werden unter dem Rubrum »Qualitätssicherung« Entscheidungen durch eine »New Sense of Order« nach dem Verursachungs- und Verantwortungsprinzip tatsächlich in die Hände derer gelegt, die Risiken verursachen und zu verantworten haben, ist der mit Basel II im Risikomanagement vorprogrammierte Umbau in Richtung des Aufbaus von Problemlösungskapazität mit dem Potenzial zum Lernen keine Trivialität. Sei es darum, dass riskante Entscheidungen als solche zu akzeptieren sind und den Umgang mit ihnen einzuüben nicht nur ungewohnt, unbequem, zeitaufwändig und teuer, sondern auch konfliktträchtig ist, wenn nicht mehr dicke Bände zu Modellhistorien, gewichtige Regelwerke für Simulation und Hunderte von Strategiefolien das Äquivalent für das Entwickeln und Implementieren von Mechanismen sind, die sich auch mit der Realität verändern können. Oder sei es darum, dass die Zielsetzung von Basel II schlicht verfehlt wird, wenn bei dessen notwendiger Umsetzung nur auf raffinierte Informationstechnologie und nur auf mathematische Raffinesse gesetzt wird.

Wenn im modernen Risikomanagement nicht mehr blind zu sein gegenüber den Risikostrukturen, in denen man tatsächlich operiert, die Aufgabe ist, dann ist die Tatsache, dass keine Informationstechnologie und kein Standardmodell die höchst diffizile und kontextsensible Angelegenheit regeln kann, die Risikobereitschaft und die Risikotragfähigkeit aufeinander abzustimmen, schlicht das Problem.

Was ist Risiko?

Unter dem Diktum der für Offenheit und Selbstbezug stehenden Qualitätssicherungsphilosophie muss Risikomanagement unter dem Stichwort »Risikofrüherkennung« komplizierte Informationsgefüge mit von Umfeldern unabhängigen Methoden interpretieren können, um aktuelle Überblicke über Risikosituationen zu liefern. Reicht es nicht mehr aus, einen Pfeil nur in den Himmel zu schießen und die Zielscheibe dort aufzustellen, wo der Pfeil gerade landet, ist dies leichter gesagt, als es getan ist. Es stellt sich nicht nur die Frage: Wie macht man das? Es stellt sich mit Nachdruck auch die Frage: Wie lernt man das?

Ist das Verzerren von Information durch filternde Akteure das Problem und das Gewappnetsein gegenüber daraus resultierenden Eventualitäten die Aufgabe, deren Lösung erst die Werte schafft, ist eine vergleichsweise schon so einfach zu stellende Frage wie: Wann liegen Risiken im Kennzahlentrichter der Risikomodelle? nicht einfach nur schwierig, sondern oft auch gar nicht vollumfänglich zu beantworten. Liegen die Quellen von Risiken in der zunehmenden Turbulenz der Umfelder und ihrer wachsenden Unvorhersagbarkeit verborgen, liefert »Gambler's Fallacy« ein prominentes Beispiel dafür, dass es oft nicht ausreicht, Daten mit analytischen Funktionen zu interpretieren, um die ganze Breite des Spektrums der Zusammenhänge zu enthüllen, die Informationsrisiken bestimmen können: Es zeigt mit dem Verwechseln von unabhängigen und bedingten Wahrscheinlichkeiten nämlich den (Irr)Glauben an das Gesetz des Durchschnitts, wenn in den Wahrscheinlichkeiten einer Reihe von Ereignissen selbst dann ein Zusammenhang gesehen wird, wenn diese Ereignisse voneinander unabhängig sind.

Dass von Kennzahlen gesteuerte Akteure (Risikomanager) dabei im Nachhinein für ihre Irrtümer dann meist auch eine plausible Erklärung haben, steht seit dem WTC-Desaster für eine als besonders gefährlich zu bezeichnende (Verdrängungs)Variante der Kontrollillusion. Man muss sagen: Risikomanagement darf seine Augen nicht davor verschließen, dass es sich als Informationsmanagement in einem in der Zeitdimension eingebetteten tripolaren Spannungsfeld bewegt, welches die Eckpunkte Mathematik, Managementphilosophie und der Mensch als Verwalter und Gestalter von Umwelten aufspannen. Da der Mensch ein Risikofaktor mit Spielmacherqualitäten ist, Managementphilosophien die Wertigkeit von Aktivitäten festlegen und Risikoengagements heute kaum noch eingegangen werden, ohne dass zuvor eine ganze Reihe quantitativer Tests abgerufen wird, ist in diesem Bild das Synonym für qualitätsgesichertes Risikomanagement die Fähigkeit, die Konturen dieses Dreiecks frühzeitig zu erkennen. Um im Bild zu bleiben:

Es sind die Tücken der Mathematik rund um die Geometrie dieses Dreiecks, die nicht die Risikofrühwarnung (Prognose), wohl aber die Risikofrüherkennung (Antizipation) oft zu einer »Kunst« machen.

Gebrauchen wir das Bild des Dreiecks weiter. Vor dem bisher Gesagten hat es Erkenntnis- und Erklärungswert. Schon die mathematische Trivialität, dass in Dreiecken die Winkelsumme nur dann 180° ist, wenn die Geometrie des Dreiecks die wohlbekannte und vor allem auch einfach handhabbare Euklidische Standardgeometrie bestimmt, legt mit der für Menschen typischen Verhaltensweise, Situationen auf bekannte Situationen zurückzuführen, um sie mit einem wohl vertrauten Instrumentarium bearbeiten zu können, mit dem Problem der Verfälschung der Realität auch den Kern des Problems der Risikofrüherkennung offen.

Machen wir es kurz und wenig mathematisch: Ein Dreieck ist zwar ein Dreieck, aber nicht für jeden Betrachter muss die Winkelsumme des Dreiecks automatisch auch 180° sein. Ein Betrachter X könnte das Dreieck ja auf einem Tisch gezeichnet, auf einem Globus gemalt oder in ein Netz projiziert sehen. Man muss sich bei der Aufgabe »Dreiecksberechnung« nicht nur mit der möglichen Kompliziertheit der Mathematik, sondern auch mit der Komplexität der Sicht des Betrachters auseinander setzen. Es ist nach der Perspektive des Betrachters zu fragen. Anders ausgedrückt: Sind mit der Frage: Was sind die Informationen des Betrachters? Zusatzinformationen oder Kontextbezug der kritische Punkt, verlangt die Fähigkeit zu vollständigen Dreiecksberechnungen einerseits nach einer die euklidische Standardgeometrie umfassenden Mathematik und andererseits nach einer Klärung von Perspektive.

Übertragen auf das Risikomanagement hat dieses kleine Gedankenspiel seine gravierende Konsequenz: Muss nicht (aber kann) ein Standardkontext gelten, müssen Risikomodelle kontextsensibel sein, sollen sie auf die Vielfalt von Risiko zugreifen. Sind Dreiecksberechnungen also nur vernünftig zu regeln, wenn vorab mit der Frage: Was ist die Winkelsumme? auch die Frage: Was ist der Kontext? geklärt ist, liegt in diesem Bild die logische Konsequenz für das Risikomanagement auf der Hand. Hält Informationsvielfalt wie eine unsichtbare Dehnungsmasse die Finanznetze zusammen, greift (wie die Euklidische Geometrie für Dreiecke) die auch für eine Standardgeometrie der Informationsnetze stehende Denkschablone der Informationssymmetrie zu kurz, wenn die Frage zu beantworten ist: Welche Analysetiefe für Risiko steht für Qualitätssicherung?

Abbildung 6.2 Was ist die »richtige« Perspektive?

Der Weg ist das Ziel

Adäquate Risikoprophylaxe beim Anfertigen von Maßanzügen für Investoren durch integrative Finanzierungslösungen (Derivate) zu betreiben heißt, mit Kontextsensibilität umgehen zu können. Der Übergang von formaler Ordnung zu dynamischer Kontrolle erfordert die Integration von Unschärfen (Kontext) in mathematische Strukturen. Hier muss die Kritik von Karl Popper handlungsleitend sein, dass durch Ad-hoc-Theoretisieren die Kompliziertheit einer Theorie wegen abweichender Evidenz nicht ständig nur erhöht werden kann. Dabei ist der nachhaltigste Grund für den tief greifenden Wandel der Finanzmathematik folgender: In weder die Grenzen von Märkten noch die Grenzen von Unternehmen respektierenden Informationsnetzen ist zu begreifen, dass mit Ausnahme von Naturkatastrophen der Mensch in seiner Rolle als Informationsbroker als Träger von Risiken auch der Gestalter von Risiken ist.

Blaise Pascals Urteil »Der Mensch ist nur ein Schilfrohr, das schwächste in der Natur, aber ein Schilfrohr, das denkt« und die Worte, die Goethe seinem Faust in den Mund legte »Es irrt der Mensch, solang' er strebt« sprechen für sich selbst. Es wird unübersichtlich, wenn bei Vorhersagen der Mensch als Einflussfaktor ins Spiel kommt. Nicht anders ist es im Risikomanagement. Hier muss man sagen, dass es im Kennzahlenuniversum sehr schnell zu erheblichen Irritationen kommen kann, wenn die Ausgestaltung von Szenarien in Angriff zu nehmen ist, die so vielfältig sein können, wie es die von Interdependenz und Interessen angetriebenen evolutionären (ergebnisoffenen) Prozesse sind, die das Leben (Risiko) bestimmen.

Dabei wird das Credo einer Kennzahl, Risikopotenziale mechanistisch auf Punkt und Komma zu fokussieren, zur Krux, wenn zuerst die Frage, auf welchen Wegen Risikoträger von bekannten Positionen zu unbekannten zukünftigen Positionen gelangen, zu beantworten ist, um überhaupt erst die Frage, wie Risiko entsteht, stellen zu können. Ja, mehr noch, das notwendige Umgehen mit offenen Fragen muss die Wertigkeiten der aus einem geschlossenen Analysekörper abgeleiteten Resultate (Kennzahlen) sogar per se verschieben, wenn in diesem Analysekörper das differenzierte Stellen von Fragen zum Wesen von Risiko nicht möglich ist.

Hier bekommt Risikomanagement im Wandel seine mehr oder weniger schmerzhaften Konsequenzen. Sei es darum, dass der typischen Versuchung, das Unbekannte durch rigorose Modellbildung so lange zu reduzieren, bis Modelle routinemäßig rechenbar sind, nur dann ein Riegel vorzuschieben ist, wenn die Frage: Wie funktionieren die Denkprozesse, die Neues mit Bekanntem in Übereinstimmung bringen? routinemäßig in die Bewertungsroutinen des Risikomanagements eingebaut wird. Oder sei es darum, dass die für monokausale Modellbildung typische Sicht, dass die Kurse die gesamte verfügbare Information enthalten, schlicht zu kurz greift, wenn »Denken« intelligentes Informationsmanagement ist und multikausale Modellbildung für adäquate Risikoprophylaxe steht.

Letzteres ist das Entscheidende: Durch Basel II entscheidet gerade die Fähigkeit zur Beantwortung offener (qualitativer) Fragen darüber, ob das Neuaufstellen des Risikomanagements zum Bruch wird oder als Paradigmenwechsel »nur« ein geeignet zu organisierender Umbruch ist. Dabei kommt bei der Beantwortung der Frage: Wie sind evolutionäre Prozesse zielorientiert zu gestalten? die Spieltheorie ins Spiel. Ihre Denkfigur ist das »Spiel«, ihr Analysegegenstand ist mit dem Verhalten von Spielern die »Strategiedimension«. Der qualitative Sprung, den Spieltheorie in das Standardrisikomanagement trägt, liegt auf der Hand, wenn man der Tatsache Rechnung trägt, dass Strategie zunächst einmal eine spezifische Denkmethodik ist, die Erkenntnisse über eine Situation und bestmögliches Verhalten in der Situation in Beziehung setzt.

Grob formuliert ist die Sicht der Spieltheorie die folgende: Zur Beantwortung der Frage, was Risiko ist, werden Informationsgeflechte knüpfende Informationsträger als Spieler (Konkurrenten) um Information begriffen, wobei das Informationsrisiken verursachende Verhalten dieser Spieler in der für die Vielfalt von Kontext stehenden Strategiedimension seine mit der Spieltheorie analysierbaren Spuren hinterlässt. Dies ist ein angemessenes Bild, um in Informationsnetzen die Risiken in allgemeinster Form zu erfassen, wenn Informationsdiffusion durch die Bewirtschaftung von Information der Hauptfeind der Informationssicherheit ist.

Bleibt man im Bild des Kennzahlenuniversums, kann man sagen: Greift Spieltheorie, wird weiter in das durch Informationssignale verrauschte Universum hineingehorcht. Spieltheorie kann auch Signale herausfiltern, die für das starre Filtersystem traditioneller Risikomodelle zu schwach sind. Wir erinnern: Wird Risikomanagement unter der Denkfigur der Stochastik (Münzwurf) betrieben, weiß jeder Akteur alles (Informationssymmetrie), und als die Summe seiner Akteure verfügt nur der Markt selbst über die Fähigkeit und das Wissen, mit seinem Bewertungsapparat durch die rasche und effiziente Verarbeitung von Information seine Produkte auch präzise zu bepreisen. Mit anderen Worten: Im Standardszenario der Finanzmathematik spielt die tatsächliche Befindlichkeit (Nachrichtenlage) des Marktes keine

Rolle, weil es bei hochgradig informierten Akteuren (Nachrichtenoffenheit/Informationssymmetrie)) keine tatsächlichen Befindlichkeiten durch gegengelagerte Interessen (Nachrichtenmanagement/Informationsasymmetrie) gibt.

Auch die tatsächliche Befindlichkeit des Marktes durch das Hinterfragen von Kontext (Spielerverhalten) zu sehen, dafür steht Spieltheorie. Sie umfasst traditionelles Risikomanagement, so wie man in der Medizin je nach der wahrgenommenen Befindlichkeit des Patienten zur optimalen Diagnose und Therapie eindimensionale Verfahren wie EEG und EKG und mehrdimensionale Bild gebende Verfahren wie CT und MRT braucht. Das Auswahlproblem der richtigen Methode zum richtigen Zeitpunkt ist »das Elend der ärztlichen Kunst«. Diese Schranke gilt es beim Umgang mit Strategie nicht aus den Augen zu verlieren. Nichtsdestotrotz: Im Risikomanagement greift Spieltheorie durch das Überwinden der unterkomplexen Konzeptualisierung der traditionellen Risikomodelle am methodischen Dreh- und Angelpunkt moderner Risikoprophylaxe aus einer Vielzahl von Gründen. Wir nennen hier zwei.

Zum einen kann Spieltheorie mit dem Fokus auf das Verhalten von Risikoträgern gerade der Vielfalt Kontext schaffender und Kontext übergreifender Assoziationen folgen. Letzteres nicht zu können, ist das Manko traditioneller Risikomodelle, die aufgrund ihres Standardszenarios (Informationssymmetrie) eine eindimensionale Filterung sind, die nur in einer mit dem Standardszenario vordefinierten Richtung operieren kann. Zum anderen ist Spieltheorie als eine die Stochastik umfassende Netzwerkmathematik eine holistische, prozessorientierte und denkoffene Mathematik. Wenn auch nicht ad hoc, so doch »step by step« ist durch Spieltheorie dadurch der Paradigmenwechsel im Risikomanagement (Basel II) zumindest adäquat operationalisierbar, weil Spieltheorie die Standardanalytik der Finanzmathematik mit dem mehrdimensionalen Verhalten von Risikoträgern verzahnt. Was will der Investor? Was ist Informationsunsicherheit? Um vor diesen Fragen nicht per definitionem kapitulieren zu müssen, sind Referenzbeispiele dafür, dass im Risikomanagement Fragen, die mit Nachhaltigkeit auftreten und sich mit der Realität verändern, durch die Spieltheorie differenziert handhabbar sind.

Wege finden und Wege beschreiten können

Spieltheorie fragt stets: Was ist das richtige Spielmodell? Es ist das Credo der Spieltheorie, dass Spielmodelle anhand weniger Bausteine aus der Situation heraus zu entwickeln sind. In diesem Sinne sind Spielmodelle mehr als »nur« Modelle, die dadurch für Managementzwecke ausreichen, weil sie für eine problemfreie Umsetzung der Portfoliosicht stehen. In diesem Sinne sind Spielmodelle nicht Sollbruchstelle, sondern Dehnungsfuge, weil sie benutzerdefiniert Verhalten (Kontext) und Mathematik (Kontextanalyse) verzahnen. In diesem Sinne sind

Spielmodelle ein Kontext respektierendes und Kontext strukturierendes Prinzip, das Prognose von Zukunft (Frühwarnung) in das Antizipieren von Zukunft (Früherkennung) einbettet.

Dabei transzendieren Spielmodelle (wenn nötig) den statisch-physikalischen Kontext der Standardmodelle (Informationssymmetrie) durch Einbezug von dynamisch-verhaltensbedingten Kontext (Informationsasymmetrie) durch ein rechenbares Strategiekonzept. Dies liefert als Risiko(Spiel)Strategien integrative Finanzierungslösungen, die qualitätsgesichert sind, weil Spieltheorie die Freiheit der Entscheidung von Entscheidern respektiert. Dass eine erst zu findende strategische Lösung dadurch nicht immer schlank, performant und leicht durchsetzbar ist, sollte nicht überraschen. Ein japanisches Sprichwort sagt: »Das Gold liegt in den Köpfen der Menschen.« Eine strategische Lösung ist gerade dadurch eine integrative Problemlösung, weil sie (so gut es geht) zumindest zwei Fragen beantwortet hat. Nämlich: Wie kann man dieses Gold bergen? Und: Wie kann man dieses Gold vermehren?

In diesem Sinne ist eine spieltheoretische Lösung das Ergebnis strategischer (personengebundener) Analyse. Und im gleichen Sinne charakterisiert eine strategische Lösung im Generellen ihre Ergebnisoffenheit. Dies muss auch so sein: Ein Stratege kann eine Situation richtig einschätzen, muss es aber nicht. Ein Blick in die Geschichte zeigt das Wesentliche dieses Punktes, dessen Bedeutung im Risikomanagement das Behavioral Finance mit der Frage, ob sich eine Risikostrategie an Fundamentaldaten ausrichten oder auf die Psychologie des Marktes setzen soll, gerade als theoretische Alternative zum Standardrisikomanagement prominent stellt.

Heute akzeptieren Physiker mit der atomistischen Sicht eine Sicht auf die Natur, die im antiken Griechenland als eine philosophische Richtung beziehungsweise mystische Religion ohne jede Bestätigung durch Messung und Beobachtung entstand. Der Atomismus begann also sein Leben als eine philosophische Idee. Diese Idee hätte keinen der heutigen Tests bestanden, der festlegt, was im Sinne einer Messbarkeitslogik als exakt zu bezeichnen ist. Der Atomismus wurde dennoch zu einem Eckstein der Physik. Hier schließt sich der Kreis. Da es zukünftig immer mehr Finanzprodukte geben wird, die nach einem finanzmathematischen Standard X einen ähnlich unbegründeten Status haben werden wie die Atome im antiken Griechenland, ist Basel II in der die Entwicklung von Methoden und Ideen stets miteinander verzahnenden Strategiedimension umzusetzen. Dabei sind die Steuerungsimplikationen von Basel II mit dem folgenden Bild vergleichbar.

Man denke an ein Auto, auf dessen Teile man sich blind verlassen kann, wenn man sie nur richtig pflegt. So weit, so gut. Sich mit dem Auto aber im Straßenverkehr zu bewegen, bedeutet mehr. Das Verhalten des Fahrers und die Technologie bedingen sich gegenseitig, weil nur die Einhaltung der sich oft verändernden Verkehrsregeln durch die Verkehrsteilnehmer und die ausgereifte Automobiltechnik zusammen das Optimum an Verkehrssicherheit bestimmen. Sich nur auf die Technologie zu verlassen ist daher ein Fehler, den es zu vermeiden gilt. Für ein in dem Sinne zu verstehendes »Handle with Care« – dafür steht die Spieltheorie: Für nicht mehr – aber auch nicht für weniger.

Quintessenz

»Denken heißt überschreiten.«
(Ernst Bloch)

Aufsichtsrechtliche Verankerung von Risikomodellen stellt die Managementkomponente von Risiko prominent: ein Paradoxon für die traditionelle Finanzmathematik. Die Frage ist: Wie geht man damit um? Die Frage ist nicht: Wie löst man es auf?

7   Ein Big Picture entsteht

Das Schicksal mischt die Karten, aber wir spielen.

Artur Schopenhauer

Egal ob man aus dem Farbenspektrum des Sonnenuntergangs auf das Wetter schließt oder aus dem Gewirr von Börsennachrichten auf die Entwicklung der Börse spekuliert – der mäßige Erfolg der Prognose zeigt, dass sich der Zufall nicht so einfach in die Karten schauen lässt. Wie Janus hat nämlich auch der Zufall mehr als ein nur Gesicht. Dabei zeigt der Zufall dem Menschen sein freundliches Gesicht, wenn Erwartungen in dem Sinne fehlgeleitet werden, dass man etwas Schlechtes erwartet, aber etwas Gutes geschieht. Sein unfreundliches Gesicht zeigt der Zufall dem Menschen dagegen, wenn der umgekehrte Fall eintritt. Ja, mehr noch, als Gestalter der Zukunft »scheint« der Zufall oft sogar gar nicht so recht im Spiel zu sein, wenn etwas tatsächlich so eintritt, wie es der Mensch auch erwartet hat.

Die Spiele des Zufalls sind für den Menschen oft deshalb so undurchsichtig, weil nicht immer erkennbar ist, nach welchen Spielregeln der Zufall seine Spiele eigentlich spielt, wenn er selbst exakt geplante Handlungen mit einem ungewissen Ausgang versieht. Anders ausgedrückt zeigt der Zufall dem Menschen, dass man aus der Auswahl von aktuellen Informationen und dem Wissen der Vergangenheit nicht so ohne weiteres auf die Wahrscheinlichkeiten schließen kann, mit der dieses oder jenes Ereignis in der Zukunft dann auch eintreten wird.

Ist der Zufall aber gerade deshalb als ein Phänomen zu begreifen, weil in ihm umweltgestaltende Spielmacherqualitäten verborgen liegen, ist man beim Filtern von Information quasi in der gleichen Situation wie ein Angler, der beim Angeln in einem Karpfenteich zunächst einmal nicht erwarten kann, einen Lachs zu fangen. Fängt unser Angler doch einen Lachs, zeigt sich mit dem Eintritt dieses im Karpfenteichkontext unwahrscheinlichen Ereignisses nämlich gerade das wichtigste Merkmal der Spiele des Zufalls. Der Zufall respektiert keinen Kontext; er schafft Kontext.

Damit ist es nicht verwunderlich, dass der Zufall sich immer dann am deutlichsten als Überraschung ins Spiel bringen kann, wenn der Mensch vergessen hat, dass er es bei allem, was ihn umgibt, mit einer Vielzahl von Ereignissen und Erscheinungen zu tun hat, deren Ursachen er entweder nicht richtig versteht oder deren Entstehung er nicht richtig deutet.

Das Reich von König Zufall

»Die Weisheit beginnt damit, die Dinge beim Namen zu nennen«, lautet ein altes chinesisches Sprichwort. Ihm gebührt Aufmerksamkeit, wenn man sich auf den Weg macht, in »das Reich von König Zufall« etwas tiefer einzudringen. Ohne uns zu weit auf das Gebiet der Philosophie vorwagen zu wollen, kann man wohl sagen, dass dieses chinesische Sprichwort das Motiv dafür nennt, dass der Zufall die menschliche Fantasie schon immer in mehr oder weniger differenzierter Form beschäftigt hat.

Von seinen Anfängen bis heute hat der Mensch immer nach Denkfiguren zur Erklärung seiner Reinfälle beim Vergleich von Altem und Neuem gesucht. Er wollte dem Zufall auf die Spur kommen. Mit dem besseren Verstehen der Kapriolen des Zufalls als ordnungsstiftendem Prinzip sollte der Blick für die eigene Befindlichkeit beim Kampf in den verschiedensten Umwelten geschärft werden.

Dabei wurden in den im Vergleich zu heute doch recht stabilen Umfeldern der Antike die Erklärungen des Zufalls etwas schlicht bei den Orakeln gesucht. Der Zufall wurde von Orakelpriestern einfach als »Willen der Götter« interpretiert. In den dagegen instabilen Umfeldern der Gegenwart ist man einige Schritte weiter. Heute hat Prognostik »scheinbar« nur noch wenig mit den Orakeln der Antike gemeinsam. Heute sucht man Erklärungen für das Wirken des Zufalls in der Vielfalt komplizierter mathematischer Gleichungen, anhand derer der prognostische Sachverstand von oft allerdings auch orakelnden Experten die notwendige Orientierung bei schwierigen Zukunftsfragen liefern soll.

Im Reich von König Zufall

Erich Kästners Reim »Irrtümer haben ihren Wert, jedoch nur hie und da. Nicht jeder, der nach Indien fährt, entdeckt Amerika« beschreibt recht gut das Problem, wenn es um die Begrenzung der Kontingenz der Zukunft geht. Die Frage des Warum? ist schnell beantwortet. Die Antwort lautet: Es ist der Versuch des In-den-Griff-Bekommens der Offenheit der Mission des Christoph Kolumbus durch kalkulierendes Verhalten, das für die Schwierigkeit des Umgangs mit dem Problem steht, dass Ereignisse in der Zeitdimension in einem durch Wahrscheinlichkeiten gesteuerten Zusammenhang stehen, der nicht nur eindeutig erwartete, sondern auch mehrdeutige unerwartete Ereignisse erzeugen kann.

Wir geben ein einfaches Beispiel für das Problem kalkulierenden Verhaltens: Bei einer durch die Haustechnik gut gewarteten Immobilie wird nach dem Betätigen eines Lichtschalters der Raum sofort erleuchtet. Hier ist das zweite Ereignis (das Licht) ein eindeutiges Ergebnis des ersten Ereignisses (der Betätigung des Lichtschalters). Hier gibt es nichts zu kalkulieren.

Wirft man dagegen eine Münze, fällt entweder Kopf oder Zahl. Hier gibt es etwas zu kalkulieren: Das zweite Ereignis (die Münze zeigt Kopf oder Zahl) ist kein eindeutiges Ereignis des ersten Ereignisses (des Münzwurfs). Eine typische Fragestellung in der Welt des Münzwurfs ist dann auch die folgende. Man werfe eine Münze n-mal, bezeichne das Fallen von »Kopf« mit dem Wert 1 und das Fallen von »Zahl« mit dem Wert 0 und kalkuliere die Zufälligkeit der Folgen der Münzwürfe: A = (111 111 111 111 111); B = (1010 1010 1010 1010 1010) und C = (1011 0100 0110 1011 1110).

In diesem Münzwurfexperiment erscheint die schwieriger zu beschreibende Folge C als Ereignis zufälliger als die leichter zu beschreibenden Folgen A, B, obwohl alle Folgen trotz des unterschiedlichen Grades an Zufälligkeit die gleiche sehr geringe Wahrscheinlichkeit von 2^{-20} haben, sich zu realisieren.

Stellt man die Frage: Warum erscheint etwas zufälliger, als der Zufall es erlaubt?, wenn der Definitionsbereich mit den Ereignissen »Kopf/Zahl« doch als bekannt vorausgesetzt werden kann, steht unser kleines Münzwurfexperiment schon für das Verwirrspiel, das Zufall und Wahrscheinlichkeit beim gut durchschaubaren und in seinem physikalischen Ablauf auch gut verstandenen Münzwurf spielen können.

Stellt man Fragen zu Zufall und Wahrscheinlichkeit, wenn Definitionsbereiche als im Wesentlichen als unbekannt vorauszusetzen sind, ist man nicht mit Fragen von Stochastikvorlesungen, sondern in der Tat mit Fragen der Kalkulierbarkeit der Finanzströme auf den global interdependenten Märkte von heute befasst. Sei es darum, dass die Prozessabläufe im Risikomanagement einfach undurchschaubar sind, dass die Unterscheidung von vermeintlich sicherem, wahrscheinlichkeitstheoretischem Wissen und Nichtwissen kollabiert. Oder sei es darum, dass die Prozessabläufe im Risikomanagement einfach undurchschaubar sind, weil nur relative Klarheit herrscht, wenn Ereignisse unterhalb bestimmter Beobachtungs- und Nachweisgrenzen liegen.

Dass in den höchst instabilen Informationsgeflechten der Gegenwart etwas »nicht zu begreifen, schlicht Zufall zu nennen« eine Überlebensstrategie ist, sollte daher nicht verwundern. Aus der Vielzahl möglicher Gründe seien hier nur zwei Gründe stellvertretend genannt. Zum einen können in der sich über Telekommunikation und interaktive Informationssysteme in Echtzeit koordinierenden Network Economy nur noch Hochleistungsrechner dafür sorgen, dass Prognosemodelle die Komplexität der Transaktionen überhaupt handhaben. Zum anderen kann durch Informationsdiffusion die immer komplizierter werdende Natur der Finanzprodukte überhaupt erst entstehen. Denn nur durch die fortschreitende Entwicklung der Prognosemodelle sind Werte rund um die Welt und quer durch die Zeit erst so zu rekombinieren, dass Werte wieder aus Werten geschaffen werden.

Bestimmen die Risikogeometrie der Network Economy mit Nachrichtenlagen flüchtige Strukturen und ist die Zeit die Quelle von Wert, liegt es auf der Hand: Im globalen Spielkasino der Märkte führt mathematisch gedachtes Risikomanagement unter der Münzwurfmetapher schnell auf gefährliche Spielfelder. Das von Hermann Josef Abs schon in den stabilen Umfeldern seiner Zeit gefällte Urteil »Prognosen sind immer dann besonders schwierig, wenn sie in die Zukunft gerichtet sind« spricht auch in den instabilen Umfeldern von heute noch für sich selbst. Es ist gleichzeitig aber auch Warnung, wenn man es etwas passender reformuliert. Denn zu viel an struktureller Dynamik bleibt verborgen, wenn die Sicherheit des Entscheidens über die Zufälligkeit von Ereignissen zu eng mit der Unsicherheit sich realisierender Folgen von Münzwürfen verbunden ist.

Risiko: Die Chancen des Zufalls?

Das Einschalten des Lichts ist ein so genanntes streng determiniertes Ereignis. Trotz der gut verstandenen Physik rund um den Münzwurf ist der Münzwurf selbst dagegen ein zufälliges Ereignis. Mit Kopf oder Zahl sind zwar die zukünftigen Ereignisse des Münzwurfs alle vollständig aufgelistet (prä-determiniert), ihre Realisierung ist aber in dem Sinne zufällig, weil die Vielfalt der Ursachen, die ihre Realisierungschance bedingen, einfach nicht exakt genug beschreibbar ist. Mit anderen Worten liefert der Zufall im deterministischen Sinne keine kausalen Erklärungen. Der Zufall steht nicht für letzte Erklärungen, weil er stets auf noch nicht verstandene Anteile oder auf Ursachen verweist, die aus prinzipiellen Gründen nicht erfassbar sind.

Da der Münzwurf das Geheimnis seiner Realisierung nicht im Detail preisgibt, weil die Phänomene, die den Münzwurf bedingen, einfach zu komplex sind, muss man sagen: In ihren Alternativen aufgelistete Entscheidungen, die mit dem Ausgang des Münzwurfs gekoppelt werden, sind zunächst einmal nur Vorschläge, aus denen der Mechanismus »Münzwurf« erst dadurch eine Entscheidung macht, indem er auf diese Vorschlagsliste jenseits eigener kognitiver und praktischer Kontrollmöglichkeiten zugreift.

Es ist auf der einen Seite die Wahlfreiheit, sich dem Diktat des Münzwurfs zu unterwerfen oder nicht zu unterwerfen, und auf der anderen Seite die Unbestimmtheit des Ergebnisses des Münzwurfs. Beide sind dafür verantwortlich, dass man unter dem Regime des Münzwurfs durch die Delegation der eigenen Entscheidung ein bewusstes Wagnis eingeht. Unter der Spielregel »Münzwurf: Alles vorherbestimmt, aber doch nicht vorhersagbar« spielt man ein Glücksspiel. Hier gewinnt man seine Sicherheit zu Prognosen (und sein Vertrauen in Prognosen) über die zukünftigen Spielergebnisse ausschließlich dadurch, dass man in einer Spielsituation steht, die stets nach genau den gleichen Regeln abläuft, wenn man sie wiederholt.

Geht es um die differenzierte Auseinandersetzung mit der Frage, was Zufall, Chance und Risiko sind, gebührt der Begrifflichkeit des Spiels in der Tat Aufmerksamkeit. Warum? In seiner allgemeinsten Form steht das Wort »Spiel« nämlich zunächst einmal für eine offene Entwicklung von Entscheidungen, weil ein Spiel nur eine Worthülse für ein Szenario ist, in dem die verschiedensten Interessenlagen von Akteuren (Spielern) aufeinander treffen. Wie man es von den durch die Spielregeln bis ins Detail geregelten Gesellschaftsspielen her kennt, ist aufgrund der Ergebnisoffenheit von Spielen die Unsicherheit über den Eintritt von Spielergebnissen dann das, was man gewöhnlich Risiko zu nennen pflegt.

Hier ist das Wesentliche der Spielanalogie nicht zu verkennen: Risiko ist nicht etwas Abstraktes; Risiko ist etwas Natürliches. Ob Glücksspieler oder nicht, jeder Mensch ist stets ein Spieler, weil er nach dem Prinzip der Evolution mit dem Zwang zur Anpassung an sich verändernde Umweltbedingungen stets in irgendwelche Spiele unter Risiko eingebunden ist. Herrscht nämlich Unklarheit darüber, was ein Problem ist, wer etwas zu dessen Lösung beitragen kann, was eine Lösung ist und welche Ressourcen überhaupt zur Lösung benötigt werden, ist das Leben (Risiko) in der Tat nichts anderes als das Spielen einer Vielzahl von Spielen, hinter denen immer die Suche nach dem Übergang vom ungeregelten Nebeneinander oder Gegeneinander zum geregelten Miteinander steht.

Mit anderen Worten ist jeder Mensch auf der Bühne der Natur (Umwelt) ein Spieler. In der Antike konnte er um die Gunst der Götter spielen. In der Informationsgesellschaft von heute spielt er um (oder mit) Information. Dabei ist er in ein bipolares Aktionsfeld von »Risiko versus Chance« und »Risiko versus Sicherheit« eingebettet, das er kalkulierend gestalten muss.

Verantwortlich für diese Form der natürlichen Klassifizierung unseres irdischen Daseins ist der etymologische Kern des Wortes »Risiko«. Einerseits steht das altgriechische Wort »riza« für Wurzel und das arabische Wort »risc« für etwas göttlich Gegebenes. Andererseits steht das lateinische Wort »risco« für das Umschiffen einer Klippe und das frühitalienische Wort »risicare« für etwas wagen. Beides zusammen steht somit dafür, dass in einem Glücksspiel, das bekannterweise keineswegs immer unter dem Diktat des Münzwurfs stehen muss, zumindest zwei Klassen von qualitativ unterschiedlichen Risiken aufeinander treffen. Setzt man nämlich etwas göttlich Gegebenes mit dem Wort »Schicksal« beziehungsweise dem Resultat des letztendlich ergründbaren Münzwurfs gleich, sind wir in einer natürlichen Weise stets in von uns nicht beeinflussbare, aber für uns möglicherweise gefährliche Umwelten eingebunden.

Die Sicht wird eine andere bei der zweiten Risikoklasse. Eine Klippe zu umschiffen bedeutet nämlich gerade, dass wir durch unser Verhalten für einen Teil des Risikos selbst verantwortlich sind, das uns umgibt. Diesen Teil des Risikos können wir auch dann noch bewusst eingehen, wenn unser exaktes Wissen um das Seegebiet nicht schon dadurch riskant zu werden droht, dass wir bestimmte Umweltbedingungen (wie sie etwa der Wetterbericht nennt) ignorieren. Wollen wir erst gar nicht im Morast der Details und der Risiken von maritimem Routenmanagement versinken, können wir uns diesem Teil des von uns zu tragenden Gesamtrisikos aber auch entziehen. Wir brauchen uns den Gefahren einer Seereise erst gar nicht aussetzen beziehungsweise brauchen uns gar nicht erst an einem Glücksspiel beteiligen, das hier den Namen »Seereise« hat.

Kommen wir mit diesem etwas differenzierteren begrifflichen Arsenal noch einmal auf die Frage zurück, was Risiko ist, wenn es um das adäquate Kalkulieren der Risiken von Finanzströmen geht. Wir haben den rigorosen mathematischen Zugang zum Risikobegriff hier bewusst vermieden, weil Ungewissheiten mit so genanntem stochastischem Charakter mit der Denkfigur des Münzwurfs stets das exakt prä-determinierte Risiko aus der ersten der beiden oben genannten Risikoklassen quantifizieren. Betreibt man also Risikomanagement nach den Spielregeln der Stochastik, sind sämtliche denkbaren Zustände der Welt, welche die Handlungsmöglichkeiten beeinflussen könnten, in einem Risikomodell aufgelistet. Das Problem modernen Risikomanagements liegt auf der Hand. Bei von flüchtigen Informationsrisiken bestimmten Finanzengagements besteht die Gefahr, nicht den später eingetretenen Istzustand in einem stochastischen Risikomodell vorhergesehen zu haben.

Dem Zufall auf der Spur

Was ist Zufall? Was ist Risiko? Warum versagen Orakel? Dies sind sicher Fragen, die auch schon in der Antike in irgendeiner Form gestellt wurden. Auch damals wurden die Menschen von Naturkatastrophen wie sie Santorin, Herculanum und Pompeji trafen, schlicht überrascht. Vor dem bisher Gesagten haben wir es bei diesen offenen Fragen mit unscharfen Fragen aufgrund unscharfer Begriffe zu tun. Trotz alledem: Diese Fragen sind wichtig, weil sie einerseits die Vorstellungen über die Zukunft in irgendeiner Form konstituieren und andererseits aber auch wieder denknotwendig sind, um die Zukunft in irgendeiner Form überhaupt beschreiben zu können.

Halten wir den Ball flach und verzichten hier auf tiefere begriffliche Differenzierungen auf dem Spielfeld der Erkenntnistheorie. Wohl wissend, dass globales Risikomanagement beim adäquaten Umgang mit Risiken gerade auch in diesem Bereich durch qualifizierte Begriffsbildungen vorstoßen muss, wollen wir uns einer Beantwortung der obigen Fragen dadurch nähern, indem wir einen groben Blick auf die Geschichte werfen. Da Risikomanagement nicht wie das Universum von rationalen Gesetzen regiert wird und es deshalb im Risikomanagement schon aus logischen Gründen nicht die vollständige Menge von Gesetzen geben kann, die das Universum möglicherweise zur Gänze beschreiben, greifen wir bei unserem Blick in die Geschichte auch nur einige wenige Entwicklungen heraus, die beim Umgang mit der Zukunft eine aus unserer Sicht wichtige Rolle gespielt haben.

Verständlicherweise hat ein ordnungsstiftendes Phänomen wie der nicht vollumfänglich erklärbare Zufall die Fantasie und das Denken des Menschen schon immer beschäftigt. Dass mit der letztendlich unergründbaren Doppelung von Ereignissen facettenreich die Sicht darauf versperrt wird, was das Gestern über das Heute mit dem Morgen verbindet, hat bis in die Gegenwart in seinem Kern etwas Mystisches. Der Wunsch zu wissen, wie die Zukunft aussieht, ist daher so alt wie die Menschheit selbst. Dabei basierte das für die Welt der Antike und für die westliche Hemisphäre bis heute richtungsweisende griechisch-römische Denken auf dem Universalismus und auf der Logik des ausgeschlossenen Dritten. Es gab nur das »Entweder-oder« und nicht das »Sowohl-als-auch«.

Gilt das berühmte »tertium non datur« als eine für klare Verhältnisse sorgende geistige Maschine, kann es morgen nicht nieseln, weil es morgen nur regnen oder nicht regnen kann. Karikiert man diese Logik, die sich der Entdeckung der Mitte verweigert, könnte man sagen, dass die antike Welt zu Recht auch eine geografisch kleine Welt war. Warum? Es konnte aus rein logischen Gründen gar keine Menschen auf der Südhalbkugel geben. Denn wenn der Juli auf der Nordhalbkugel ein Sommermonat ist, kann er nicht gleichzeitig auf der Südhalbkugel ein Wintermonat sein. Bezogen auf unser Münzwurfexperiment bedeutet dies, dass es im Denken der Menschen, die in der antiken »Gut-Böse/Kopf-Zahl«-Denklogik stehen, schlicht und einfach nicht vorgesehen ist, dass beim Münzwurf ein Ereignis eintritt, bei dem die Münze auf die Kante fällt.

Man könnte sogar sagen, die Menschen, die in der Denklogik des Aristoteles stehen, müssen in natürlicher Weise vom Eintritt eines Ereignisses überraschend getroffen werden, das sich gerade wider der Denklogik des Aristoteles realisiert. Ein solches Ereignis ist, wenn es überhaupt vorausgedacht wird, bestenfalls ein seltenes oder unerwartetes Ereignis. Sein Auftreten ist nicht anzunehmen, da sein Eintreten nicht zu vermuten ist. Heute würde man sagen, dass das Ereignis »Die Münze fällt auf die Kante« sich mit einer sehr kleinen Wahrscheinlichkeit realisiert. Trotz dieser sehr differenzierten Denklogik, die bis heute die in der Mathematik dominierende Lesart für Phänomene rund um den Münzwurf ist, hatte in der Antike aber auch die Fantasie zur Erklärung des Zufalls ihren festen Platz. Als

Raum für nicht vollends erklärbare zukünftige Ereignisse durch schattierte Erkenntnisse in der Gegenwart stand der Zufall dann auch lange Zeit zumindest für zweierlei.

Wider die Götter?

Seit Anbeginn der Zeit ist der Zufall ein strittiges Objekt. Einerseits stand der Zufall für die Beschreibung des göttlichen Willens durch Losorakel oder Weissagungsorakel. Auch die antike Welt verfügte mit den Orakeln als Netzwerkknoten schon über ein Informationssystem, wobei sich der Steuerungsoptimismus des Menschen jedoch (noch) in Grenzen hielt. Der Grund dafür, dass der Handel mit dem Gut »Information« beziehungsweise der Handel mit dem Gut »Zeit« wenig ausgeprägt war, liegt auf der Hand. Die Unsicherheit der Zukunft wurde in der antiken Welt als unbeeinflussbarer Bestandteil der Ordnung akzeptiert.

Die Welt der Antike war vergleichsweise einfach und übersichtlich. Die Chance zur Gestaltung der Zukunft war durch den Menschen an die Götter delegiert. Ähnlich Politikern, Medien, Börsennachrichten und Computersystemen heute, fungierten die Götter als Herolde der Unsicherheit, die durch Hohepriester wie der in den attischen Bergen residierenden so berühmten Pythia ihren Willen prominent interpretieren ließen bzw an so berühmten Orten wie dem Apollon-Orakel in Delphi, dem Zeus-Orakel in Dodona oder dem Ammon-Orakel in der Wüste Libyens ganze Heerscharen von anonymen Analysten zur Offenbarung der Zukunft beschäftigten. Dabei spielte es keine Rolle, dass die Orakelpriester eine Sprache sprachen, die vom Volk nicht richtig verstanden wurde: Durch Hohepriester wurde dem Volk Respekt vor ihrer Autorität und blinder Gehorsam an die von ihnen verkündete Wahrheit abverlangt.

Andererseits stand aber auch schon in der Antike um die Zeit des 4. vorchristlichen Jahrhunderts der Umgang mit dem Phänomen des Zufalls für bestimmte Formen des Denkens »wider die Götter«. Es gab zumindest zwei konkurrierende philosophische Auffassungen, die richtungsweisend wurden. Durch ihre durchaus als differenziert zu bezeichnende Sicht auf das Diktum der Götter kann man in ihnen den Beginn der systematischen Suche nach einem brauchbaren Kompass für die Zukunft sehen. Man suchte nämlich nach Wegen oder Erklärungen, um durch das bessere Verstehen des Willens der Götter den Schleier, den diese über die Zukunft legten, zumindest ein wenig zu lüften.

Dabei setzte Demokrit das Zufällige mit dem Nichterkannten gleich. Er glaubte, dass die Natur in ihrer Grundlage streng determiniert sei. Nach Demokrits Lehre schufen die Menschen aus dem Zufall die Götter, um das ihnen innewohnende Unwissen zu verschleiern. Epikur vertrat dagegen die Auffassung, dass der Zufall der eigentlichen Natur der Erscheinungen innewohnt. Er glaubte, dass der Zufall objektiv ist. Nach Epikurs Lehre war die Angst vor den Göttern, aber auch die Hoffnung auf die Götter unbegründet. Die Götter lebten zwischen den unzähligen Welten und interessierten sich nicht für die Menschen.

Trägt man der Tatsache Rechnung, dass der Streit dieser beiden Prinzipien, die seit der Renaissance als Determinismus/Indeterminismus-Dichotomie dann untrennbar mit den Namen von Issac Newton und Jakob Bernoulli verbunden sind, erst die Quantenphysik zugunsten von Epikur entschied, ist es umso erstaunlicher, dass im antiken Griechenland trotz eines nicht voll ausgereiften Zahlensystems zur mathematischen Beschreibung der Umwelt mit einer Frühform unserer heutigen Arithmetik schon Olivenernten auf einen späteren Termin zu einem vorher festgelegten Termin verkauft wurden, Anfänge von Transportversicherungen existierten, Thales im sechsten vorchristlichen Jahrhundert auf der Grundlage astronomischer Berechnungen und gesammelter Daten der Babylonier eine Sonnenfinsternis exakt vorhersagte und Erathostenes im dritten vorchristlichen Jahrhundert die Kugelgestalt der Erde nachweisen und eine Gradnetzkarte der bewohnten Erde erstellen konnte.

Weit hat es die Welt gebracht seit den Tagen der Pythia

Ungültig wurde das Diktum des Aristoteles »Die Wissenschaft befasst sich nur mit Ursachen und nicht mit Zufällen« durch einen Briefwechsel, der ein natürliches Produkt der für die Menschen der Renaissance typischen Spielleidenschaft war. Dass die Zeit der Vorstellung einer absoluten Wahrheit endgültig zu Ende ging, lag an der im 17. Jahrhundert von Blaise Pascal und Pierre de Fermat geführten Korrespondenz zu mathematischen und moralischen Fragen über das Glücksspiel, die vom Chevalier de Méré zu einem Balla genannten Spiel gestellt wurden. Dabei verbarg sich hinter dem Balla-Spiel ein keineswegs neues mathematisches Problem. Es hatte seinen Ursprung im 15. Jahrhundert und ist eng mit dem Namen von Luca Pacioli, dem Erfinder der doppelten Buchführung, verbunden.

Dabei ist der Name »Balla-Spiel« irreführend, weil Pacioli in seinem Buch »Summa de Arithmetica, Geometria, Proportioni et Proportionalitá« mit der so genannten »Aufgabe mit den Punkten« ein grundsätzlich mathematisches Problem formulierte. Weil Pacioli mit seiner Aufgabe in seinem Kern schon das grundsätzliche Problem vorwegnahm, das sich auch bei der Optionspreisbewertung an den Finanzmärkten der Gegenwart stellt, lohnt hier ein flüchtiger Blick auf die Spielregeln. Zwei Spieler kommen in einem Glücksspiel mit einer Münze überein, so lange um einen Geldeinsatz zu spielen, bis einer von ihnen sieben Punkte (Runden) gewonnen hat. Es gibt ein Problem: Das Spiel muss abgebrochen werden, nachdem der eine Spieler fünf Punkte gewonnen hat, wohingegen der andere Spieler nur vier Punkte auf seinem Konto hat. Wie soll der Spieleinsatz zwischen den beiden Spielern fair aufgeteilt werden? Greifen wir dem Folgenden etwas vor und fassen die Konsequenz der Lösung dieser Frage (durch Pascal) unter dem Motto zusammen »Die Zeiten der Orakelsprüche waren vorbei; Zahlen wurden zur Basis aller Strategien.«

Der Briefwechsel zwischen Pascal und Fermat zum Balla-Spiel, veränderte dann auch entscheidend die Art und Weise, wie die Menschen mit der Zukunft umgehen konnten. Er markiert nämlich den Übergang vom Aberglauben der Losorakel und der Akzeptanz der Beherrschung der Zukunft durch göttlichen Willen zu einer differenzierteren Form der Zukunftsbewältigung. Die Entwicklung der Antike kehrte sich quasi um. Ein alter Menschheitstraum wurde wahr. Der Mensch konnte sich durch gezielte Aussagen über die Zukunft von der Ungewissheit befreien, weil er durch die Quantifizierung des Zufalls die Zukunft als Spielfeld entdeckte. Dies ist die gute Nachricht. Die schlechte Nachricht ist, der Mensch betrat ein schwieriges Terrain, weil er aus der Obhut der Götter quasi entlassen wurde.

Die Zeiten wurden unruhiger, weil die Zeiten des »Wasch mir den Pelz, aber mach mich nicht nass« vorbei sind, wenn sich die Menschen selbst per Kalkül ins Gehege kommen können. Mit der Lösung des Balla-Spiels konnte (musste) der Mensch mit dem Zufall nun eine im Prinzip ungerichtete, imaginäre Größe selbst handhaben, die zwar dafür verantwortlich ist, dass sich auf wundersame Weise das Zukünftige aus dem Gegenwärtigen und dem Vergangenen ergibt, in der aber dennoch so lange etwas Beruhigendes lag, wie alles mit dem Wirken der Götter auf eine gemeinsame Ursache zurückgeführt werden konnte, die man nicht einmal verstehen musste, weil die Orakelpriester den uralten, pseudoreligiösen Wunsch nach Gewissheit mit der Interpretation der Zukunft ja gerade befriedigten.

Mit der Quantifizierung des Schrittes von der Gegenwart in die Zukunft durch Pascal (und Fermat) wurde die Sicht auf die Zukunft und der Umgang mit der Zukunft sogar sehr plötzlich anders. Im Sinne Platons war jeder Mensch mit der Lösung des Balla-Spiels jetzt sein eigener kleiner Demiurg: Erscheint die Zukunft durch nachvollziehbare mathematische Regelmäßigkeiten als kalkulierbar bestimmt, lassen sich mit den eigenen Bildern von der Welt auch eigene Welten zusammenbauen. Der das Morgen quantifizierende Mensch konnte den Göttern sogar mehr als nur in die Karten schauen. Da zukunftsorientierte Entscheidungen ganz offensichtlich leichter fallen, wenn sie nicht nur als kalkulierbar, sondern auch noch als kontrollierbar erscheinen, wurde der Mensch sogar zum Mitspieler im Spiel der Götter.

Der Mensch wurde sogar zum Mitgestalter der Zukunft nicht nur für sich selbst, sondern auch für andere. Um mit William Shakespeare zu sprechen: Der Mensch wurde als Possenreißer im Reiche des Zufalls für seine Mitmenschen zu einem Risikofaktor mit Spielmacherqualitäten. Der Grund liegt auf der Hand. Der Mensch kann seine von Erfahrungen, Erwartungen und komplementären Neigungen angetriebenen endlichen Spiele im emotionslosen unendlichen Spiel der Götter nach Spielregeln spielen, die durchaus komplizierter sein können als die Spielregeln, welche die Orakelpriester für das Spiel der Götter seit Jahrhunderten zugrunde zu legen glaubten.

Die Nebel lichten sich

Für die entscheidende, die Zukunft mit der Gegenwart verbindende Frage des Chevalier de Méré, wie die Gewinnchancen von zwei Spielern verteilt sind, von denen ein Spieler bereits vorgelegt hat, hatten Pascal und Fermat eine aus heutiger Sicht überraschend einfache mathematische Lösung gefunden. Unter Einführung von Wahrscheinlichkeiten für die Realisation des Münzwurfs bestand sie aus dem Vorschlag der Aufteilung des Spieleinsatzes gemäß des zu erwartenden Gewinns beider Spieler.

In der Terminologie der Wahrscheinlichkeitstheorie würde man sagen, dass für die Aufteilung des Gewinns Erwartungswerte zu bestimmen sind, oder aber man würde sagen, dass das Risiko eines Glücksspiels als Wahrscheinlichkeitsverteilung des Gewinns definiert werden kann. Da mit der Lösung des Balla-Spiels durch Wahrscheinlichkeiten so etwas wie ein »Vielleicht« und ein »Wer-weiß?« zum Organisationsprinzip erhoben wurden, weil wahrscheinliche Wahrheiten nun in Zahlen ausgedrückt werden konnten, war der mit dem Vorschlag von Pascal (und Fermat) eingeleitete intellektuelle Sprung dann auch kühn. Erinnert sei nur daran, dass das schon in der Zeit des Römischen Imperiums verhängte Verbot von Glücksspielen von der Katholischen Kirche immer weiter verschärft worden war und noch Thomas von Aquin den Losentscheid nur bei Erbstreitigkeiten zur Beilegung oder Vermeidung von Konflikten billigte.

Lassen wir noch das Moment außer Acht, dass jeder zusätzliche Standpunkt nur dann richtige neue Einsichten bringt, solange sich der Betrachter darüber im Klaren ist, in welchem Bezugssystem er sich befindet und begreift, wie stark die Brille ist, durch die er schaut, wurde den Glücksspielern durch Pascal (und Fermat) mit einer quantitativen Technik eine seelenlose Kalkulationshilfe als Brille an die Hand gegeben, die keinen wahrsagerischen Charakter mehr hatte. Anders ausgedrückt: Mit der Lösung des Balla-Spiels war es nun möglich, unabhängig vom Ort und von der Zeit und unabhängig von der Lage von Knochen, der Form von Eingeweiden, dem Fall des Astragalus (frühe antike Würfelform) oder der Formationen des

Vogelflugs Risiko/Gewinn-Chancen vernunftgeleitet und mechanistisch abzuwägen. Die Konsequenzen für das tägliche Leben waren dann auch gravierend. Es liegt nämlich in der Natur des Menschen, Risiken einzugehen, die er steuern kann. Es liegt sogar in der Natur des Menschen, in der Zuversicht Risiken steuern zu können, sogar höhere Risiken einzugehen, als er es sonst gewagt hätte.

Es kam, wie es kommen musste. In den bewegten Zeiten der Renaissance, wo Entdeckungen gemacht und Kolonialreiche erobert wurden, die Astronomie im Geiste der Messbarkeitslogik von Galilei zum Höhenflug ansetzte und Kunst und Literatur auch schöngeistig das finstere Mittelalter endgültig überwanden, fiel dann auch der Mut zum Eingehen von kalkuliertem Risiko auf seinen denkbar fruchtbarsten Boden. Dass die Chance, neue Spiele mit neuen Karten zu spielen, dann auch reichlich ausgenutzt wurde, verwundert nicht. Der Ausfall der Götter als Bundesgenossen für Erfolg oder Misserfolg wurde ja mehr als kompensiert.

Warum? Durch die Mathematik war die Basis geschaffen, dass sich die kalkulierte Abwägung von Chancen und Risiken überhaupt erst zum Kern von Entscheidungsprozessen entwickeln konnte. Dass die Mathematik zum Bollwerk gegen alle Arten von Risiko wurde und der Aberglaube durch Wissenschaft ersetzt werden konnte, war dann auch ein wichtiger Meilenstein für die Entwicklung der Gesellschaft überhaupt. Ein Beispiel dafür liefert der so genannte aleatorische Vertrag, der den Tausch eines gegenwärtig sicheren Wertes gegen einen zukünftigen unsicheren Wert regelte. Er spielte im Wirtschaftsleben der Renaissance eine wichtige Rolle.

Risiken gehorchen Zahlen

Der Verbindung von Balla-Spiel und aleatorischem Vertrag kommt eine richtungsweisende Bedeutung zu. Hier hat das Standardparadigma des Risikomanagements von heute seinen Ursprung. Man kann sagen: In einem Entscheidungskalkül wurde das Risiko von Wetten auf die Zukunft per Münzwurf und das Risiko von Wetten auf die Zukunft in einem wirtschaftlichen Kontext miteinander verbunden.

Zur damaligen Zeit war dies eine epochale Erkenntnis. Auch das oft mühsame Ertasten der Zukunft, wenn es um die Einschätzung des Verhaltens von Vertragspartnern und das Einschätzen von Nachrichtenlagen geht, mutierte plötzlich zu einer als Formel erfassbaren, überschaubaren Größe, die immer Resultate lieferte, wenn man nur den Bauplan der Formel respektierte. Die dahinter stehende Überzeugung, die Entwicklung der Welt sei generell durch die Mathematik berechenbar und durch den Menschen auch beherrschbar, war nicht nur zutiefst tröstlich, sondern auch inspirierend. So verwundert es nicht, dass sich in der Folgezeit immer mehr die Überzeugung durchsetzte, man sollte Risiken jedweder Art mit abstrakten Methoden kalkulieren.

Die Ergebnisse dieser Form des Umgangs mit der Zukunft, die unter der Denk-schablone des Münzwurfs nicht nur ein Konzept für die Berechnung von Risiken lieferte, sondern auch das Konzept für die Überprüfung von Risiken gleich mitlie-ferte, sind dann auch beeindruckend. Man kam durch Pascal und Fermat in der Renaissance nämlich in den Besitz einer universellen Methode, mit der man bis heute zum einen vorhersagen kann, was geschehen wird, wenn ein Satellit in den Weltraum geschossen wird oder eine Kugel eine schiefe Ebene herunterrollt. Zum anderen kann man mit derselben Methode aber auch Projekte anhand von Umsatzrendite, Kapitalrendite und interner Rentabilität vergleichen und die Ent-wicklung von Aktienkursen, Wechselkursen und Returnverteilungen vorhersagen.

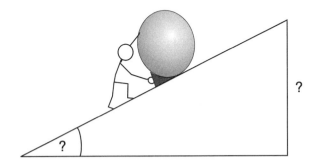

Abbildung 7.1 Den Winkel nicht vergessen!

Der lange Marsch beginnt

Verantwortlich dafür, dass mit der nicht mehr notwendigen Berufung auf den Wil-len der Götter für den Menschen letztendlich auch die Zeit einfacher Antworten vorbei war, war Jakob Bernoulli. Er führte die pascalsche Mathematik der Würfel-spiele, die »Alea Geometria« nämlich schon kurz nach dem Erscheinen von Pas-cals Buch aus dem Glamour der Spielsalons heraus. Mit Bernoullis »Ars Con-jectandi« erschien nämlich das erste Lehrbuch der Stochastik. Gemäß des etymologischen Kerns des Wortes Stochastik »griechisch: Stochazomai – zielen, vermuten, erraten« wurde aus der pascalschen Mathematik der Glücksspiele nun die Kunst des Vermutens.

Bezeichnen wir mit dem Begriff der Wahrscheinlichkeit einfach das Maß des Ver-trauens für den Eintritt von Ereignissen (Zufall), das für die quantitative Erfassung von Unsicherheit steht, und verstehen unter dem Begriff des Zufalls einfach nur eine Worthülse, die für die Beschreibungskomplexität einer Situation steht, war das Entscheidende, dass Bernoulli schon die Möglichkeit sah, Wahrscheinlichkei-ten a posteriori aus statistischen Daten zu bestimmen. Dies lieferte mit dem Bern-oullischen Gesetz der großen Zahlen, das die empirische Häufigkeit mit der the-oretischen Wahrscheinlichkeit verknüpft, den ersten Baustein für Prognosen.

Dass Bernoulli selbst schon darauf hinwies, dass wohl sehr viele Experimente (Münzwürfe) notwendig sind, um in einem stochastischen Kontext befriedigende Aussagen treffen zu können, ist aufgrund der gegenwärtig kontrovers geführten Diskussionen über das Risikomanagement eine Bemerkung, die nicht nur aus mathematischer Sicht als notwendig erscheint. Dass dahinter stehende Problem, das in seinem Kern mit dem Hinterfragen des Erkenntnis- und Erklärungswertes des Balla-Spiels auch das Standardparadigma des Risikomanagements mehr als nur hinterfragt, wird uns im Folgenden als so genanntes Messbarkeitsproblem immer wieder beschäftigen (müssen).

Folgen wir weiter unserer Chronistenpflicht, stoßen wir kurz nach dem Erscheinen von Jakob Bernoullis Lehrbuch auf den Namen von Thomas Bayes. Er sorgte mit dem nach im benannten Bayes-Theorem nämlich dann dafür, dass sich bessere Entscheidungen durch die mathematische Verknüpfung von neuen mit alten Informationen erreichen lassen. Mit diesem Theorem wurde dann auch ein zweiter Baustein dafür geliefert, dass aus der seelenlosen Kalkulationshilfe von Pascal (und Fermat) schließlich ein vernunftgeleitetes Risikokalkül werden konnte.

Der Drang des Menschen, durch Messen und Kalkulieren die ehemals dem Wirken der Götter vorbehaltene Ordnung der Welt zu erschließen und zu beeinflussen, war mit dem Fortschritt der Mathematik nicht mehr zu stoppen. Wo viel Licht ist, ist bekanntlich aber auch viel Schatten. Kein Geringerer als Isaac Newton, der als einer der Erfinder des Differenzialkalküls die ganze Breite der Mathematik seiner Zeit wohl perfekt beherrscht haben dürfte, liefert ein prominentes Beispiel dafür.

Mit dem Namen von Newton lässt sich nämlich der Sachverhalt verbinden, dass schon sehr früh erkennbar wurde, dass Pascal (und Fermat) das Rad nicht neu erfunden hatten, sondern nur die Voraussetzung dafür schufen, dass Rad schneller zu drehen. Die bedingungslose Anwendung des mathematischen Kalküls war nämlich auch mit ganz neuen Formen von Unwägbarkeiten verbunden. Diesem Typ von Unwägbarkeiten, den man durchaus als »Problem des Umgangs mit Zahlen, Information und Kontext« bezeichnen kann, fiel Newton gerade zum Opfer. Als leidenschaftlicher Börsenspekulant verlor er in der Südseespekulation am Anfang des 18. Jahrhunderts nämlich einen Großteil seines Vermögens. Es ist seine Erklärung dafür, die aus heutiger Sicht interessant ist. So soll Newton gesagt haben »Die Bahn der Himmelskörper kann ich auf Zentimeter und Sekunden berechnen, aber nicht, wie eine verrückte Menschheit die Börsenkurse in die Höhe oder Tiefe treiben kann.«

Die richtige Kurve kriegen

Einen dritten wichtigen Baustein für die Entwicklung der Formen der Prognosen, wie wir sie heute kennen, lieferte Abraham de Moivre. Er entdeckte im 18. Jahrhundert die Normalverteilung, die nach seinem Tod durch Carl Friedrich Gauß mit der Entwicklung der Fehlerausgleichsrechnung zum Standardinstrument der Wahrscheinlichkeitstheorie wurde. Vor dem Hintergrund der Diskussionen im Umfeld von Basel II lohnt im Zusammenhang mit dem Namen de Moivre die Erinnerung, dass man das Wort »Doctrine« im Titel seines Buches »The Doctrine of Chance« durchaus mit Dogma übersetzen kann. Die Tatsache, dass jegliche Form von Dogma an sich schon den Samen seiner eigenen Vernichtung in sich birgt, weil Dogmen Versuche sind, gewonnenes Wissen unwiderruflich und als allein gültige Gesetze niederzuschreiben, wollen wir als mehr als nur eine Randbemerkung verstanden wissen.

Die Normalverteilung und die Brownsche Bewegung, die als so genannter stochastischer Prozess quasi das dynamische Pendant der Normalverteilung ist, sind der heilige Gral des Risikomanagements heute. Man muss sagen: Die Bestimmung ihrer Parameter wird zum alles bestimmenden Prinzip erhoben. Dabei erscheint die typische Glockenform der Normalverteilung wie aus dem Nichts, wenn man unendlich oft eine unendlich lange Reihe von Münzwurfexperimenten durchführt und dann etwa grafisch darstellt, wie oft sich dabei eine bestimmte Anzahl von Kopfwürfen ergeben hat. Dass die mathematisch gut (»einfach«) handhabbare Normalverteilung die Allzweckwaffe der Stochastik (des Standardrisikomanagements) ist, hat eine Vielzahl von Gründen. Zu nennen ist: Ihre Geometrie wird schon durch die beiden Kennzahlen »Erwartungswert/Varianz« vollständig beschrieben. Dabei charakterisiert der Erwartungswert die Verteilung einer Zufallsgröße durch ihren mittleren Wert. Die Varianz charakterisiert als ein so genanntes höheres Moment der Verteilung deren Streuung um den Erwartungswert.

Die überschaubare Konstruktion der Normalverteilung ist das Entscheidende: Im Grunde genommen begründen zwei Eigenschaften ihre Prominenz, wenn es darum geht, mit den Mitteln der Stochastik die Zukunft in den Griff zu bekommen. Zum einen sind mit der Normalverteilung durch nur zwei Parameter auch komplizierteste Dinge durch Glockenkurven in einer eleganten Schlichtheit formal beschreibbar. Dies macht mit der Normalverteilung auch die Zukunft zu einem mathematisch gut handhabbaren Objekt. Zum anderen steht die Normalverteilung dafür, die Komplexität unserer Welt in stochastisch gut überschaubare Muster zu übersetzen. Dies begründet das probate Mittel, Probleme durch Verdichten, Bearbeiten und Schleifen so zu präparieren, bis sie die richtigen (normalverteilten) Informationen liefern.

Nimmt man das benutzerfreundliche Profil der Normalverteilung auf der einen Seite und trägt auf der anderen Seite der Tatsache Rechnung, dass die Normalverteilung auch in völlig unerwarteten (nicht auf den Kontext der Natur bezogenen) Situationen auftaucht, verwundert es nicht: Die Normalverteilung wurde schon mit ihrer Entdeckung für allgegenwärtig gehalten. Die Eigenschaft ihrer zumindest in einem naturwissenschaftlichen Kontext nicht strittigen allgegenwärtigen Präsenz machte die Normalverteilung dann im 18./19. Jahrhundert sogar zu einer von Gott gegebenen Größe. Da die (Standard)Finanzmathematik heute eine moderne Wahrscheinlichkeitstheorie ist, liegt die Bedeutung der Normalverteilung auch für das Risikomanagement auf der Hand. Wir nennen zwei Gründe: Einerseits scheinen die Kurse von Wertpapieren durch ihr Up/Down (Kopf/Zahl) auf einem wohl präparierten so genannten effizienten Markt in der Tat der Normalverteilung zu folgen. Andererseits liefert die als Wurzel aus der Varianz definierte Standardabweichung das zentrale Risikomaß auf den Finanzmärkten.

Dass Risiken nur dann (und nur dann) normalverteilte Zufallsgrößen sind, wenn Ereignisse erstens gleich verteilt und unabhängig voneinander sind und dass zweitens Wahrscheinlichkeitsmaße zwar zufällige Ereignisse bewerten, aber der Begriff der Wahrscheinlichkeit keinesfalls identisch mit dem Begriff des Zufalls ist, ist wieder einmal mehr als eine aus mathematischer Sicht nur notwendige Bemerkung, wenn heute über Risiko diskutiert wird. Diese Bemerkung hat die Wirkung von Essig im süßen Wein. Der Grund liegt auf der Hand, man denke nur an das Pricing von Derivaten, die im Regelfall ja so konstruiert sind, dass unter sonst gleichen Bedingungen der Kurswert des Derivats stärker schwankt als der Kurswert der zugrunde liegenden traditionellen Vertragsform, aus der sie abgeleitet sind.

Wir wollen hier nicht zu viel Mathematik im Umfeld der Axiomatik der Wahrscheinlichkeitstheorie betreiben und nur bemerken: Bei Derivaten können die Kurse beider Vertragsformen für sich genommen durchaus mit der Denkschablone des rückwärtsgewandten, unendlich oft wiederholten Münzwurfexperiments korrespondieren – müssen es aber nicht. Man bedenke nur: Als so genannte komplexe, integrierte Finanzierungslösungen sind Derivate auch für Investoren maßgeschneiderte Problemlösungen, die oft gerade dadurch keine Datenvergangenheit haben, weil klassisch nicht versicherbare Risiken in Finanzmarktlösungen einbezogen werden.

Mit anderen Worten versagt bei singulären Ereignissen die Abzählmethode mit der Münze. Man kann sogar streiten, ob bei den so genannten integrativen Finanzierungslösungen überhaupt noch von Wahrscheinlichkeiten gesprochen werden kann. Die Schärfe des Problems des Fehlens stochastisch messbarer Vergangenheiten bei innovativen Finanzprodukten bringt dann auch Karl Jaspers auf den Punkt, indem er urteilt: »Alles Schöpferische ist unvorhersehbar.« Ist ein Finanzprodukt ein innovatives Finanzprodukt, können einfach zu viele Ereignisse wider die Normalverteilung entstehen.

Fragen zum Zufall beziehungsweise zum Risiko sind auch vor dem Hintergrund der auf Demokrit und Epikur zurückgehenden Dichotomie zu stellen. Denn was ist Risiko? Ist Risiko ein zufälliges Ereignis, das stets nur für den Betrachter zufällig ist, oder gibt es auch nichtkausale Ereignisse, die spontan auftreten, weil sie keine messbaren Vorläuferereignisse ankündigen? Welche Art von Zufall hat Friedrich der Große wohl gemeint, als er 1773 an Voltaire die Zeilen schrieb: »Je älter man wird, desto mehr überzeugt man sich davon, dass seine Heilige Majestät der Zufall drei Viertel aller Geschäfte dieses armseligen Universums besorgt.«

Quintessenz

»Logik ist der Versuch, nach einem von uns gesetzten Seins-Schema die wirkliche Welt berechenbar zu machen.«
(Friedrich Nietzsche)

Bei Standardmodellen ist das Bild der Realität das Bild des Münzwurfs; an Finanzmärkten, wo sich die Halbwertszeit von Erfahrungswerten und Handlungsweisen immer schneller verkürzt, ist de facto die Frage zu beantworten: Was ist die Halbwertszeit der Risikomodelle?

8 Ein Big Picture auf tönernen Füßen

Es kommt nicht darauf an, die Zukunft zu wissen, sondern auf die Zukunft vorbereitet zu sein.

Perikles

Warum bergen die für die Finanzmathematik keineswegs neuen Erkenntnis- und Erklärungsprobleme im Umfeld der Modellbildung gerade heute Zündstoff? Die Antwort liefert nicht etwa schon die alte Erkenntnis von Carl Friedrich Gauß »Man darf nicht das, was uns unwahrscheinlich und unnatürlich erscheint, mit dem verwechseln, was absolut unmöglich ist«, sondern vielmehr das am 1. Mai 1998 in Kraft getretene Gesetz zur Kontrolle und Transparenz im Unternehmensbereich (KonTraG) und der New Basel Capital Accord von 2001.

Unter dem Rubrum »Basel II« steht der New Basel Capital Accord wie eine Großbaustelle in der Bankenlandschaft, auf der die Bausteine für ein sicheres und gesundes Bankensystem gerade einmal erst angeliefert sind. Der Inhalt von Basel II ist eine differenzierte Weiterentwicklung von Basel I aus dem Jahr 1988. War Basel I, das durch eine Änderung des Kreditwesengesetzes im Jahr 1992 durch § 10 KWG umgesetzt wurde, noch ein weltweites Regularium der Eigenkapitalquote, steht Basel II für mehr.

Basel II bezieht sich explizit auf die Risikomessung, Risikomethode und Risikosteuerung bei der Kreditvergabe, was je nach Rating des Kreditnehmers Auswirkungen auf die Eigenkapitalquote des Kreditinstitutes hat. Unter dem Stichwort »Revision der Eigenmittel für international tätige Banken« und dem Ziel »Verbesserung der Insolvenzvorsorge der Kreditinstitute« wird mit Basel II das risikoadäquate Pricing bei der Kreditvergabe (das Festlegen der Kreditkonditionen) von dem Risikoprofil des Kreditnehmers abhängig gemacht. Basel II ist nicht das Ende der Entwicklung in Richtung weiterer Schritte bei der Organisation des Finanzsystems. Es ist lediglich als ein Provisorium gedacht. Basel III und Basel IV sind schon im Gespräch, obwohl schon jetzt die noch nicht endgültig getroffene Festlegung der Parameter von Basel II kontrovers und brisant in Bankenkreisen und in der Öffentlichkeit diskutiert wird.

Eng verknüpft mit diesen aufsichtsrechtlichen Veränderungen ist auch der Paradigmenwechsel im Management. Es postuliert unter dem Rubrum »Wertorientierung« das Ziel »Weg von Strukturen und hin zu Prozessen«. Auch dieser Facette von Veränderung können sich die Banken nicht entziehen.

Alles zusammen steht für komplizierte Veränderungen im Risikomanagement. Da in der Informationsgesellschaft von heute das Risikomanagement im Kleinen untrennbar mit dem globalen Risikomanagement im Großen verknüpft ist, wird durch die Ereignisse des 11. September 2001 die zu bewältigende Aufgabe »Risikomanagement« zu einem komplexen Steuerungsproblem. Warum? Die bisher gekannten Fehlschüsse des Risikomanagements sind mathematische Kuriositäten im vergleichsweise Kleinen, wenn man sich mit dem WTC-Desaster das zurzeit denkbar größte (Un)Denkbare vor Augen führt.

Neue Spannungsfelder

Das KonTraG sieht neben Änderungen in den verschiedensten Gesetzen auch Änderungen im Aktiengesetz (AktG) und im Handelsgesetzbuch (HGB) vor. Im Speziellen lautet § 91 Abs. 2 AktG nun: »Der Vorstand hat geeignete Maßnahmen zu treffen, insbesondere ein Überwachungssystem einzurichten, damit den Fortbestand der Gesellschaft gefährdende Entwicklungen früh erkannt werden.« Im Regierungsentwurf zur Gesetzesbegründung steht als Ziel: »(....) eine stärkere Problemorientierung der Prüfung zu erreichen und den Aufsichtsräten eine bessere Beurteilung der Tätigkeit zu erlauben.« Dabei wird die Verpflichtung des Vorstands zum Ausdruck gebracht, für ein angemessenes Risikomanagementsystem und für eine angemessene interne Revision Sorge zu tragen. Um diese Verpflichtung auch zu dokumentieren, ist gemäß § 289 Abs. 1 HGB im Lagebericht und nach § 315 Abs. 1 HGB im Konzernlagebericht zukünftig »(....) auf die Risiken der künftigen Entwicklung einzugehen«.

Auf einen kurzen Nenner gebracht, kann man sagen: Die Auseinandersetzung mit den Begriffen von Risikomanagement- und Überwachungssystem steht für die Aufgabe im KonTraG-Risikomanagement. Dies ist eine Aufgabe, die weder einfach zu beschreiben noch einfach zu lösen ist. Sei es darum, dass bei komplexen Aufgaben der Umgang mit diesen umstritten ist und Lösungsvorschläge abhängig von der Zeit, den Umständen und den Interpreten sind. Oder sei es darum, dass bei komplexen Aufgaben mit schon einfachen Fragen zu Begrifflichkeiten oft große Probleme angesprochen werden.

Weil der ein intuitives Vorverständnis ansprechende Begriff »Komplexität« nur der Stellvertreter für eine Vielzahl schwer definierbarer Phänomene ist, der oft echte Erklärungen schuldig bleiben muss, liegen die Gründe dafür auf der Hand, dass modernes (KonTraG)Risikomanagement, das sich auch (oder gerade) über die Auseinandersetzung mit subjektive Komponenten definiert, zwangsläufig auf methodisches Glatteis führen muss. Aus der Vielzahl möglicher Gründe seien hier nur zwei genannt: Einerseits ist im KonTraG nicht kodifiziert, wie das Überwachungssystem aussehen soll, weil der Gesetzgeber mit Risikomanagementsystem, internem Überwachungssystem, Risikocontrolling und Frühwarnsystem zwar die geforderten Instrumente skizziert, aber die Architektur des Risikomanagementsystems offen lässt. Andererseits gibt der Gesetzgeber mit dem KonTraG auch keine verbindliche Definition dafür, was unter Risiken aus zukünftigen Entwicklungen zu verstehen ist.

Basel II: Ein Gespenst geht um

Das Problem, in der Praxis gemäß KonTraG ein den gesetzlichen Vorgaben entsprechendes praktikables und sinnvolles Risikomanagementsystem entwickeln zu müssen, das in der Lage ist, den gesamten Risikoprozess der Identifikation, Analyse, Bewertung und Steuerung konzeptionell zu begleiten, transportieren auch die Steuerungsimplikationen von Basel II. Wir nennen hier nur, dass eine Bank nach Basel II die Eigenmittelfrage (das heißt mit welchem Eigenkapital ein Kreditengagement zu unterlegen ist) in der Zukunft auf der Basis von drei sich gegenseitig ergänzenden und verstärkenden Säulen zu regeln hat, die konsequent anzuwenden sind.

Unter dem Ziel, dass auch der Markt die Banken besser beurteilen kann, regeln die Säulen dabei wie folgt:

▶ Säule I differenziert die minimalen Erfordernisse beim Eigenkapital und sieht Risikogewichte zwischen 50 und 120 Prozent vor: Es werden die Regeln bestimmt, die die Mindestkapitalquote im Verhältnis zu den risikogewichteten Aktiva festlegen.

▶ Säule II steuert in Form eines Regelwerkes das Prozedere der Überprüfung der Risikopolitik der Bank durch die Aufsicht. Dabei wird verlangt, dass die Aufsicht unter Einhaltung der relevanten Standards eine qualitative Überprüfung der Methoden vornimmt, die Banken in ihrem Zuständigkeitsbereich zur Eigenkapitalallokation einsetzen.

Hier steht der Standardmethoden-übergreifende IRB-Ansatz (Internal Rating Based Approach) für einen risikosensiblen Ansatz. Der IRB-Ansatz sieht in seiner Basisvariante vor, dass Banken aufgrund ihres internen Ratingsystems die Ausfallwahrscheinlichkeit für einzelne Schuldnerpositionen selbst abzuschätzen haben. Der IRB-Ansatz sieht in der fortgeschrittenen Variante vor, weitere Variable intern zu ermitteln, insbesondere die erwartete Verlustquote. Bei beiden Ansätzen sind risikogerechtere Methoden für die Behandlung von Sicherheiten, Garantien, Kreditderivaten, Netting und Verbriefung zu formulieren.

Der Zugriff auf das operationale Risiko (Risiko direkter oder indirekter Verluste infolge unzulässiger oder ausfallender interner Verfahren, Mitarbeiter und Systeme oder infolge bankexterner Ereignisse) wird angestrebt.

▶ Säule III regelt die Offenlegung des Risikoprofils und die Qualität der Eigenmittel. Hierdurch sollen Marktteilnehmer einen besseren Einblick in das Risikoprofil und die Angemessenheit der Eigenkapitalausstattung einer Bank gewinnen.

Abbildung 8.1 New Basel Capital Accord (Basel II)

Das Moment, dass Basel II im Gegensatz zu seinem 1988 verabschiedeten Vorläufer nicht 40 Seiten, sondern jetzt schon über 600 Seiten umfasst, spricht für sich selbst, wenn man den Blick auf die Konsequenzen für das Risikomanagement der Banken durch neue Anforderungen an Organisation, Risikokultur, Prozesse und die Datenqualität richtet. Dabei ist der entscheidende Punkt, der das Risikomanagement verändert: Banken müssen nun nachweisen, dass sie über interne Modelle verfügen, die das notwendige Eigenkapital ermitteln und die Überwachung qualitativer Anforderungen sichern. Dass die Komplexität von Risikomodellen dabei dem Risikoprofil und dem Kontrollumfeld einer Bank entsprechen muss, individualisiert die aufsichtsrechtlichen Anforderungen. Eine Gesamtbanksteuerung definiert das Moment, dass das Institut als Ganzes gesehen werden muss, wenn das Eigenkapital unter Berücksichtigung der Erfolgs- und der Risikopotenziale bewusst in Mitarbeiter, Märkte und Überwachungssysteme investiert werden muss.

Neue Wege sind zu beschreiten

Diese Form der aufsichtsrechtlichen Verankerung von Risikomodellen, die das Risiko unter der Nebenbedingung ins Visier nimmt, dass die zentralen Voraussetzungen einer »gesunden« Banktätigkeit eine ausreichende Profitabilität und ein gutes Management sind, hat Steuerungsimplikationen, die einen spezifischen Lösungsansatz zur Steuerung für Risiken erfordern: Risiken sind durch einen multiplen Steuerungsansatz zu managen, der die Produkt- und die Organisationsebene der Bank unter dem Ziel verzahnt, letztendlich die Marktpreisrisiken, Adressenausfallrisiken, Rechtsrisiken und operative Risiken wie Geschäftsprozessrisiken und Betriebsrisiken in ihrer Ganzheit zu erfassen.

Sind also Risiken abzusichern, die nicht mehr nur auf den jeweiligen Geschäftsvorfall spezialisiert sind, muss ein modernes Risikomanagementsystem ein komplexes Problemlösungsschema sein. Sei es darum, dass auch Probleme zu identifizieren und zu lösen sind, die im System bei der Bestimmung, Gestaltung und Abwicklung von Handlungsalternativen erst entstehen. Oder sei es darum, dass nach modernen Managementansätzen eine Bank als ein offenes System zu begreifen ist, wo als Beiprodukt ein ausgeprägtes Wissen um die Herkunft und um die Erscheinungsformen von Risiko und Risikomanagement zu erzeugen ist, um die Verflechtungen in der Bank und die Verflechtungen der Bank mit ihrer Umwelt so zu beschreiben, dass die unabhängigen Organisationseinheiten der Bank flexibel verbindenden Wertschöpfungsketten in ihren Risikopotenzialen überhaupt abzusichern sind.

Muss ein Risikomanagementsystem als wertorientierte Steuerungssystematik also ein System sein, dass auch dann für die kritische Auseinandersetzung mit der Praktikabilität von Lösungen steht, wenn auch bisher unbekannte Formen von Risiken zu bewältigen sind, steht unter Stichworten wie »Institut als Portfolio« und »Shareholder-Value-Risikomanagement« die Optimierung von Teileinheiten einer Bank für einen Weg, der nicht mehr zwingend zum Optimum der Gesamtbank führt. In dieser Lesart steht Basel II zunächst einmal für ein schwieriges konzeptionelles und methodisches Problem, das sich durchaus schärfer konturieren lässt. Denn sind nicht mehr ausschließlich Marktdaten die preisbildenden Faktoren für alle Geschäfte und stellen Marktdaten damit auch nicht mehr schon in Gänze die Risikofaktoren selbst dar, auf die ein Risikomodell zugreifen muss, ist in den Banken auch das aus den verschiedensten Basen summierte Wissen geeignet zu quantifizieren. Da Wissen und aus Datensätzen gewonnene Information aber nicht dasselbe ist, kommt damit der geeigneten Quantifizierung von Wissen eine besondere Bedeutung zu. Warum? Wissen lässt sich ohne entscheidungsrelevanten Informationsverlust auf einer rein quantitativen Ebene nur unzureichend verdichten.

Schon diese nur rudimentäre Betrachtung aufsichtsrechtlicher Veränderungen zeigt deutlich, warum die damit verbundenen Konsequenzen für das Risikomanagement doch so gravierend sind. Sei es darum, dass ein im Sinne moderner Prüfungspraxis qualitätsgesichertes Risikomanagement sich nicht mehr nur darüber definieren kann, in Projekten Wahrscheinlichkeiten zu quantifizieren und Modellpflege unter dem Ziel zu betreiben, durch immer komplizierteres Formelwerk bis auf Kommastellen genau Preise für Wertpapiere liefern. Oder sei es darum, dass Risikomanagement, das zu eng auf Volumenaspekte fokussiert ist, ganz offensichtlich zu kurz greift, weil bei der Geschäftsprozessgestaltung durch Risikomodelle auch die komplexer werdenden Beziehungsmuster in der Bank hinsichtlich ihrer Vielschichtigkeit, Vernetzung und Wirkungen auf die einzelnen Tätigkeitsbereiche mit einem Mindestmaß an Transparenz abzubilden sind, um sie überhaupt handhabbar zu machen.

Nicht auch zuletzt deshalb, weil unter dem Stichwort »Shareholder-Value-Risikomanagement« Investoren, die immer weniger bereit sind, »schlechte Risiken« mitzufinanzieren, die Performance des Risikomanagements zunehmend kritischer hinterfragen, ist Risikomanagement im Idealfall als Instrument der kritischen Auseinandersetzung mit neuen Modellen zur Risikofinanzierung darzustellen. Auch hier ist die Messlatte hoch anzulegen. Warum? Risikomanagement als ein Sample sich wechselseitig bedingender Lösungsprozesse darzustellen bedeutet nämlich, dass Problemstellungen als vernetzte, dynamische Ganzheiten abzubilden sind, die mit ihren Umwelten in Wechselbeziehungen stehen. Konkret ist unter diesem ganzheitlichen Bild von Risikomanagement die Darstellbarkeit der Ablaufkette zu sichern: Geringe Risiken werden akzeptiert, größere Risiken werden am Ort ihrer Entstehung erledigt, erhebliche Risiken werden dem Vorstand berichtet und das Management bestandsgefährdender Risiken ist Chefsache. Die entscheidende, hinter allem stehende Frage ist, wie das geschehen soll.

Gravierende Defizite sind zu diagnostizieren

Bestimmen bei in Echtzeit getakteten Finanznetzen die Entwicklungsschübe in der Informations- und Kommunikationstechnologie die letztendlich fluiden Bedingungen, unter denen die so genannten hybriden Finanzprodukte (Derivate) zu entwickeln sind, muss sich Risikomanagement trotz (oder gerade wegen) des mächtigen Instruments »Finanzmathematik« auch differenziert mit Phänomen auseinander setzen können, die sich durch Sätze wie »Etwas ist routinemäßig nicht messbar«, »Etwas lässt sich routinemäßig nicht verallgemeinern« und »Etwas ist nicht routinemäßig durch Experimente zu überprüfen« umschreiben lassen.

Die Frage, wie Risikomodelle das Risiko messen, muss automatisch in den Managementfokus rücken, weil es unter dem Bild »Institut als zu optimierendes Informationsportfolio« einfach keine endgültigen (und vor allem auch keine einfachen) Lösungen mehr geben kann. Warum? Einerseits müssen im flexiblen Spielregelsystem des Prozessmanagements die Akteure oft Absprachen treffen, ohne dass die Spielregelsysteme deren Einhaltung zwingend garantieren. Andererseits sind bei einer oft nur geringen Regelmäßigkeit in den Prozessabläufen die Akteure über komplexe regelungsbedürftige Interaktionsprozesse stets neu zu koordinieren.

Mit der Frage, wie Risikomodelle das Risiko messen, rückt das basale Konstruktionsprinzip von Risikomodellen ins Zentrum. Nämlich dass Prognosen in der Vergangenheit gültige Bedingungen abbilden und während des Prognosezeitraums die Bedingungen konstant sein müssen. Das von Thomas J. Watson, CEO von IBM, 1943 gefällte Urteil: »Ich glaube, auf dem Weltmarkt besteht Bedarf für fünf Computer, mehr nicht« steht dabei für das konstruktionsbedingte Handicap des Prognoseprinzips. Man kann es unter das Motto stellen: »Wir können heute nicht wissen, was wir morgen wissen.«

Selbstverständlich kann keine Form von Mathematik das Unergründliche des Zufalls bändigen. Das, was morgen sein wird, lässt sich mit Sicherheit heute nicht mit Sicherheit vorhersagen. Der Punkt ist auch ein anderer. In geeigneter Lesart steht das Urteil von Thomas J. Watson dafür, dass (zu) oft vergessen wird, dass Risiko durch ein Nadelöhr geht, das nicht die Gesetze der mathematischen Prognostik formen. Dies mag in stabilen Zeiten bei hinreichend langen Aktions- und Reaktionszeiten unproblematisch sein. In instabilen Zeiten muss die Sicht eine andere sein. Kurzum, es ist heute bewusster wahrzunehmen: Sind die Risikomodelle von gestern auch die Risikomodelle von heute und von morgen, sind Prognosen zunächst einmal nur spezielle Funktionen der Zeit, die mit dem Vorhersagen der Zukunft nicht unbedingt auf die Zukunft vorbereiten. Damit ist klar, dass Vertrauen, dass Veränderungen eine gewisse Regelmäßigkeit und Stabilität haben, trübt dann die Schärfe von Prognosen möglicherweise gravierend, wenn sich die Welt schneller verändert, als der Prognosezeitraum lang ist.

Das Handicap

Da die Veränderungen der Aufsichtspraxis (KonTraG, Basel II) de facto die Reaktion darauf sind, dass sich Finanzmärkte immer schneller verändern, könnte man salopp formuliert sagen: Es wird eng für die traditionelle Finanzmathematik. Durch das extrapolierende Konstruktionsprinzip sind Risikomodelle Maschinen zur Herstellung von Zukunft, die es nicht gestatten, tastend zu neuen Dingen (und damit Erklärungen) vorzustoßen, wenn unter Zugrundelegung bestimmter Annahmen an die Vergangenheit die Vergangenheit nur fortgeschrieben wird. Mit anderen Worten: Aufsichtsrechtlich wird die analytische Hypothek traditioneller Risikomodelle fokussiert. Der Grund hierfür liegt darin, dass das Eigentliche von Inhalten und Phänomenen sich durch das für mathematische Prognostik typische Vereinfachen von Zusammenhängen zu schnell im Dickicht der Formelwelten verlieren kann.

Hier ist das Wesentliche dieses im Risikomanagement zurzeit intensiv und auch kontrovers diskutierten Punktes nicht zu verkennen. Durch moderne Prüfungspraxis wird das Credo finanzmathematischer Modellbildung im Generellen hinterfragt: Es ist die Frage zu beantworten: Inwieweit reicht noch aus, dass Risikomodelle mit der stets numerisch perfekten Lösung auf Punkt und Komma durch eine sehr hoch aggregierte Systematisierung Information durch Kennzahlen »nur« komprimiert darstellen? Ein beeindruckendes Beispiel dafür, dass die Mathematik gerade dadurch für sehr komplizierte (nicht komplexe) Probleme elegante Lösungen anbietet, indem sie rigoros von der zerfurchten Ebene unscharfer Begriffsbildung und von der unübersehbaren Zahl von Einflüssen auf gut überschaubare Vorgänge abstrahiert, liefert die berühmte Schrödinger-Gleichung der Quantenphysik. Hier kann in der Tat mit einer einzigen Gleichung die Information gerade so komprimiert dargestellt werden, dass durch sie der Mikrokosmos der Welt der Atome weitestgehend beschreibbar ist. Die Frage ist nur: Ist der Kontext eines Risikomodells im Sinne moderner Aufsicht stets ein physikalischer Kontext?

Bevor wir uns etwas näher mit dem Handicap modernen Risikomanagements auseinander setzen müssen, dass darin zu sehen ist, dass komplizierte Modelle der Physik nicht mehr »eins-zu-eins« auf komplexe Finanznetze zu übertragen sind, sei hier nur grob und in der gebotenen Kürze der Kontext skizziert, in dem ein naturwissenschaftliches Modell operiert.

Ausgangspunkt für alle Naturbeschreibungen ist die These, die Aristoteles in seinem Buch »Physik« aufgestellt hat: »Alle natürlichen Dinge unterliegen entweder als Ganzes oder in Teilen der Veränderung.« Die ist eine zeitlos gültige These. Sie nahm schon in der Antike das vorweg, was man heute als ganzheitliche Sicht bezeichnet, weil das Verhalten der Menschen als Erkenntnisobjekt keineswegs ausgeschlossen war. Die These des Aristoteles wurde durch Newtons Sicht, »dass sichere Aussagen über die Welt nur möglich sind, wenn deren Veränderungen mathematisch beschrieben werden«, mit einer Mathematik unterlegt, die zum einen die von Kepler aufgestellten Bewegungsgesetze für Körper präzisierte und zum anderen im Geiste von Galileis Messbarkeitslogik auch experimentell bestätigt wurde. Dabei operiert(e) das untrennbar mit dem Namen Newton verbundene Differenzialkalkül über einem abstrakten kosmischen Raum, in dem Massen Punkte waren und in dem es aufgrund kontinuierlicher Bewegung ohne Sprünge und ohne Lücken keinen Stillstand gibt.

Mit seinen Bewegungsgesetzen fundierte Newton, der mit der exakten Berechnung der Bahnen von Himmelskörpern auch wissen wollte, wie diese Bahnen entstehen, dann auch die Erkenntnis, dass sich ohne Grund nichts verändert: In der Welt des Differenzialkalküls kann (muss) man jeder Veränderung einen letzten Grund zu schreiben. Diese bis heute als klassisch bezeichnete Weltsicht basiert auf der einfach gestrickten mechanistischen Denkfigur: »Die ganze Welt ist ein geschlossener Kasten.« Außerhalb dieses Kastens gibt es nichts. Die Welt im Kasten läuft nach zeitlos gültigen Gesetzen ab. In den Lauf der Welt wird nicht eingegriffen. Der nach den Gesetzen der Welt suchende Beobachter ist ebenfalls in den Kasten eingeschlossen. Seine Gegenwart, Beobachtungen und Erkenntnisse stören den Lauf der Welt nicht.

In dieser Newtonschen Kunstwelt war alles geregelt. Zum einen kam in den Gleichungen und Gesetzen der Beobachter im Speziellen und der Mensch im Generellen als Störfaktor nicht vor. Zum anderen konnte so erst eine elegante Mathematik sicherstellen, dass es zu einem »ordentlichen« Universum kam. Weil in diesem Universum die Größe der Wirkungen stets fein säuberlich zur Stärke der Ursache passt und alle Prozesse allmählich und kontinuierlich verlaufen, konnte dann ein allwissender und alles berechnen könnender Dämon dafür sorgen, dass zweifelsfrei und exakt das Gewesene rekonstruiert und das Zukünftige vorausgesehen werden kann. Der untrennbar mit dem Namen von Pierre Simon Laplace verbundene Dämon stand dann auch Pate für einen der wohl bekanntesten Sätze der Wissenschaftsgeschichte. Auf die Frage Napoleons, warum in seinem Werk »Traité de mécanique céleste« nicht Gott vorkomme, soll Laplace nämlich geantwortet haben: »Je n'avais pas besoin de cette hypothèse-là.«

Dass in der abstrakten Idee des Dämons der Glaube an die Hoffnung begründet liegt, dass der Mensch die Prognosesicherheit des Dämons auch selbst erzeugen kann, ist eine der Antriebskräfte, die zur heutigen Informationsgesellschaft geführt haben. Warum? Man ersetzte den seelenlosen Dämon durch den seelenlosen Hochleistungsrechner. Oder: Man stelle die Tatsache in Rechnung, das immer genauere Messungen und die Explosion von Datenbanken- und Dokumentationssystemen doch gerade den alten Traum der Menschen versinnbildlichen, wenn schon nicht »alles«, so doch zumindest »immer mehr« zu wissen und im Sinne des Dämons auch in den Griff zu bekommen.

Dass die Quantenphysik die Beweise dafür liefert, dass auf der atomaren und subatomaren Ebene (den Menschen!) die Dinge nicht nach klassischer Sicht ablaufen, weil man jeden Moment damit rechnen muss, dass etwas geschieht, ohne dass ein letzter Grund dafür erkennbar ist, macht das Wirken des Dämon zwar nicht obsolet. Unser Dämon zeigt aber doch gravierende Schwächen seiner Kunst, wenn der Mensch als Erzeuger substanzloser Informationsrisiken auf oft nicht erklärbare Weise der Zufall des anderen sein kann. Letzteres ist das nicht handhabbare Problem des Dämons, für das moderne Prüfungspraxis aber gerade steht.

Finanzmärkte im Griff der Physik der Röhre

Mit der Frage nach dem Umgang mit Information durch das Filtern von Information stellt Basel II etwas auf den Prüfstand, was in der Terminologie der Stochastik für das Hinterfragen von »Rauschen« steht. Intuitiv ist Rauschen ein negativer Begriff – Rauschen ist zunächst einmal eine Störung. Ihr metaphorisch klingender Name stammt aus einer Zeit, als die Radios noch Röhren hatten. Dabei erzeugten die Bewegungen von Elektronen, die von ihren angestammten Plätzen wegspringen, das als störend empfundene metallisch klingende Hintergrundgeräusch. Dies gab einer (Informations)Störung im Sinne der Stochastik den Namen »Rauschen«. Dass dabei das Ereignis »das Elektron X springt weg« nicht vom gleichen Ereignis bei anderen Elektrons abhängig ist, macht das Rauschen als Folge von Elektronensprüngen ohne Erinnerung zu einem so genannten reinen Zufallsphänomen. Gebrauchen wir zur Verdeutlichung von »Rauschen« ein Bild: Eine schnelle Folge nicht vorhersehbarer Einzelereignisse ist mit dem Rauschen eines Wasserfalls vergleichbar. Hier treffen Milliarden von Wassertropfen in unregelmäßiger Reihenfolge auf eine Wasseroberfläche, wo jeder einzelne Wassertropfen zwar »tick« oder »ping« macht, der Gesamteffekt aller Wassertropfen aber Rauschen ist.

Rauschen zeigt keine Formen von Erhaltungstendenzen. Nichts, was heute ist, erinnert an etwas, was in der Vergangenheit lag. Nichts, was morgen ist, kann heute mit einer Wahrscheinlichkeit vorhergesagt werden. Dadurch ist Rauschen der größte Feind von Informations- und Kommunikationstechnik. Rauschen trägt aufgrund des Fehlens von Sinn gebenden Mustern keine Information. Für Norbert Wiener war Rauschen dann auch nur eine exogene Systemstörung, weil »(...) eine Nachricht ihre Ordnung während des Aktes der Übertragung wohl von selbst verlieren, aber nicht gewinnen kann«.

Eine Nachricht kann also als mehr oder weniger stark verrauschtes Signal eine bestimmte Erhaltungstendenz aufweisen; muss sie aber nicht. Ergänzen wir unser Beispiel des Wasserfalls noch durch das Bild einer Zuschauermenge in einem Fußballstadion, deren Applaus so lange wie Rauschen klingt, solange eine Mannschaft nicht durch ein für eine gewisse Ordnung (Periodizität) stehendes rhythmisches Klatschen angefeuert wird. Rauschen steht, grob gesprochen, dafür, dass Facetten des Zufalls die Empfangsqualität von Information empfindlich stören können. An Finanzmärkten, die ja gerade dadurch komplex sind, dass Investoren auf die Informationsversorgung durch Beziehungsgeflechte angewiesen sind, die umso unzuverlässiger arbeiten, je unverlässlicher die bewertungsrelevanten Hintergründe von Informanten eingeschätzt werden können, stört mit dem Rauschen der Zufall die Koordination von Investoren damit aus zumindest zwei Gründen.

Einerseits steht Rauschen durch Informationsverlust für den Verlust an Aktions- und Reaktionsfähigkeit. Dies ist ein wichtiger Punkt, denn Komplexität auf Finanzmärkten entsteht im Grunde genommen dadurch, dass bei sich verkürzenden Entwicklungsschüben in der Informations- und Kommunikationstechnologie die mit Handel und Treasury behafteten Risiken exponentiell ansteigen und sich gleichzeitig die Zeit zur Entscheidungsfindung drastisch verkürzt. Andererseits steht Rauschen mit der groben Skalierung von Information für den Verlust an Fähigkeit, sich abseits verrauschter Szenarien überhaupt etwas vorstellen zu können. Auch dies ist ein wichtiger Punkt. Die Vorzüge des quantitativen Zugangs zum Phänomen Risiko sind nur dann unbestreitbar, wenn durch Risikomodelle eine die zukünftige Realität treffend abbildende Komplexitätsreduktion gelingt.

Beides zusammen steht für die Gefahr, dass Risikomodelle, die bisher für Managementzwecke ausreichend waren, weil sie für eine problemfreie Umsetzung der Risiken schematisch diversifizierenden Portfoliosicht stehen, den Überprüfungen der Bankenaufsicht nicht mehr standhalten, wenn alle Geschäftsvorfälle einer Bank durch bestimmte Verkettungen von Merkmalsausprägungen als sich mit der Realität verändernde Wertschöpfungsprozesse anzusprechen sind.

Ein scheinbar passiges Bild der Finanzmärkte von heute

Dass die Natur verschwenderisch mit Details umgeht, aber sparsam in ihren Prinzipien ist, steht per se für ein schwieriges Auswahlproblem, wenn im prozessorientierten Risikomanagement die Risiken von Wertschöpfungsprozessen zu quantifizieren sind. Warum? Wenn Bedingungen einerseits hinreichend stabil sein müssen, um neuen Phänomenen überhaupt Bedeutung zuweisen zu können, und andererseits gleichzeitig diese Bedingungen aber auch nicht zu stabil sein dürfen, weil sonst keine unerwarteten Ereignisse erzeugt würden, sind zwei Dinge miteinander zu verzahnen, die nicht so recht zusammenzupassen scheinen:

Letzteres sollte nicht verwundern. Unter der modernes (Risiko)Management als ganzheitlich charakterisierenden Prozessmetapher geht es in letzter Konsequenz um die Gestaltung von Aktivitätennetzen. Dabei muss sich die Gestaltung nach qualitativen und quantitativen Gesichtspunkten vollziehen. Hier ist die Konstruktion des Scharniers das Problem. Zum einen ist einem kontextsensiblen »Bestmodell« (Prozessmodell) ein Höchstmaß an Dehnbarkeit gegeben, weil Risikopotenziale entlang von Wertschöpfungsketten negativ mit dem Koordinationserfolg der Prozessbeteiligten korreliert sind. Zum anderen ist im kontextstabilen »Istmodell« (Standardmodell) ein Mindestmaß an Dehnbarkeit gegeben, weil Prognosekontexte als stochastische Kontexte wie physikalische Experimente funktionieren. Sie sind wenig elastisch, wenn es darum geht, prozessorientierte Resultate zu erzielen. Denn: Es gibt keine Ereignisse, die nicht im Sinne der Mathematik messbar sind.

Halten wir an dieser Stelle den Ball bewusst flach und halten nur fest: Prognostik ist ein mechanistisches Messprinzip, das es erzwingt, für exakte Voraussagen zur Verteilung von Wahrscheinlichkeiten überzugehen. Rauschen ist in diesem Spielregelsystem ein nur bis zu einer gewissen Tiefe messbares dynamisches Phänomen, das durch Erwartungswert und Varianz quantifizierbare Zufallskomponenten in sich trägt. Rauschen ist eine durch die Zeit indizierte Familie von Signalen (Zufallsvariablen); ein stochastischer Prozess, der seinen noch nicht verstandenen Unschärfen dadurch gerecht wird, dass seine Gleichungen vieles von dem, was über Rauschen bekannt ist, erfassen.

Nichtsdestotrotz – dass Rauschen eine messbare Informationsstörung mit Permanenz ist, macht Rauschen in scheinbar natürlicher Weise zum Big Picture für kalkulierendes Risikomanagement. Der Grund liegt darin, dass Investoren an den Finanzmärkten von heute Informationsbroker sind, die mit dem Handel von oft nur individuell zu bewertenden Verfügungsrechten (Information) ein höchst störanfälliges Gut handeln, quantifizieren Modelle, die Rauschen quantifizieren, auch die Risiken für Investoren. Das Bild vom »verrauschten Risikomanagement« erscheint auch als passend, wenn man nur bedenkt, dass innovative Finanzprodukte gerade dadurch einen hohen Beitrag zur Diversifizierung von Risiko leisten, weil sie aufgrund ihrer spezifischen Charakteristika (Informationsstruktur) eine niedrige Korrelation zu den klassischen Finanzmarktinstrumenten aufweisen, die gegen sich kurzfristig verändernde Nachrichtenlagen quasi resistent sind.

Betrachtet man die Produkt- und die Organisationsebene einer Bank etwas genauer, bleibt das Bild vom »verrauschten Risikomanagement« ebenfalls passend, weil sich Marktpreisrisiken, Adressenausfallrisiken und operationale Risiken (Geschäftsprozessrisiken) zunehmend immer undurchsichtiger vermischen. Sei es darum, dass durch die Überbelastung durch Information und Kommunikation im Commercial Banking das klassische Ausfallrisiko (Kreditnehmer kommen ihren Zinsverpflichtungen und Tilgungsverpflichtungen nicht ordnungsgemäß nach) immer weniger scharf zu erfassen ist. Oder sei es darum, dass im Investment Banking das Ausfallrisiko des Counterparts (Geschäftspartner erfüllen ihre Vertragsverpflichtungen nicht ordnungsgemäß) immer weniger scharf zu erfassen ist.

Die Analogie zum winterlichen Wetterbericht zeigt das Wesentliche der für das (Standard)Risikomanagement so zentralen Denkfigur des Rauschens, wenn man den Schneefall durch Rauschen und die komplizierten Bahnen der Schneeflocken durch die Vielfalt der Wege ersetzt, die Information in Finanznetzen nehmen kann. Warum? Einzelne Schneeflocken bewegen sich auf verschiedensten, komplizierten Bahnen. Aber dennoch nehmen alle Schneeflocken an der gleichen, durch die Gravitation bestimmten Fallbewegung teil. Es ist dann die grobe Skalierung der Vielfalt von Bewegung durch die »eine« für alle Schneeflocken gleiche

Bewegung, die den Zugriff der Wetterprognostik sichert. Der Grund liegt auf der Hand. Erst die für alle Schneeflocken gleiche Bewegung liefert stochastisch messbare Ereignisse in ausreichender Anzahl und Wiederholung, weil sie dynamische (nicht gut verstandene) Prozesse in lineare (gut verstandene Prozesse) transformiert.

Wählt man für die hinter dem Wechsel der Prüfungsaufsicht stehende Veränderungsdimension im Risikomanagement einmal die Lesart, dass sich Risikomanagement der Tatsache bewusst werden muss, dass mathematische Formeln eben nicht das Wissen selbst, um das es geht, sondern nur den symbolischen Schlüssel dazu liefern, und es anzunehmen ist, dass es noch viele andere Schlüssel zu demselben Wissen gibt, ist das »störende« Beiprodukt der Denkfigur des Rauschens nicht zu verkennen. Die Gesetze der Physik, die erklären, warum die Planeten in ihren Bahnen gehalten werden, warum die Äpfel von den Bäumen fallen und warum eine Münze stets nach unten und nicht nach oben fällt, liefern nämlich auch gleich die Denkschablonen dafür mit, wie die Vorstellungen von der Gesellschaft, der Wirtschaft und den Märkten sind.

Problembewusstsein eingeschläfert

Ist Rauschen zu quantifizieren, ist viel Zufall im Spiel. Bei der Beantwortung der Frage, wie viel Zufall genau, kommt die Brownsche Bewegung ins Spiel. Sie mathematisiert die Denkfigur »Rauschen« durch eine Anfang des 19. Jahrhunderts gemachte Entdeckung des Botanikers Robert Brown. Grob skizziert, kann man sagen, die Brownsche Bewegung ist ein für die Analyse von zufallsabhängigen Phänomenen grundlegender stochastischer Prozess, der unter der Normalverteilungshypothese zufällige Zickzackbewegungen von Teilchen in einer Flüssigkeit (oder in einem Gas) nachbildet.

Mathematisch gut verstanden, ist die Brownsche Bewegung das Beißholz der Stochastik, das die Vielfalt des Zufalls (Situationskomplexität) rigoros auf Berechenbarkeit reduziert. Es sind dann die mathematischen Eigenschaften der aus der Teilchen/Risiko-Analogie resultierenden Zufallspfade, wodurch die Brownsche Bewegung auch im Financial Engineering die exakte Berechnung optimaler Risikostrategien sichert. Warum? In einer nur von der Irrfahrt eines Teilchens (Random Walk) bestimmten Risikowelt, wo es (wie an von Bits und Bytes geregelten Finanzmärkten) »scheinbar« keine Rolle spielt, woraus Investoren gerade etwas auswählen und wie Investoren gerade etwas entscheiden, koppeln Random Walks die Risiken hinreichend konfident an die zentrale Spielregel der Natur: die Kausalität, die Verkettung von Ursache und Wirkung in der Zeit.

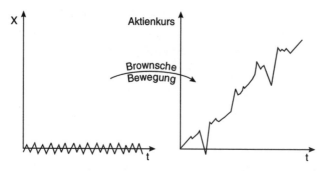

Abbildung 8.2 Vom Pollenflug zur Kursentwicklung

Dass bei Risikomodellen durch Extrapolation der Vergangenheit das Echo dann auch tatsächlich vor dem Ruf erschallen kann, sichert das Big Picture der Brownschen Bewegung. Die beiden Teile des Bildes sind Diffusionsprozess und Gedächtnislosigkeit. Grob formuliert kann man sagen, dass Diffusionsprozesse in der Physik für das Durchmischen der Teilchen verschiedener Stoffe eines Systems stehen. Bildlich gesprochen, frieren sie das für Risiken typische Merkmal des Aufquellens in der Zeit in den Naturgesetzen von Druck und Stoß so ein, dass Risiken durch Itô-Lemma und Martingal mathematisch gut handhabbar sind. Warum? Risiken folgen unter dem Bild der Diffusion der Bewegung eines Teilchens, das Stöße mit einer zwar zufällig verteilten, durch die Normalverteilung aber ex ante stets bekannten Stärke erleidet.

Die Gedächtnislosigkeit der Brownschen Bewegung schafft die Verbindung zum für einen Beobachter oft wenig verständlichen »Up/Down« der Börsenkurse. Wird nämlich Gedächtnislosigkeit unterstellt, passt nämlich das Bild, dass Risiken unvorhersagbar sind. Risiken folgen der Ortsveränderung eines Teilchens, die quasi per Münzwurf kontinuierlich neu ausgelost wird, wenn kein Teilchen weiß, woher es kommt, wann der nächste Stoß erfolgt und mit welcher Kraft es wohin getrieben wird.

Weil der Münzwurf keine Wirkungen erzeugt, die auf den Grund des Münzwurfs zurückwirken und gänzlich neue Reaktionen auslösen, da es bei Münzwurfexperimenten stets einen Endzustand gibt und jedes Ergebnis des Münzwurfs wieder zum Ausgangspunkt einer neuen, vom Münzwurf gesteuerten Up/Down-Entwicklung wird, steht die Brownsche Bewegung wegen ihrer geringen Informationstiefe somit für ein wenig differenziertes Informationsszenario. Nichtsdestotrotz ist es gerade die in der Symmetrie des Münzwurfs begründet liegende Informationssymmetrie, die über ein grob gezimmertes Informationsszenario erst den Alleinvertretungsanspruch der Brownschen Bewegung im Risikomanagement sichert. Verantwortlich dafür ist die so genannte Markteffizienzhypothese. Sie verbindet die Brownsche Bewegung mit jeder Entwicklung im Financial Engineering in irgendeiner Form, weil sie postuliert, dass sich Kurse täglich völlig zufällig (unvorhersagbar) entwickeln, weil Kursänderungen ausschließlich durch neue Informationen erfolgen.

Man sollte spätestens an dieser Stelle der »Never Ending Story« zum Fundament der (Standard)Finanzmathematik einmal die Frage stellen: Wo ist im Standardszenario der Finanzmathematik der problembewusst entscheidende Investor? Man könnte auch die Frage stellen: Wo findet der Wettbewerb zwischen Investoren statt, der die Turbulenzen an den Finanzmärkten doch erst dadurch erzeugt, dass Investoren unter ungleichem Wissens- und Informationsstand handeln.

Die Antwort ist (zu) einfach: Spielt Gedächtnis keine Rolle, gibt es keine sorgfältig abwägenden Investoren, denn Fragen zu Zielen, Einkommenserwerb und Einkommensverwendung spielen keine Rolle. Auch der Wettbewerb wird wegdefiniert, weil hinter dem Formalismus der stochastischen Prozesse und optionspreistheoretischen Modellbildung retrospektive Erfahrungstatbestände einfach verschwinden. Da es bei Informationssymmetrie keine Informationsunschärfen gibt, weil Risiken unabhängig von ihrer Ausprägung und ihrer Stärke stets ihren Ursprung in den bekannten Gesetzen des Münzwurfs haben, ist die Denkwelt der Brownschen Bewegung, obwohl sie das Risikomanagement organisiert, für Fragen zum Management von Risiken versiegelt. Wir haben bei unserem kleinen Exkurs in die Finanzmathematik mit dem Investor schlicht das Zielobjekt von Risikomanagement verloren, milde formuliert.

Die Gretchenfrage?

Zugegeben, das Management von Risiken mag in ruhigen Zeiten für die Performance des Risikomanagements möglicherweise keine große Rolle spielen. In unruhigen Zeiten, so wie heute, wird die Sicht aber sehr schnell eine andere. Dies zeigen die immer öfter notwendig werdenden mathematischen Kunstgriffe. Wir geben ein Beispiel: Die die Enden der Normalverteilung anhebenden Heavy Tails verbessern zweifellos die Mathematik in der Welt der Brownschen Bewegung. Die Frage aber bleibt, ob Heavy Tails auch ein Mehr an Erkenntnis über das Risikopotenzial des Moments liefert, das die Normalverteilung per Konstruktion extreme Ereignisse als seltene Ereignisse stets mit kleiner Wahrscheinlichkeit belegt, obwohl an Finanzmärkten extreme Ereignisse nicht mehr so selten sind, wie sie es nach der Normalverteilung sein sollten.

Die Antwort ist ein klares Nein. Die Realität zeigt nämlich, dass an den Finanzmärkten die Schwänze der Normalverteilung wie die Schwänze eines Reptils schlagen. Mehr noch, dass die Finanzmarktrealität scheinbar immer weniger gut mit der Durchschnittlichkeit zu erklären ist, die mit der Brownschen Bewegung die Münzwurfanalogie verkörpert, zeigt die Schärfe des Problems, wenn die

Durchschnittlichkeit in bestimmte Bahnen zu lenken nicht mehr die Quintessenz für den Erfolg einer Risikostrategie sein kann. Das Credo der Brownschen Bewegung, dass sie nur die Risiken misst, die sie auch selbst generiert, wird zur Krux. Der wohl wichtigste Grund dafür ist, dass sich für Financial Engineers, die in der Denkwelt der Brownschen Bewegung verwurzelt sind, nicht die Frage stellt, ob Risikomodelle die Reaktionsfähigkeit auf Umweltveränderungen durch eine zu hohe Differenz zwischen Umweltkomplexität und Eigenkomplexität verlieren.

Passiert in Emerging Markets Wesentliches aber an den Rändern der Normalverteilung, ist die Beantwortung der Frage, wann ein Risikomodell noch Bodenhaftung keine mathematische Trivialität hat. Spontanes Investorverhalten und raumgreifende Managementkonzepte, die investives Denken priorisieren, erzeugen zunehmend nichtstatische Kontexte, die in natürlicher Weise die Gegenspieler der Brownschen Bewegung sind. Die Frage, ob sich Investoren wie gläubige Restaurantkunden verhalten, die nur auf die Speisekarte schauen und nicht nach den Möglichkeiten des Küchenpersonals fragen, zeigt das Wesentliche des Problems. Die Erkenntnis, dass in hoch frequenten Finanznetzen Rezept gerade nicht gleich Speise ist, führt dann auch zur Kernfrage im Risikomanagement heute. Diese lautet: Sind Börsenkurse nur mit der Brownschen Bewegung noch beschreibbar?

Quintessenz

»Insofern sich die Sätze der Mathematik auf die Wirklichkeit beziehen, sind sie nicht sicher, und insofern sie sicher sind, beziehen sie sich nicht auf die Wirklichkeit.«
(Albert Einstein)

Der Alleinvertretungsanspruch der Brownschen Bewegung wird zum Risiko, wenn folgende Frage differenziert zu beantworten ist: Reflektieren Marktpreise wahre Werte?

9   (Normal)Verteilung fehl am Platz?

Die Fähigkeit vorauszusehen, dass gewisse Dinge nicht voraussehbar sind, ist von entscheidender Bedeutung

Jean-Jacques Rousseau

Die Fähigkeit zum Umgang mit Turbulenzen und die Fähigkeit zum Umgang mit deren wachsender Unvorhersagbarkeit bestimmen das Entscheidungsumfeld der Risikomanager von heute. Dabei transportieren die Finanzmärkte im Kleinen die Unergründlichkeit des Funktionierens und des Operationsstils der Network Community im Großen, weil Finanzinnovationen als Nichtendlösungen die beweglichen Balancen zur Optimierung des Kapitaleinsatzes sind, die in Echtzeit eine portfolioorientierte Bewirtschaftung des Gutes »Risiko« ermöglichen. Da Investoren, die nach Nachrichtenlagen entscheiden, ihren Investmentstil oft spontan verändern, verbindet somit ein offenes Organisationsprinzip das quantitative Wachstum der Märkte mit qualitativen Veränderungen im Risikomanagement.

Offenes Organisationsprinzip ist das Stichwort. Es führt zu Fragen, wenn das Risikopotenzial des Moments abzusichern ist, dass Dispositionen am Finanzmarkt aus Umbewertungen begrenzter Informationsstände resultieren, die auf dem Markt zu einem bestimmten Zeitpunkt verfügbar sind. Dabei rücken zumindest zwei Fragen in den Managementfokus. Zum einen muss sich Risikomanagement unter dem Stichwort »Bank als Informationsportfolio« im Generellen auf der Ebene der Gesamtbank mit der Frage auseinander setzen: Was sind selbst tragende Konstruktionsprinzipien von Informationsnetzen? Zum anderen muss sich Risikomanagement unter dem Stichwort »Performance durch risikoadjustierte Modellbildung« im Speziellen auf der Produktebene mit der Frage beschäftigen: Wann sind Modelle robuste Modelle zur Bewertung und Projektion von Informationsrisiken?

Eine nur oberflächliche Betrachtung beider Fragen führt schon zu Antworten mit gravierenden Konsequenzen. Sei es darum, dass traditionelles von der stochastischen Messbarkeitslogik dominiertes Risikomanagement mit der quantitativen Interpretation von Risiken stets auch für eine bestimmte Lesart von Risiken steht. Oder sei es darum, dass durch die für vernetzte Systeme typische Verflechtung von Wirkungsgrößen das Gesetz der großen Zahlen immer erkennbarer seine regulative Wirkung verliert. Denn Investoren gewinnen aus Daten Informationen und erkennen aus Informationen Zusammenhänge, über die nur sie selbst verfügen und nicht die Risk Community als Ganzes.

Falsche Optimierung des Normalfalls

Finanznetze, die Informationsströme locker verflechten, schaffen Werte, weil nicht klar ist, wie aus Informationen in Sekundenschnelle Kurse werden, wenn Investoren, die ihren wirtschaftlichen Interessen folgen, rund um die Uhr und rund um den Globus ihre Portfolios bestmöglich strukturieren. Resultiert aber Fortschritt daraus, dass sich Ereignisse ohne stochastisch messbare Vorläuferereignisse jederzeit als Überraschung realisieren können (oder müssen), ist die folgende These nicht gewagt: In komplexen Aktivitätenumfeldern werden Risikomodelle, die für präzise beantwortbare Fragen konzipiert sind, gerade durch ihre prognostische Exaktheit zum Risiko. Gabriel Laub formuliert hier rigoros: »Mit Computern irrt man viel genauer.«

Die Punktprognosen der Performancemessungen von Fonds liefern nur eines von vielen Beispielen für die Relevanz dieser These. So ist die Frage zu stellen, was der der Preis ist, wenn einerseits in Kennzahlen hoch verdichtete Prognostik nur durch Rückgriff auf mathematische Details nachvollziehbar ist und andererseits Kennzahlen durch die Verschiedenartigkeit der Struktur von Datenbanken verschieden ausfallen können. Schärfer formuliert gibt es keine allgemeinen verbindlichen Regeln, die mit der Strukturierung des Inputs von Prognosen auch die Vergleichbarkeit von Information garantieren, sind exakte Voraussagen, die unter solchen Bedingungen entstehen, erst recht bedenklich, wenn Investoren eigenwillig ihre Informationen filtern, auswerten, darstellen und verteilen.

Es ist unbestritten, dass die Vielfalt der Ausprägungen von Information der kritische Punkt ist, wenn es um die Zuverlässigkeit von Prognostik geht. Damit ist das Merkmal, dass mit der im grob gezimmerten Szenario der Informationssymmetrie operierenden Brownschen Bewegung die Standardansätze der Finanzmathematik zur Vielfalt von Information schweigen müssen, de facto das modernes Risikomanagement überstrahlende mathematische Problem. Mehr noch, im Informationsgeflecht der Finanznetze steht dass Moment für zu viel akzeptiertes Model Risk, das sich durch ein nicht dehnbares Szenario das Model Risk stets (schon) dadurch greifen lässt, dass systematisch ignoriert werden muss, dass der Begriff und die Bedeutung von Information nicht zusammenfallen. Es wird Analysepotenzial verschenkt, wenn ein hoch spezialisierter Research zu gläubig Standardmethoden folgt, deren Prominenz letztendlich mit der Mathematik rund um die Brownsche Bewegung die gute Rechenbarkeit bestimmt. Niels Bohr formuliert hier rigoros: »Man soll sich niemals klarer ausdrücken, als man denken kann.«

Value at Risk (VaR) hat die Wertigkeit eines »Zauberkonzeptes«. VaR ist einer der ersten ausgereiften Ansätze zur Risikomessung, der sich über Markt-, Produkt- und Organisationsgrenzen hinwegsetzt. Dass der momentane »State of the Art« im Risikomanagement Risiken nicht erkennt, die hinter dem systematischen

Kleinrechnen von Risiken durch Standardmethoden lauern können, wirft jedoch nicht übersehbare Schatten. Unter dem Stichwort: »Risikofrüherkennung« ist der entscheidende Punkt, dass sich beim VaR Risiko als Verlust der Option von robuster Vorausschau durch den Verlust an Fähigkeit zu alternativer Einschätzung zeigt.

Allgemeiner formuliert, ist VaR als statistischer Parameter (Quantil) einer normalverteilten Prognoseverteilung ein Verfahren zur Feststellung des Risikokapitals zu einem bestimmten Zeitpunkt in einer gegebenen Periode. VaR (wörtlich übersetzt: »Wert auf dem Spiel«) beantwortet also z. B. die Frage, wie viel Wert ein Portfolio innerhalb des kommenden Tages mit einer Wahrscheinlichkeit von 95 Prozent im Maximum verlieren kann, wenn auf Maßnahmen verzichtet wird. Dabei zeigt VaR als hoch verdichtete Kennzahl, die ein in der Logik der Frühwarnung (nicht Früherkennung) stehender Spätindikator ist, Risiken zu undifferenziert an, wenn sich die Messung von Risiko und die Entscheidung über Risiko unbemerkt entkoppeln. Warum dies? Gleicher VaR für zwei Handelsabteilungen steht nicht für gleiche Risiken, wenn eine Handelsabteilung etwa russische Anleihen und die andere Handelsabteilung US-Bonds handelt. Hier formuliert Konrad Lorenz rigoros: »Denken ist Hantieren im Vorstellungsraum.«

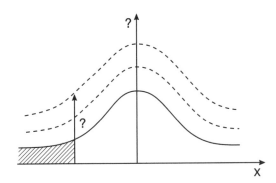

Abbildung 9.1 VaR: Welches Risiko ist gemeint?

Dass die Sorge bezüglich der Prognosequalität des VaR nicht unberechtigt ist, weil VaR beim rigorosen (vor dem Ganzen unreflektierten) Einsatz seine Substanz zu verlieren droht, zeigt auch eine von der BIZ (Bank für Internationalen Zahlungsausgleich) 1994 durchgeführte Befragung. Dabei wurde die Qualität branchenspezifischer Risikomanagementsysteme getestet.

Dazu erhielten mehrere Banken in verschiedenen Ländern ein identisches Derivateportfolio. Unter der Auflage, dass Wertpapierdepot zehn Tage zu halten, war der VaR zu ermitteln. Das Ergebnis war ernüchternd. Die Berechnungen der Banken differierten in einer Größenordnung von bis zu 800 Prozent. Ein prominentes Beispiel dafür, dass vor dem Ganzen ungeprüfter »mathematischer Formalismus«

über die Realität der Welt entweder zu wenig oder zu viel auf einmal sagen kann, liefert auch Robert Merton. Er formulierte beim LTCM-Debakel in der Sache »Kontrollillusion« schlicht: »In the strict sense there wasn't any risk – if the world had behaved as it did in the past.« Diese Erklärung wirkt in der Tat wie eine Immunisierung gegen Kritik, wenn man der Erklärung von Merton das wesentlich ältere Urteil von John Maynard Keynes gegenüberstellt: »Markets can remain irrational longer than you can remain solvent.«

Das Ende der Harmonie?

Mertons Sicht lässt im Spiegel des Urteils von Keynes vermissen, was Aldous Huxleys Urteil »Tatsachen schafft man nicht dadurch aus der Welt, dass man sie ignoriert« gerade prominent stellt. Die Frage nach den Gründen findet eine einfache Antwort, wenn man zur Beantwortung der Frage, warum Risiko nicht gleich Risiko ist, auf die für das Risikomanagement grundlegende Beziehung »Wahrscheinlichkeit des Ereignisses x Wert des Ereignisses = Risiko« zurückgreift.

Da Wahrscheinlichkeiten der Stoff für das Gewand mathematischer Prognostik sind, muss der Lieferant der Wahrscheinlichkeiten in den Blickpunkt rücken. Im Standardszenario der Finanzmathematik kommt die Normalverteilung ins Spiel. Konkret: Es ist der Umgang mit Information durch die Normalverteilung zu beleuchten. Warum? Informationsrisiken sind dafür verantwortlich, dass ex post Ereignisse eintreten können, die man ex ante nicht erwarten konnte, wenn sich der Informationsstand, von dem eine Entscheidung ausgeht, durch Ablauf der Zeit als unvollkommen (also risikobehaftet) erweist.

Ein Bild zeigt das Wesentliche des Problems, wenn Information mit der Normalverteilung zu handhaben ist: Ein Betrunkener, der vor dem Eingang eines Wirtshauses sehr stark schwankt, kann sich nach der Normalverteilung mit hoher Wahrscheinlichkeit nicht sehr weit vom Eingang des Wirtshauses entfernen. Warum? Die Normalverteilung zwingt ihn per Konstruktion zum Schwanken um die Wirtshaustür. Dass dem Betrunkenen der Abmarsch erst gelingt, wenn sich der Klammergriff der Normalverteilung lockert, weil mit der Ausnüchterung die Bewegungen vom unkoordinierten (unabhängigen) Zustand wieder in einen willentlich koordinierten (abhängigen) Zustand wechseln, ist damit der kritische Punkt, wenn es um die differenzierte Analyse von Information mit der Normalverteilung und ihren Verwandten wie der Brownschen Bewegung geht. Der Grund liegt auf der Hand. Mit der Normalverteilung müssen Risikomodelle mit dem Ausblenden des bewussten Umgangs mit Information auch den bewussten Umgang mit Risiko ausblenden.

In einer mit der Normalverteilungsannahme wohlgeordneten und auch vollständig prä-determinierten Welt ist es das Problem, dass nicht durch das Modell selbst auf das Moment reagiert werden kann, dass Erkanntes (Realität) und Erschaffenes (Normalverteilungswelt) wie jede Abbildung zwischen Realität und Modell keine »Eins-zu-eins«-Abbildung sind. Noch anders ausgedrückt, muss man sagen, dass die Normalverteilungshypothese nicht mit Widersprüchen umgehen kann. Eine Prognose unter dem Diktat der Normalverteilung kennt nur »entweder-oder«, nicht »und«. Zu einfach strukturiert beziehungsweise zu wenig komplex ist damit die Welt der Standardrisikomodelle, wenn in der Realität des Prozessmanagements Designkompromisse, ungewöhnliche Variablen und unvollkommene Implementierungen gerade dafür stehen, dass der Mensch selbst als Risikofaktor mit Spielmacherqualitäten das schwächste Glied in Sicherungsketten ist.

Risikofrühwarnung ist nicht Risikofrüherkennung

Da es beim Alternativ Risk Transfer und Shareholder-Value-orientierten Risikomanagement bei der Entwicklung von Frühindikatoren zur Warnung vor Risiken auch (oder gerade) um die Fähigkeit des Messens der Feinmotorik der Kurse gehen muss, weist Max Plancks Urteil »Aber zu einer vernünftigen Frage gelangt man nur mithilfe einer vernünftigen Theorie« darauf hin, dass das bessere Verständnis des riesig Großen (Marktverhalten) und das bessere Verständnis des winzig Kleinen (Marktteilnehmerverhalten) untrennbar miteinander verknüpft sind. Sei es darum, dass im Risikomanagement unter der Prozessmetapher neben die nach unveränderbaren physikalischen Gesetzen ablaufenden Naturprozesse eine Vielzahl von Prozessen tritt, die von keinem letzten Grund gesteuert werden, weil sie von Menschen in Gang gehalten werden. Oder sei es darum, dass im Risikomanagement unter der Prozessmetapher auch in der auf physikalische Analogien zurückgreifenden Finanzmathematik die Erkenntnis greifen muss, dass es der Physik möglicherweise niemals gelingen wird, eine allgemeine Feldtheorie zu schaffen, in der sich die Phänomene der »riesig großen« Makrowelt (Relativitätstheorie) mit denen der »winzig kleinen« Mikrowelt (Quantentheorie) vereinen lassen.

Dass die Normalverteilung für nicht-kontextsensible Analyse steht, ist eine keineswegs neue Erkenntnis für die Finanzmathematik. Dass aber eine solche an sich triviale Feststellung zur mathematischen Mechanik der Normalverteilung im Risikomanagement scheinbar explizit prominent gestellt werden muss, ja, mehr noch: sogar selbst zum Bestandteil der Bewertungsmethoden im Risikomanagements werden muss, zeigt gerade der VaR, wird er vor dem Ganzen unreflektiert mechanistisch angewendet. Orange County ist nur ein extremes Beispiel dafür, das zeigt: »Wenn man in der Zukunft leben will, darf man nicht in der Gegenwart Bankrott gehen.« Hätten die Mitglieder der Gemeindeverwaltung von Orange County nur frühzeitig die (VaR)Frühwarnung erkannt, dass bei ihrem Fondsinvestment ein

Fünf-Prozent-Risiko für einen Verlust von mehr als 1 Milliarde US-Dollar sorgte, wäre dem Landkreis das bekannte Desaster möglicherweise erspart geblieben.

Man muss vom »systematischen Risiko der Ignoranz« der mathematischen Methode sprechen, wenn im hoch automatisierten Risikomanagement die Fähigkeit zur Unterscheidung von Wahrscheinlichkeit im Sinne der Wahrscheinlichkeitstheorie und Wahrscheinlichkeit im Sinne des individuellen »Für-wahr-Haltens« von Zukunftslagen verloren geht. Beides ist nämlich nicht dasselbe. Wahrscheinlichkeit im Sinne der Wahrscheinlichkeitstheorie kennzeichnet eine Axiomatik und die darin zugelassenen logischen Verknüpfungen. Wahrscheinlichkeit im Sinne des »Für-wahr-Haltens« von Zukunftslagen hat inhaltliche Bedeutung. Diese kann nur vom Entscheider selbst zugewiesen werden. Man muss sagen: Bei Wahrscheinlichkeiten ist es wichtig zu wissen, von welchen Ereignissen man redet. Wahrscheinlichkeiten müssen sich auf irgendetwas beziehen. Sie müssen quasi einen Anker haben. Dieser kann je nach Entscheider verschieden sein. Dass man den Anker nicht in jeden Grund bohren kann, unterscheidet dann das problembewusste Ankern durch prospektive Risikofrüherkennung vom routinemäßigen Ankern durch retrospektive Risikofrühwarnung. Man muss in diesem Konnex an Albert Einsteins Urteil erinnern: »Die Theorie bestimmt, was wir beobachten können.«

Warum musste bei Orange County das Risikomanagement per Kennzahl nahtlos in ein Krisenmanagement münden? Die einfachste (aber wohl ehrlichste) Antwort ist, dass das Risikomanagement unprofessionell war. Eine unter dem Stichwort »Risikofrüherkennung« differenziertere Antwort ist: Es war der für Betriebsblindheit in der Hektik des Tagesgeschäfts stehende »Tunnelblick«, der schon im Vorfeld der Entscheidung zum Ausblenden von zwar nicht prognostizierbaren, aber dennoch antizipierbaren Risiken führte. Zu nennen sind hier Risiken, die sich erst im Nachhinein durch das Herausbilden von Skandalimage und Reputationsverlust in vergebenen zukünftigen Chancen materialisieren.

Ein bisschen mehr Mäßigung

Erodiert im Informationsgeflecht der Finanzmärkte das alleinige Recht der Stochastik, das Risiko zu verwalten, wenn der Mensch das Risiko wider die Gesetze der Stochastik gestaltet, lohnt ein zumindest grober Blick, auf die (zu schlichte) Denklogik des Risikomanagements unter dem Diktat der Normalverteilung. Wir geben den kurzen Abriss:

▶ Wir haben den Preis einer Aktie zu bestimmen, die heute den Kurs von 50 hat. Um den Kurs von morgen zu bestimmen, wird der Börsenhandel der Aktie durch den Münzwurf simuliert. Damit folgt der Preis der Aktie einem Gedankenexperiment, das voneinander unabhängige Ereignisse erzeugt, die gleich wahrscheinlich sind. Fällt die Münze auf Kopf, soll der Kurs der Aktie um eine

Einheit von 50 auf 51 steigen. Fällt die Münze dagegen auf Zahl, soll der Kurs der Aktie um eine Einheit von 50 auf 49 sinken. Am zweiten Tag und an den darauf folgenden Tagen wird der Münzwurf wiederholt. Damit besteht die Möglichkeit, dass der Kurs der Aktie weiter absinkt oder wieder ansteigt.

▶ Nach den Prinzipien stochastischer Modellbildung ist das Münzwurfexperiment (un)endlich oft zu wiederholen, sagen wir k-mal. Es entsteht eine Zeitreihe, die sich in ihrem Verlauf nur wenig von dem Verlauf von Zeitreihen unterscheidet, die man bei Börsenkursen beobachtet. Vergleicht man diese Zeitreihen nun mit den Realisationen stochastischer Prozesse, die der Brownschen Bewegung folgen, ist erkennbar, dass sich der Kurs der Aktie so verhält, wie er sich nach der Brownschen Bewegung verhalten soll.

▶ Das k-Münzwurfexperiment wird nun selbst (un)endlich oft wiederholt. Bei jedem Experiment wird die Endposition der Aktie nach k-Münzwürfen notiert. Die daraus resultierenden Häufigkeiten werden gezählt: Man zählt also, wie oft die Aktie nach k-Münzwürfen beim Startwert von 50 und bei 51, 49, 52, 48 ... lag. Wird in einem Koordinatensystem nun auf der x-Achse der Wert der Abweichung: +1, -1, +2, -2, ... abgetragen und wird auf der y-Achse die abgezählte Häufigkeit abgetragen, erhält man eine Figur, die nach Anwendung des zentralen Grenzwertsatzes die Geometrie einer Glocke hat.

Es mag den Leser erstaunen – trotz des sonst üblichen aufwändigen Apparates, der zur Formulierung der Ergebnisse der modernen Finanzmathematik und zum Nachvollziehen ihrer Argumentation notwendig ist, kommt man mit den obigen drei Grundschritten in der Tat schon zum Ende unseres kurzen mathematischen Exkurses, der unausweichlich ist, wenn es um das Konturieren der zentralen Denkfigur der Finanzmathematik geht. Es zeigt sich nämlich schon die hervorragendste Eigenschaft der Normalverteilung in der Symmetrie der glockenähnlichen Verteilungskurve: »Positive und negative Abweichungen vom Erwartungswert (Mittelwert) sind gleich verteilt.« Für die hypothetische Aktie ist die Wahrscheinlichkeit einer Abweichung von Null vom Startwert (50) sehr hoch; die Wahrscheinlichkeit großer Abweichungen vom Startwert (+/- 50) ist dagegen sehr klein.

Abbildung 9.2 Quo Vadis?

Beenden wir die kurze Exkursion in die obersten Schichten der Welt von Informationssymmetrie, Brownscher Bewegung und Normalverteilung, ist als Ist-Zustand des Risikomanagements festzuhalten: Eine sehr spezielle Form der Modellbildung begründet das Credo des Risikomanagements, an den Finanzmärkten das Management von Risiko mit der notwendigen statistischen Konfidenz als die Optimierung des stochastischen Normalfalls behandeln zu können.

Als anzustrebender Sollzustand steht Basel II mit dem Auftrag zur frühzeitigen Erkennung bestandsgefährdender Risiken durch einen kontinuierlichen Risikomanagementprozess damit aber für eine Attacke gegen den Alleinvertretungsanspruch der Stochastik. Mehr noch, durch die hinter Basel II stehende Frage, woher Risiken im Einzelnen rühren und was ihre Natur ist, die mit der Denklogik des Münzwurfs nicht zu beantworten ist, wird das Fundament des Risikomanagements erschüttert. Risikomanagement, dessen Performance die Fähigkeit zur Umsetzung der Steuerungsimplikationen moderner Prüfungspraxis bestimmt, muss mathematisch neu gedacht werden.

Durch Albert Einsteins Urteil »Der Intellekt hat ein scharfes Auge für Methoden und Werkzeuge, aber er ist blind gegen Ziele und Werte« erhält »mathematisch neu denken« allerdings eine konsequenzenreiche Kontur. Wählt man für Einsteins Urteil die Lesart, dass Risikomodelle nicht mehr im Generellen auf Experimenten gründen können, die sie im Sinne der Physik des Münzwurfs als richtig oder falsch deklarieren, muss die Denkschablone der Münzwurfanalogie, die wie ein undurchsichtiger Schleier oder eine Milchglasscheibe den wahren Kern von Risiken verdeckt, zur Seite gezogen werden. Mit anderen Worten, es kommen zusätzliche Erklärungsmomente für Risiken ins Spiel, wenn Ereignisse an den Finanzmärkten nicht mehr »nur« durch die Physik der Münze zu erklären sind.

Informationsrisiken respektieren keine mathematisch zugewiesenen Bereiche

Vernetzte Finanzmärkte entstofflichen Produkte, weil Investoren, die Verfügungsrechte handeln, beim optimalen Kapitaleinsatz das Gut »Information« wie ein Wirtschaftsgut optimal bewirtschaften. In Finanznetzen ist Informationsrisiko sogar der Ertragsbringer. Sei es darum, dass Investoren im Bereich derivater Finanzprodukte durch Fortschritte im Financial Engineering praktisch nirgendwo an Grenzen stoßen. Oder sei es darum, dass globale News Networks und mit speziell entwickelter Software operierende Rechnerkapazitäten immer schneller Risikoanalysen frei Haus liefern. Gibt es damit praktisch nicht a priori »das« günstigste und »das« ungünstigste Angebot, beschreibt der von Oskar Wilde stammende Satz »Wir kennen von allem den Preis, aber von nichts den Wert« recht gut den Kern des Unsicherheitsmoments auf den Finanzmärkten.

Es verwundert deshalb nicht, dass man bei der Suche nach nichtphysikalischen Einflussfaktoren für Risiken kanonisch wieder auf das Problem des Umgangs mit der Vielfalt von Information stößt. Die Gründe dafür sind offensichtlich:

▶ Information kann ohne sich abzunutzen unbegrenzt wieder verwendet und in neue Kontexte gestellt werden.

▶ Jede Information hat zwar ihren eigenen Wert, neuen Wert aber kann sie auch im Kontext mit anderen Informationen entfalten.

▶ Die Zusammensetzung und Kombination von Informationen zu neuen Informationen kann nur dann überhaupt funktionieren, wenn es eine Vielzahl verschiedener Benutzer und damit auch eine Vielzahl von Verteilern gibt.

▶ Die Bezugsquelle von Information kann sehr schnell gewechselt werden, verschiedene Quellen können benutzt werden und die Verteilung von Information über zahlreiche Kanäle ist möglich.

In Finanznetzen kann das Moment, dass Informationsvielfalt mit der Existenz eines letzten Grundes verträglich sein kann, wenn Information symmetrisch verteilt ist, es aber nicht sein muss, wenn Information asymmetrisch verteilt ist, damit für Ex-post-Überraschungen sorgen, wenn im Risikomanagement »Misstrauen in ein geplantes Optimum« keinen Platz hat. Können Risikoentscheidungen plötzlich aus dem Facettenreichtum möglicher Kontexte und nicht mehr »nur« aus alles Zukünftige prä-determinierten Normalverteilungskontexten resultieren, steht im Risikomanagement der adäquate Umgang mit Nachrichtenlagen (Information) in erster Linie für komplexe Problembewältigung und erst in zweiter Linie für den Einsatz komplizierter Mathematik. Dass in diesem Szenario Risikomanagement weder als eine triviale noch als eine ad hoc lösbare Aufgabe steht, zeigt schon der im Alltag schwierige Umgang mit Informationsasymmetrie. Sei es darum, dass man sich beim Kauf von einer Schale Erdbeeren nie über die Qualität der ganzen Schale im Klaren ist, wenn man sich ein Urteil über die Qualität der ganzen Schale aufgrund der obersten Lage bilden muss. Oder sei es darum, dass man beim Kauf von Flugtickets nur eine Wahrscheinlichkeit, aber keine Garantie erwirbt, um tatsächlich transportiert zu werden.

Weil es ohne Überraschung keine Information und es ohne Information aber auch keine Werte (oder Nutzen) gibt, baut Informationsasymmetrie per se Hindernisse auf, die für handelnde Akteure das Bewerten ihrer Handlungen oft erheblich erschweren. An Finanzmärkten baut Informationsasymmetrie Hindernisse auf, die mit der mathematischen Eleganz stochastischer Optimierungsmethoden nicht mehr zu überwinden sind. Warum? Die einfachste Antwort ist, dass die Essenzialisierung der Vielfalt von Informationsrisiken in den Begriffen des Münzwurfs nicht mehr ausreicht. Dass Risikomodelle konstituierende stochastische Prozesse kein Gegenstück im realen Entscheidungsverhalten haben, sollte auch nicht verwundern. Warum? Schon Mitte des 18. Jahrhunderts hatte der Physiker Daniel Bernoulli in seiner Schrift »Specimen Theoriæ Novæ de Mensura Sorties« darauf hingewiesen, dass der Nutzen aus jeder kleinen Zunahme des Wohlstands umgekehrt proportional zu der Menge der Güter sein müsse, die man vorher besessen hatte.

Die hinter Bernoullis Vorschlag stehende Verknüpfung von Wertmaßstab und Wertgehalt in einem quantitativen Konzept, für das nicht die Münzwurfanalogie die Denkschablone liefert, ist der hier entscheidende Punkt. Durch nicht objektiv messbare subjektive Wahrscheinlichkeiten formulierte Bernoulli nämlich den Kern, der mit dem Prinzip der Risikovermeidung auch dem Prinzip modernen Portfoliomanagements zugrunde liegt, wenn man es so sieht, wie es Investoren auch betreiben. In der Lesart von Bernoulli kann man sagen: Risikomanagement in der Denklogik der Stochastik zahlt mit der Eliminierung subjektiver Wahrscheinlichkeiten den Preis für die Objektivierung der Finanzmarktentscheidungen. Hängt die Antwort auf die Frage nach dem Risiko aber von dem ab, den man fragt, ist dieser Preis zu hoch. Kenneth Arrow trifft den Punkt, wenn er formuliert: »Economic agents are required to be superior statiscans capable of analyzing the future general equilibria of the economy.«

Teil der Lösung oder Teil des Problems?

Da es im Risikomanagement auch bei der sich verändernden Prüfungspraxis zur mathematischen Methode keine Alternative gibt, bekommt Risikomanagement im (Um)Bruch seine Konturen durch einfach zu stellende, aber schwer zu beantwortende Fragen. Wo ist in der Welt der Brownschen Bewegung der Platz für unerwartete Ereignisse, wenn Finanzmärkte wie die Natur gesehen und analysiert werden, die auf experimentelle Fragen stets wahrheitsgemäß antwortet und nach dem Einstellen von Anfangsbedingungen durch zeitlose Gesetze die Zukunft so fortschreibt, wie diese Gesetze auch die Vergangenheit gestaltet haben? Wie können sich Investoren in der zufälligen Welt seelenloser Teilchen selbst erkennen? Beide Fragen müssen beantwortet werden. Sei es darum, dass Basel II es schlicht erfordert. Oder sei es darum, dass Investoren immer weniger bereit sind, unverstandene Risiken zu finanzieren und Anspruchsgruppen wie Shareholder und Stakeholder immer nachdrücklicher einheitliche Standards für ein betriebliches Risikomanagement fordern.

Merton Miller entkernt diese Fragen auf das dahinter stehende Informationsproblem. Für ihn sind Derivate-Desaster schlicht Management-Desaster, weil beim Risikomanagement heute nicht das Problem ist, Information zu erzeugen, sondern vielmehr das Problem ist, Information durch Verbesserung der Fähigkeit zur umfassenden risikorelevanten Informationsauswertung besser zu nutzen. Will das traditionelle Financial Engineering durch die Notwendigkeit einer differenzierteren Sicht auf Information als Treiber für Risiken nicht verblassen, steht es vor einem Paradigmenwechsel des Denkens. Wider der stochastischen Denklogik ist nämlich zwischen der Natur als Natur und der Natur von Investoren zu unterscheiden. Schließt man aus Beiträgen wie » The CAPM is Wanted – Dead or Alive« und »Meta Risk – The Risk Beyond Risk« von reputierlichen Autoren auf die Öffnung der Finanztheorie für neue Methoden, sind die Konsequenzen dieses (Um)Denkens durchaus mit dem Paradigmenwechsel in der Physik vergleichbar, als im 18. Jahrhundert die Wärmelehre zur Gegenspielerin der Newtonschen Gravitationslehre wurde.

Dabei liegt in der Art und Weise dieses Paradigmenwechsels dann auch das Vergleichsmoment zum Paradigmenwechsel im Risikomanagement heute. In der Physik wurde damals ein Umdenken notwendig, weil die Thermodynamik auf zwei Arten von Prozessen beruht: Reversible Prozesse sind von der Richtung der Zeit unabhängig; irreversible Prozesse sind dagegen von der Richtung der Zeit abhängig. Dass die Wärmelehre die Newtonsche Physik der reversiblen Prozesse nicht für falsch erklärte, sondern durch das Erkennen der Bedeutung des Zeitpfeils verallgemeinerte und begrifflich präzisierte, ist der wichtige Punkt. Man kann in diesem Sinne Folgendes sagen: Im modernen Risikomanagement wird stochastisch fundiertes Risikomanagement nicht obsolet; es wird Teil eines größeren Ganzen.

Die Verallgemeinerung dieser Lesart verbindet Risikomanagement aber in einer ganz natürlichen Weise dann wieder mit dem Paradigmenwechsel, so wie ihn moderne Managementansätze unter dem Rubrum »ganzheitliches Denken« im Regelfall nur postulieren, nicht aber operationalisieren. Beim Paradigmenwechsel im Risikomanagement ist die Frage, Brownsche Bewegung (Normalverteilung) – ja oder nein, eine falsch gestellte Frage. Die richtige Frage lautet: Wann greift stochastische Methodik? Novalis' Urteile »Hypothesen sind Netze, nur der wird fangen, der auswirft« zum Ersten und »Wenn die Theorie auf die Erfahrung warten sollte, so käme sie nie zustande« zum Zweiten zeigen, dass schwierige Operationen auf das Risikomanagement zukommen. Warum? Das scharfe Seziermesser der Stochastik droht stumpf zu werden, wenn es nur routinemäßig eingesetzt wird. Bleiben wir im Bild: Operateure, die nur über ein stochastisches Equipment verfügen, operieren unter hohem Risiko, weil sie nie ausschließen können, dass sie mit dem Verhalten von Investoren auch gleich den Steuerungskern des Marktes mit entfernen.

Quintessenz

»Fantasie ist wichtiger als Wissen, denn Wissen ist begrenzt.«
(Albert Einstein)

Standardrisikomanagement ignoriert die Vielfalt von Kontext. Es ist nicht obsolet, es ist kontextsensibel einzubetten.

10   Big Picture gesucht

Wer etwas erkennen will, braucht die richtige Metapher, um es wahr-
zunehmen.

Thomas Kuhn

An Börsen von heute sind gehandelte Risiken spezifisch ausgeprägte Informationsstrukturen. Finanzprodukte sind elektronische Signale, die in Computersystemen gehandelt werden. Dabei entstehen an den elektronischen Handelsplattformen der Börsen mit neuen Nachrichtenlagen auch Risiken aus dem Nichts,
weil in der von Information getriebenen Network Economy neue Werte (Risiken)
nicht mehr nur durch die Entwicklung physischer Assets, sondern auch (oder
gerade) durch die Fähigkeit geschaffen werden, Information schnell und zielgerichtet generieren und nutzen zu können. Ja mehr noch, aufgrund der engen Verflechtung der Märkte, dem Zeitdruck und durch die große Zahl global agierender
heterogener Akteure muss man im Börsengeschäft sogar von einer doppelten
Abstraktheit der (Informations)Risiken sprechen. Denn nicht nur die Produkte,
sondern auch Käufer und Verkäufer sind physisch oft nicht mehr präsent.

Haben in vernetzten Computersystemen gehandelte Geldströme aber immer
weniger mit gut messbaren Warenströmen zu tun, erfordert einerseits die geringe
Halbwertszeit von Information und andererseits der unterschiedliche Informationsstand zwischen Investoren mit unterschiedlichsten Risikozielen und ökonomischen Potenzen eine differenzierte Betrachtung der Zeit. Dabei muss die
Betrachtung der Zeit jedenfalls differenzierter sein, als es bei Risikomodellen der
Fall ist, die in der Provenienz der berühmten Black-Scholes-Formel stehen.

Knapp formuliert und nicht in die Tiefen der komplizierten Details vordringend,
ist zu sagen: Zeit ist für Investoren, die unterschiedlichsten Verhaltensweisen (so
genannten: »Präferenzen«) folgen können, mehr als nur ein Parameter, der routinemäßig in ein Modell einzugeben ist. Für Investoren ist Zeit Geld. Für Investoren
ist Zeit nicht das Neutrum, das »man an der Uhr abliest«. Nur der Blick zur Uhr
bleibt Investoren allerdings übrig, operieren sie mit der Black-Scholes-Formel
nach dem »State of the Art« der (Standard)Finanzmathematik.

In der Black-Scholes-Welt ist Zeit per definitionem ein Parameter. Er ist (als einer
von fünf Grundparametern) in das Modell einzugeben, weil nur dann bis auf
Kommastellen genau mit dem so genannten »Fair Value« für Optionen der optimale Optionspreis als Resultat einer so genannten »Fairen Wette« zu bestimmen
ist. In der Black-Scholes-Welt interessiert es nicht, dass in Finanznetzen, wo

Werte aus der Fähigkeit geschaffen werden, Informationen schnell und effizient zu verarbeiten und in entsprechende Bewertungen der Vermögen umzusetzen, Zeit ein wichtiger Baustein für Unwägbarkeiten ist. In der Black-Scholes-Welt interessiert es nicht, dass Investoren, die über Risiken nachdenken, und zu jedem Zeitpunkt über eine Vielzahl unterschiedlicher Zeithorizonte verfügen, auch über eine Vielzahl unterschiedlicher Alternativen verfügen.

Nachrichtenlagen (Kursverläufe) richtig interpretieren

Zwecks Koordinierung ist die wichtigste Aufgabe der Finanzmärkte die reibungslose Versorgung der Akteure mit Information. Damit ist bei Fragen zur Prognosefähigkeit von Risikomodellen de facto das Wesentliche des Punktes nicht zu verkennen. Für Investoren ist die Fähigkeit, Erwartungen mit guter Aussicht auf Erfolg zu bilden und die Fähigkeit des Schaffens von Werten direkt mit der Fähigkeit des Schaffens und Verarbeitens von Information verbunden. Das Behavioral Finance, das Finanzmärkte aus der psychologisch-soziologischen Perspektive analysiert, und Basel II sprechen hier eine deutliche Sprache. Es wird prominent gestellt, dass mit Aktions- und Bedingungsrisiken in der Zeitdimension erst aufquellende Risiken zu messen sind, wenn (Informations)Risiken frühzeitig zu identifizieren und rechtzeitig zu korrigieren sind.

Sei es darum, dass Counterparty Risk (Gegenparteirisiko) die Risiken wider die Bedingungen verändern kann, wie sie zum Zeitpunkt der Risikomessung (des Münzwurfs) noch angenommen werden konnten, oder sei es darum, dass im Fondsmanagement das so genannte Moral Hazard-Risiko die Prüfung von Fondsanbietern (Due Diligence), die methodische Sicherung angebotener Fonds (Screening) und die Auswahl von Fonds durch einfach zu treffende statistische Ja-/Nein-Entscheidungen erschwert: Es gibt eine Vielzahl von Gründen dafür, dass in einem Szenario, in dem die Zeit nicht mehr Konstante und Parameter, sondern Gestaltungsfaktor ist, die Denkschablone des Münzwurfs die »falsche« Denkschablone ist.

Dabei ist es aus zumindest drei Gründen unschwer einzusehen, dass Investoren, die Information in der Zeitdimension bewirtschaften, nicht »nur« dem Big Picture des Münzwurfs folgen. So können sie weder dazu gezwungen werden, beim Auswerten der ihnen zur Verfügung stehenden Informationen per Kopf/Zahl-Logik auf die Vielfalt von Informationen stets gleich zu reagieren, noch können sie dazu gezwungen werden, sich als homogener Erwartungen bildender »Homo Oeconomicus« stets den gleichen Risikomodellen zuwenden. Richtet man den Blick auf die Sinngebung der fairen Wette (Fair Value), ist auch zu fragen: Lassen sich überhaupt stets zwei Investoren finden, die über den gleichen Sachverhalt wetten wollen, beziehungsweisefindet sich überhaupt bei einem nach einer fairen Wette bepreisten Wertpapier ein Investor, der das »so« bewertete Wertpapier kaufen will, und findet sich gleichzeitig auch ein anderer Investor, der das »so« bewertete Wertpapier auch verkaufen will?

Jedes Ziel ist der Anfang eines neuen Rennens – und es gibt viele

Fragt man nach den Ursachen, wodurch die Konfidenz statistischer Ja-/Nein-Entscheidungen (Münzwurfentscheidungen) ausgehöhlt wird, ist nach den Gründen zu fragen, die einerseits zur Entwicklung von Finanzinnovationen führen und andererseits dafür verantwortlich sind, dass Störungen wider das Referenzszenario der (Standard)Finanzmathematik überhaupt erst entstehen. Dass man in Informationsnetzen sehr schnell fündig wird, ist nicht verwunderlich. Zumindest zwei Gründe liegen auf der Hand. Zum einen erzeugen Informationsnetze stets mehr Information als ein einzelner Investor je besitzen und verarbeiten kann, selbst wenn er datenverarbeitungstechnisch auf dem neuesten Stand ist. Zum anderen sind durch Banken die ökonomisch sinnvollsten Produkte unter einem doppelten Ziel zu handeln. Einerseits sind Finanzprodukte standardisiert in die Kundschaft zu tragen. Andererseits ist aber auch den individuellen Risikobedürfnissen und Risikostrukturen von Investoren durch individuelles Produktdesign Rechnung zu tragen.

Es ist sicher nicht gewagt zu behaupten, dass keine (Finanz)Innovation auf fest verlegten Gleisen läuft, und eine Bank, die ihre Informationsquellen nicht ausnutzt, verdursten wird. Trägt man jetzt der Tatsache Rechnung, dass sich in Black-Scholes-Welten der Optionspreis (die Kursprognose) nur dann mit einer fairen Wette (Münzwurf) gleichsetzen lässt, wenn alle Investoren

▶ über die gleichen Informationen verfügen

▶ ihre Informationen in gleicher Weise auswerten

▶ gleiche und konstante Zeitpräferenzen haben

▶ und sich risikoneutral verhalten

zeigt sich sofort die Schwierigkeit. Geht es um die adäquate Interpretation von Nachrichtenlagen (Kontext) durch das Black-Scholes-Referenzszenario, ist man in einer Situation, die John Naisbitt treffend durch: »Wir ertrinken in Information, aber dürsten nach Wissen« beschreibt.

Finanzinnovationen brauchen geradezu einen Nährboden, den durch zeitlich unabhängige Zufallspfade nicht künstlich stabilisierte Umfelder, sondern durch Turbulenzen und Informationsdiffusionen gerade instabile Umfelder bereiten. Damit ist klar, nicht die Denkschablone des Münzwurfs, sondern das Bild von in der Zeitdimension erst aufquellenden Informationsrisiken liefert mit der Erklärung des Grundes für die stürmisch fortschreitende Entwicklung von Finanzinnovationen auch die Erklärung für die De-facto-Realität an den Finanzmärkten.

Mit den so genannten »Surprises« muss die Realität an den Finanzmärkten für einen Beobachter, ist er in der Black-Scholes-Welt gefangen, eine Welt voller Überraschungen sein. Er denkt Risiko in der Denklogik des Münzwurfs nur (mathematisch) nach den (Spiel)Regeln des Münzwurfs. Stellt man sich, bildlich gesprochen, einmal neben die Denklogik des Münzwurfs, muss man sagen: An Finanzmärkten sind Überraschungen somit keine Überraschungen. Innovationen, die Vergangenheit nicht extrapolieren, sondern mit Vergangenheit brechen, sind nur mehr oder weniger sprunghaft verlaufende notwendige Anpassungen. Sie können nur entstehen, wenn bei einer Vielzahl sich koordinierender Investoren einige Investoren besser informiert sind als die anderen und die bessere informierten Investoren ihren Informationsvorsprung zur Realisierung riskanter Projekte oder zur Spekulation tatsächlich auch ausnutzen. Auch dies sollte nicht überraschen, wies doch Benjamin Disraeli darauf hin: »Der Erfolgreiche ist im Leben der, welcher am besten informiert ist.«

Dass Banken im Regelfall schlechter informiert sind als ihre Kunden, die schon mit einem relativ kleinen Einsatz bei Spekulationen ein großes Rad drehen können, schließt den Kreis zwischen Information und Risiko wider das »State of the Art« der Finanzmathematik, für den Black-Scholes-Modelle aber gerade stehen. Sind Investoren im Spiel, ist nun allerdings differenzierter, als es bei der Sicht auf Münzwurf, Brownsche Bewegung und Normalverteilung noch möglich war, festzuhalten: Risiko verliert nicht in dem Maße an Bedeutung, wie Akteure lernen, mit mathematischen Verfahren richtig umzugehen. Finanzmärkte, die Information und Zeit bewirtschaften, sind auf dem Weg vom Klassifizierungsuniversum der Kennzahlen in Richtung eines Relationenuniversums der Beziehungsmuster, wo die mit einer Zeitverzögerung ablaufenden Dinge im Gegensatz zu den Dingen selbst oft nicht messbar sind.

Etwas weniger wohlwollend kann man auch formulieren. Wird Risikomanagement nach dem Referenzszenario der (Standard)Finanzmathematik routinemäßig betrieben, werden mit dem Fokus auf das Messen von Fundamentalwerten die Risiken nur »quasi« abgesichert. Denn reale Risiken resultieren aus spezifischen Informationsstrukturen und nicht aus der »einen« Informationsstruktur (Informationssymmetrie), auf die in das Referenzszenario der (Standard)Finanzmathematik eingebettete Risikomodelle gerade zugreifen müssen. Ist in Routinen stecken zu bleiben und damit das Problem und Flexibilität zu entwickeln aber die Aufgabe, ist die Performance von Risikomanagement in Finanznetzen mit dem richtigen Einhängen eines Rades am Fahrrad zu vergleichen. Wird das Rad am Rahmen zu fest angeschraubt, bewegt sich das Rad überhaupt nicht. Wird das Rad am Rahmen dagegen zu locker angeschraubt, dann eiert das Rad. Erst wenn es gelingt, die Schrauben richtig anzuziehen, so dass genug Spiel zwischen Rahmen und Rad besteht, funktioniert das Ganze richtig.

Angemessene Modellkomplexität sicherstellen

Informationsasymmetrie (Verhalten) ist dafür verantwortlich, dass Marktreaktionen ausgelöst werden. Dabei verstärken Risikomodelle das Risiko umfassender Störungen, wenn sie der einfachen Logik des Münzwurfs folgen. Denn mit dem Fokus auf die Momente von Verteilungen wie Erwartungswert und Varianz wird quasi der Durchschnittsinvestor fokussiert.

Damit ist das hinter dem Handel mit zustandsabhängigen Finanzprodukten (so genannten: »State Contingent Claims«) stehende Organisationsprinzip ein Organisationsprinzip mit Tücken. Norbert Wiener, der mit den mathematischen Grundlagen zur Brownschen Bewegung auch die Grundlage für die moderne Optionspreistheorie legte, formulierte hier einerseits scharf: »(....) Volkswirtschaftler haben die Gewohnheit entwickelt, ihre ziemlich unpräzisen Ideen in die Sprache der Infinitesimalrechnung zu hüllen (....)« und dabei: »(....) kaum mehr Unterscheidungsvermögen (....) als die Eingeborenen des Kongo bei Ausübung ihrer neuen Riten (....)«. Andererseits formulierte Wiener vor dem Gegenstand der gegenwärtigen Diskussionen rund um das Risikomanagement aber auch richtungsweisend, dass »(....) eine mathematische Ökonomie beginnen muss mit einer kritischen Einschätzung dieser quantitativen Begriff und der Mittel, die angewandt werden, um sie zu sammeln und zu messen«.

Wieners Sicht der Dinge wollen wir hier nur zitiert wissen. Man kann für sie die wesentlich freundlichere Lesart wählen. Im Risikomanagement ist der Unterschied zwischen Mathematik und Wirklichkeit bewusst(er) wahrzunehmen. Dies tut Not, weil sonst mit üblichen Ex-post-Er-klärungen für Irritationen durch Prognosen wie »Das war nicht vorauszusehen« und das »Risikomanagement von Dingen handelt, die zwar niemand versteht, die aber erklären, was jeder verstehen will« weiter umzugehen ist. Hier drängt sich ein konstruktiveres Bild auf. Das routinemäßige Abgreifen von Risiken nach dem einfachen, sich im Münzwurf manifestierenden Prinzip: »Man nehme Vergangenheitsdaten und stecke diese Daten in die Risikomodelle« beziehungsweise »Man simuliere die Zukunft nach der Monte-Carlo-Methode« erschwert heute die Arbeit der Financial Engineers dadurch, dass Dämme gerade dadurch nicht mehr nur routinemäßig zu errichten sind, weil mächtige Finanzströme nicht mehr in ihre vorher berechneten Bahnen zu zwingen sind, wenn sie die Regelmäßigkeit auftretender Gezeiten vermissen lassen.

Nutzen wir noch einen Moment den Vorteil, den maritime Metaphern zum Erklären komplizierter (komplexer) Zusammenhänge liefern können: Der Golfstrom kann nur funktionieren, weil Unterschiede in der Salzkonzentration von Nord- und Südatlantik dafür verantwortlich sind, dass zum Ausgleich des Fließens von warmem Wasser von Süden nach Norden in der Tiefe kaltes Wasser von Norden nach Süden fließt. Dass der Golfstrom die Metapher ist, die eine zumindest grobe Erklärung des Netzwerkparadigmas liefert, weil auch Netzwerke (wie der Golfstrom) sich selbst organisierende dynamische Ordnungen sind, die ihre Ursachen selbst reproduzieren, ist der hier entscheidende Punkt.

Unter dem Stichwort »Konzept der Selbstorganisation« als gegenwärtigem »State of the Art« des Sichherantastens an Probleme im Umfeld von Ganzheitlichkeit kann man nämlich sagen: In einer Welt, in der die alles prä-stabilisierende Brown-schen Bewegung das ordnungsstiftende Prinzip ist, können Instrumente das Organisationsprinzip vernetzter Finanzmärkte dadurch nicht faktorisieren, weil die Differenz zwischen Prognosesystem und Systemumwelt zu groß ist.

Vor dem Hintergrund der gegenwärtig kontrovers geführten Diskussionen um das richtige Konzept zur Ausgestaltung der Gesamtbanksteuerung ist dabei zumindest zweierlei bemerkenswert. Einerseits ist unter der Prozessmetapher das Konzept der Selbstorganisation auf die Aufbau- und Ablauforganisation zu übertragen. Andererseits sind unter dem Konzept der Selbstorganisation die Probleme in Prozessabläufen als Integrationsprobleme zu begreifen, deren Lösungen im Übergang vom formalen Nebeneinander einer Organisation zum informellen Miteinander in Netzwerken gesehen werden.

Unter dem Konzept der Selbstorganisation könnte man zwecks »Rehabilitierung« der von Wiener doch hart kritisierten Volkswirtschaftler auch nach dem »Wert« eines Resultats (Risikomanagements) fragen, das jüngst die zuverlässige Messung des Risikos dadurch ganzheitlich zu verbessern glaubt, dass die Black-Scholes-Formel aus Richard Feynmans Theorie der Quantenelektrodynamik hergeleitet wird. Warum? Auch die Interpretation des elektromagnetischen Feldes als so genanntes Arbitragefeld kann nicht darüber hinwegtäuschen, dass nicht die Fähigkeit zur willentlichen Selbstorganisation, sondern nur die Wechselwirkung von geladenen Teilchen das Auf und das Ab von Kursen beschreibt.

Sind im Risikomanagement aus den verschiedensten Gründen Bedingungen zu finden, unter denen Geschäftsprozesse einerseits auf ihre Ursachen zurückwirken können und sich andererseits dadurch die Geschäftsprozesse aber auch wieder abgrenzen und konstituieren, ist für den Ist-Zustand des Risikomanagements festzuhalten, dass in das finanzmathematische (Standard)Referenzszenario eingebettete Risikomodelle als Partialmodelle keine ganzheitlichen Modelle sind. Nicht durch plötzliche Überraschungen, sondern durch die notwendige Systematik der

Risikomodelle müssen Prognosen zu kurz greifen, wenn folgendende Fälle eintreten:

▶ Reaktionen der Märkte werden schneller, Umsätze größer und Kursausschläge heftiger.

▶ Ursachen von Kursbewegungen werden immer dadurch undurchsichtiger, weil sich Investoren immer schneller aus Geschäften zurückziehen und sich in Geschäften engagieren können.

▶ Immer weniger Spezialisten, die selbst nicht gegen Irrtümer immun sind, handeln auch immer größer werdende Volumina von jenen Produkten, mit denen eigentlich die Risiken abgesichert werden sollen.

Komplizierte Modelle und komplexe Modelle sind nicht dasselbe

Risikomanagement muss komplex werden, wenn man für das von der Bankenaufsicht unter dem Stichwort »Risiken sind besser zu verstehen« priorisierte Netzwerkparadigma die Lesart wählt, dass die subjektive Unkenntnis des Betrachters eine objektive Bedeutung hat. Risikomanagement ist kompliziert, wenn man für den im Münzwurf essenzialisierten »State of the Art« der Finanzmathematik die Lesart wählt, dass die Theorie stochastischer Prozesse eine mittlerweile so komplizierte (Sprach)Ebene rund um den Münzwurf geschaffen hat, dass auf ihr nur noch Eingeweihte die Kunst des Vermutens durch Münzwurfexperimente betreiben können. Damit ist Folgendes klar: Dass komplexes Risikomanagement kompliziertes Risikomanagement dominiert, ohne dass kompliziertes Risikomanagement allerdings komplexes Risikomanagement operationalisiert, steht für das im modernen Risikomanagement zu bewältigende Problem. Der letzte Satz gibt Sinn. Man braucht nur an die Position der Bankenaufsicht durch eine Aussage wie: »(....) reaktionsfähige Netzwerke müssen die Kommunikation und den schnellen Informationstransfer bei genauer Kenntnis und vollem Verständnis der Risiken sichern« erinnern.

Das Paradebeispiel dafür, dass im Risikomanagement die Zeit knapp wird, nach Alternativen zu den Standardansätzen zu suchen, liefert mit den Optionen das Filetstück des Risikomanagements selbst. Denn zum einen sind Optionen komplex: Eine Option, die ihrem Inhaber nur das Recht, aber nicht die Pflicht gibt, ein bestimmtes Gut (Underlying) zu einem vorab festgelegten Preis (Basispreis) innerhalb (Amerikanische Option) oder am Ende (Europäische Option) einer bestimmten Frist (Laufzeit) zu erwerben (Call Option) oder zu veräußern (Put Option), konstituiert gerade eine asymmetrische Beziehung zwischen den Vertragsparteien. Zum anderen sind Optionen kompliziert: Der rasant wachsende Markt für

Optionen zieht seine Existenzberechtigung gerade aus der Möglichkeit, jedem noch so raffiniert erdachtem Optionsprodukt mit der komplizierten Mathematik rund die Black-Scholes-Formel einen rationalen Preis zuweisen zu können.

Weil diese beiden Teile eines Ganzen nicht so recht zusammenpassen wollen, stehen Optionen dann auch für das Problem modernen Risikomanagements. Durch den Münzwurf ist nicht mehr zu erklären, dass Käufer und Verkäufer von Optionen den Preis einer Option zu jedem Zeitpunkt richtig einschätzen können. Aufgrund der De-facto-Irritationen durch Risikomodelle ist zu fragen, ob ein Käufer einer Option heute weiß, wie viel er für das Recht bezahlen soll, um in einigen Wochen oder Monaten eine Aktie zu einem festgelegten Preis kaufen beziehungsweise verkaufen zu können, und ob ein Verkäufer einer Option heute weiß, was er als Prämie für sein eingegangenes (Stillhalter)Risiko zu fordern hat.

Hier ist die Bedeutung des Punktes nicht zu verkennen, dass die Informationsvielfalt in Finanznetzen nur zwanzig Jahre nach der Entdeckung der berühmten Black-Scholes-Formel zu viel Sand in deren Getriebe streut, wenn sich Informationsvielfalt als Informationsasymmetrie realisiert. Ist Sand im Getriebe der Black-Scholes-Formel, ist auch Sand im Getriebe des Organisationsprinzips der Finanzmärkte. Dabei lässt die Lesart moderner Finanztheorie diesen Schluss zu. Alle bedingten Ansprüche (State Contingent Claims) auf zukünftige Zahlungen können als Optionen beziehungsweise als Portfolios aus Optionen aufgefasst werden.

Die Beispiele dafür, dass die Unvorhersehbarkeit der Zukunft mit dem so genannten »Fair Value« mit einem Wert zu belegen ist, sind vielfältig. Einerseits können die für eine Unternehmung bestehenden Alternativen, ein bestimmtes Investitionsprojekt zu realisieren, als Realoption aufgefasst werden. Andererseits kann das Eigenkapital einer haftungsbeschränkten Kapitalgesellschaft als Call auf das Vermögen der Gesellschaft interpretiert werden. Last, but not least konnte sich Kenneth Arrow sogar für jeden zukünftigen Zustand der Welt ein bepreistes Wertpapier vorstellen.

Hat Theorie andere Probleme als die Praxis?

Die Entstehung von finanzmathematischen Verfahren ermöglicht es Investoren, Finanzinstrumente in standardisierter und von allen Marktteilnehmern akzeptierter Form zu bewerten. Dadurch sind finanzmathematische Prämissen mittlerweile wichtiger geworden als die Marktbedingungen selbst. In den Handelssälen rund um den Globus sind die eigentlichen Gesetze in mathematischen Gleichungen geschrieben. Die »Orderly Market Conditions« sind, überspitzt formuliert, Formfragen. Als nationales Phänomen werden sie zu Fragen lokalen Kolorits beziehungsweise können sich Orderly Market Conditions auch nur beschränkt entfalten, wenn sich Investoren aufgrund ihrer weltweiten Vernetzung und aufgrund der in der Natur des Kapitals liegenden Mobilität die Emissionsorte strategisch aussuchen können.

Da jede Modellierungstechnik neue Modellierungstechniken hervorbringt und Financial Engineers in aller Welt mit Modellen arbeiten, die vom Black-Scholes-Urmodell nicht nur abgeleitet sind, sondern auch nach den vom Black-Scholes-Urmodell vorgegebenen Maßstäben für mehr Stabilität sorgen, gibt es Grund zur Sorge, wenn man den Blick auf die Finanzmarktrealität richtet. Salopp kann man unter dem Stichwort »Zeit bestimmt Investorverhalten« sagen: Die Black-Scholes-Formel steht für das Wechselspiel von Preisen und Wahrscheinlichkeiten; das Geschehen an Finanzmärkten steht jedoch für die Wechselspiele von Preisen, Wahrscheinlichkeiten und Präferenzen (Zeit). Etwas technischer gesprochen: Es ist der kritische Punkt der berühmten Formel, dass mit der Präferenzfreiheit, die erst die Herleitung der partiellen stochastischen Black-Scholes-Differenzialgleichung aus der Wärmeaustauschgleichung sichert, letztendlich die schon von Daniel Bernoulli in seinem berühmten Aufsatz zum »Petersburger Paradoxon« entwickelte Idee ignoriert wird, dass nicht Risikoneutralität, sondern Risikoaversion das Verhalten von Investoren bestimmt.

Halten wir den Ball weiter flach und stellen nur fest, dass der Finanzmathematik ein schwieriges Problem ins Haus steht. Warum? Unter einem Verlust an Konsens zur Erklärung der Realität der Finanzmärkte ist die Komplexität von Investorverhalten modellhaft zu analysieren. So ist zu analysieren, wie Investoren ihre Information aufnehmen und verarbeiten, wie Investoren ihre Erwartungen bilden und was die Entscheidungskriterien von Investoren sind. Dass es hierbei um mehr als »nur« um das Lösen von Problemen im mathematischen Detail geht, dafür steht die seit Basel II kontroverse Auseinandersetzung mit Fragen wie: Ist Risikomanagement wie die Physik eine exakte Wissenschaft? Sollte man Risikomanagement nur dafür ausgebildeten Spezialisten überlassen? Mehr noch: Das Problem, dass (Standard)Risikomodelle ein Autopilot sein können, der sich in den Zeiten ruhiger Wetterlagen durchaus bewährt, aber in stürmischen Wetterlagen zu erheblichen Missweisungen bei der Navigation der Bank neigt, bringt mit Robert Shiller einer der zurzeit prominentesten Vertreter des Behavioral Finance sogar sehr provokativ auf den Punkt: »Die Markteffizienzhypothese ist der bemerkenswerteste Irrtum in der Geschichte ökonomischer Theorien.«

Die Aussage Shillers, die mit dem Infragestellen der Münzwurfanalogie der Messbarkeitslogik der Finanzmathematik auch auf dem Feld der Theorie scheinbar den Boden zu entziehen scheint, steht im Raum. Trotz der methodischen Gegensätze der auf das Messen von Fundamentaldaten fokussierten Finanzmathematik und des auf psychologische Methoden aufbauenden Behavioral Finance muss moderne Finanzmathematik auch mit diesem für sie methodenfremden Ansatz umgehen können. In Grunde genommen ist es das Behavioral Finance, das mit seinem Anspruch, die Risiken verursachungsgerecht durch Phänomene wie etwa Overconfidence (überhöhte Selbstsicherheit), Conservatism (Beharrungsvermögen) und Endowment Effect (Besitzeffekt) zu erklären, zumindest die Anpassungsleistung formuliert, die Basel II von der Finanzmathematik fordert.

Der Vergleich zu einem Segelturn zeigt eine Facette des Problems der »Anpassungsleistung«. Sagt die Wetterprognostik für 95 Prozent der Zeit des Turns ruhiges Wetter voraus, ist es durchaus ratsam sich auch (oder gerade) über die restlichen fünf Prozent der Zeit Gedanken zu machen, wenn in diesem Zeitraum die Stürme aufziehen könnten. Durch die Frage, nach welchen Prinzipien man sich in mathematischer Form über die fünf Prozent Gedanken machen kann, spiegelt die für Normalverteilungswelten typische 95:5-Prozent-Relation das grundsätzliche Problem des (Standard)Risikomanagements wieder. Über die fünf Prozent macht man sich keine (oder zu wenig) Gedanken. Läuft alles in normalen Bahnen (95-Prozent-Fall), steht die Performance des Risikomanagements nicht zur Debatte; werden Risiken aber überraschend schlagend (Fünf-Prozent-Fall), treten die Mängel des Risikomanagements in einer oft dramatischen Form offen zutage.

Segelt eine Bank mit anderen Worten ihr Schiff in jedem Wetter wie im Black-Scholes-Wetter, gibt es zu viele »Acts of God«. Dies sollte nicht überraschen. Die Technik der Optionspreise weist mit der Volatilität der Märkte dem Investorverhalten »einen« Wert zu, obwohl sich die verschiedensten Risiken aus Informationsasymmetrie gerade nicht nach einem einzigen Rezept bewirtschaften lassen. An der Börse spielt man nicht wie in der Physik gegen Gott, der seine Meinung nicht ändert. Man spielt gegen Gottes Kinder, die oft nicht einmal eine Meinung haben.

Der Preis der Berechenbarkeit

Behavioral Finance erklärt, knapp formuliert, die Empirie der Finanzmärkte realitätsnäher als das Referenzszenario der (Standard)Finanzmathematik, weil Behavioral Finance zur Erklärungen von Kursen keine stetigen und beschränkten Kursbewegungen voraussetzen muss. Bei einer Bewertung der Konsequenzen dieser Sicht der Dinge kann einem interessierten Beobachter eine (unbenannte) Fabel von Äsop in den Sinn kommen: Fragte die Grille den Tausendfüßler: »Wie schaffst du es, deine Füße nicht durcheinander zu bringen?« – »Ich werde darüber nachdenken«, antwortete der Tausendfüßler. Am nächsten Tag: »Ich hab's herausgefunden, aber jetzt stolpere ich dauernd.«

Zur Sache: Der entscheidende Punkt dafür, dass Behavioral Finance an der Erkenntnis- und Erklärungsgrenze traditioneller Finanzmathematik (scheinbar) weiterführt, ist, dass nicht perfekte Modellbildung mit der Black-Scholes-Philosophie eigenwilliges Verhalten von Investoren (Informationsasymmetrie) gerade herausfiltert, sondern angemessene Modellbildung per Mustererkennungs-Philosophie eigenwilliges Verhalten von Investoren (Informationsasymmetrie) gerade nicht herausfiltert.

In dieser Lesart ist Behavioral Finance aber der »Name« für das Dilemma der (Standard)Finanzmathematik: Sei es darum, dass es Verhaltensrisiken sind, die den ambitiösen Anspruch des VaR immer wieder zunichte machen, auch die ganze Risikolage einer Bank, in einer einzigen Kennzahl mathematisch korrekt aggregieren zu können. Oder sei es darum, dass es Verhaltensrisiken waren, die einer Aussage, wie sie der Chef der Bank von England, Eddie George, Weihnachten 1994 machte, schon kurz darauf ihre Essenz nahm: »Je länger wir die Derivate beobachten, desto gelassener werden wir.«

Aus heutiger Sicht muss man auch sagen, dass es ein Irrtum war, in der Berücksichtigung von Verhaltensrisiken den zentralen Mangel der vor der Black-Scholes-Formel zuletzt von Paul Samuelson entwickelten Optionspreisformel zu sehen. Ein Teil von Samuelsons Begründung, mit der er das mathematische Risikomanagement antreibende Moment der bequemen Rechenbarkeit von Risiko quasi opferte, weil er zuließ, dass sich die Ergebnisse seiner Formel mit ihren Benutzern veränderten konnten, sei aufgrund ihrer Weitsichtigkeit hier kurz referiert. So schrieb er: »Die Vergangenheit liefert uns nur einen Querschnitt von der Wirtschaft und den Kapitalmärkten und nicht Tausende von getrennten, unabhängigen und stochastischen Zahlen. Selbst wenn viele ökonomische Variablen und finanzielle Variablen näherungsweise einer Normalverteilung folgen, ist das Bild niemals vollständig. Der Wahrheit nahe kommen ist aber niemals dasselbe wie die Wahrheit an sich. Und gerade in den statistischen Ausreißern und Unvollkommenheiten lauert die Regelwidrigkeit.«

Aus heutiger Sicht wirken Samuelsons Sätze in der Tat fast prophetisch. Nehmen sie doch nur vorweg, warum Basel II durch den Perspektivenwechsel vom anonymen Finanzmarkt zum Markt von Institutionen und Maktteilnehmern mit der Neuausrichtung des Fokus auf individuelle und marktmäßige Informations- und Entscheidungsprozesse die Blackbox der (traditionellen) Finanzmathematik öffnet. Der »State of the Art« der Finanzmarktprognostik basiert auf folgenden Tatsachen:

- Kurse der Vergangenheit bilden eine für Prognosen gültige Wahrscheinlichkeitsverteilung ab (Glaube an ein Naturgesetz).

- Kurse entstehen voneinander unabhängig (Glaube an stochastische Unabhängigkeit).

- Fixierte Wahrscheinlichkeitsverteilungen sind während des Zeitablaufs stabil (Glaube an die Stationarität der Verteilung).

Trägt man diesen Tatsachen Rechnung, weil nur dann beobachtbare Marktpreise in Gänze alle relevanten zukünftigen ökonomischen Variablen repräsentieren, dann gilt wieder:

- Marktanomalien sind wie Naturereignisse seltene Ereignisse exogene Störungen.

- Risiken sind auf die Schätzung der Wahrscheinlichkeit für das Eintreten zufälliger Ereignisse zu reduzieren.

- Risikomanagement ist auf die Entwicklung von statistischen Verfahren zum Schätzen dieser Wahrscheinlichkeiten zu reduzieren.

- Investoren verhalten sich optimal, wenn ihr Risikomanagement in der Tat auf ein stochastisches Optimierungsproblem reduziert ist.

Dann hat das Dilemma der (Standard)Finanzmathematik, dass die Black-Scholes-Formel nur greift, wenn Risikoprophylaxe nicht an Risikostrukturen ausgerichtet ist, in denen Banken tatsächlich operieren, zumindest auch eine letzte paradoxe Konsequenz.

Unschwer lassen sich zumindest drei Gründe erkennen, die mit der traditionellen Finanztheorie das gesamte Bankensystem als Fristentransformator und Risikoträger infrage stellen. Zum einen: Nur für Märkte, auf denen Informationssymmetrie herrscht, liefert die Finanztheorie elegante Lösungen zur optimalen Steuerung von Banken. Hier ist das Problem, dass Informationssymmetrie nicht mit der Existenz von Banken zu vereinbaren ist. Zum anderen: Nur für Märkte, auf denen Informationsasymmetrie herrscht, ist die Existenz von Banken begründbar. Hier ist das Problem, dass bei Informationsasymmetrie die Finanztheorie keine eleganten Lösungen zur optimalen Steuerung von Banken liefert. Die Black-Scholes-Formel operiert letztlich über einer leeren Menge. Denn die Notwendigkeit, Optionen zu handeln besteht nur, wenn Optionen nicht aus anderen Wertpapieren quasi »homemade« dupliziert werden können. Hier liegt das Problem folgendermaßen: Ist die Realität abzubilden, funktioniert die Black-Scholes-Formel nicht mehr, weil der »Fair Value« aus den Preisen anderer Wertpapiere ermittelt wird.

Selbst wenn auch kein Modell die Realität »eins-zu-eins« abbilden kann, andererseits Einsichten wider eine Modellphilosophie aber nicht für den Verzicht stehen dürfen, dass neue Wissenshintergründe zu verstehen und dieses Wissen in neues Denken (Modelle) zu integrieren ist, ist es gerade die Auseinandersetzung mit Paradoxa, was die Aufmerksamkeit oft erst auf neue Ideen lenkt. Dass Pannen im Risikomanagement quasi wider besseres Wissen entstehen müssen, weil Risikomanagement nach dem Referenzszenario der (Standard)Finanzmathematik, überspitzt formuliert, alles, was innerhalb und außerhalb der Bank passiert, routinemäßig auf einen Nenner zu bringen versucht, stellt das Risikomanagement von heute mit der Notwendigkeit der Beantwortung der Frage, was das Big Picture ist, das die verhaltensbedingte Komplexität der Finanzmärkte problemadäquat in Risikomodelle integriert, in eine ähnliche Situation, in der auch die Physik zu Beginn des 20. Jahrhunderts stand.

Damals sprach Lord Kelvin vom klaren, blauen Himmel der Physik, an dem nur zwei kleine Wölkchen von Unverstandenem standen. Dabei war ein Wölkchen die Frage, wie die Farben glühend heißer Körper zu erklären sind. Wie der Himmel der Physik sich veränderte, als Max Planck zeigte, dass glühend heiße Körper Strahlungsenergie nicht stetig, sondern nur in Portionen (Quanten) aufnehmen und abgeben können, ist bekannt. Entfällt in dieser Lesart aber die Brownsche Bewegung als Abbild für die Unwägbarkeiten wirtschaftlichen Geschehens, beschreibt konsequenzenreiche Wirkungen für das Risikomangement die Bemerkung, die Paul Dirac für die Arbeiten von Richard Feynman zur Quantenphysik wählte: »(....) aber die Theorie, die aus ihnen hervorgeht ist hässlich und unvollständig.«

Quintessenz

»*Rerum Cognoscere Causas*«: *Der Dinge Grund erkennen.*
(Vergil)

Prozessorientiertes Risikomanagement steht für kritische Auseinandersetzung mit Information. Dies erfordert ein Big Picture, das Problembewusstsein herausbildet, nicht einschläfert.

11 Ein neues Big Picture

Spielen ist Experimentieren mit dem Zufall.

Novalis

Als der Planet Uranus sich bei seinem Umlauf um die Sonne nicht so verhielt, wie es die Newtonsche Physik vorhersagte, verwarfen die Astronomen nicht einfach das Abstandsgesetz der Gravitationstheorie. Stattdessen nahmen sie an, es müsse einen anderen Planeten geben, der noch nicht entdeckt war und die Umlaufbahn des Uranus nur störte. Die Entdeckung des Neptun als 8. Planeten des Sonnensystems im Jahre 1846 durch Johann Gottfried Galle war dann auch ein triumphaler Erfolg dieser Sichtweise.

Dies war trotzdem nicht das Ende der astronomischen (Er)Kenntnis. Auch die Newtonsche Physik musste durch die Einsteinsche Physik ersetzt, nicht verworfen werden. Erst die Gleichungen der Relativitätstheorie konnten die Feinheiten der Umlaufbahn des Planeten Merkur erklären. Dabei wurde die Umlaufbahn des Merkur mit der exakten Berechnung der Geschwindigkeit der Periheldrehung auch (oder gerade) erst dadurch theoretisch exakt voraussagbar, weil Einstein in seiner Allgemeinen Relativitätstheorie Raum, Zeit und Materie zu einem unauflösbaren Ganzen verknüpfte: Er hatte erkannt, dass alle Massen die Raumzeit verformten und diese Verformung wiederum bestimmt, wie sich Materie und auch Licht durch das All bewegten.

Dass wir heute Newtons klassische Mechanik, die in ihrer Denklogik und Mathematik verhältnismäßig einfach ist, als Grenzfall der relativistischen Mechanik, die in ihrer Denklogik und Mathematik vergleichsweise komplizierter ist, verstehen müssen, ist Resultat einer nicht mehr zeitgemäßen historischen Sicht durch die Newtonsche Physik. Dadurch, dass beim Übergang von der Newtonschen Physik zur Einsteinschen Physik durch neues Wissen altes Wissen keinesfalls entwertet wurde, da Letzteres nur zum Spezialfall von Ersterem wurde, ist die Analogie zum Paradigmenwechsel im Risikomanagement offensichtlich.

Denn auch im modernen Risikomanagement ist es ein fragwürdiges Privileg, in einer sich schnell verändernden Welt mit Risikomodellen in einem schnell ablaufenden Film nach Informationen zu suchen, die mit von der Brownschen Bewegung gesteuerten retrospektiven Suchschlägen eine wenig differenzierte Sicht vermitteln. Um im Bild des Films zu bleiben: Der Münzwurf ist ein (zu) grob gezimmertes Konstruktionsprinzip für heute als abbildungsstark zu bezeichnende Risikomodelle, weil die Brownsche Bewegung nicht den Film, sondern nur einzelne Standbilder betrachtet. Schärfer formuliert kann man sagen, dass der Münz-wurf für ignorierte Komplexität an den Finanzmärkten steht. Sei es darum, dass der Münzwurf auch in seinen kompliziertesten Varianten aufgrund der Symmetrie der Münze stets mathematische Eleganz erwarten lässt. Oder sei es darum, dass der Münzwurf nach mathematischer Eleganz als Leitprinzip der Analyse sogar suchen lässt.

Kein Risiko à la Carte

Gewöhnlich beginnen Innovationsprozesse mit einer Idee (Invention), die zu einem marktreifen Produkt entwickelt wird (Innovation). Im Laufe der Zeit ent-scheiden sich dann immer mehr Marktteilnehmer dazu, die Innovation zu akzep-tieren (Adoption), was dann wieder zur Verbreitung des Produktes führt (Diffu-sion). Als Resultat eines Innovationsprozesses entstehen und verbreiten sich auch die modernen Finanzprodukte nach diesem Muster. Versucht man sich in Finanz-netzen dem Phänomen der Ausbreitung von Finanzinnovationen in einem einfa-chen Bild zu nähern, könnte man folgendes Bild wählen: Die Welt des Risikoma-nagements ist kein Marmorpalast. Denn Financial Engineers, die Derivate nach dem Baukastenprinzip aus Kassa-, Termin- und Optionsgeschäften kreieren, errichten mit der Wahl der geeigneten Architektur zum Bau von Gebäuden mit jeder Finanzinnovation quasi stets ein neues Gebäude. Dies kann ein Marmor-palast sein, muss es aber nicht.

Bleibt man im obigen Bild, steht hinter modernem Risikomanagement die Frage, welches Gebäude gebaut wird. Dass hinter dieser vergleichsweise einfach zu stel-lenden Frage schwierige Antworten lauern können, ist das Problem. Einerseits kann mit einem Konglomerat von Ziegelsteinen (Kassa-, Termin-, Optionsgeschäf-ten) ein Marmorpalast, eine Fabrik oder eine Kathedrale gebaut werden. Anderer-seits zeigt aber erst das Gebäude als Ganzes die Wirkung von Zeit und Stil, in dem es gebaut wurde.

Nimmt man (einmal mehr) die moderne Physik als Beispiel dafür, dass Naturvor-gänge, die man sich im Größten, Kleinsten und Schnellsten nur schwer vorstellen kann, durch Physiker nur noch in der Sprache der Mathematik objektiv beschreib-bar sind, ist es in Finanznetzen ganz offensichtlich Ansichtssache, was Risiko ist. Der Grund liegt auf der Hand. Im Gegensatz zu Physikern, die einen unproblema-tischen Zugang zum Gegenstand haben, haben Financial Engineers einen proble-matischen Zugang zum Gegenstand, weil ihnen die vollständige Information fehlt.

Der Grund hierfür ist, dass es nicht *das* repräsentative Risiko gibt. Die Märkte beobachtenden Financial Engineers kommen aufgrund unterschiedlicher Wahr-nehmungen der Situation zu unterschiedlichen Lösungen eines Problems. Zwar mit perfekten Fähigkeiten im Sinne der Mathematik ausgestattet, verhalten sich Financial Engineers wie ein »Homo Creativus«, weil sie quasi aus ihrer Sicht das Instrumentarium der Finanzmathematik handhaben.

Weil Informationsrisiken einerseits wie eine unsichtbare Dehnungsmasse die Netzwerke zusammenhalten, andererseits Informationsrisiken aber die berechenbare Netzwerkgeometrie jederzeit verändern können, wenn Nachrichtenlagen plötzlich neue Qualitäten erzeugen, spricht das Orakel »Risiko« daher mit vielen Zungen – keine davon ist die »Lingua franca«.

Trägt man jetzt der Tatsache Rechnung, dass Risikomodelle das Risiko stets als ein physikalisches Problem beschreiben und physikalische Experimente mit ihrer stochastischen Messbarkeitslogik in der Tat ein sehr scharfes Sensorium für die Tragfähigkeit des Untergrundes sind, wenn man sich bei Analysen auch auf dem Boden der Physik bewegt, fokussiert Bertrand Russell einen für modernes Risikomanagement wichtigen Punkt, wenn er urteilt: »Die Physik ist mathematisch, nicht weil wir so viel, sondern weil wir so wenig von der physikalischen Welt wissen: Nur ihre mathematischen Eigenschaften können wir entdecken.«

Im modernen (ganzheitlichen) Risikomanagement liegt die Relevanz von Russells Urteil auf der Hand. So sind bei der Geschäftsprozessoptimierung durch Fragen nach der Perzeptions-, Prognose- und Bewertungsfähigkeit mehr als die mathematischen Eigenschaften der Brownschen Bewegung zu entdecken. Es ist die Tragfähigkeit des Untergrundes quasi immer wieder neu zu testen, auf dem man sich als Researcher (und Investor) bewegt. Warum? Auf der Organisations- und auf der Produktebene der Bank sind folgende Kriterien anzuwenden:

▶ Erstens sind Mentalitätsdifferenzen zu überwinden: Aufgrund der zu entwickelnden Portfoliosichtweise, die bei Risikomanagementprozessen nicht mehr auf »das« Einzelgeschäft oder »den« Kunden bezogen ist, sind die Abteilungen einer Bank nicht mehr nach Risikoarten zu trennen.

▶ Zweitens ist das Bewusstsein zu verbessern, dass in den Daten nicht nur »der« Input für Risikomodelle, sondern auch »ein« Potenzial liegt: Letzteres erfordert viele analytische Filter, um die Daten zum Treffen von Geschäftsentscheidungen auch dann optimal zu nutzen, wenn sich gerade in Krisenzeiten die Risiken in Sphären erheben, die weit außerhalb der in den Risikomodellen durch Korrelationen und Volatilitäten erfassten Größenordnungen liegen können.

▶ Drittens sind Entscheidungsbefugnisse und Durchgriffsrechte per Risikomanagementsystem zu regeln, damit es, geschäftsprozessnah gestaltet, zur Performance der Gesamtbank überhaupt beitragen kann.

▶ Viertens sind Anreizmechanismen so zu gestalten und zu implementieren, dass sie die Performance von risikoadäquaten Geschäftsentscheidungen sichern, wenn einerseits die Entscheidungen in den Profitcenter-Strukturen der Bank dezentral getroffen werden müssen und andererseits das Eingehen von Risiken selbst zum Bestandteil eines transparenten Entscheidungsprozesses wird.

Dieses Anforderungsprofil an ein modernes Risikomanagement, das im Generellen pfadabhängige Risiken priorisiert, stellt das traditionelle Risikomanagement, das im Speziellen oft pfadunabhängige Risiken fokussiert, man könnte sagen »auf den Kopf«. Der Grund liegt auf der Hand. Im modernen Risikomanagement greift nicht mehr das als vergleichsweise einfach zu bezeichnende Rezept: »Man adaptiere das gerade aktuelle Risikomanagementproblem an ein bewährtes Risikomodell.«

Risiko in von Information angetriebenen Finanznetzen umfasst stets mehr, als die jeweils mechanistisch an seine Stelle gesetzte Spezialdefinition der Brownschen Bewegung. In diesem Sinne muss man sagen: Real existierendes Risiko ist nicht mathematisch gedachtes Risiko, weil über die verschiedensten Weltbildapparaturen verfügende Investoren bei ihren Engagements in einem ersten Schritt mit Situationskomponenten experimentieren und sich (wenn überhaupt) erst in einem zweiten Schritt an irgendeiner Form theoretischer Modellbildung orientieren. Treten in Finanznetzen an die Stelle konkreter Objekte die nicht an konkrete Raum- und Zeitpunkte gebundenen Informationen, zeigt sich einfach zu schnell, dass sich traditionelles Risikomanagement nicht mit dem Risiko, sondern in der Weise des »L'art pour l'art« mit den eigenen Theorien über Risiko beschäftigt.

Spiele: Was man wissen kann, ist

Ein Blick in die Geschichte zeigt: »Wie« Menschen mit der Komplexität von Situationskomponenten experimentieren, hat mit der Begrifflichkeit des »Spiels« einen Namen. So ist seit Urzeiten das Wechselspiel zwischen Ernst und Spiel in den Facetten von Krieg und Frieden (Nicht-Kooperation/Kooperation) nicht nur die Grundlage, sondern auch die Konsequenz für die Entwicklung der Kulturen. Sieht man in den Orakeln der Antike Informationsagenturen und in dem Netz der Orakel so etwas wie ein langsam tickendes Informationsnetzwerk, ist schon seit der Zeit der Antike der Begriff des Spiels auch das mehr oder weniger offen erkennbare »Big Picture«, um die Information (Komplexität) der Orakelsprüche in größere Zusammenhänge zu stellen.

Dafür, dass in der Spielanalogie ein probates Mittel zur Zukunftsbetrachtung durch Komplexitätsreduktion zu sehen ist, gibt es eine Vielzahl von Belegen. So formulierte schon Platon: »Das Leben muss als Spiel gelebt werden, als das Spielen von gewissen Spielen«; Plautus erklärte: »So spielen Götter wie mit einem Ball mit uns«; James Clerk Maxwell erkannte: »Wir können die tiefsten Lehren der Wissenschaft in Spielen versinnbildlicht finden« und Jean-Baptist le Rond d'Alembert behauptete sogar: »Die Mathematik ist eine Art Spielzeug, welches die Natur uns zuwarf, um uns in diesem Jammertal zu trösten und zu unterhalten.« Wir wollen d'Alemberts Sicht der Dinge nicht kommentieren, aber festhalten: In der Gegenwart wird der Begriff des Spiels mit Vorliebe dann benutzt, wenn es gilt, vornehm das Moment zu umschreiben, dass es schwierig (wenn nicht gar unmöglich) ist, Probleme, die durch die Kombination von Zufall und Gesetzmäßigkeit auftreten, mathematisch rigoros zu behandeln. Das Buch von Manfred Eigen und Ruth Winkler »Spiel-Naturgesetze steuern den Zufall« liefert dafür eine Vielzahl von (Bei)Spielen.

Versteht man unter der Situationen im Ergebnis offen beschreibenden Spielmetapher zunächst einmal eine Worthülse, die das physiknahe (aber dennoch nicht auf die Physik reduzierbare) Bild beschreibt, dass durch Prozesse spontan neue Systemeigenschaften entstehen, liegt die im modernen (prozessorientierten) Risikomanagement zu bewältigende Aufgabe auf der Hand: Es ist der Spielbegriff zu präzisieren und zu mathematisieren. Dabei ist der entscheidende Punkt: Der durch seine Situationsoffenheit ganzheitliche Spielbegriff greift am Schwachpunkt des Referenzszenarios der (Standard)Finanzmathematik, wo durch die notwendige Konstanthaltung von Bedingungen die Risiken nicht hinreichend präzise erklärbar sind.

Dabei führt der Spielbegriff an der Erkenntnis- und Erklärungsgrenze traditioneller Risikomodelle weiter, weil in einem Spiel ein Spieler in folgenden Situationen ist:

▶ Er ist nicht in einer bestimmten prä-determinierten Form, sondern in irgendeiner erst zu definierenden Form dem Zufall ausgesetzt.

▶ Er sucht nach Möglichkeiten, durch Antizipation möglicher Spielverläufe mit der Antizipation der Reaktionen seiner Mitspieler die Zusammenhänge zu erschließen, die dem Spiel zugrunde liegen.

Man kann hier durchaus erst einmal an die Ablaufmuster vieler Gesellschaftsspiele denken.

Vor diesem Strickmuster eines Spiels ist klar, dass Risikomanagement und Spiel keineswegs einen Widerspruch darstellen. So wird die das Prognoseproblem des Risikomanagements recht gut beschreibende Metapher, dass Risikomanagement im Standardszenario der Finanzmathematik mit einer Autofahrt auf einer Passstraße zu vergleichen ist, wo man sich bei starkem Schneefall aufgrund der undurchsichtig gewordenen Windschutzscheibe nur auf den Blick in den Rückspiegel verlässt, mit der Fähigkeit des Autofahrers (Risikomanagers/Spielers) zur Einschätzung der Risiken der Situation zu einer Facette eines Spiels gegen die »Natur«: In einem Spiel kann die Konstanthaltung von Bedingungen durchaus ein probates Mittel sein, muss es aber nicht. Ja mehr noch, dass Spiele aus sich heraus auch das Problem transportieren, dass Modelle nicht nur Vorhersagen liefern müssen, sondern oft auch ernüchternde Einsichten liefern können, wirft aus der Spielperspektive dann allerdings ein wenig schmeichelhaftes Bild auf die Risiken doch scheinbar so dynamisch und so routinemäßig handhabender Risikomanager: Was ist die Antwort auf die Frage, wenn man im Referenzszenario der Finanzmathematik schlicht danach fragt, was das Spiel ist?

Betrachtet man das Spielfeld der (Standard)Finanzmathematik einmal aus der Spielperspektive, ist der Fundamentaldaten messende und sich an Kennzahlen orientierende Risikomanager nämlich in der Rolle des in der Physik so heilvoll wirkenden Maxwellschen Dämons. Bildlich gesprochen sitzt unser Risikomanager bei seinen Messversuchen in einem Gefäß mit lauwarmem Wasser, in dem er das Fensterchen einer Trennwand bewacht und bedient. Dabei ist das Fensterchen so klein, dass nur ein Wassermolekül hindurchgeht. Risikomanagement degeneriert zur Aufgabe des Dämons, das Fenster immer dann zu öffnen, wenn ein heißes (also besonders schnelles) Molekül aus dem linken Bereich herannaht, um es in den rechten Bereich zu lassen, und umgekehrt, wenn ein kaltes (also besonders langsames) Molekül aus dem rechten Bereich naht, es in den linken Bereich zu lassen. Nach einer gewissen Zeit hätte der Dämon es erreicht, dass nunmehr das ursprünglich gleichmäßig warme Wasser (das Risiko) getrennt (messbar) wurde: Im Behälter ist das heiße Wasser rechts und das kaltes Wasser ist links.

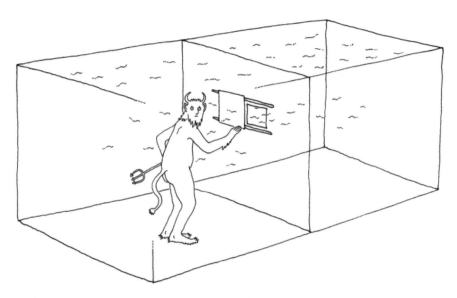

Abbildung 11.1 Ein Lösung habe ich. Aber: Passt sie immer zum Problem?

Unser Risikomanager/»Dämon« hat sein Ziel erreicht: Die Naturgesetze (Messbarkeitslogik) sind nicht verletzt. Der die Qualität (heiß oder kalt) der herannahenden Moleküle rechtzeitig erkennende Dämon schwimmt halt nur gegen den Strom der Entropie. Er ist quasi das mit der Risikodynamik die Vielfalt von Information mechanistisch justierende Moment. Um im Bild zu bleiben, ist es kein Anachronismus. Es ist eine Tatsache: Der Dämon betreibt Molekülemanagement wie ein Risikomanager sein Risikomanagement nach dem Standardszenario der Finanzmathematik betreibt, wenn der Dämon einen Mechanismus gebaut und in Gang gesetzt hat, der nach den Gesetzen des Münzwurfs das Fensterchen in der Trennwand des Wasserbehälters öffnet und schließt. Es sollte nicht verwundern, dass unser Dämon, der nur die Risiken seines Tagesgeschäfts kennt und diese Risiken auch immer gleich einschätzt, von Risiken, die er nicht kennen kann, schlicht überrascht wird. Man muss fragen, ob für einen mathematisch wohl organisierten Dämon (Risikomanager) die Mathematik der Motor seines Geschäftes oder ihr Endprodukt ist.

Mit Information umgehen: Das Spiel mit Information

Ein nach integrierten Finanzierungs- als Problemlösungen suchender Risikomanager ist natürlich kein Maxwellscher Dämon. Als »Homo Creativus« trifft er seine Entscheidungen, obwohl er weder alle für eine Problemlösung relevanten Umstände kennt noch über alle Mittel und Problemlösungsalternativen informiert ist. Dabei steht einerseits Intuition plus Rückgriff auf vergangene Erfahrungen und Daten widerspiegelnde Faustregeln und Routinen für die Erfüllung gesetzter Anforderungsniveaus, wenn zwischen Alternativen wie Growth-, Trend-, Conservative-, Mind-Cap-, Progress-, Balanced-, Action- und Special-Selection-Strategien auszuwählen ist. Dabei steht andererseits das Zusammentreffen von der Vielfalt von Strategien und der Vielfalt von Akteuren für die Entstehung neuer Lösungsvarianten, die anschließend durch den Finanzmarkt in Form von Durchsetzungsfähigkeit oder Nicht-Durchsetzungsfähigkeit ihre Selektion erfahren.

Bleibt man im obigen Bild, legen diejenigen Finanzinnovationen (Problemlösungen), die den momentan geltenden Umständen am besten angepasst sind, die Selektionsbedingungen für die folgenden Innovationen fest. Stehen in Networks mit interagierenden Selektionsumgebungen (Spielern/Akteuren) aber spezifisch ausgeprägte Informationstrukturen (Spieler/Akteure) für Risiken und ist der Wettbewerb um Information das Synonym für Fortschritt, ist man im Risikomanagement in einer Spielsituation. Im modernen Risikomanagement werden »Spiele um Information« gespielt. Sei es darum, dass der Erfolg einer Finanzinnovation einerseits von der Fähigkeit des Umgangs mit Nachrichtenlagen abhängt und andererseits der Erfolg einer Finanzinnovation die Nachrichtenlagen auch wieder bestimmt. Oder sei es darum, dass sich auf den Spielfeldern vernetzter elektronischer Handelsplattformen im Gewirr der die Risk Community antreibenden Informationsdiffusion eine Finanzinnovation nur dann behaupten kann, wenn sie robust gegen das Eindringen neuer Informationen ist.

Ein »Spiel um Information« ist zunächst einmal nicht als eine Begriffsbildung. Dass diese Begriffsbildung nicht sofort erklärt, wie Information möglich ist, weil gerade, will man sich ein Bild von diesem Spiel machen, zu erklären ist, warum in einem Spiel Prozesse aufhören, zusammenhanglos in der Zeit abzulaufen beziehungsweise warum in einem Spiel die Zeit- zur Gestaltungsdimension wird, weil von einem Spieler (Absender) Information nicht vergessen wird, bevor sie bei einem anderen Spieler (Empfänger) ankommt, ist das Credo der Spielmetapher. Man kann sagen: Aus der Spielperspektive werden Informationsprozesse in ihrer zeitlich andauernden Ganzheit nicht nur erst verfolgbar, sondern es zeigt sich auch erst, wie Informationsprozesse zu nutzen, zu beeinflussen und zu verbessern sind. Warum? Aus systemischer Sicht kann man sagen: In einem Spiel ist der Fokus mit seiner Ausrichtung auf die ein Spiel antreibenden Spielern auch verursachungsgerecht auf das Erfassen von negativen und positiven Rückkoppelungen ausgerichtet.

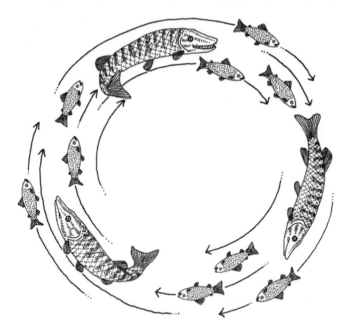

Abbildung 11.2 Die Spiele im Spiel

So weit, so gut, doch halten wir den Ball wieder flach. Um sich an das Wesen des Spielbegriffs heranzutasten, denke man an den Golfstrom. Hier sind Unterschiede in der Salzkonzentration zwischen Nord- und Südatlantik dafür verantwortlich, dass zum Ausgleich des Fließens von warmem Wasser von Süden nach Norden in der Tiefe kaltes Wasser von Norden nach Süden fließt, dass (wie in einem Spiel in seiner allgemeinsten Form) eine sich selbst organisierende dynamische Ordnung seine Ursachen selbst reproduziert. Ist der Handel mit Information das Organisationsprinzip der Network Community, ist ein »Spiel um Information« in seiner allgemeinsten Form ein Synonym für den Umgang mit Kontext.

Jede Kehrseite hat ihre Kehrseite

Trägt man der Tatsache Rechnung, dass in von Information getriebenen Finanznetzen die Vielfalt von Kontext (Risiko) dadurch entsteht, dass sich Informationen setzen und voraussetzen, liefert die Spielmetapher zunächst einmal die Basis für ein Meinungs- oder Wahrnehmungsmodell von Information. Jeder Spieler sieht seine Umwelt stets so, wie er sie gerade sehen will. Dass die Spielmetapher aus sich heraus damit kein für alle Spieler verbindliches grob gezimmertes Informationsszenario ist, das routinemäßig mit dem Beschreiben von Oberflächenaspekten Zerrbilder der Wirklichkeit liefert, steht mit dem Respektieren des Wissens um die Komplexität des Gegenstandes »Information« für einen differenzierten (und strukturierbaren) Zugang zum Gegenstand modernen Risikomanagements.

Dass schon vergleichsweise einfache Gesellschaftsspiele zeigen, dass in einem Spielkontext die Erkenntnis komplex ist, weil ein Spieler nicht bloß ein Fernrohr auf den Gegenstand (das Spiel) richtet, da er mit dem Auge nicht nur die Dinge, sondern auch sein Verhalten im Spiegel des Spiel sieht, zeigt allerdings den Preis der differenzierteren Sicht aus der Spielperspektive. Dass Albert Einstein zu Werner Heisenberg gesagt haben soll: »Erst die Theorie entscheidet, was messbar ist«, bringt die Bedeutung der Spielmetapher für modernes Risikomanagement auf den Punkt.

Die Präzisierung und die Mathematisierung des Spielbegriffs steht für etwas anderes, als in einem prä-determinierten stochastischen Optimierungsproblem mit Spielbegriffen wie Martingal, Fair Value und VaR einfach zu operieren. Der Umgang mit einem Spielszenario verlangt mehr. In einem Spielkontext muss es keine Geländer geben; sie sind oft erst einmal zu konstruieren. In einem Spielkontext ist es legitim, kurzfristigen (komplizierten) Lösungen für langfristige (komplexe) Probleme zu misstrauen. In diesem Sinne kann man sagen: Modernes Risikomanagement ist nicht aus der Fernrohr- sondern aus der Spielperspektive zu betreiben, wenn das Problem des Gegenstandes »Information« neu durchdacht werden muss, falls alte in ihrer Darstellung im Weltbild der Physik gründende Bilder zu widerspruchsvoll werden.

Hier eine tragfähige Synthese zu finden, ist die Aufgabe, die Basel II dem Risikomanagement von heute ins Stammbuch schreibt: »Die wahre Rolle der Dinge ist nicht hinter, sondern in den Phänomenen zu sehen« (Niels Bohr). Der Marder, der in einem Hühnerstall jagt, reagiert nicht auf »das Huhn X«, sondern auf »das Flattern« der Hühner. Um im Bild zu bleiben: Im modernen (prozessorientierten) Risikomanagement geht es in der Tat nicht um das Jagen eines Huhns X, sondern um das Flattern der Hühner. Warum? Unter dem Stichwort »Gesamtbanksteuerung« sind Methoden zur Handhabung kombinierter Bedingungsvariationen zu entwickeln. Unabhängig davon, ob man die Verflechtungen einer Bank in den Finanznetzen oder die Organisations- und Produktebene der Bank betrachtet: Im Risikomanagement geht es um den Umgang mit der Pluralität von Risiko. Wir werden sehen, dass die Spielmetapher Pluralität und die Spieltheorie quantifiziert Pluralität strukturiert. Beides zusammen steht dafür, dass es die Spielmodelle sind, die Analysepotenziale auch außerhalb der Welt der Brownschen Bewegung liefern. Mehr noch, es ist die Sicht der Spieltheorie, die erst in einem Modell zeigt, warum Risikomanagement verbesserungsbedürftig ist und wie Risikomanagement auch verbesserungsfähig ist.

Nur die Kugel hat weder Gedächtnis noch Gewissen

Pluralität ist eine begrifflich unscharfe Größe. Die Mathematisierung der Pluralität von Risiko ist daher nicht trivial. Sei es darum, dass Dietrich Dörner in seinem Buch »Die Logik des Misslingens« eindrucksvoll zeigt, dass der Mensch nur sehr begrenzt in der Lage ist, komplexe Zusammenhänge, die vom Zusammentreffen von Vielfalt und Dynamik bestimmt sind, zu erfassen und der Mensch noch weniger in der Lage ist, in solchen Zuständen dann adäquat zu handeln. Oder sei es darum, dass in Informations- und Kommunikationsnetzen Methoden zu kurz greifen müssen, die bei einer Zunahme von Komplexität durch Informationsdiffusion mit dem getrennten Messen von Faktoren gerade das Wesentliche ignorieren, was über die Vernetzung verschiedenster Einflussfaktoren ein komplexes Ereignis erst konstituiert. Hier ist die Frage zu stellen: Warum greift die Spielmetapher?

Denkt man an das Roulettespiel, das vom Verhalten der Spieler völlig unabhängig ist, an das Schachspiel, das durch seine Spielregeln und das Verhalten der Spieler komplex ist, oder an das Spiel von Advocatus Dei und Advocatus Diaboli, das die katholische Kirche bis heute spielen muss, um den komplizierten Prozess der Heiligsprechung überhaupt zu strukturieren, ist die Antwort klar: Spiele sind zunächst einmal komplexe Analogiebildungen. Als von speziellen Umfeldern unabhängige und inhomogene Darstellungsformen sind Spiele als prinzipiell ungerichtete Größen in ihrer allgemeinsten Form zunächst einmal als elastische Strukturierungshilfen zu begreifen. Mit anderen Worten ist es das Credo der Spielmetapher, dass Spiele nur im Speziellen für Strukturen, Muster und Regelmäßigkeiten stehen, die »von selbst« entstehen.

Ein Spiel im Speziellen wird dann auch im Kasino gespielt. Einem Kasinospieler, der keinen Einfluss auf das Spielgeschehen hat, legt Fjodor Dostojewskij in seinem berühmten Roman »Der Spieler« zu Recht die sein »Laisser-faire«-Verhalten charakterisierenden Worte in den Mund: »Die Kugel hat weder Gedächtnis noch Gewissen.« Wider die Casinowelt ist es aber gerade das Wechselspiel zwischen »von selbst entstehen« und »nicht von selbst entstehen«, hinter dem sich so etwas wie »Nicht-Wissen« beziehungsweise »Nicht-wissen-Wollen« geschickt verbergen kann, was die in der Realität ablaufenden Spiele von den vollständig prä-determinierten Kasinospielen unterscheidet. Dieses Wechselspiel macht das Risikomanagement dann einerseits so spannend und andererseits durch Basel II aber auch wesentlich komplexer (nicht unbedingt komplizierter). Der Grund liegt auf der Hand: Was ein Spiel im Generellen ist, kann nämlich Ansichtssache sein.

Einige Differenzierungsmerkmale von Spielen seien genannt: Einerseits gehört zum Spiel die Freiheit von Teilnahme und Nichtteilnahme und bei einer Teilnahme die Freiheit, Spielregeln zu interpretieren. Damit gehört andererseits zum Spiel, dass in dessen räumlichen und zeitlichen Grenzen die Spielregeln den Spielverlauf nicht restlos festlegen, sondern stets gewisse Möglichkeiten offen lassen. Weil es ein Bestandteil der Logik des Spiels ist, dass durch das Verhalten der Spieler die Vielfalt sich verändernder Umwelteinflüsse so lange wie möglich ein Gestaltungsfaktor bleibt, ist klar: Spekulieren Investoren auf die Volatilität der Märkte, sind die Risiken und die Unbestimmtheit von Spielergebnissen äquivalent. Wetten an Finanzmärkten sind Spiele, die nur im Speziellen prä-determiniert, im Generellen aber geeignet zu definieren sind. Der Grund liegt auf der Hand. Aus der Sicht der Spieler (Investoren) bestimmen alle die Faktoren ein Engagement (Spiel), die durch die Spielregeln der Märkte (Orderly Market Conditions) und durch die Spielregeln zwischen den Investoren in klar definierten Wechselwirkungen stehen.

Spielräume zu schaffen und zu gestalten, sind das Stichwort. Einerseits konturiert das Schaffen und die Gestaltung von Spielräumen die Forderung von Robert Merton, dass der Auflösung und der Berechenbarkeit von Risiken mehr Raum zu geben ist, als es (Standard)Risikomodelle als rein mathematische Pricing Routine tun. Andererseits konturieren das Schaffen und die Gestaltung von Spielräumen auch adäquat die temporäre Natur von Contingent Claims, weil in den Spielräumen des Kontraktdesigns kontextsensible Informationen über zukünftige Cashflows zur Allokation von Risiken gehandelt werden.

Als für das Risikomanagement wichtige Merkmale der Spielmetapher sind daher zu nennen:

▶ In Spielräumen entscheidet sich der Ausgang von Wetten dadurch, wie Spieler Information bewerten und beeinflussen.

▶ Die Nutzung von Spielräumen im Rahmen der Spielregeln begrenzt nur Risikobewusstsein, Risikobereitschaft und Risikotragfähigkeit.

▶ Spiele strukturieren Komplexität problemadäquat, weil Spieler keine Vorhersagen über Spielergebnisse ohne Einsichten in die Spielstruktur machen können.

▶ Ein Spiel besteht im Prinzip aus zwei Komponenten. Die eine Komponente ist eine für den Spieler nicht berechenbare Zufallskomponente, die im Spielerverhalten enthalten ist. Die andere Komponente ist eine für den Spieler exakt berechenbare Größe, die in den Spielregeln enthalten ist.

Da Spiele somit dafür stehen, dass in einem Spielkontext die Zufälligkeit zum einen aus fehlerhaftem Spiel und zum anderen aus nicht adäquatem Erfassen einer Situation als Spiel resultiert, ist die folgende These nicht gewagt: Spiele endogenisieren das Messbarkeitsproblem, das eine moderne Prüfungspraxis in das Risikomanagement trägt. Spiele können sich im Generellen wider die Logik physikalischer Experimente mit den zu analysierenden Objekten verändern.

Dabei zeigt sich die wohl wichtigste Analogie von Spielmetapher und der ständig komplexer werdenden Finanzmarktrealität darin, dass Spiele ganz im Sinne des Wortes »Herumspielen« zunächst einmal für Gedankenexperimente stehen, um sich an Unverstandenes auch durch neue Vorgehensweisen und neue Perspektiven heranzutasten. Nichts anderes tut die katholische Kirche, wenn der Advocatus Diaboli und der Advocatus Dei ihr Spiel um die Heiligsprechung von Personen spielen. Man könnte sagen: Die katholische Kirche braucht den Adovocatus Diaboli zur Heiligsprechung in Form einer Spiellösung, weil sich nur im Gedankenexperiment des Spiels ein Kardinal überhaupt wider die Spielregeln der katholischen Kirche verhalten kann.

Dass Spieler bei der Suche nach dem für sie unter den momentan gegebenen Umständen richtigen Spiel einer Art Szenariotechnik folgen, hat auch ein anderes für die Ausgestaltung von Risikomanagement im Wandel relevantes Beiprodukt. Spieler erkennen bei der Beantwortung der Frage, woher Risiken rühren und worin ihre Natur besteht, dass sie sich systematisch schlechter stellen, wenn sie ihre Spiele stets nach prä-fixierten Spielregeln spielen müssen, wie sie das Standardszenario der Finanzmathematik gerade festschreibt. Diese in einem Spielkontext nicht überraschende Erkenntnis liefert eine zwar schlichte, für die Finanzmathematik aber dennoch ernüchternde Erklärung für das Prognoseproblem der Brownschen Bewegung. Die Experimente der Physik sind keine Experimente für die Finanzmärkte, weil sie aus prinzipiellen Gründen nicht respektieren (können), dass ein Spieler (wie ein Investor) eine differenzierte Sicht auf Spielergebnisse (Risiken) hat, da er (wie auch seine Mitspieler) stets ins Kalkül zieht, dass Mitspieler (wie er selbst) eigene Ziele realisieren und ihre Entscheidungen dementsprechend treffen.

Schärfer formuliert: Die Brownsche Bewegung, die mit dem mechanistischen Deklarieren von »dem«, was Risiko ist, auch die Vorstellungskraft über »das«, was Risiko sein kann, gleich mechanistisch mit deklariert, klont Investoren. Die Brownsche Bewegung zwingt Investoren, jedes Spiel gegen den Meta-Spieler »Physik« nach den zeitlosen Gesetzen des Münzwurfs zu spielen. Dies ist wider die Natur des Investors. Wusste doch schon Horaz um das »Quot capita, tot sensus«, so viel Köpfe, so viel Meinungen.

Als Angebot einer speziellen Klasse von Spielen steht die Brownsche Bewegung damit »nur« für Grenzfälle in der Vielfalt der Spiele, durch die Investoren die Realität an den Finanzmärkten stochastisch messbar verändern. Hier gibt es im Reich der Hochfrequenzdaten bei der Beobachtung von Börsenkursen oder Transaktionsdaten im Sekundenrhythmus in der Tat keine Schatten, solange die Datenreihen durch zu starkes »Rauschen« nicht zu unsauber sind. Grenzfälle sind aber nur Grenzfälle. Mit der Notwendigkeit zur Beantwortung der Frage, wie Investoren entscheiden, steht modernes Risikomanagement durch Basel II für den Umgang mit einem Paradoxon. Diese Frage ist im Standardszenario der Finanzmathematik nicht zu beantworten, weil die Rigorosität der Brownschen Bewegung mit der Wahl der Normalverteilung im Speziellen für die Beschränkung der Wahlfreiheit im Generellen steht.

Gedankenexperimente: Die Alternative

Aus der Spielperspektive steht ein Münzwurfexperiment nicht für das möglicherweise auch ungezwungene »Herumspielen« mit der Komplexität von Situationen durch ergebnisoffene Gedankenexperimente. Durch diesen Unterschied zwischen einem vollständig prä-determinierten Spiel und einem weitestgehend freien Spiel erhält das Dilemma der Finanzmathematik durch die Spielphilosophie gerade seine zwar einfache und dennoch differenzierte Erklärung. Es ist festzustellen: Aus der Spielperspektive heraus betrachtet steht Verhalten von Investoren nach dem Münzwurf mit dem freiwilligen Verzicht auf die Vielfalt von Information auch für den freiwilligen Verzicht auf Vorsicht und Vorausschau. In einer Welt, in der Investoren gerade erfolgreich sind, wenn sie beim Handel mit Information versuchen, im Großen und Ganzen richtig zu liegen, und es gerade vermeiden, exakt das Falsche zu tun, birgt die Spielmetapher auch eine richtungsweisende Erkenntnis. Die in der Finanzmathematik erst exakte numerische Lösungen sichernde

Brownsche Bewegung ignoriert nämlich das Wesen von Risiken, weil sie ignoriert, dass ein Spielausgang im Generellen aus prinzipiellen Gründen nicht exakt prognostizierbar ist.

Nur im Speziellen vollständig prä-determinierten Spiel ist die Sicht in der Tat eine andere. Bei Standardprodukten greift die Brownsche Bewegung mit der notwendigen Konfidenz. Greifen Investoren zu Standardprodukten, spielen für sie die sich in der Zeitdimension verändernden Präferenzen tatsächlich keine Rolle. Investoren agieren in der Tat wie Klone. Die mit Standardprodukten gelieferte Information reduziert den Zufall des Marktes aus der Sicht von Investoren zumindest hinreichend. In diesem von routinemäßigem Handeln bestimmten Szenario ist es für Investoren nur eine philosophische Frage, dass die Brownsche Bewegung eine Kombination von Spielregeln ist, die im Hinblick auf die Zukunft nicht optimal, sondern mit Rückblick auf die Vergangenheit optimiert ist: Bei Finanzprodukten, die zukünftige Transaktionen heute vollständig fixieren, gibt es für Investoren nämlich keine Risiken jenseits der Grenzen eigener Kontrolle und Vorstellungsmöglichkeit.

Auch für das jede Finanzmarktentscheidung mitbestimmende Zeitproblem liefern Spiele einen zunächst einfach erscheinenden Zugang zu den notwendigerweise zu entwickelnden differenzierten Sichtweisen. Bildlich gesprochen zeigt die Tatsache, dass man einen Frosch zum Studium seiner Organe nicht sezieren kann, ohne das Wesen der ehemals lebendigen Kreatur zu zerstören, das Wesentliche der differenzierteren Form des Umgangs mit der Zeit in einem Spielkontext. Die Analogie liegt auf der Hand. Es liegt nämlich in der Natur des Spielers, nicht das Spiel, sondern die Spiele zu sehen. Für Spieler, für die je nach Spielertyp etwas, was ähnlich aussieht, durchaus von Grund auf verschieden sein kann, können sich die Zeithorizonte nämlich jederzeit verändern. Für einen Spieler sind im Generellen der Denk- und der Planungshorizont nicht äquivalent: Was für den Spieler X ein umfassender Aspekt ist, kann für den Spieler Y eine unbedeutende Einzelheit sein.

Hier ist das Wesentliche des Punktes nicht zu verkennen: In einem Spiel, in dem die verschiedensten Typen von Spielern mit individuellen Sichtweisen aufeinander treffen können, die das Verhalten von Spielern als Ganzes immer wieder neu bestimmen, ist das Spielergebnis nicht numerisch exakt prognostizierbar, sondern in »irgendeiner« Form nur antizipierbar. Sei es darum, dass für Spieler mit der Frage, was das richtige Spiel ist, ein gerade aktuelles Spiel (Planungshorizont) stets in seinem größeren Zusammenhang mit anderen Spielen (Denkhorizont) steht. Oder sei es darum, dass Spieler, für die Denk- und Planungshorizont zusammenfallen, auf alle möglichen Ausprägungen von (Spiel)Ereignissen in der Tat das nach dem im 15. Jahrhundert lebenden William of Ockham benannte Ockhamsche

Rasiermesser ansetzen. Können »Ockham-Spieler« einerseits die Komplexität einer Situation also per Münzwurf rigoros reduzieren und kennen andererseits aber Spieler auch mehr als nur isolierte »(Normalverteilungs)Spiele«, sind alle am Finanzmarkt denkbaren Spiele in einer oft nur für den Spieler selbst erklärbaren Form miteinander verbunden.

Dass Platon schon wusste, dass in der Ergebnisoffenheit der »Spiele der Götter« das letztendlich Unergründbare am Organisationsprinzip von Geschehen liegt, findet durch das letztendlich Unergründliche von Spielverhalten somit sein Pendant an den Finanzmärkten der Gegenwart. Hier sind es allerdings nicht mehr geheimnisvolle Orakelsprüche, sondern die nicht weniger undurchschaubaren Informationsdiffusionen durch steigende Produktkomplexität, die keine klaren Chancen-Risiken-Differenzierungen zulassen.

Die Erkenntnis von Platon ist nicht neu. Neu ist, dass an Finanzmärkten in der Tat im Ergebnis offene Spiele gespielt werden. Ja mehr noch, erst im Spielkontext werden paradox erscheinende Lösungen für paradoxe Probleme zu natürlichen Lösungen durch das Finden neuer Wege. Der Grund liegt auf der Hand: Für einen Investor, der bei seiner Systematisierung und seiner Interpretation von Information zum Ergebnis kommt, dass ein anderes Spiel für ihn bessere Ergebnisse liefert als ein gerade aktuelles Spiel, entstehen einfach spontan neue Qualitäten.

Was in der Denkwelt des Münzwurfs eine Überraschung ist, ist in einem Spielkontext eine Selbstverständlichkeit. Der Spieler wechselt das Spiel. Harold Laski formuliert die prinzipielle Unberechenbarkeit (nicht Unvorhersagbarkeit) des Verhaltens von Investoren prägnant, in dem er urteilt: »Wenn die Spielregeln sich als ungeeignet zum Sieg erweisen, ändern die englischen Gentlemen die Regeln.«

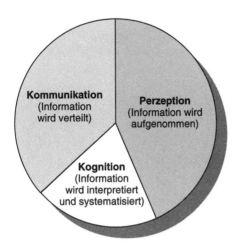

Abbildung 11.3 Was ist das Spiel?

Die Gleichzeitigkeit des Ungleichen

Laskis Urteil liefert eine metaphorische Erklärung für das Auftreten der so genannten »Surprises« an den Finanzmärkten. Eine Spielregelorientierung steht dafür, dass für Spieler symmetrisch verteilte Information keinen Wert hat. Eine Nicht-Spielregelorientierung steht dafür, dass asymmetrisch verteilte Information für Spieler einen hohen Wert haben kann. Dass Spielkontexte dadurch auch das Phänomen handhaben, dass Finanzmärkte reinen Zufall (wie ihn etwa die Natur als durch Wetterderivate versicherbares El-Niño-Phänomen erzeugt) und nicht reinen Zufall (wie ihn der fehlende Überblick der Investoren erzeugt) für Analysten nicht immer trennen, ist ein wichtiger Punkt, wenn Umfelder zu analysieren sind, deren Risiken mit dem Wechselspiel einer Vielzahl von Faktoren durch die Umfelder selbst getrieben werden.

Liegt die Quelle von Risiken in der zunehmenden Turbulenz der Umfelder und deren zunehmender Unvorhersagbarkeit, kann man Folgendes sagen: Spiele handhaben das verquickte Problem, dass beobachtbare Realisationen nicht im Trichter postulierter oder prognostizierter Zukünfte liegen, dadurch verursachungsgerecht, weil einmal formulierte Spiele für Spieler nur so lange ein robustes Interpretationsraster für nachfolgende Ereignisse sind, wie für einen Spieler, der sein Umfeld ständig nach Alternativen abtastet, ein Spiel und die Wertigkeit von Information übereinstimmen.

Basel II, dessen erste Säule verfeinerte Verfahren zur Kreditrisikoerfassung bilden, liefert das wohl prominenteste Beispiel dafür, dass traditionelle Messverfahren zu wenig differenziert sind, wenn es gilt, dass in der Umbewertung der Werte (Information) steckende Mobilisierungspotenzial für Risiken zu erfassen. Die Ausfallwahrscheinlichkeiten von Kreditrisiken zu bestimmen heißt nämlich, in der Zeitdimension aufquellendes Counterparty Risk abzusichern.

Dies ist unmöglich in der Welt der Brownschen Bewegung, weil die Zukunft mit der exakten Lösung schon vor dem Eintritt zukünftiger Ereignisse faktisch geschlossen ist. Die Sicht wird eine andere im Spielkontext. Durch Vertragsgeflechte oft auf die verschiedenste Art und Weise verbundene Banken und Investoren spielen nämlich keine isolierten Spiele. Ein Engagement X ist stets in irgendeiner Form mit den Engagements Y, Z, verbunden. In diesem für die Gleichzeitigkeit des Ungleichen stehenden Szenario ist Counterparty Risk somit keine exogene Störung, die für plötzliche Überraschung sorgt, sondern über die Größe »Reputation« eine im Prinzip mathematisierbare endogene Variable, deren Wert umso größer ist, je ausgeprägter die Informationsasymmetrie ist.

Brechen wir eine letzte Lanze für die Spielmetapher, die den qualitativen Aspekt von Risiko rigoros ins Zentrum stellt, wobei die die Spielmetapher mathematisierende Spieltheorie dann die quantitativen Aspekte nachliefert. Im modernen Risikomanagement reicht erhöhtes mathematisches Raffinement, das ausschließlich in die Denklogik des Münzwurfs eingebettet ist, nicht mehr aus, um die Ursachen von Risiken mathematisch adäquat zu denken. Warum? Investoren sind nach Watzlawiks Axiom »Man kann nicht nicht-kommunizieren« einfach Spieler.

Da Spieler in durch Kommunikationsprozesse angetriebenen Informationsnetzen einerseits die Prozessdynamik tragen und Spiele andererseits eine elastische Darstellungsform sind, die für die Kombination von Erfahrung und Wissen mit Begriffen und Vorstellungen stehen, kommunizieren Spielkontexte als von den Spielern selbst geschaffene Zustände mit dem Kern moderner Managementansätze auch den Paradigmenwechsel durch eine sich drastisch verändernde Prüfungspraxis. Ja, mehr noch, denn erst unter der Spielmetapher zeigt sich, warum Risikomanagement traditionellen Zuschnitts verbesserungsbedürftig ist und wie Risikomanagement auch verbesserungsfähig ist. Der Grund liegt auf der Hand. Spiele kommunizieren nämlich erst das Messbarkeitsproblem der Stochastik in einer auch die notwendigen Einsichten liefernden Form. Man denke daran, dass prozessorientiertes Risikomanagement bildlich gesprochen wie ein gesundes Herz funktionieren muss, das keinen starren Rhythmus hat, weil es die richtige Dosis von Chaos (Komplexität) braucht.

Warum mehr spielen?

Als schöpferischer Akt kann das Festlegen von Spielen und Spielregeln ein isolierter mathematischer Definitionsakt sein, es muss aber nicht. Damit ist klar: Sind Finanzinnovationen einerseits Problemlösungen, die auch klassisch nicht versicherbare Risiken über die Finanzmärkte versichern, und definiert sich andererseits modernes Risikomanagement über die Fähigkeit zur Gestaltung von komplexen, integrativen Finanzierungslösungen, sind Spiele einerseits das gedankliche Konstrukt, um Komplexität abzubilden, und sind Spielregeln andererseits das zu mathematisierende Objekt, um Komplexität handhabbar zu machen.

Dass eine Standardisierung von Refinanzierungslösungen stets dazu führt, dass diese Lösungen traditionell werden, macht Risikomanagement dann zu einer Folge von zu entwickelnden Spielen. Durch die für Spiele typischen Merkmale der wechselseitigen Abhängigkeit von Spielerverhalten und der Verknüpfung von Spielen in der Zeitdimension läuft im Risikomanagement erst unter der Spielmetapher das Finanzmarktgeschehen (so wie es sein muss) wie ein Film ab: Standbilder sind dabei spezielle Spiele. Sie können betrachtet werden, müssen es aber nicht.

Norbert Wieners triviale Formulierung: »Das theoretisch beste Modell einer beobachteten Katze ist eine Katze; vorzugsweise die gleiche« fixiert mit dem Problem modernen Risikomanagements den Wert der Spielmetapher deutlicher. Ist mathematischer Rigorismus mit größter Präzision nicht uneingeschränkt zu empfehlen, müssen Risikomodelle (wie Spielmodelle) asymptotische Modelle sein. Für die Finanzmathematik ist diese Erkenntnis nicht neu. Neu ist, dass mit asymptotischer Modellbildung so etwas wie Unvollständigkeit durch eine nur noch im Speziellen mögliche Feinadjustierung von Modellen, wie sie die Brownsche Bewegung liefert, selbst ein fester Bestandteil des Risikomanagements werden muss.

Derivate liefern das Beispiel: Zu entkoppelndes Counterparty Risk wirft nämlich erst dann Fragen in der Welt der Brownschen Bewegung auf, wenn es vorher gelingt, über eine Analyse der Situation die Vielfalt der Risikofaktoren zu erfassen, die bestimmen, wie effizient Derivate eingesetzt werden können. Dafür, dass dies gelingt, steht die mathematisierte Spielmetapher – nicht als Instrument, das die Annahmen der traditionellen Risikomodelle nur nachbessert, sondern als Leitprinzip für moderne Risikoprophylaxe. Letzteres deshalb, weil durch den Fokus auf die Spieler in ihrer Rolle als Risikoträger, die entsprechend ihrer Fähigkeiten mit dem Abtasten von Umfeldern ihre Zukunft vorausdenken, die Analogie von Spiel und Risiko in guter Näherung (und nicht mehr) ein realistisches Bild von Risiken liefern kann.

Quintessenz

»Jede Denkmethode ist die Reaktion auf einen Zweifel.«
(Ortega y Gasset)

Banken müssen realisieren, dass Risiken im Auge des Betrachters entstehen. Spiele sind das Pendel im Auge des Betrachters.

12   Spiele: Ein Big Picture für die Praxis?

Viele Gesetze der Physik müssen als Wahrscheinlichkeitsgesetze gedacht werden. Das Verhalten der kleinen Teilchen mag determiniert sein - doch weil wir nicht die Bewegung jedes Teilchens verfolgen können, stellen wir die Gesetze des Gesamtverhaltens auf statistische Gesetze.

James Clerk Maxwell

Machen wir ein Gedankenexperiment und stellen uns vor, wir werfen eine Münze. Wir beobachten, wie die Münze auf den Tisch fällt, dabei ihre Kapriolen schlägt, um dann an einer Stelle des Tisches zur Ruhe zu kommen, die wir nicht vorhersagen können. Auch ob sich Kopf oder Zahl als Resultat des Münzwurfs realisiert, ist rein zufällig. Wir beeinflussen den Münzwurf nicht. Hängt das Ergebnis des Münzwurfs also vom Glück, dem Schicksal oder anderen Erklärungen für das Wirken des Zufalls ab?

Die Antwort auf die Frage ist nicht einfach. Wir wissen nicht genau, bis zu welcher Tiefe der Münzwurf zu analysieren ist, um sein Ergebnis ex ante präzise zu berechnen. Dies erscheint als ein Widerspruch in sich. Denn jeder Münzwurf ist als makrophysikalisches Phänomen vollständig determiniert: Sein Ergebnis müsste exakt berechenbar sein.

Die Voraussetzungen dafür sind, dass wir hinreichend genau erkennen können, wie die Münze aus unserer Hand fällt, und auch hinreichend genau messen können, wie Geschwindigkeit, Drehimpuls und Aufprallwinkel der Münze sind. Könnten wir zusätzlich noch den Einfluss von Luftdruck, Luftströmungen, Luftwirbeln und viele andere physikalisch relevante Details, wie etwa, dass nach der Quantenphysik messbare Information eine mit dem Münzwurf wechselwirkende Eigenschaft der Materie ist, berücksichtigen und alle unsere Informationen (Messergebnisse) dann in das den Münzwurf beschreibende System von Bewegungsgleichungen stecken, das wir zuvor natürlich exakt spezifiziert haben, wären wir heute in der Tat in einer Situation einen Schritt weiter, über die Baruch de Spinoza schon vor über 300 Jahren rigoros urteilte: »Nichts an der Natur ist zufällig. Etwas erscheint nur zufällig aufgrund der Unvollständigkeit unseres Wissens.«

(K)Eine schwarze Katze in dunklen Räumen fangen

Bleiben wir im Szenario des Münzwurfs und lassen die Grenzen, die Beobachtungsvermögen, Messtechnik und theoretische Modellbildung setzen, einmal außer Acht und nehmen an, wir würden in der Tat alle notwendigen Informationen bekommen. Ist das der Fall, steht das dem Kapitel vorangestellte Urteil von Maxwell dann dafür, dass wir im Overload der Informationen einerseits nicht den Überblick verlieren und andererseits bei den Bemühungen, dem Zufall auf die Spur zu kommen, aber doch scheitern müssen.

Der Zufall zieht sich immer weiter in die diffusen Lichtverhältnisse zurück, die im Dickicht des Informationsgestrüpps herrschen. Zwar auf die Physik bezogen, ist Maxwells Urteil keinesfalls nur auf die Physik begrenzt. Es steht auch für den Einsatz von Ockhams Rasiermesser im Risikomanagement. Auch hier ist Modellbildung letztendlich, man kann sagen: »Willkür«. Zweckmäßigkeit ist ihr Sinn, wenn es darum geht, in komplexen Informationsgeflechten durch Rückgriff auf restriktive Annahmen zum Filtern von Information Resultate zu erzielen, die analytisch noch fassbar sind.

Dabei wirkt einmal mehr die für finanzmathematische Professionalität stehende Schablone der Informationssymmetrie wie eine Brandrodung im Gestrüpp der Informationsgeflechte. Sie schafft im Informationsdickicht künstlich die notwendigen klaren Sichtverhältnisse, unter denen erst unverzerrte Kurse (Informationen) den Finanzmarktakteuren den richtigen Weg weisen: Herrscht Informationssymmetrie, stören Marktineffizienzen (Informationsasymmetrie) die Koordinationsprozesse der Investoren durch Fehlbewertungen nicht.

Dass man sich dieses Kunstlicht im Theoriegebäude der traditionellen Finanzmathematik nicht als Abwesenheit von Dunkelheit vorstellen darf, dafür stehen einerseits Aussagen der Bundesbank wie: »Eine moderne Bankenaufsicht darf sich nicht nur auf die traditionelle Beaufsichtigung einzelnen Institute (mikro-prudentielle Aufsicht) verlassen, sondern muss im Sinne einer ganzheitlichen Aufsicht auch die Überwachung der Systemstabilität (makro-prudentielle Aufsicht) sicherstellen.« Andererseits steht dafür aber auch das Verhalten der Märkte selbst. Sei es darum, dass Vermarktungsstrategien von Investmentfonds oft gerade (wider die Theorie) an die Vorstellung anknüpfen, dass Fondsmanager überlegene Informationen, Bewertungsmodelle und Investmenttechniken besitzen. Oder sei es darum, dass es (wider die Theorie) sogar das erklärte Ziel von Hedge Fonds ist, Fehlbewertungen an den Märkten aufzuspüren und in Anlagestrategien mit besonders ausgeprägten Ertrags/Risiko-Portfolien gewinnbringend umzusetzen.

Was ist verantwortlich für Irritationen im Kunstlicht der Finanzmathematik? Eine Antwort auf diese Frage liegt im Wesen eines statistischen Gesetzes begründet. Es erklärt sich von selbst, dass die Dynamik an den Märkten über fundamental gerechtfertigte Gleichgewichtsniveaus hinausgeht, weil ein statistisches Gesetz nur mechanistisch den Durchschnitt vom messbaren Verhalten von Objekten fokussiert, den Zufall als Abweichung einzelner Objekte von ebendiesem Durchschnitt interpretiert und die messbare Abweichung von diesem Durchschnitt dann als Risiko definiert.

Ockhams Rasiermesser, das mit Wahrscheinlichkeitsvorstellungen verbunden ist, die nicht zwischen zufälligen indeterminierten Ereignissen und determinierten zufälligen Ereignissen unterscheiden, nach deren Auftreten lediglich im statistischen Mittel gefragt wird, steht sogar für ein Mehr an Rigorosität. Es standardisiert die Prognostik in einer Form, die mit dem wenig differenzierten Umgang mit dem Risiko auch ein wenig detailliertes Wissen über das Risiko selbst erfordert. Letzteres ist keine gewagte These. Denn in der Stochastik ist mit der Wahl geeigneter Grenzwertsätze alles in irgendeiner Form mit der Normalverteilung verbunden. Im (Standard)Risikomanagement ist die Ausprägung von Risiko stets nur eine Frage der geeigneten Wahl der Parameter einer Normalverteilung.

Auch hier zeigt das Bild zwischen Himmelsmechanik und Risikomanagement den Kern des Problems, wenn die Quantifizierung von Risiken per Normalverteilung mit dem Management von Risiken verwechselt wird. Risikomanagement, das der Normalverteilung folgt, bewegt sich in einem Universum, in dem die Raumgeometrie und das Massezentrum normalverteilt sind und Risikomanagement nur daraus besteht, mit der Wahl der Momente der Verteilung die Umlaufbahnen um das Massezentrum geeignet zu wählen. Da eine moderne Bankenaufsicht aber suggeriert, dass mit dem Big Picture »Normalverteilung« etwas nicht stimmt, steht die Frage im Raum: Was ist das Risiko der Umlaufbahn, wenn normalverteilte Risiken in logischer Konsequenz auch in ihrem Verhalten normalverteilt sind? Setzt man die Sonne als das Massezentrum in unserem hypothetischen Risikouniversum an, gibt die Beantwortung der Frage aber Grund zur Besorgnis. Mit den Gesetzen der Physik ist die Lebensdauer der Sonne zwar exakt berechenbar, es ist aber nicht berechenbar, ob wir selbst die nächsten Jahre überstehen. Letzteres ist im Kosmos das höchst umgewisse Überlebensrisiko, was in obiger Lesart durch Basel II aber gerade exakter zu quantifizieren ist.

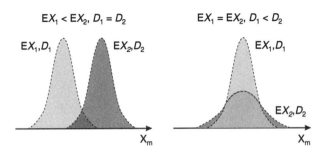

Abbildung 12.1 Welche Umlaufbahn ist die richtige?

Risikoquelle: (Un)Kontrollierbarer Investor (Teil I)

Es gibt viele Definitionen für Information. Sie reichen von Claude Shannons Begriff des Informationsgehaltes als »Maß für Unsicherheit und Überraschung« bis hin zu Gregory Chaitins Definition, nach der »Komplexität von Information gleich der Länge des kürzesten Computerprogramms ist, das sie erzeugt«. Diese Definitionen, die in den verschiedensten Kontexten möglich und angemessen sind, haben eines gemeinsam: Information wird in den verschiedensten Formen gewichtet.

Schlägt man den Bogen zum Risikomanagement, das vom flüchtigen Jetzt der Nachrichtenlagen geradezu umschlossen ist, kann man sagen: In Finanznetzen resultieren Fortschritt und Risiko daraus, dass Akteure durch die Gewichtung und die Eingliederung von Information immer wieder neue Informationen erzeugen. In dieser Lesart ist die Zwickmühle für (normalverteilte) mechanistische Münzwurfprognostik (zu) schnell aufgestellt. Mit der Gewichtung von Information sind gewisse individuelle Vorstellungen von Wahrscheinlichkeit verbunden, weil von Akteuren einige Informationsszenarien schlicht als wahrscheinlicher angesehen werden als andere. In einem Informationskontext sind Wahrscheinlichkeiten ein Maß für den Zufall, das mit der Quantifizierung des Wahrheitsgehaltes von Information das Wissen oder das Nichtwissen über die Zukunft beziehungsweise das Vertrauen oder das Misstrauen in die Zukunft zum Ausdruck bringt.

Wissenswelten sind das Stichwort, sie sind Welten im Nebel, die der Münzwurf rigoros lichtet. Greifen wir die Metapher vom Risikouniversum auf, um die Gefahr zu verdeutlichen, die im Münzwurf als Erblindung gegenüber den Ursachen von Risiken lauert. Sind alle Risiken im Münzwurf essenzialisiert, resultiert aus der Metapher des Risikouniversums sofort ein kontraintuitives Moment. Die Wahrscheinlichkeiten, die im Universum einerseits durch Supernovae für Katastrophen verantwortlich sind und andererseits mit seiner Ausdehnung aber auch für fortschreitende Entwicklung sorgen, sind die gleichen Wahrscheinlichkeiten, die auch das Verhalten der Investoren an den Finanzmärkten bestimmen.

Aus der ganzheitlichen Perspektive der Quantenphysik zeigt Erwin Schrödingers berühmtes Gedankenexperiment mit der Katze, warum Wahrscheinlichkeiten keinen Kontext kennen. Lassen wir Details außer Acht und fokussieren nur grob den Kern von Schrödingers Gedankenführung. Sie erhellt mit dem Hinterfragen des zwingenden Charakters von Wahrscheinlichkeiten einen methodisch und konzeptionell wichtigen Aspekt der durch Basel II und KonTraG angestoßenen Ganzheitlichkeitsdebatte: Gemäß der Kopenhagener Deutung der Quantenphysik ist der Zustand einer Katze, die in einem Kasten sitzt, in dem ein vollständig bekannter, per Zufall ausgelöster Tötungsmechanismus installiert ist, unbestimmt.

Ihr Zustand ist als Mischung (Superposition) aus halb lebend und halb tot anzusehen. Die Festlegung, was der Fall ist, erfolgt in dieser Interpretation erst durch die Beobachtung: Man weiß nämlich nie sicher, ob eine Katze noch lebt oder schon tot ist, bevor der Kasten geöffnet wird: Die quantenmechanische Unbestimmtheit im Kleinen schlägt hier bis auf ein makroskopisches Objekt im Großen durch. Die »Unstetigkeit« im Kleinen, weist auf den Zusammenhang des großen Ganzen hin: Im Innersten der Welt gibt es keine Teile, sondern nur ein untrennbares Ganzes – die Realität ist verschränkt.

Nun muss man kein Mediziner sein, um zu erkennen, dass es keine »halb tote« Katze geben kann. Natürlich ist bei Schrödingers Gedankenexperiment die Katze irgendwann einmal tot, egal ob man in die Kiste schaut oder nicht. Die Katze hat keine Überlebenschance. Ein makroskopisches Objekt, wie es eine Katze nun einmal ist, steht in vielfachen Wechselwirkungen mit der Umwelt. Sie wird von Luftmolekülen getroffen und das, was man Zerstörung der Kohärenz nennt, besiegelt irgendwann ihr Schicksal. Die Katze vollständig von ihrer Umwelt abzuschneiden geht nicht: Sie erleidet dann vor Eintritt des überlagerten Zustandes schon den Erstickungstod. Aus diesem Grund kann man die Katze auch nicht in einen überlagerten Zustand bringen. Sie kann also auch nicht halb tot sein. Der entscheidende Punkt ist ein anderer. Im mikroskopischen Bereich von Atomen gibt es in der Tat Zwischenstadien von zwei sich eigentlich gegenseitig ausschließenden Zuständen.

In diesem Sinne führt Schrödingers Gedankenexperiment vor Augen, dass manche Erscheinungen durch Überlagerung von Zuständen paradox sein können. Daher ist an das Urteil von Novalis zu erinnern: »Irrtum ist das notwendige Instrument der Wahrheit.« In diesem Sinne ist aber, weniger freundlich, auch an das Urteil von Max Planck zu denken: »Wer es einmal so weit gebracht hat, dass er sich nicht mehr irrt, der hat auch zu arbeiten aufgehört.«

Risikoquelle: (Un)Kontrollierbarer Investor (Teil II)

Dass Albert Einstein über dieses Element des Zufalls und des Unvorhersagbaren in den grundlegenden Naturgesetzen entsetzt war und seine Ablehnung gegenüber der ganzheitlichen Quantenphysik durch sein berühmtes Diktum: »Der Herrgott würfelt nicht« auch deutlich zum Ausdruck brachte, wirkt fast wie ein Menetekel, wenn man sich die Risk Community als eine Gemeinschaft von Roulettespielern vorzustellen hat, die unbeirrt per mechanistischem Zufallsexperiment auf die Zukunft wettet, obwohl in Finanznetzen nicht die Konstanz im Großen, sondern die Metamorphose im Kleinen die Risiken bestimmt. In dieser Lesart von (Standard)Risikomanagement muss man sagen: Es gibt gute Gründe zur Annahme, dass dem gut beobachtbaren (und gut messbaren) Makrokosmos der Risikoproduktion

(Finanzmärkte im Großen) ein nicht gut beobachtbarer (und nicht gut messbarer) Mikrokosmos von Verhaltensweisen (Investoren im Kleinen) unterliegt, in dem die Spielregeln zur Produktion von Risiko andere sind als die Messbarkeitslogik der Stochastik annehmen muss.

Dass Erwin Schrödinger mit seinem weit über die Physik hinausgehenden Gedankenexperiment (nur das eigentlich Frustrierende) zeigen wollte, dass nicht ein bestimmtes Messergebnis für eine Beobachtung voraussagbar ist, sondern nur mit einer gewissen Wahrscheinlichkeit eine Reihe verschieden möglicher Resultate eintreten wird, greift im Risikomanagement somit an der im Dunkeln liegenden Überzeugung, dass Informationen hoch verdichtende Kennzahlen darüber entscheiden, ob mit dem Tun von Dingen auch die richtigen Dinge getan wurden.

Dafür, dass im Risikomanagement (steht es unter dem Ganzheitlichkeitsparadigma) bei der Quantifizierung der Zukunft durch Wahrscheinlichkeiten in der Tat ein gewisses Maß an »unkritischem« Vertrauen notwendig ist, liefert auch die Mathematik selbst die Beispiele. Sei es darum, dass weder die Berechnung von Wahrscheinlichkeiten noch der Umgang mit Wahrscheinlichkeiten unproblematisch ist, weil es in vernetzten Systemen immer schwieriger wird, die Unabhängigkeit von Ereignissen zu begründen. Oder sei es darum, dass die von Andrej Kolmogorov entwickelte Axiomatik der Wahrscheinlichkeitstheorie den Begriff des Wahrscheinlichkeitsmaßes nur implizit definiert, weil (von Ausnahmen abgesehen) numerische Werte für Wahrscheinlichkeiten von Ereignissen nicht objektiv berechenbar sind.

Last, but not least bringen die Urteile von Richard Feynman »Die Theorie der Wahrscheinlichkeit ist ein System, das uns beim Raten hilft« und von John von Neumann »Wissenschaft versucht nicht, etwas zu erklären, ja, sie versucht kaum, etwas zu interpretieren. Hauptsächlich entwickelt sie Modelle« den Kern der Probleme auf den Punkt, die in stochastischen Modellkontexten hinter der Systematisierung und der Interpretation von Information stehen. Vor dem Urteil von Werner Heisenberg »Die Bahn entsteht erst dadurch, dass wir sie beobachten« nähert sich vor dem Ganzen unreflektiertes, nur an Kennzahlen orientiertes Risikomanagement der Karikatur eines Preisboxers, der durch den Ring taumelt und nach Schatten schlägt, die seine Ziele zu sein scheinen, es aber nicht sind.

Alles zusammen lenkt die Aufmerksamkeit auf eine für das moderne Risikomanagement wichtige Konsequenz. In der Lesart der Quantenphysik kann man sagen, dass das (Überlebens)Risiko von Schrödingers Katze von gewissen Erkenntnis- und Erklärungsgrenzen bestimmt wird. Universell gültige Formeln, die im Kleinen erst etwas erklären, was im Großen zwar erscheint, dort aber nicht erklärbar ist, stehen dafür, dass mit einer Weltsicht, die dadurch veraltet ist, weil sie die Folgerungen aus der Newtonschen Physik für allgemein gültige Naturgesetze hält, auch Prognosen, die zu stark auf die Gesetze des Münzwurfs setzen, in dem Sinne veraltet sind, weil sie aus sich heraus zur Entkoppelung von Risikomessung und Risikoentscheidung führen.

Risikoquelle: (Un)Kontrollierbarer Investor (Teil III)

Dass diese keineswegs neue Erkenntnis im modernen Risikomanagement, das sich unter dem Ganzheitlichkeitsparadigma ja gerade auch über die Fähigkeit zum Umgang mit im Ergebnis offenen Problemen definiert, nicht mehr zu ignorieren ist, ist der entscheidende Punkt. Moderne Bankenaufsicht fokussiert, dass Ockhams allgegenwärtiges Ökonomieprinzip in Informationsnetzen trotz seiner mit den heutigen Methoden der Finanzmathematik chirurgischen Schnittführung oft die Wirkung eines zweischneidigen Schwertes hat.

Der Grund liegt auf der Hand. Moderne Prüfungspraxis hinterfragt, wie« Banken die Probleme, die in der Realität zumeist vage und komplex sind, durch Risikomodelle vereinfacht abbilden. In der Lesart der Quantenphysik tut die Bankenaufsicht dies aus gutem Grund. Es entsteht Kontrollillusion, wenn Researcher und Investoren der zu schlichten Annahme folgen, dass Risiken im Generellen von einfachen physikalischen Gesetzen (dem Münzwurf) im Speziellen beherrscht werden. Es entsteht oft erst zusätzliches Risiko durch Risikomodelle, wenn Akteure aufgrund von Prognosen höhere Risiken eingehen, als sie es sonst gewagt hätten.

Für Letzteres ein Beispiel zu geben, ist nicht schwer: Emissionshäuser, die Optionen platzieren, sichern sich im Regelfall dadurch ab, dass sie je nach dem Kursverlauf der Basistitel entweder Aktien hinzukaufen oder aber Aktien verkaufen. Denn steigt der Preis einer Aktie, steigt bei einer Call Option die Wahrscheinlichkeit, dass die Titel am Laufzeitende zu liefern sind. Folglich wird der Emittent neue Aktien hinzukaufen. Sinkt dagegen der Aktienkurs, wird der Emittent dagegen seine überzähligen Titel abstoßen. Letzteres verstärkt den Kursrückgang, falls die Emissionshäuser gerade zu dem Zeitpunkt verkaufen, wo sich der Markt abkühlt.

Hier werden traditionelle Risikomodelle zum Risiko, da sie diesem Effekt eine zusätzliche Dynamik verleihen, weil Risikopositionen und Volatilität der Titel im Regelfall positiv korreliert sind. Verstärken sich dadurch aber die Kursschwankungen, werden Investoren ihre Positionen weiter abbauen, um das Risiko ihres Portfolios zu reduzieren. Da das Portfolio der Investoren verschiedene Produkte und Strategien vorhält, kann bei der Restrukturierung des Portfolios bei zunehmend volatileren Märkten jetzt der Fall eintreten, dass Investoren höhere Risiken eingehen, als sie es sonst gewagt hätten.

Risiko macht nicht auf Risiko aufmerksam

Das obige Fondsszenario kann die traditionelle Finanzmathematik nicht handhaben. Sei es darum, dass Optimierungen immer stark vom Verlauf der Zeitreihen geprägt sind. Oder sei es darum, dass Parameterkombinationen bei in der Zukunft auch nur leicht veränderten Marktbedingungen aus sich heraus unscharfe Informationen geradezu liefern müssen, weil der Fokus auf Erwartungswert und Varianz das Verhalten der Investoren ausgeblendet.

Da im Lichte von Basel II moderner finanzmathematischer Standard aber auch (oder gerade) Szenarien wider das Referenzszenario der Finanzmathematik beherrschen muss, sind im Risikomanagement folglich neue Wege zu beschreiten. Man braucht mit anderen Worten eine den seelenlosen Münzwurf verallgemeinernde, nicht mechanistische Analogiebildung. Diese muss in dem Sinne komplex (nicht unbedingt kompliziert) sein, dass sie einerseits die Einsichten in das Geschehen der Finanzmärkte selbst und andererseits die Einsichten in die Entwicklung der Finanzmärkte verbessert.

Dies ist leichter gesagt, als getan. Die hier auftretenden Probleme sind nicht trivial: Sei es darum, dass Einsichten in sich verändernde Kontexte zu vermitteln im Widerspruch zu den Prinzipien traditionellen Risikomanagements steht. Mit der Brownschen Bewegung ist aber dennoch eine für spezielle Kontexte angemessene und auch bewährte Methodik geeignet zu modifizieren. Oder sei es darum, dass mit dem »Mehr« an Bewusstsein für die Konstruktion des Wahrscheinlichkeitskalküls (mit dessen Konstruktion als Thema) auch das traditionelles Risikomanagement gerade gegen Schockereignisse immunisierende Moment in den Lichtkegel gestellt wird. Bei Wahrscheinlichkeitstheorien kann ein Ereignis, das diese ausschließen, eintreten, ohne dass die Theorie dadurch falsch wird. Ein im Wahrscheinlichkeitskalkül (des Münzwurfs) eingerichtetes Risikomanagement ist gut – und vor allem bequem – eingerichtet, vorsichtig formuliert. Streng genommen kann es keine Fehler machen. Das LTCM-Fonds-Debakel hat zwar großen Schaden angerichtet, aus wahrscheinlichkeitstheoretischer Sicht hat sich mit einem zwar sehr unwahrscheinlichen Ereignis aber dennoch »nur« eine wahre Aussage realisiert.

Spricht man mit Arthur Koestler: »Niemand ist so blind wie der, der nicht sehen will«, könnte man, überspitzt formuliert, sagen, dass Basel II mit dem Bekenntnis zur Flexibilität und zum Lernen die Konfliktlinie zum traditionellen Risikomanagement konturiert hat. Es tut Not, aus Fehlern zu lernen. In dieser Lesart schreibt moderne Prüfungspraxis mit dem Fokussieren des Unterschieds zwischen Sicherheit und wahrscheinlicher Sicherheit dem Risikomanagement ins Stammbuch, neue Räume in der Finanzmathematik zu schaffen, die für Risiken sensibilisieren.

Hier gilt es anzusetzen. Dies erfordert einerseits neue mathematische Methoden und neue mathematische Begriffe, weil aufsichtsrechtlich verankerte Risikomodelle nicht im Generellen mehr auf Experimenten gründen können, die sie nur im Sinne der Physik als richtig oder falsch deklarieren. Dies erfordert andererseits auch eine Veränderung des Denkens selbst, weil das Problem, Irrtumsfähigkeit zu entwickeln und Einsichten in einer durch die Aufsicht vorgegebenen dehnbaren Rechenbarkeitsstruktur zu verbessern, kein genuin mathematisches Problem ist. Robert Shillers Buch »Irrationaler Überschwang« liefert mit der Fokussierung der psychologischen Aspekte von Risiken dafür eine Vielzahl von Beispielen.

Damit bekommt im Risikokalkül am Schnittpunkt von starrer Bewertungsroutine (quantitativer Aspekt) und Offenheit (qualitativer Aspekt) der von einer modernen Prüfungspraxis transportierte Ganzheitlichkeitsaspekt als ein komplexes Managementproblem auch seine komplexen mathematischen Konturen. Mehr noch: Auch aufgrund der Tatsache, dass im globalen Risikomanagement Lösungen vieler Probleme aus sich heraus ganzheitliche Betrachtungsweisen voraussetzen (weil es die Zielbündel sich gegenseitig bedingender Aspekte einfach erfordern), ist in einem Risikomodell selbst die Frage, wie Risiken zustande kommen und was ihre Natur ist, nicht nur detailliert zu stellen, sondern auch bestmöglich im Detail zu beantworten.

Dabei ist mit der Relevanz auch die Konsequenz des Punktes nicht zu verkennen: Eine bestmögliche Antwort ist im Regelfall keine sichere Antwort. Erwin Schrödingers Katze kommt wieder ins Spiel. Modernes Risikomanagement muss sich bei der Auseinandersetzung mit Erkenntnis- und Erklärungsgrenzen von Risiken bildlich gesprochen mit der Frage, ob die Katze lebt oder nicht, kurz bevor der Kasten geöffnet wird, differenziert auseinander setzen können.

Noch einmal soll daher Erwin Schrödingers Gedankenexperiment auch das Bild dafür liefern, was mit dem Moment der nicht sicheren Beantwortbarkeit von Fragen als Charakteristikum atomarer Wirklichkeiten im Grunde genommen auch das Problem der Lernfähigkeit im Risikomanagement transportiert. Durch Lernprozesse agiert auch modernes Risikomanagement in einer mathematischen Welt mit einer imaginären Dimension. Noch einmal Schrödinger: Alles ist bekannt, was das Wohl und Wehe seiner gerade nicht physikalische Wirklichkeit beschreibende Katze bestimmt. Es ist bekannt, dass mit der Wahrscheinlichkeit von 0,5 pro Stunde von einem Vorrat an Radium ein Teilchen zerfällt, das augenblicklich von einem Detektor erfasst wird, und eine für die Katze tödliche Menge an Zyan freisetzt. Und doch gibt es keine sichere Antwort auf die von ihm gestellte Frage.

Wir wollen den Bogen nicht überspannen. Natürlich wird im Risikomanagement nicht mit Zyan hantiert. Die Realität enthüllt aber dennoch Risiken als spezifisch von Kontext bedingt. Damit ist in der Lesart von Erwin Schrödinger Kausalität aber nicht länger die beliebte Einbahnstraße, die, nur in einer Richtung befahrbar, das fokale Prinzip ist, das oft erst zu den eleganten Formeln führt.

Kennt kein Mensch die Blätter an dem Baum X, weil er im Regelfall nur einige präsente Bilder von Bäumen X, Y, Z im Kopf hat, die zwar immer gleichmäßig rauschen, aber dennoch nicht gleich sind, sind im Ergebnis offene Fragen als Bestandteil des Risikomanagements verständlicherweise der kritische Punkt in mechanistischen Modellstrukturen. Hier sind Kreise zu schließen. Hier ist, um mit Joseph Schumpeter zu sprechen, oft »der geistreiche Irrtum einer trivialen Wahrheit vorzuziehen«. Hier erfordert der spielerische Umgang mit Fragealternativen in Gedankenexperimenten (in der Lesart von Erwin Schrödinger) mehr als Verbesserungen der Mathematik in der Welt der Brownschen Bewegung, hinter der mit physikalischen Experimenten mit geschlossenen Fragen stets spezielle Formen von Gedankenexperimenten stehen.

Grob gesprochen ist es die von Werner Heisenberg entdeckte Unschärferelation, die für eine universell gültige Messbarkeitsgrenze (von Ort und Geschwindigkeit eines Teilchens) steht, die dafür verantwortlich ist, dass auch im Risikomanagement (ist es ganzheitlich zu gestalten) der paradigmatische Glanz der Brownschen Bewegung wohl an Leuchtkraft verliert, ohne jedoch vollständig zu verblassen. Kritik vor Ort kommt eine Schlüsselbedeutung zu. Denn ist nicht bekannt, wie genau etwas zu messen ist, und ist nicht bekannt, wie genau die Messungen sein müssen, sind Versuche, die nur darauf zielen, mathematisch »highly sophisticated« Risiko handhabbar zu machen, kontraproduktiv.

Abbildung 12.2 Zwickmühle Risikomanagement: Was ist Wirklichkeit (Risiko)?

Asymptotische Modellbildung: Nicht Widerspruch, sondern Ergänzung

Banken sind aus den verschiedensten Gründen als offene Informationssysteme zu begreifen, wenn sich für am Shareholder-Value orientierte Investoren die Performance von Risikomanagement über die Fähigkeit zum richtigen Mischen quantitativer und qualitativer Faktoren definiert. Müssen sich Risikostrategien sowohl an harten Kennzahlen und Bewertungsroutinen als auch an ihrer Eignung zum Erreichen risikopolitischer Ziele orientieren, ist das Wesen einer Bank, die wie eine Spinne im Netz von Informationen sitzt, nicht mehr nur von Zahlen, Daten und Fakten geprägt. Unter Stichwörtern wie »Information als Wirtschaftsgut« und »Informationsehrlichkeit« ist Risiko eine spezifische Informationsstruktur, und Risikomodelle müssen die Komplexität durch »People Risk« (als »Model Risk«) nicht nur mitdenken, sondern auch vorausdenken können.

Damit es gelingt, Risiken als Folgen von Handlungen in wertschöpfenden Informationsprozessen zu begreifen, ist ein Prozess anzuvisieren, der die Abfolge sich wechselseitig beeinflussender Probleme nicht ignoriert. Denn erst dann wird Managementkapazität nämlich zur Problemlösungskapazität, weil Managementaktivität nicht irreversibel auf die Lösung isolierter Probleme fixiert ist.

Hier schließt sich der Kreis. Modernes Risikomanagement wird zu einer »offenen Veranstaltung«: Es löst nicht mehr alle Probleme, sondern führt sie einer problemlösungsorientierten Auseinandersetzung zu. Wissen wird zur Problemlösung benötigt, ist Vorhersagbarkeit durch Standardprognose allein das falsche Kriterium, weil die Fähigkeit zur geschickten Eingrenzung von Problemen schon im Augenblick ihrer Wahrnehmung oft der Schlüssel zu ihrer Bewältigung ist. Da »Value« nach der Shareholder-Value-Philosophie gerade aus dem Aufweichen und dem spontanen Überbrücken von Grenzen und der Chance ihrer Verknüpfung resultiert, hat Euklids »Panta rhei« im Risikomanagement heute seine späte Renaissance. Weil an vernetzten Computerbörsen in der Tat aufgrund der Flüchtigkeit von Information »alles fließt«, ist einerseits asymptotische Modellbildung das Quasisynonym für Qualitätssicherung im prozessorientierten Risikomanagement. Andererseits ist damit in einem ersten Schritt in diese Richtung aber nach Wegen zu suchen, um mit Kontext den Kern asymptotischer Modellbildung zu mathematisieren.

Hier gilt einerseits die Spruchweisheit des antiken Roms: »Per aspera ad astra (Über raue Pfade zu den Sternen).« Hier ist andererseits das Missverständnis zu vermeiden: Asymptotische Modellbildung und Verbesserungen der Mathematik der Brownschen Bewegung stehen für Widerspruch. Das Umgekehrte ist der Fall: Asymptotische Modellbildung und Verbesserungen der Mathematik der Brownschen Bewegung können für Ergänzung stehen.

Auch die Herleitung der Black-Scholes-Formel aus einem dynamischen Marktmodell, das wieder aus Richard Feynmans Theorie der Quantenelektrodynamik abgeleitet ist, hat ihren Wert. Jedoch in ihrem speziellen Kontext. Asymptotische Modellbildung (»richtig« umgesetzt) ist aber kontextsensible (situative/spontane) Modellbildung: Sie erfordert mehr als eine Mathematik in den Bahnen, die Researchern seit dem Beginn moderner Finanzmathematik durch die Portfoliotheorie von Harry Markowitz vertraut sind.

Ihrer Zeit weit voraus, bringen zwei Urteile das Problem auf den Punkt, wenn es gilt, Wissen in mathematischen Strukturen zu erzeugen. So urteilte Georg Cantor: »In der Mathematik ist die Kunst des Fragens oft von größerer Bedeutung als die Kunst der Problemlösung.« Und Blaise Pascal urteilte seiner Zeit entsprechend: »Die Mathematiker, die nur Mathematiker sind, denken also richtig, aber nur unter der Voraussetzung, dass man ihnen alle Dinge durch Definitionen und Prinzipien erklärt; somit sind sie beschränkt und unverträglich, denn sie denken nur dann richtig, wenn es um sehr klare Prinzipien geht.«

Wir wollen uns die Aussage von Pascal (aus verständlichen Gründen) nicht zu Eigen machen. Aber nichtsdestotrotz, es ist anzuerkennen: Durch Fragen zum Kontext, die wie ein Bazillus in die klinisch reinen Szenarien der Brownschen Bewegung eindringen, wird Risikomanagement anders aufgestellt. Einerseits verengen sich die problemfreien Räume im streng kalkulierenden Risikomanagement. Andererseits ist durch Basel II »Kontext« unter hohem Bearbeitungsdruck umzusetzen. Das konzeptionelle Problem liegt damit auf der Hand: Im Risikomanagement ist ein (Denk)Ansatz zu finden, der zum einen respektiert, dass Finanzmärkte nach anderen logischen Mustern historischer gewachsen sind, als es die Brownsche Bewegung unterstellen muss und zum anderen respektiert, dass Bankorganisationen unter dem Prozessparadigma anderen logischen Mustern folgen, als die (Standard)Organisationsansätze im Regelfall unterstellen müssen.

Damit ist klar, dass sich im Risikomanagement die mathematische Praxis verändern muss. Speziell auf der Produktebene deshalb, weil dadurch, dass Informationsrisiken im Auge des Betrachters entstehen, mit dem Rauschen auch die Plattform der Stochastik als ein mathematisches Objekt zu begreifen ist, das im Auge des Betrachters entsteht.

Die Brücke bauen

Sind im Risikomanagement die »Unknown Risks« (stochastische Nicht-Messbarkeiten) das Problem, ist die Prüfung, inwieweit alte und neue Paradigmen zu Problemlösung heranzuziehen sind, die Aufgabe. Dies ist leichter gesagt, als es getan ist: Basel II stapelt im Gebäude der Finanzmathematik nämlich sperrige Probleme auf. Als sehr sperrig erweisen sich dabei die immer öfter auftretenden

Marktanomalien. Diese erklärt die Finanzpresse meistens (zu) schnell, aber durchaus überzeugend, durch allgemeine Marktbefindlichkeiten. Dass hinter dem breiten Spektrum der üblichen Verdächtigen auf einer tiefer liegenden Ebene gerade die »Unknown Risks« lauern, wird so nicht erkannt.

»Unknown Risks« sind das Stichwort: Im Worst Case von LTCM, Barings Bank und Orange County können sie Risikomanagement bis hin zur Bedeutungslosigkeit karikieren. Im Best Case, wenn Risikomanagement funktioniert, liegt ihr Wirken im Dunkeln. Der Leser ahnt die Ursache. Die Normalverteilung ist wieder im Spiel. Wieder ist ihr Auftritt unglücklich, wenn sie allein die Masse für die Dehnungsfugen liefern muss, um die Spannungen im Gebäude des Risikomanagements abzufedern, die gerade »Unknown Risks« immer öfter erzeugen.

Dies überrascht nicht. Der normalverteilte Durchschnittsinvestor, »L'homme myon«, ist eine alles verschleiernde Denkfigur, weil stets der Kompromiss der Erwartungen aller Investoren durch das Herausfiltern des eigenwilligen Verhaltens der Investoren hergestellt wird. Dies hat seinen Preis. »L'homme myon« leidet bildlich gesprochen in gewisser Weise an einer Sehunschärfe, wenn es um das Erkennen von Risiken geht. Denn er sieht wie ein Tiefseefisch, dessen Augen für den milchigen Restlichtempfang auf dem Meeresgrund ausgerichtet sind, obwohl er wie ein Bussard mit den Augen über ein wahres Präzisionsinstrument verfügen müsste, das erfasst, dass die Kernbausteine der »Unknown Risks« die Vielfalt der Facetten von »People Risk« sind.

Ist in dieser Lesart der Dinge und der Kenntnis, dass im (Standard)Szenario der Finanzmathematik streng genommen der Verstand und das Handeln der Mechanik des Münzwurfs einfach folgen müssen, wenn der Münzwurf der Taktgeber für den Herzschlag ist, die berühmte Black-Scholes-Formel nun Hoffungsträger oder Sorgenkind?

Diese Frage ist berechtigt. Durch »People Risk« wird die »Blackbox« (nicht unbedingt die Büchse der Pandora) individueller und marktmäßiger Informations- und Entscheidungsprozesse geöffnet. Der Grund liegt auf der Hand: Wider die Normalverteilungshypothese, wo »L'homme myon« das Verhalten der Investoren ja gerade so geschickt filtern kann, dass es auf der aggregierten Marktebene nicht mehr existiert, steht »People Risk« nämlich für mit mathematischen Kunstgriffen nicht mehr kleinzurechnendes »Method Risk«.

Formuliert man hier zwar pointiert, aber dennoch scharf, weist moderne Prüfungspraxis vor dem Ganzen unreflektiertem Risikomanagement die Rolle eines Satelliten zu, der um einen untergehenden Stern kreist. Die Aufgabe zur Entwicklung eines Risikomanagementsystems als Risikofrühwarn- und Risikofrüherkennungssystem wird nämlich nicht dadurch gelöst, dass im Risikomanagement das Instrumentarium der Stochastik zur Hand genommen wird. Risikofrühwarnung steht für die Prognose, Risikofrüherkennung steht für die Antizipation von Risiken. Beides ist nicht dasselbe: Letzteres steht für Lernprozesse. Ist hier Wahrscheinlichkeitsrechnung zu betreiben, die stets inhaltlich klar definierte Outcome-Alternativen voraussetzt, ist zur Beherrschung der qualitativen Seite von Risiko zunächst einmal die qualitative Seite von Risiko zu klären

Stehen wir hier an der (Soll)Bruchstelle traditionellen Risikomanagments? Überspitzt formuliert stellt sich die Frage: Spielt der Computer heute die gleiche Rolle, die in früheren Zeiten die unsichtbare Hand von Adam Smith, der Walrasianische Auktionator und der Laplacesche Dämon spielten? Die Antwort ist ein klares Nein. Basel II stellt neben den Eingriff durch mathematische Essenzialisierung auch das Studium des Stoffes »Risiko«. Wird Letzteres respektiert, wird auf der finanzmathematischen Ebene gerade auf das zugegriffen, was mit John Meynard Keynes schon ein früher Vertreter des heute prominenten Behavioral Finance formulierte. Er zog den Vorhang des Rauschens, hinter dem sich das Wirken der unsichtbaren Hand genauso verbirgt wie das Wirken der Dämonen, rigoros zur Seite, indem er urteilte: »Es besteht wenig Wahrscheinlichkeit, dass wir ohne Mithilfe von Intuition oder unmittelbarem Urteil eine Methode entdecken werden, um konkrete Wahrscheinlichkeiten zu erkennen. (....) Eine Behauptung ist nicht wahrscheinlich, nur weil wir sie für wahrscheinlich halten.«

Es war Keynes, der in seiner 1936 erschienenen »General Theory of Employment, Interest and Money« auch als Erster formulierte, was im Risikomanagement heute das Behavioral Finance dann auch prominent repräsentiert. Nämlich dass das Verhalten des Finanzmarktes wegen der Unsicherheit in der Erwartungsbildung eher etwas mit weichen Faktoren wie Vertrauen und Zuversicht zu tun hat als mit den harten Faktoren, die von der (Standard)Finanzmathematik mit den Fundamentalwerten routinemäßig anvisiert werden.

Durch seine in der Ökonomie berühmte Metapher vom Schönheitswettbewerb definierte Keynes mit dem Fokus auf im Sinne der Messbarkeitslogik der Stochastik »zu schwache Signale« den »Homme myon« quasi neu: Die beste Strategie zum Sieg in einem Schönheitswettbewerb ist nämlich die Strategie, sich nicht am eigenen Geschmack, sondern am zu erwartenden Durchschnittsgeschmack der anderen zu orientieren. »L'homme myon« Keynesscher Prägung ist somit ein Erwartungsbildner, der zunächst einmal frei von stochastischer Messbarkeitslogik entscheidet. Durch Keynes' Denkfigur hat das Problem der mechanistisch operierenden Finanzmathematik mit dem »Phänomen der Erwartungsbildung« einen Namen. Mit der Krisis der Abbildung von Erwartungen, die, wenn man so will, für Kontext stehen, hat die Finanzmathematik ein generelles Problem.

Die Brücke: Ein Synonym für Spiele

Weil das Behavioral Finance das Rauschen als scheinbar differenzierter messbar erklärt, als es die Stochastik mit der Brownschen Bewegung durch das Filtersystem von Druck und Stoß misst, bekommt das Basel II-Problem auf der konzeptionellen Ebene seine Konturen. Dabei definiert die Methodenfremdheit von Stochastik und Psychologie einerseits das mathematische Problem des Warum. Man muss sagen: Standardrisikomodellen fehlt wegen der Fragealternative nach Motiven und Anreizen ein in diesem Sinne risikosensitives Werkzeug. Dem Behavioral Finance fehlt das mit der Mathematik der Standardrisikomodelle kompatible Instrumentarium. Die Notwendigkeit, im Risikomanagement die Vorteile beider Ansätze zu nutzen, definiert andererseits die Form der mathematischen Problemlösung. Das Risikomanagement braucht Modellstrukturen, die Risiken in einem ersten Schritt durch das Respektieren von Erwartungen und Verhalten kontextsensibel strukturieren und erst in einem zweiten Schritt die Risiken quantifizieren.

Schrödingers Gedankenexperiment mit der Katze, bei dem die quantenmechanische Unbestimmtheit bis auf ein makroskopisches Objekt durchschlägt, weil die Quantenphysik mit einer gewissen Wahrscheinlichkeit stets Prozesse zulässt, die klassische Physik verbietet, liefert wieder das Bild dafür, dass in diesem Sinne verstandene »Qualitätssicherung« in der stochastischen Denklogik stehende Financial Engineers scheinbar in die gleiche Situation stellt, die schon Goethe seinem Faust in den Mund legte: »(....) wissen, was die Welt im Innersten zusammenhält.«

Hier zeigt sich die Bedeutung der Spielanalogie sofort. Zum einen sind Spiele mit jedem Abstraktionsniveau verträgliche Gedankenexperimente, die auch losgelöst vom Bezug zur Realität oder sogar im bewussten Widerspruch zur Realität entscheidende Begriffe oft erst klar und verständlich machen. Zum anderen sind Spielmodelle, weil sie die Komplexität einer Situation prinzipiell auf allen Stufen erfassen können, ohne dass die Komplexität auf allen Stufen auf die eine Stufe reduziert werden muss, auf der Standardrisikomodelle gerade greifen, der kanonische Kandidat, der den quantitativen (stochastischen) und den qualitativen (nicht-stochastischen) Zugang zum Risiko durch besseres Verstehen der Gründe für Risikoentscheidungen sichert.

Der Spielbegriff ist wohlgemerkt eine offene Begriffsbildung, das heißt keine Konstante im Sinne der Mathematik. Er trägt das Moment spannungsreicher und ungewisser Nebeneffekte. Bildlich gesprochen können sich auf ihre Durchsetzungsfähigkeit bedachte Spieler so verhalten wie Isaac Newton. Newton musste, aus heutiger Sicht betrachtet, die Schönheit des Regenbogens geradezu zerstören, damit erst die Entwirrung des Regenbogens durch die Zerlegung in seine Spektralfarben mit der Spektroskopie den Schlüssel zu vielem liefern konnte, was wir heute über das Weltall wissen. Auch in den vergleichsweise einfachen und gut überschaubaren Gesellschaftsspielen sind Akteure »nur« als Entscheider zu begreifen, die (wie der Kubismus, der die Fiktion des Gegenstandes in der Vielfalt der Perspektive auflöst) in einer oft nur ihnen selbst verständlichen Form ein Spiel auf eine für sie handhabbare Größe reduzieren. Dabei können sie William Shakespeares (Münzwurf)Rat folgen: »Verstört nicht Euer Gemüt durch Grübeln über der Seltsamkeit des Handelns.« Sie müssen es aber nicht.

Trotz aller Komplexität rund um den Spielbegriff liefert Paul Watzlawiks Axiom »Man kann nicht nicht-kommunizieren« ein stichhaltiges Argument dafür, dass de facto und in natürlicher Weise Spielkontexte Verhaltensmuster konturieren, die erst auf die Spur von »People Risk« (»Model Risk«) führen. In allgemeinster Form gibt ein von dynamischen Empfindlichkeiten geprägter Spielkontext der »Blackbox« der Informations- und Entscheidungsprozesse dadurch analysierbare Konturen, weil in dem Mix nachvollziehbarer logischer Zusammenhänge und ergebnisoffener Deutungsfragen intuitive Einsichten und Vermutungen nicht Widerspruch, sondern Ergänzung sind. Sei es darum, dass in einem Spielkontext das Wissen und seine Grenzen systematisch zum Gegenstand von Theoriebildung werden. Oder sei es darum, dass Spiele als Resultat hochkomplexer Eigenleistungen nicht das Moment ausblenden, dass die in der Unsicherheit des Spielergebnisses steckenden Risiken gerade das Resultat subjektiver Zielverfolgung auf der Basis individueller Vorstellungen (Präferenzen) sind.

Ist einerseits unstrittig, dass die Spielmetapher – differenzierter als der Münzwurf es tut – den Kern der Wetten zur Transformation von Ungewissheit in Risiko ausleuchtet, und entsteht im Risikomanagement Komplexität andererseits dadurch, dass mit der Zunahme des mathematischen Wissens um Risiken gleichzeitig auch das Nichtwissen um Risiko um ein Vielfaches steigt, ist im modernen Risikomanagement das Mehr an Analysepotenzial, das die Spielmetapher bietet, bei der Krisis der Abbildung von Risiken zu nutzen. Sei es darum, dass Spielkontexte überhaupt erst in einer kommunizierbaren Form das Moment transportieren, dass Investoren in Denkwelten operieren, die ex ante nicht differenziert gestaltbar sind. Oder sei es darum, dass es in einem Spielkontext erst zu einem natürlichen Bestandteil der Analyse wird, dass es bei Investoren, die mehrdimensionale Zusammenhänge aufspüren, keinesfalls eine Überraschung ist, dass Risiken auch abrupten und sprunghaften Entwicklungsmustern folgen können.

Als ein letztes Argument dafür, dass Spielkontexte als geeignet mathematisierbare Spielmodelle die offene Flanke des Risikomanagements absichern, die eine Basel-II-Qualitätssiche-rungsphilosophie reißt, sei genannt, dass Spielmodelle das »Method Risk« der Standardrisikomodelle quasi methodenverträglich handhaben. Denn in Spielmodellen ist irreversible Schwerpunktbildung durch die

Brownsche Bewegung ein Grenzfall. Letzteres deshalb, weil Spielmodelle mit dem Fokus auf Spielerverhalten durch das Messen von in diesem Sinne stochastisch zu »schwachen Signalen« im Generellen für die Messbarkeit von »Unknown Risks« stehen.

Der Grund ist offensichtlich. In einem Spiel können Investoren mit dem Pressen von Zusammenhängen in Schemata von Ursache und Wirkung sicherheitshalber in mit der Brownschen Bewegung sehr differenziert gestaltbaren Kontexten bleiben. In einem Spiel können Investoren aber auch mit ihren eigenen Wegen zur Gewinnung von Information – man könnte sagen – »ihren eigenen statistischen Methoden folgen«. Diese unterscheiden sich von Standardmethoden dann gerade dadurch, dass sich die Methoden, denen Investoren bei der Informationsgewinnung folgen, nicht genau angeben lassen.

Qualitätssicherung: Ein Spiel der Spiele?

An fluiden Finanzmärkten von heute sind weder die Akteure noch die Gesetze, die ihr systemisches Verhalten bestimmen, vollständig bekannt. Dabei sind die Spieler in einer Situation, die durchaus mit der von Christoph Kolumbus vergleichbar ist. Dass der mit der bestmöglichen Technik und dem besten Wissen seiner Zeit ausgestattete Kolumbus weder etwas von der Größe des Landes noch von seiner Entwicklung ahnen konnte, als er nicht Indien (wie vermutet) sondern (für ihn überraschend) Amerika betrat, ist als ein seltenes Ereignis seiner Zeit heute unter dem Rubrum »Umgang mit Diskontinuitäten« zu den gefürchteten (und gar nicht mehr so seltenen) Störungen des Tagesgeschäftes mutiert.

Eine daraus folgende und nachhaltige Konsequenz ist: Im Risikomanagement reicht es nicht mehr aus, mit hoch voraussetzungsreichen Standardmodellen routinemäßig nur Standbilder zu betrachten, wenn die Realität wie ein Film abläuft: Durch Empirie die Realität nur zeitverzögert zu begleiten, ist zu wenig. Risikomanagement, das nicht mehr ist als ein Resonanzverstärker eines durch Basel II priorisierten und in der wertorientierten Risk Community auch weit verbreiteten kritischen Risikobewusstseins, ist selbst ein Risikofaktor, wenn es sich nur auf die Aufgabe beschränkt, Standardmethoden zu bewahren und zu verfeinern.

Die Frage, um was es im Risikomanagement heute gehen muss, ist so zu beantworten: »Um den verbesserten Umgang mit Risiken durch ein besseres Verständnis von Risiken.« Diese Antwort erscheint nur auf den ersten Blick einfach. Wie die aktuellen Diskussionen zeigen, sind die dabei zu verhandelnden Themen kontrovers und brisant. Besonders schwierig ist das Thema, wie Risikomanagern Instrumente an die Hand gegeben werden können, die durch den Einbezug von Kontext zur validen Operationalisierung von Zielen genauso beitragen wie dazu, dass Ziele konkretisierbar sind, dass Handeln daran ausrichtbar ist und Kontroll-instanzen den Grad der Zielerreichung überprüfen können.

Diesen Werkzeugkasten im Werkzeugkasten der Brownschen Bewegung unterzu-bringen, ist unmöglich. Der umgekehrte Fall muss gelten. Vor dem Hintergrund der ganzheitlichen Denklogik der Quantenphysik ist hier Niels Bohrs Urteil »Vor-hersage ist sehr schwierig, besonders über die Zukunft« selbsterklärend, wenn der Zugang zum Risiko im Informationsnetz der Finanzmärkte auf einer anderen logi-schen Achse liegt als der folgenden:

▶ Die Statistik stellt die Regelmäßigkeit bestimmter Ereignisse fest.

▶ Die Wahrscheinlichkeitsrechnung kann, auf (1.) angewendet, die Wahrschein-lichkeit des Eintretens ebendieser Ereignisse vorhersagen.

▶ Der Begriff des Risikos hat nur dann einen präzisen Sinn, wenn seine Entste-hung »nicht« an ein Ensemble von Prozessen gekoppelt ist, die sich mit der Realität verändern, sondern Datensätze nachbildenden stochastischen Prozes-sen folgt, die alle, stets exakt definiert, in irgendeiner Form mit der Brown-schen Bewegung um den Münzwurf kreisen.

Ist Risiko aber mehr, als *das* Risiko, welches sich durch mathematische Formeln ausdrücken lässt, weil die Differenz zwischen der Logik von Risiko (so wie es die Finanzmathematik routinemäßig bestimmt) und dem Bewusstsein (so wie Akteure Risiko wahrnehmen) immer größer wird, muss die Finanzmathematik auch mit Disziplinen ins Gespräch kommen, die ihren Fokus auf Ebenen richten, die unter der Ebene der hoch aggregierten Risiken liegt, auf der Risikomodelle gerade grei-fen. Auf dieser tiefer liegenden Ebene muss der Mensch in seiner Rolle als Risiko-träger im Mittelpunkt stehen. Auf dieser Ebene definiert sich Objektorientierung bildlich gesprochen dadurch, dass hier nicht mehr die Einheit des Wolfes mit dem Lamm gilt, nachdem der Wolf das Lamm bereits gefressen hat. Auf dieser Ebene sind durch Selbstbezug die Effekte (Risiken) durch Experimente nicht mehr für alle Augen sichtbar reproduzierbar.

Auf dieser Ebene legen zum einen Wert-, Ziel- und Sinnfragen und zum anderen das Mischen von Erwartungen und Wissen als individuelle Formen der Auswer-tung von Kontext fest, was Risiko ist. Hier ist mit den Mitteln der alles glättenden Stochastik nichts mehr konfident zu entscheiden. Sei es darum, dass Ideen für Investionsprojekte und Finanzinnovationen auf oft Wegen entstehen, die einfach im Dunkeln liegen, weil sie in den Köpfen der Akteure ablaufen. Oder sei es darum, dass sich in den Köpfen von Akteuren Experimente als künstlich provo-zierte Standbilder und die Mathematik als exakte Darstellungsform hier plötzlich wechselseitig einander bedingen können.

Auf dieser Ebene kommt mit der Individualität der Vielfalt der Perspektivendifferenzierung ein in seinem Kern nicht mathematisches Begründungsproblem ins Spiel. Dies schließt nicht aus, dass man hier wieder auf die Dämonen von Laplace und Maxwell und den Walrasianischen Auktionator trifft. Auch die unsichtbare Hand von Adam Smith kann ihre Hand im Spiel haben, wenn Risiko nicht in einer alles erklärenden Form, sondern in vielen Formen in diffuser Art und Weise entstehen kann. Da Risiko zu kalkulieren heißt, die Zeit zu beherrschen und die Zukunft zu disziplinieren, erfolgt beim Ausleuchten von Beziehungsgeflechten die Kapitulation vor »König Zufall« man könnte sagen »etwas später«, als wenn dieser Kontext nur mit der Brownschen Bewegung ausgeleuchtet wird. Es gibt halt kalkulierbare Ereignisse ohne Ursache im Sinne des Münzwurfs.

In rigoroser Form steht Ralph Waldo Emersons Urteil: »Ich hasse Zitate. Sag mir, was du weißt« letztendlich dann auch für die »Müßigkeit des Spiels«, das Spiel der Spiele im Umfeld der sich in Bewegung befindenden Basel-II-Qualitätssicherungsphilosophie bis in den letzten Winkel ausleuchten zu wollen: Es geht nicht. Ja, mehr noch: Emersons Urteil begründet auch den in diesem Buch gewählten Zugang zum Thema. Warum? Zum einen steht Emersons Urteil dafür, dass wir uns oft der Urteile von Autoritäten bedienen müssen, um nicht in das Wesentliche oft verdeckender (noch) komplizierter(er) Argumentation zerfließen zu müssen.

Ohne Zusammenhänge allerdings zu flach darzustellen, trägt das Buch deshalb auch nicht das gestrenge Siegel der Mathematik. Albert Einsteins Urteil: »Die Maschine wird alles tun können, sie wird alle Probleme, die man ihr stellt, lösen können, aber sie wird niemals ein Problem zu stellen vermögen« bringt den Kern einer wichtigen Facette des Problemkomplexes »modernes Risikomanagement« einfach präziser auf den Punkt als viele Seiten zu einer »never ending story«. Vieles steht in diesem Buch daher halt auch zwischen den Zeilen.

Emersons Urteil begründet zum anderen aber auch, dass keine Datenberge bestiegen werden können, um auf deren Gipfeln neue mathematische Hypothesen zu schmieden: Kann man (und wird man) nie sicher wissen, welcher Gipfel zu besteigen ist beziehungsweise gerade bestiegen wird, kann man (und wird man) aus irgendeiner gerade aktuellen Datenlage (auf die gerade wir zufällig Zugriff haben) durch eine daraus abgeleitete Kennzahl streng genommen nicht mehr als »nur« ein Kochrezept anbieten.

Man darf trotzdem nicht das Problem verkennen. Wir wissen so lange zu wenig über Risiko, wie dynamischen Risikoprozesse, die Verhaltenskomponenten bestimmen, mit der Stochastik mathematisch rigoros gerade ihre (Informations)Funken erzeugenden Spitzen genommen werden, die immer öfter die Pulverfässer der Nachrichtenlagen zur Explosion bringt. In »Die Physiker« formuliert Friedrich Dürrenmatt daher auch treffend: »Je planmäßiger der Mensch vorgeht, desto wirksamer vermag ihn der Zufall zu treffen. Definiert sich Risikomanagement nur über die Brownsche Bewegung, zeichnet dieser Satz fast schon prophetisch den Weg vor, den die moderne Finanzmathematik gehen muss: Flexibilisierung durch ganzheitliche Optimierung.

Spieltheorie: Mit Wissen umgehen

Bisher sind (spielerisch) einige Fäden gesponnen worden, um sich im Labyrinth von Basel II zu orientieren. Diese Fäden wurden aber locker hängen gelassen. Das Werkzeug, das diese Fäden verknotet, ist die Spieltheorie.

Sie ist eine alle Werkzeuge der Mathematik nutzende und in ihren Methoden aber offene holistische Theorie, die mit dem Spiel als Analyseobjekt die bisher hängen gelassenen Fäden in der Strategiedimension zu Mustern verwebt. Diese Muster sind dann der Input strategischer Risikomodelle. Überspitzt formuliert kann man sagen: Der Übergang von Strukturen zu Prozessen erfolgt durch Spielmodelle dadurch, dass die Spieltheorie die Nichtberechenbarkeit von Ereignissen im Sinne der Stochastik quasi erfordert. Denn entgegen physikalischen Experimenten kann in einem Spiel (nicht in der Spieltheorie) zunächst einmal mehr »Unordnung« herrschen, als dies in einem physikalischen Experiment je der Fall sein kann. Spieler müssen sich in einer Spielsituation erst einmal zurechtfinden, um sich durch Abgleich von Wahrnehmungsmustern und Konfliktlinien auf ein letztendlich konsensfähiges Spiel zu verständigen.

Letzteres ist der wichtige Punkt: Da es nach Basel II die Musterbank mit einem engen, mathematisch gut beherrschbaren Szenarienspektrum nicht mehr gibt, wirken Spielanalysen dadurch, dass Spiele zunächst einmal zu spezifizieren sind: Einerseits gerät dadurch zwar Sand in das Getriebe der feinadjustierten Mechanik des Risikomanagements. Andererseits gerät der Motor von Risikomanagement, das über diese Wahlmöglichkeit verfügt, aber auch nicht sofort ins »Stottern«, wenn es um die differenzierte Auseinandersetzung der Fragen rund um Basel II geht: Spiele an den Finanzmärkten müssen nicht notwendigerweise nach den Spielregeln der Brownschen Bewegung gespielt werden. In Spielanalysen ist das Überschreiten der Grenze der Übertragbarkeit von Prinzipien, die nicht anerkennen, dass sich etwas als andersartig erweist als der Grund, aus dem es hervorging, kein Ausnahmefall. Zwei Atome Wasserstoff (H) und ein Atom Sauerstoff (O) ergeben auch stets Wasser (H_2O), obwohl die Eigenschaften von Wasser nicht auf die Eigenschaften seiner Einzelbestandteile zurückzuführen sind.

Durch die Verknüpfung von quantitativen und qualitativen Risikofaktoren, deren Beziehungen oft so subtil sind, dass sie nicht auflösbar sind, erhält der Satz: »Das Ganze ist mehr als die Summe seiner Teile«, der als das Karma der Quantenphysik heute für die Philosophie der Qualitätssicherung steht, im Risikomanagement seine Sinngebung durch die Spielmetapher: Spieltheorie zeigt, wie man mit Kontext umgeht und wie man Kontext verändert.

Dabei ist das Bild der Spieltheorie zwar einfach, aber dennoch differenziert: Aus der Sicht der Spieltheorie sind Entscheider nämlich Spieler, die ihr Informationsmanagement strategisch betreiben. Da Information heute ein Wirtschaftsgut ist, das einerseits die Werte schafft und andererseits keine Grenzen respektiert, greift die Spieltheorie auf der Produkt- und Organisationsebene der Bank genauso wie im Interbankenwettbewerb. Das zentrale Begriffspaar, das die Vielfalt von Interaktion (Information) strukturiert beziehungsweise respektiert, dass messbare Ordnung ohne ein gewisses Quantum von nicht messbarer Unordnung jede Möglichkeit von Werte schöpfendem Fortschritt erstickt, ist dabei Kooperation und Nichtkooperation. Dies beschränkt die Reichweite der Spieltheorie nicht auf die Finanzmärkte.

Es verwundert deshalb nicht, dass der Spielbegriff in der Spieltheorie keine kindlich-spielerische Bedeutung hat. Beim einem Spiel im Sinne der Spieltheorie handelt es sich um einen geeignet zu wählenden begrifflichen Rahmen, in dem ganz bestimmte Spielregeln gelten, die ihrerseits das bestmögliche Spielerverhalten bestimmen. Es versteht sich von selbst, dass man, je nach Verständnis und folgerichtiger Anwendung der Regeln, durch kooperatives und nichtkooperatives Verhalten die eigenen Gewinnchancen optimal gestalten kann.

Ross Ashby wird der Satz zugeschrieben: »Ein Seiltänzer kann sich nur dadurch im Gleichgewicht halten, dass er mit seiner Balancierstange ununterbrochen regellose Bewegungen ausführt.« Wollte man den Stil des Seiltänzers also perfektionieren, was in einem übertragenen Sinne die Brownsche Bewegung tut, indem sie die Schwingungen der Balancierstange auf das geregelte »Up« und »Down« fixiert, droht der Seiltänzer das Gleichgewicht zu verlieren und abzustürzen. Der Seiltänzer wählt also (wie ein Investor) sein Spiel. Tritt er dabei im geschützten Umfeld eines Zirkuszeltes auf, reichen möglicherweise das »Up« und das »Down« mit der Balancierstange, um das Showprogramm abzuwickeln. Bei einer Freiluftveranstaltung außerhalb des geschützten Bereiches des Zirkuszelts wird die Sicht verständlicherweise eine andere.

Um im Bild zu bleiben: Die Spieltheorie kann natürlich keine Garantie für die Sicherheit des Seiltänzers geben; egal in welchem Umfeld er auch auftritt. Sie kann nicht erklären, warum bei Paris eine Concorde abstürzt und warum in der Barentssee mit der »Kursk« das Flaggschiff der russischen U-Boot-Flotte versinkt. Sie macht keine Aussagen über technische Katastrophen, die klar benennbare und damit in der Zukunft auch vollständig zu beseitigende Ursachen haben. Sie ist keine Theorie für alles. Sie ist eine Theorie für vieles, was auch (oder gerade) durch das Wirken menschlicher Risikofaktoren in einer ganz bestimmten (aber nicht in einer statistisch vollumfänglich erklärbaren) Weise organisiert ist. Letzteres ist der entscheidende Punkt. Um weiter im Bild zu bleiben: Dafür, dass unser Seiltänzer sein Showprogramm durch das Sicheinstellen auf Umwelteinflüsse zwar kontextsensibel, aber ohne Sicherheitsgarantie durchführen kann, dafür steht die Spieltheorie: für nicht mehr – aber auch nicht für weniger.

Quintessenz

»Die Welt liegt in Wehen; wer will sagen, was geboren wird.«
(Theodor Fontane)

Im Risikomanagement gibt es keine einfachen Rezepte mehr. Es ist nach dem Prinzip zu organisieren: Quid quid agis, prudenter agas, et recipe finem (Was immer du auch tust, tu es klug und beachte das Ergebnis).

13   Was ist Spieltheorie?

Jahr für Jahr entwickeln Wirtschaftswissenschaftler ein mathematisches Modell nach dem anderen, um die Feinheiten der Ökonomie zu untersuchen. Algebraische Kurven werden an Datensätze angepasst, ohne dass man in irgendeiner Form vorankommt, die Struktur und das Funktionieren eines realen ökonomischen Systems zu verstehen.

Wassily Leontieff

Mit dem Namen von Albert Einstein ist eine der gewaltigsten Revolutionen nicht nur in der Physik, sondern im Denken überhaupt verbunden. Diese Revolution hatte ihren Ursprung in einer vergleichsweise einfachen Frage, die Einstein zu den Maxwellschen Gleichungen stellte, die das Licht als elektromagnetische Schwingungen beschreiben. Einstein hinterfragte Kontext, als er über das kontraintuitive Moment nachdachte, dass man bei Gültigkeit der Maxwellschen Gleichungen als Beobachter neben einer Lichtquelle herfliegen und sie dabei betrachten könnte, als stünde sie still.

Die Konsequenzen dieses Gedankenexperimentes sind bekannt. Einstein fokussierte ein vergleichsweise kleines Paradox innerhalb einer mächtigen und wohletablierten Theorie. Dies war kaum mehr als eine Kuriosität am Anfang. Am Ende von Einsteins Denkprozess stand mit der Relativitätstheorie dann aber eine Theorie, die wegen ihrer das Weltbild verändernden Konsequenzen weit über die Anwendungsbereiche der Physik hinaus wirken sollte.

Machen wir einen gedanklichen Sprung. Festhalten wollen wir dabei aber, dass Einstein, in dem er sich, bildlich gesprochen, quasi neben den »State of the Art« der Physik seiner Zeit stellt, mit neuen Begriffen und neuen Denkweisen auch den Rahmen der klassischen Physik verlassen muss, um mit großem Erfolg Phänomene zu erklären, die einer klassischen Betrachtung nicht mehr zugänglich sind.

Letzteres liefert die Analogie zum Basel-II-Problem. Auch das Risikomanagement steht durch Veränderungen im Aufsichtsrecht nämlich in einer Situation, die das modellhafte Denken über Risiken verändert. Durch die Bankenaufsicht direkt und durch am Shareholder-Value orientierte Investoren zumindest indirekt muss Risikomanagement sich auch nach der Kompetenz formaler Modelle fragen lassen.

Gesprungen wird, wenn zu springen ist

Ein neues, sich über das Moment der Qualitätssicherung definierendes Aufsichtsrecht und zunehmend komplexer werdende Aktivitätenumfelder stellen das Risikomanagement in schwierige Situationen: Für Standardmodelle ist das Tempo des Wandels einfach dadurch zu hoch, weil die Finanzmarktpraxis die wohletablierte Finanzmarkttheorie förmlich in sich hinein zu saugen scheint. Es besteht die Notwendigkeit, praktikable Instrumente zu entwickeln, die den Umgang mit einer komplexer werdenden Zukunft dadurch erleichtern, dass sie das Abwägen von Chancen und Risiken als Prozeduren zur Komplexitätsbewältigung unterstützen. Dadurch ist dem prekärer werdenden Verhältnis von Finanzmathematik und praktischem Erfordernis differenzierter Rechnung zu tragen, als es bisher der Fall war.

Einerseits ist unbestritten, dass Finanznetze durch komplexe Interaktionsprozesse beim Informationstransfer angetrieben werden. Andererseits ist aber genauso unbestritten, dass etwa die berühmte Black-Scholes-Formel zur Bewertung von Optionen durch die Münzwurfanalogie immun gegen alles ist, was mit dem Informationsverhalten von Investoren das Risiko in der Realität tatsächlich bestimmt. Vor diesem Szenario kommt die Spieltheorie auf natürliche Weise ins Spiel.

Wir nennen den wohl wichtigsten Grund: Als interaktive Entscheidungstheorie kann Spieltheorie den Informationstransfer als mehr oder weniger komplexe Spiele um Information betrachten. Es ist die Dehnbarkeit der Spielmetapher, die erst den Fokus auf die Ursachen von Komplexität richtet. In einem Spiel muss jeder Teilnehmer in Betracht ziehen, dass seine Mitspieler ihre eigenen Ziele verwirklichen wollen und ihre Entscheidungen entsprechend treffen. So ist in einem Spielszenario Komplexität als ein zwischen Spielern Unsicherheit erzeugender Zusammenhang ein keineswegs überraschender Sachverhalt.

Man kann sogar mehr noch sagen: Erst unter der Denkfigur des Spiels schmilzt Komplexität überhaupt erst in dem Maße ab, wie durch das Strukturieren des Spiels auch Kontext strukturiert wird. Komplexität ist gerade das erst Werte schaffende Schmieröl für die Interaktion der Spieler. Dabei entsteht Informationsdiffusion als ein Beiprodukt natürlichen Spielerverhaltens einfach dadurch, wenn Spieler es ihren Mitspielern erschweren wollen herauszufinden, was sie »im Schilde« führen. Hier lohnt die Erinnerung an das Urteil von Joseph Schumpeter: »Die Bedeutung jedes Schachzugs offenbart sich im Gegenzug.«

Bleibt man im traditionellen physikalischen Bild der Finanzmathematik ist der Wert des Übergangs zur Spielperspektive sogar selbsterklärend. Nach Eugene Wigners Urteil »Die Physik beschreibt nicht die Natur. Die Physik beschreibt Regelmäßigkeiten von Ereignissen und nur Regelmäßigkeiten zwischen ihnen« spaltet die Spieltheorie die Ereignisse an den Finanzmärkten einfach weiter auf, als es die Physik tut. Nach Karl Poppers als » Ad-hoc-Theoretisieren« bekannter Kritik, dass die Komplexität einer Theorie wegen abweichender Evidenz nicht dauernd erhöht werden soll, steht die Spieltheorie durch das Strukturieren von Kontext durch Spiele und das Lösen von Spielen für eine benutzerdefinierte Problemlösungsmethode.

Benutzerdefinierte Problemlösungsmethode durch Auseinandersetzung mit Risiko ist das Stichwort. Muss es das Ziel modernen Risikomanagements sein, aufbauend auf der gegen Risiken früh warnenden retrospektiven Betrachtung der bisherigen Lage, durch eine die Risiken auch früh erkennende prospektive Betrachtung eine Geschäftspolitik zu entwickeln, die auf die zukünftig zu erwartende Risikofaktoren ausgerichtet ist, liefert die Spieltheorie nämlich die Minimalanforderungen für ein strategisches Risikomanagement. Entscheidend dafür ist der De-facto-Sachverhalt, dass, je wichtiger ein Spiel vor seinen Anwendungsmöglichkeiten in der Realität ist, desto schwieriger auch seine Analysen werden können.

Beides zusammen steht nämlich gerade dafür, dass komplizierte, aber keineswegs immer komplexe Zusammenhänge rund um die Risikofrühwarnung (Prognose) und komplexe, aber keineswegs immer komplizierte Zusammenhänge rund um die Risikofrüherkennung (Antizipation) in einem Spielmodell aus der strategischen Perspektive als Ganzes analysierbar sind. Es ist in einem ersten Schritt immer der Kern von Problemen zu kommunizieren, um ihn so weit wie möglich zu spezifizieren. In einem Spiel nach einer Lösung zu suchen heißt, eine Beschreibung zu liefern, wie sich jeder Spieler verhalten und welches Endergebnis erzielt werden soll.

»Warum« und »wie« die Spieltheorie die Anforderungen an ein globales Risikomanagement an den Erkenntnis- und Erklärungsgrenzen der traditionellen Finanzmathematik nicht durch radikale Veränderung, sondern durch Rückgriff und Erweiterung auf traditionelles finanzmathematisches Know-how zumindest konzeptionell noch handhaben kann, wird im Folgenden grob skizziert. Weil es auf den ersten Blick dabei als befremdlich erscheinen mag, bei Fragen im Zusammenhang mit globalem Risikomanagement auch weiterhin ähnliche Motive unterstellen zu müssen, wie sie Spieler beim Pokerspiel oder im Kasino haben, lohnt ein kurzer Blick in die Geschichte der Spieltheorie. Als Weltkrieg-II-Produkt ist dies zwar eine kurze Geschichte der Spieltheorie selbst. Aber dahinter steht eine lange (hier nicht referierbare) Geschichte ihrer Prinzipien.

Spiel ist Ernst

Die Spieltheorie analysiert strategische Entscheidungssituationen. Diese werden als Spiele bezeichnet. Spiele im Sinne der Spieltheorie liegen dann vor, wenn das Ergebnis eines Entscheidungsproblems (Endzustand eines Spiels/Spielergebnis) von dem Verhalten (Entscheiden) mehrerer autonomer Entscheider (Spieler) abhängig ist. Eine Situation ist strategisch, wenn kein Entscheider allein (das heißt unabhängig von anderen Entscheidern) den Ausgang des Spiels bestimmen kann. Ist der Gegenspieler kein willentlich entscheidender Akteur, sondern »nur« ein

Mechanismus (etwa der Münzwurf), ist das Spiel ein nicht-strategisches Spiel. In spieltheoretischer Terminologie wird dann mit dem so genannten »Spiel gegen die Natur« ein Spiel gespielt, das durch den Verlust der Strategiedimension (Komplexität) auf ein reines Optimierungsproblem reduziert ist.

Dabei ist der englische Terminus »Game Theory« weniger vieldeutig, als es der deutsche Begriff »Spieltheorie« ist. Denn »Game« lässt sich mit willensgesteuerten (strategischen) Spielen übersetzen. »Gamble« steht eher für Glücksspiel. »Play« steht eher für kindliches Spiel.

Ihren Ursprung hat die Spieltheorie im Zweiten Weltkrieg, als die Alliierten nach Wegen suchten, ihre Geleitzüge im Nordatlantik besser (bestmöglich) gegen die U-Boot-Attacken der deutschen Kriegsmarine zu schützen. Im »Katz-&-Maus-Spiel«, das auf der einen Seite britische Geleitzugssicherungen und auf der anderen Seite deutsche U-Boot-Kommandanten spielen mussten, erkannten die Briten ein zwar schlichtes, sich letztendlich aber doch als sehr differenziert erweisendes Prinzip. Es wurde erkannt, dass weder die Geleitzüge noch die deutschen U-Boote sich bei erfolgreichen Manövern intuitiv verhielten.

Durch Rückgriff auf zeitlose Verhaltensprinzipien, die, wie Voraussicht, Vorsicht, sich selbst und andere erkennen, schon seit den Zeiten der Antike zur Strukturierung komplexer Zusammenhänge benutzt werden, wurde diese Erkenntnis von den Alliierten systematisiert. Dabei zeigte es sich, dass sich exakte Schemata als notwendige Handlungsanweisungen für wirkungsvolle Manöverstrategien ableiten lassen, falls die verschiedensten in einer konkreten Situation möglicherweise greifenden Verhaltensprinzipien mit den Erkenntnissen aus dem tatsächlichen Gefechtsverhalten geeignet kombiniert werden. Die bestmögliche Gestaltung solcher Schemata, was man in moderner Lesart als Empfehlungen für Strategiepraktiken bezeichnen würde, in einem formalen System wurde dann zum Inhalt der Spieltheorie. Man kann sagen: Spieltheorie ist ein Konzept zum Herausbilden der »richtigen« Fragen.

Basel II: Ein Spielfeld

Nähert man sich strategischem Verhalten von seinen Wurzeln her, ist zunächst einmal das Befremdlich beim heute obsessiven Gebrauch des Wortes »Strategie« nicht zu verkennen. Nicht alles ist strategisch, was als strategisch bezeichnet wird. Nur in den aus den Schemata zur strategischen Seekriegsführung hervorgegangenen Spielmodellen erhält der Begriff der Strategie als Worthülse für bestmögliches Verhalten in der Zeitdimension überhaupt erst seine Sinngebung. Es ist festzustellen: Erst durch die Analogie zwischen Spiel und Ernst fließen in einem Spielmodell in die Entscheidungen von Akteuren überhaupt erst deren unterschiedliche

Kenntnisse und Vorinformationen über die jeweilige Situation und über die Alternativen der Mitspieler genauso ein wie das Moment der Antizipation des Verhaltens anderer auf das eigene Verhalten.

Diesem Aspekt, der Zusammenhang prominent stellt, gebührt Aufmerksamkeit: Er steht für die Affinität von Spielmodell und tatsächlichem Verhalten an Finanzmärkten, weil durch Gewinnstreben und unvollständige Information über Spielverläufe strategische und nicht statistische Unsicherheit bestimmt, was Risiko ist. Ist die Spieltheorie vor Finanzmarktszenarien zu skizzieren, ist sie mit einem Werkzeugkasten vergleichbar, der Instrumente bereitstellt, um zu einfache Auffassungen über Kooperation und Nicht-Kooperation beziehungsweise zu einfache Auffassungen über Wertschöpfung durch Informationstransfer (Risiko) aufzubrechen. In einem Bild ausgedrückt, kann man sagen, es ist der Gegenstand der Spieltheorie, die Risiken zu identifizieren und zu quantifizieren, die beim Backen eines Kuchens (Kooperation) und beim Aufteilen des Kuchens (Nicht-Kooperation) entstehen, wenn sich jeder der Bäcker durch irgendeine Form von Verhalten seinen Anteil sichern will.

Die Metapher des Backens und Verteilens eines Kuchens steht für den Zusammenhang zwischen Spiel und Risikomanagement durch zwei Fragen. Eine erste Frage ist: Was hat aber das Backen und das Verteilen eines Kuchens mit Risikomanagement zu tun? Die Antworten auf die Frage liefern die III. und II. Säule von Basel II. Neue Offenlegungsvorschriften und Regelungen zum aufsichtsrechtlichen »Review Process« sollen das Ziel unterstützen, auch komplexe Risikoprofile auf der Gesamtbankebene zu erfassen, um in differenzierten Formen der Risikosteuerung die Risiko- und Eigenkapitalstrategien von Banken in Einklang zu bringen. Da neue Offenlegungsvorschriften zur Folge haben, dass interne Verfahren und deren Ergebnisse in Zukunft im Lichte öffentlichen Interesses stehen, weil neben Aufsichtsbehörden auch Anteilseigner, Kunden und Wettbewerber Einblick in die Systeme einer Bank erhalten und der Review Process eine neue Kultur der Kommunikation in der Bankorganisation und mit den Aufsichtsbehörden schafft, ist schon vor den zu erwartenden Veränderungswiderständen in der Bankorganisation das Bild des Backens und Verteilens eines Kuchens selbsterklärend: Es werden »Spiele um Information« gespielt, wenn es um den Zugriff auf den Informationsstock geht.

Eine zweite Frage ist: Was hat das Backen und Verteilen eines Kuchens mit differenzierter Entscheidung im Risikomanagement zu tun? Die Antwort auf die Frage ist, dass die Metapher des Backens und Verteilens eines Kuchens gerade für Risikomanagement als das Management von Risiken steht. Hier ist das entscheidende Moment folgendes: Ein Akteur ist beim Backen und Verteilen eines Kuchens von einer Vielzahl von aktiven Entscheidern umgeben, die einerseits über eine Vielzahl von Alternativen verfügen und deren Handeln andererseits mit dem Handeln aller Akteure wieder in Wechselbeziehung steht. Frühzeitig das Handeln aller Akteure zu erkennen und geeignet zu beeinflussen, steht für das Management von Risiken. Wieder werden »Spiele um Information« gespielt: Jeder am Wertschöpfungsprozess des Backens und Verteilens eines Kuchens beteiligte Akteur muss bei seinem Handeln (Informationstransfer) gleichzeitig Konflikte berücksichtigen und Kooperationsmöglichkeiten nutzen, wenn er auf Zeit in Teilprozessen involviert ist, die unter einem übergeordneten Prozessziel stehen. Ein im Wertschöpfungsprozess des Backens und Verteilens eines Kuchens im Kleinen involvierter Akteur entscheidet wie ein Risikomanager im Großen strategisch: Jeder Akteur hat mit einem Plan passender Handlungsschritte so etwas wie eine Strategie.

Letzteres ist das Entscheidende: Strategisches Risikomanagement beginnt schon im Vorfeld der Umsetzung von Strategie. Es ist die Fähigkeit zum Durchdenken einer Situation, die mit dem Finden der bestmöglichen Alternativen darüber entscheidet, ob eine Strategie letztendlich zum Erfolg führt oder aber ein Misserfolg wird. Mit dem Zugriff auf die Köpfe der Spieler nutzt und meidet die Spieltheorie nicht Komplexität. Damit bringt Erwin Schrödingers Urteil »Wenn Sie nicht – im großen Ganzen – jedem sagen können, was Sie getan haben, dann ist Ihr Tun wertlos« den Kern des Umgangs mit dem Ernst einer Situation durch Spiele auf den Punkt. Schrödingers Urteil hat Gewicht im modernen Risikomanagement, geht es doch nach Basel II gerade darum, für Investoren das Wechselspiel zwischen Preisen, Präferenzen und Wahrscheinlichkeiten transparent zu organisieren, wenn sie, am Shareholder-Value orientiert, an guten approximativen Lösungen eher interessiert sein dürften als an numerisch exakten optimalen Lösungen, die ihre Probleme unter Umständen nur ungenau abbilden.

Ernst ist Spiel

Um den Wert strategischen Denkens und um den Wert der Strategie wusste schon der Herzog von Wellington, als er urteilte: »Die Schlacht von Waterloo wurde auf den Spielfeldern von Eton gewonnen.« In dieser Lesart vom Wert des Vorausdenkens von Zukunft im Generellen ist es im Risikomanagement von heute zu wenig (trotz schwerster mathematischer Geschütze), General nur nach der Schlacht zu sein. Risikomanagement, dem aufgrund des Fehlens von Instrumenten zur Frühaufklärung die Filter fehlen, um auch auf schwache Signale reagieren zu können, ist durch seine dadurch zu einseitige Aufstellung nur bedingt gefechtsfähig.

Gefechtsfähig ist Risikomanagement, um im Bild zu bleiben, wenn die Schlachten mit numerisch exakt lösbaren stochastische Szenarien auch in der Klasse nichtstrategischer Spiele zu schlagen sind. Nur hier ist die Vielfalt der Strategiedimension in den Gesetzen des Münzwurfs essenzialisiert. Hier ist in der Tat kein Risiko zu managen. Mit der notwendigen Konfidenz ist mathematisch vernachlässigbar, dass eine Risikostrategie im Regelfall durch Motive, Perspektiven und Alternativen so genannte »Soft Facts« mitbestimmen. Ein Beispiel aus der Klasse nichtstrategischer Spiele im Risikomanagement sind die Futureskontrakte. Auf das Instrument selbst bezogen, gibt es keine Strategiedimension in der Sinngebung des Wortes: Futures stehen für eine rechtlich verbindliche Vereinbarung zweier Parteien, zu einem sofort vereinbarten Preis eine standardisierte Menge und Qualität eines Underlying an einem zukünftigen Termin zu kaufen oder zu verkaufen.

Die Sicht wird eine andere bei Optionen. Sie schreiben zwar auch die Konditionen einer zukünftigen Transaktion zum gegenwärtigen Zeitpunkt fest, verteilen aber die Chancen und Risiken beider Parteien nicht symmetrisch. Sei es darum, dass für den Käufer einer Option das Risiko immer beschränkt ist. Oder sei es darum, dass Erwartungen, Motive und Perspektiven die Orientierung von Investoren auch dann beeinflussen, wenn sie nach der Black-Scholes-Formel die Optionsprämie exakt berechnen.

Sind Optionen im Spiel, muss Risikomanagement seine Spiele in der Klasse strategischer Spiele spielen. Hier geht es in der Tat um das Management von Risiken: Strategische Spiele stehen für den Umgang mit der Einsicht in die eigene Begrenztheit des strategischen Denkens. Hier ist ein Risikomanager wie ein General vor der Schlacht. Denn Risiken sind nicht ohne entscheidungsrelevanten Informationsverlust in den Gesetzen des Münzwurfs zu essenzialisieren und daher nicht in mit Standardmethoden gut mathematisierbare Einzelschritte aufzulösen: Ein strategisches Spiel ist kein alles Zukünftige im Detail prä-determinierendes Szenario. Es gibt nicht die *eine* Perspektive, die mit der Wahl der Wahrscheinlichkeitsverteilung zu Beginn des Spiels für den Zeithorizont des Spiels gültig ist: (Options)Spieler suchen etwa durch die zielgerichtete Beeinflussung von Information ihren strategischen Vorteil gerade dadurch, für ihre Mitspieler unberechenbar zu sein.

Der Unterschied zwischen einem Golfspiel und einem Fußballspiel zeigt mit dem Wesentlichen des Unterschieds zwischen nichtstrategischen und strategischen Spielen auch das Wesentliche des Unterschieds von traditionellem und modernem Risikomanagement. Bei nichtstrategischen Spielen ist man in der Situation des Golfspiels. Hier spielt ein seinen Parcours abspielender Golfspieler gegen eine Umwelt, die auf das Verhalten des Golfspielers nicht reagiert. Bei strategischen Spielen ist man in der Situation eines Fußballspiels: Hier agieren mit 22 Spielern und drei Schiedsrichtern mehrere vernunftbegabte Akteure, die Einfluss auf das

Spielergebnis haben. Da in einem Fußballspiel die Akteure im Rahmen des Spielre-gelsystems durchaus ihre eigenen Interessen verfolgen können, spielt man kein »Spiel gegen die Natur«, die sich im Rahmen ihres Spielregelsystems immer gleich verhält. Genau das Gegenteil ist im Szenario des Golfspiels der Fall – hier spielt man ein »Spiel gegen die Natur«. Man kann sich den Gegenspieler des Golfspielers namens Parcours als eine Wahrscheinlichkeitsverteilung über Umweltzustände vorstellen, die vom eigenen Verhalten unabhängig ist.

Wenden wir den Blick wieder in Richtung Risikomanagement und halten fest: Zum einen arbeitet die Spieltheorie im Rahmen der jeweils gegebenen institu-tionellen Rahmenbedingungen (Spielregeln) mit einem Set von Beziehungsmus-tern (Behavior Pattern), deren Auswahl das Spielmodell bestimmt. Zum anderen stellt Basel II durch die Priorisierung der Managementperspektive von Risiko das Risikomanagement vor das Auswahlproblem zwischen nichtstrategischen und strategischen Spielen.

Dass Risikomanagement sowohl in der Situation von Golfspielern als auch in der Situation von Fußballspielern zu informierter Entscheidungsfindung fähig sein muss, ist offensichtlich. Sei es darum, das Risikomanagement bei wissensbasier-ten und informationsbasierten Produktinnovationen und Organisationsentschei-dungen notwendigerweise auch auf »die« Faktoren zugreifen (können) muss, die außerhalb der Denkmodells des Münzwurfs festlegen, unter welchen Zielen Infor-mation gehandelt wird. Oder sei es darum, dass nach der Philosophie des Real-optionsansatz die Fähigkeit zu Flexibilität selbst eine zu bepreisende strategische Option ist.

Die (Syn)These

Sind Risiken aus dem Informationsverhalten der Risikoträger zu quantifizieren, sind strategische Risiken zu quantifizieren. Warum? Nur strategische Risiken, die in der Zeitdimension erst aufquellen, erfassen überhaupt das Phänomen, dass Investoren die Chancen und Risiken ihrer Entscheidungen dadurch abschätzen (Informationsmanagement betreiben), dass sie erwartete Reaktionen anderer auf ihre Entscheidungen in ihre Risikokalküle integrieren.

Dass Investoren durch dieses Verhaltensmuster die Kontrolle durch Vorhersage mit Prognostik durch ihre bessere Kenntnis über die Einflussgrößen von Risiken ergän-zen, zeigt die Bedeutung des Abstraktionsschrittes hin zu strategischen Risiken. Mehr noch: Weil nichtstrategische Spiele ein Spezialfall strategischer Spiele sind, gibt es in einem strategischen Risikomodell (Spielmodell) keine »Unknown Risks« im Sinne der (Standard)Finanzmathematik. Nur ein strategisches Risikomodell respektiert, dass Investoren bei der Wahl ihrer Risikostrategie einerseits verfahrens-orientiert handeln und andererseits aber auch Größen wie Entscheidungsfreiheit und Erwartung kontextsensibel zusammenfügen. Strategische Risikomodelle quantifizieren Risiken verursachungsgerecht, weil den »letzten Grund« strategischen Risikomanagements nicht stochastische Kennzahlen, sondern die Freiheit der Entscheidung der Risikoträger bestimmt.

Kontrastiert man den Umgang mit Risiko durch ein strategisches Risikomodell mit Urteilen der Bundesbank wie dem Urteil: »Die gegenwärtig größte Herausforderung besteht darin, die zu ungenaue und schematische Risikomessung zu verfeinern und moderne Absicherungsverfahren stärker zu berücksichtigen« und dem Urteil »Banken müssen über Controlling- und Steuerungsinstrumente verfügen, die bei genauer Kenntnis und vollem Verständnis der Risiken eine schnelle Reaktion auf Veränderungen sichern«, ist die These nicht gewagt: Ein strategisches Risikomodell ist das Synonym für das durch Basel II (und KonTraG) angestrebte Risikomanagementsystem.

Im Lichte des Urteils von C. F. von Weizsäcker »Über aller Veränderung liegt stets ein Hauch von Unbegreiflichkeit« und im Lichte des Urteils von Goethe »Wer sichere Schritte tun will, muss sie langsam tun« wirkt Spieltheorie hier wie ein Scharnier. Dabei ist der entscheidende Punkt, dass Spieltheorie eine dehnbare und holistische mathematische Theorie ist, die den Rahmen für die alles Folgende bestimmende begriffliche Präzisierung modernen (strategischen) Risikomanagement liefert. Denn bei der methodischen Fundierung von Risikomanagement im Wandel kann es zunächst einmal nicht um Details gehen. Vielmehr muss es darum gehen, auf der konzeptionellen Ebene die Auseinandersetzung mit Begriffen wie Risikomanagementsystem und Strategie überhaupt in einer Form führen zu können, die (disziplinübergreifend) nicht nur mit neuen Begrifflichkeiten, sondern auch mit der notwendigen Transparenz die Basis zur Diskussion in strukturierter Form liefert.

Zwei wichtige Gründe für die Notwendigkeit der strategischen (spieltheoretischen) Sicht seien noch einmal genannt. Zum einen sind Risikostrategien in einer präzisen mathematischen Terminologie zu generieren und zu kommunizieren, obwohl Bankenaufsicht, Gesetzgeber und Managementkonzepte nur vage formulieren, was unter Stichworten wie »problemadäquat« und »wirkungsvoll« zu verstehen ist. Zum anderen fehlt eine tragfähige Definition für Strategie, weil Risikomanagement nicht einfach dadurch strategisch wird, dass Standardmethoden in das Spannungsfeld wechselnder Managementphilosophien nur hineinkatapultiert werden. Versuche in dieser Richtung sind sogar zum Scheitern verurteilt. Der Grund liegt auf der Hand: Managementphilosophien, die im Regelfall kein festes Programm oder Konzept, sondern ein Sample von Definitionen für Zielgrößen sind, die simultan anzustreben sind, um entlang von Wertschöpfungsketten die Optimierung des Informationsflusses, die Ausschaltung von Kommunikationshemmnissen und die Suche nach kooperativen (integrativen) Problemlösungen bei Konflikten zu sichern, und Standardmethoden, die Risiken in den Gesetzen des Münzwurfs essenzialisieren, sind wie Feuer und Wasser.

Hier schließt sich der Kreis. Die Spieltheorie fügt zusammen, dass im modernen Risikomanagement die Fähigkeit zum im Ergebnis offenen strategischen Denken und die Fähigkeit zum Umgang mit Standardmethoden die Qualität von Entscheidungen bestimmen. Dabei greift die Besonderheit der Spieltheorie, dass sie Risikostrategien als »beste« Spielstrategien ausschließlich aus den Eigenschaften des Spiels herleitet.

Hier ist der entscheidende Punkt: Spiele sind nicht immer einfach zu finden, wenn sie strategisch sind. Dies respektiert Spieltheorie, indem sie nämlich in einem ersten Schritt stets fragt: Unter welchen Bedingungen sind welche Spielergebnisse möglich? Ist zunächst einmal das eine reale Situation geeignet abbildende Spiel zu finden, ist die Lösung eines Spiels (die Risikostrategie) vor der Realität nur ein Vorschlag, wie ein gegebenes Spiel zu spielen ist.

Damit ist es aber gerade das Auswahlproblem des geeigneten Spiels (Kontext), wodurch Spieltheorie die Steuerungssimplikation von Basel II »noch« rechenbar in Risikomanagement integriert. Sei es darum, dass aus Spielkontexten abgeleitet Risikostrategien stets finanzmathematisches Know-how einsetzen, ohne dabei aber weiche Risikofaktoren auszublenden. Oder sei es darum, dass aus Spielkontexten abgeleitete Risikostrategien stets im Detail zeigen, welche Erfolgsvoraussetzungen bereitzustellen sind und welche Maßnahmen zu treffen sind, um bestmögliche Strategien zu generieren.

Einige Konsequenzen

Als bestmögliche Alternativen sind die Zukunft vorausdenkende (antizipierende) Spielstrategien im Generellen keine geschlossenen Optimierungslösungen. Sie sind im Ergebnis offen. Sie operationalisieren das Vorbereitetsein auf Risiken. Die Marktdurchdringung (Qualität) einer Risikostrategie (Finanzprodukt) wird in einem Spielszenario durch die Fähigkeit bestimmt, die Aktionen, Reaktionen und die sich im Zeitverlauf verändernden Erwartungen zu antizipieren und sich darauf einzustellen.

Damit ist eine erste Konsequenz der Spielperspektive die folgende: Es ist der »Preis« strategischen Risikomanagements, anzuerkennen, dass es keine absolut optimalen Strategien gibt. In einem Spielkontext sind die Optima stets vom Verhalten anderer Spieler abhängig. Die Aktionen des Spielers X können andere Spieler veranlassen, ihre Aktionen zu ändern, und umgekehrt. Ist es aber notwendig, dass Risikomanager ihre Umfelder dadurch besser beurteilen müssen, weil sie beurteilen müssen, wie andere Spieler die Situation beurteilen und wie deren Beurteilung ihre Aktionen wieder beeinflussen, ist in Spielkontexte eingebettetes Risikomanagement ein ständiger Verbesserungsprozess. Nach Karl Poppers Urteil »Über die Zukunft können wir nichts wissen, denn sonst wüssten wir es ja« steht dabei ein Prozess ohne Ende für die Früherkennung von Risiko.

Im Basel-II-Kontext resultiert aus dem Popperschen Urteil ein wichtige Implikation. In Spielkontexten operierendes Risikomanagement (entscheidet es strategisch) ist sich stets der Positionierung im Kräftefeld von Risikobereitschaft, Risikotragfähigkeit und Risikobewusstsein bewusst. Spieltheorie sensibilisiert erst für das Wahrnehmen der Grenze des Faktorisierens von Risiken, weil es in einem strategischen Spiel (etwa Optionsgeschäfte) für Spieler stets wahrnehmbare und auch zu bewertende Grenzen für die Strukturierung unscharfer Bereiche gibt. Sei es darum, dass Spieler verschiedenste Informationen über die bisher vorliegenden Spielzüge haben. Oder sei es darum, dass das Wissen der Spieler über die Zielsetzungen ihrer Mitspieler unvollständig ist und ein Spieler meist nur ungenau weiß, was seine Mitspieler über ihn wissen.

Damit ist eine zweite Konsequenz der Spielperspektive: Bei der Kommunikation über die Auswahl des geeigneten Spielmodells stehen Spielanalysen auch (oder gerade) dafür, dass im Risikomanagement gemeinsame Wissenshintergründe formal aufzuarbeiten sind: Es muss ein Austausch darüber stattfinden:

▶ Die Spieler X, Y kennen das Spiel.

▶ Spieler X weiß, dass Spieler Y das Spiel kennt.

▶ Spieler X weiß aber auch, dass Spieler Y weiß, dass Spieler X weiß, dass Spieler Y das Spiel kennt.

Dass in einem Spielkontext der Austausch von Information stets geeignet zu organisieren ist, heißt aber gerade, dass Spieltheorie am methodischen Dreh- und Angelpunkt modernen Risikomanagements greift. Sei es darum, dass mit der Frage nach den Gründen für Korrelationen von Risiken stets nach mehr als nur nach der Methode zur Berechnung der Korrelationen gefragt wird. Oder sei es darum, dass vor der Prominenz des Behavioral Finance der Punkt nicht zu verkennen ist, dass der Nährboden, auf dem Vermutungen gründen dürfen, nicht auf die Abmessungen von Laboratorien beschränkt ist. Vor dem (ganzheitlichen) Urteil von C. F. von Weizsäcker »Von der Vergangenheit zur Zukunft führt nur die Brücke eines Glaubens, den wir uns durch Gewöhnung erworben haben« kann man sagen: Strategisches Risikomanagement (Spieltheorie) testet einerseits die Tragfähigkeit dieser Brücke und sucht andererseits aber auch nach neuen Brückenkonstruktionen (Übergängen), wenn es nötig ist.

Bleiben wir bei der Metapher der Brücke und überzeichnen sie ein wenig. Eine Brücke, die nach den Gesetzen der Physik konstruiert ist, steht für traditionelles Risikomanagement. Sie ist für eine maximale Last konstruiert. Sie hat keine Meinung zu ihrer Tragfähigkeit, weil sie ihre Benutzer nicht manipuliert und im Gegenzug die Brücke von ihren Benutzern auch nicht manipuliert wird. Ist im modernen Risikomanagement aber trotzdem eine Plattform zu bauen, die ein strategisches Risikomanagementsystem trägt, das keine exakt berechenbaren maximalen Lasten kennt, reicht der Rückgriff auf die Gesetze der Physik allein nicht aus.

Hier zeigt sich eine dritte Konsequenz der Spielperspektive: Hinter den Konstruktionsprinzipien einer Plattform für ein strategisches Risikomanagementsystem steht ein mehrfach geschichtetes mathematisches Problem. Sei es darum, dass sicherzustellen ist, dass mit der Strategiedimension eine neue ganzheitliche Variable so in Risikomodelle integriert wird, dass die Steuerungsimplikationen aufsichtsrechtlicher Anforderungen und marktlicher Realitäten auch selbst Teil von Risikostrategien werden. Oder sei es darum, dass sichergestellt wird, dass die Spezifika der Geschäftsprozesse der Bank dadurch zu Problemlösungen werden, dass Probleme nicht im Generellen rigoros auf ein Problem der Genauigkeit von Beobachtung, Messung und Parameterschätzung reduziert werden, wenn sie im Speziellen auf ihre Ursachen zurückzuführen sind.

Greifen wir das Problem des Messens von Originalität und Authentizität von Information auf, steht als eine vierte (und hier letzte genannte) Konsequenz der Spielperspektive der Umgang mit Informationsehrlichkeit für den Kern einer Gesamtbanksteuerung. Wir nennen zwei Gründe: Zum einen sind strukturierte Bankprodukte, die im Regelfall keine stochastisch nachmodellierbare Datenvergangenheit haben, reine Informationsprodukte, die nur in der Strategiedimension abbildbare und messbare Risiken erzeugen. Zum anderen ist auch nur in der Strategiedimension überhaupt nachmodellierbar, dass den Wert von Information ihre Besitzer meist nur partiell offenbaren und gleichzeitig die Antizipation der Informationsrisiken erzeugenden Verhaltensmuster aber auch wieder das Motiv einer Bank bestimmt, ihre Produkte überhaupt am Finanzmarkt zu platzieren.

Da Banken als von Information gesteuerte Ursache-Wirkungs-Komplexe zu begreifen sind, konturiert beides zusammen aber das ganzheitliche Konstruktionsprinzip eines strategischen Risikomanagemetsystems. Warum? Es ist festzustellen:Die Mathematisierung der Informationsprozesse steuernden Verhaltensprinzipien muss unter dem Ziel erfolgen, dass die Auseinandersetzung mit Lösungen und die Praktikabilität von Lösungen als Problemlösungskompetenz zum Kern von Bankprodukten wird.

Der Weg ist das Ziel

»Aus nichts kann nichts entstehen«, lässt William Shakespeare seinen König Lear zu seiner Tochter Cordelia sagen, als sie sich weigert, Teil des Ränkespiels zu werden, das ihre Schwestern treiben, um ihren Vater zu umgarnen. Dass sich tatsächlich dann der Rest des Stückes auf der Basis dieses Nichts entwickelt, ist auch typisch für Spiele (Situationen), deren Ursprung und Entwicklung im flüchtigen Jetzt der Informationsnetze von heute auch oft nur schemenhaft erkennbar sind. Selbst wenn man versucht, etwas schwer Fassbares schärfer zu fassen, indem man versucht, in die Tiefen der Ursachen einzudringen, denen das Spiel zugrunde liegt, kann man seiner Sicht der Dinge nie sicher sein. Letzteres ist das Entscheidende: In diesem Sinne steht die Spielmetapher für die Strukturierung von Kontext.

Nach Antoine de Saint-Exupérys Urteil »Alles menschliche Tun und Denken geht den Weg vom Primitiven über das Komplizierte zum Einfachen« eignet sich die Spielmetapher zu einer in diesem Sinne groben (bestmöglichen) Darstellung der verhaltensbedingten Strategiedimension genauso wie zum besseren Verständnis des Zusammenspiels von Zufall und Naturgesetz. Der verstärkte Einsatz der Spielmetapher in Biologie, Physik und Chemie legt darüber Zeugnis ab.

Damit ist klar: Im modernen Risikomanagement erfasst die Spielmetapher damit nur in den Grenzen eines von der Fähigkeit zu strategischen Denken bestimmten »Irrtumsintervalls«, dass Prozessrisiken nicht über isoliert greifende Optimierungskalküle quantifizierbar sind: Es ist ein konstituierendes Merkmal einer als Spiel modellierten Situation, dass interaktiver Informationstransfer die Kalküle der Spieler verändert. Mit der Spielmetapher als durch die Spieltheorie mathematisierter Zielgröße fundiert ein spieltheoretischer Kontext damit aber aus zumindest zwei Gründen die Gesamtbanksteuerung.

Einerseits gilt in Spielsituationen nicht im Generellen das die Mathematisierung im Risikomanagement forcierende Moment, dass je detaillierter und »highly sophisticated« Modelle sind, umso klarer und eindeutiger auch die Spielergebnisse ausfallen müssen: Die Spielmetapher ist als Denkmodell zur Strukturierung strategischer Entscheidungen eine von mathematischer Messbarkeitslogik zunächst einmal freie, ungerichtete Größe. Andererseits wird bei der Modellierung einer Entscheidung als Spiel durch die Identifikation der von Interdependenzen geregelten Beziehungsmuster (Behavior Patterns) und durch die Fokussierung der Managementkomponente von Risiko die Performance des Risikomanagements selbst zum Bestandteil der Analyse. Nicht nur die Wahl der mathematischen Methode, sondern auch (oder gerade) der Realitätsbezug des Spielmodells bestimmt die Qualität von Spielanalysen.

Hält man vor dem Profil von Spielen fest, dass die Identifikation von Interdependenzen der Dreh- und Angelpunkt zur Früherkennung und Absicherung von Risiken ist, sind integrierte Finanzierungslösungen aufgrund folgender Merkmale finanzmathematisch als Spiele zu begreifen:

▶ Sie bestimmen die Risikopotenziale entlang von Wertschöpfungsketten.

▶ Sie erklären die Funktionsweisen von Risikoumfeldern.

▶ Sie bestimmen die Qualität von Problemlösungen.

Deshalb sind die zwei logischen Konsequenzen:

▶ Aus den nicht weiter reduzierbaren Merkmalen von Spielen kristallisieren sich die Minimalanforderungen an ein strategisches Risikomanagementsystem heraus.

▶ Durch Spiele wird Risiko methodisch erschöpfend erfasst, weil die Spieltheorie auf alle Gebiete der Mathematik zugreift.

▶ Risikomanagement ist ganzheitlich aufgestellt, weil Spielmodelle eine benutzerdefinierte Eingangsstufe für Analysen sind: Spielkontexte ebnen mit dem Unterstellen strategischer statt stochastisch prä-fixierter Unsicherheit über qualitative Aussagen den Weg zu quantitativen Modellen.

▶ Risikomanagement operiert »State of the Art«: Risiko(Spiel)Modelle kennen keine »Unknown Risks«: Akteure, die sich strategisch verhalten, können starren Bewertungsroutinen folgen; müssen es aber nicht.

▶ Spieltheorie unterlegt als nicht triviale Prozessmathematik das Risikomanagement mit einer nicht nur als ganzheitlich postulierten, sondern auch logisch fassbaren, ganzheitlichen Problemlösungsmethodik.

▶ Spieltheorie mit Spielern als Träger der Prozessdynamik prozeduralisiert Spieltheorie die Prozessrisiken verursachungsgerecht und transparent: Mit der Quantifizierung von Verhaltens- und Qualitätsunsicherheiten quantifiziert Spieltheorie »People Risk« (»Method Risk«).

▶ Spielmodelle verbessern als gestalterisches Instrument zur Formulierung und Umsetzung von Strategie den Managementfit: Spielmodelle stehen für den Rückgriff auf von den Akteuren selbst geschaffene Strukturen, in denen das Bilden und Bewerten von Information ein Teil der Philosophie ist.

Den Übergang in die Abstraktion strategischer Risikomodelle (Spielmodelle) regelt die Spieltheorie dann über zwei Schritte.

▶ Bei Schritt I steht hinter der Frage, was das richtige Spiel ist, das Ziel, über ein detailliertes Verständnis der eine strategische Situation konstituierenden, institutionellen, kontextbedingten und in der Natur der Spieler liegenden Bedingungen das Wahrnehmungsvermögen der Spieler über die jeweils relevanten Risikofaktoren zu verbessern. Hier entscheidet sich einerseits die Verteilung der Gewichte in der traditionellen Triade: Kredit-, Markt- und sonstige Risiken. Hier entscheidet sich andererseits, ob die genutzten Verfahren die Risiken ausreichend darstellen oder aber weiterzuentwickeln sind.

▶ Bei Schritt II steht hinter der Frage, was die richtige Spiellösung ist, das Ziel, dass die Spieler nicht durch ein prozedural unreflektiertes Anwenden von Modellhypothesen, die das Denken linearisieren, die Veränderungen der Risiken in ihrer Umwelt nur als langsame Prozesse wahrnehmen.

Letzteres ist der für in der Denklogik der Brownschen Bewegung stehende Researcher der kritische Schritt. Hier zeigt sich ein spezieller Vorteil der Spieltheorie: In Spielanalysen ist dieser Schritt nicht plötzliches Reengineering, sondern natürliches Beiprodukt einer ganzheitlichen Analyse. Dies in dem Sinne, dass in Spielanalysen das notwendige Hinterfragen der Annahmen über die wahrscheinlichen Folgen einer gewählten Vorgehensweise gerade dafür steht, dass eine Lösungsstrategie vor dem sich verändernden Ganzen als vernetzte, dynamische Ganzheit zu erfassen ist, die mit ihrer Umwelt in Wechselbeziehung steht.

Die Wege finden

An Finanzmärkten erklärt die Metapher »Spiele um Information« die Volatilität (Schwankung von Kursen): Durch willentlichen Informationstransfer sich verändernde Nachrichtenlagen bewerten in Sekundenschnelle Werte um und erschließen so die Mobilisierungspotenziale, die zum Design innovativer Finanzprodukte genutzt werden können. Prognostik, die der Logik »Predict and Prepare« folgt, greift hier zu kurz. Optimierte Handlungen mit Blick auf ein mit der Prognose fixiertes Zukunftsbild reduzieren die Spielräume für proaktives Handeln in dem Maße, wie sich die Zeithorizonte für die Validität von Prognosen verkürzen. Oft als »Quantensprung« bezeichnet, markiert die Grenze zwischen traditionellem und modernem Risikomanagement den Übergang zum Management strategischer Risiken: Strategische Risiken sind von Umfeldern (Informationsdiffusion) getriebene Risiken, die sich letztendlich im Vergeben gegenwärtiger und zukünftiger Chancen materialisieren.

Im Rahmen der hier nur grob skizzierbaren Spielphilosophie macht die Spieltheorie Aussagen darüber, was aus strategischem Verhalten resultierende Informationsrisiken bedingt und absichert. Denn:

▶ Spieltheorie erfasst als analytische Methode Finanznetzrisiken über fundamentale Prinzipien, die schon seit den Zeiten der Antike denknotwendige Größen sind, um strategisches Verhalten (komplexe Zusammenhänge) zu beschreiben.

- Spielmodelle sind situativ aufzustellende Denkmodelle zur mathematischen Fundierung von Finanznetzrisiken. Spieler müssen sich nach logisch konsistenten Regeln wechselseitig etwas unterstellen. Dies transformiert durch die Vielfalt von Kontext und Erfahrung bedingte stochastisch nicht messbare Risiken in analysierbare strategische Risiken.

- Spieldesign erfasst das integrative Moment von Finanzierungslösungen über ein zweistufiges Verfahren. Spielmodelle identifizieren so die für Risiken relevanten Parameter kontextsensibel.

- Das Strategiekonzept fixiert das einzusetzende Instrumentarium zur systematischen Variation der Parameter unter Risikozielen. Die Spielbausteine Information, Spieler, Strategie, Kurse (Auszahlung) und Spielregeln sind in jeder Situation kontextsensibel zu identifizieren: Risiken werden vor dem durch die Risikodynamik (Spielerverhalten) bestimmten Ganzen überschaubar durch ein nicht weiter reduzierbares Schema erfasst, das einheitlich, transparent und mathematisch kommunizierbar ist. Gemäß Albert Einsteins Urteil »Man sollte die Dinge so einfach wie möglich machen; aber nicht einfacher« gelten in der Spieltheorie die situativ zu fixierenden Spielbausteine als elementar. Sie sind fundamental zur Beschreibung von Spielerverhalten (Risiko), da sie trotz ihrer Irreduzibilität die Vielfalt von Risiko bestimmen.

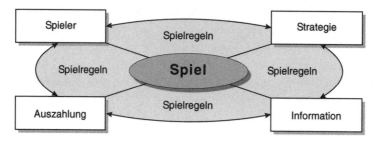

Abbildung 13.1 Konstituenten Spielmodell

- Spiellösungen sind nur ein Vorschlag, wie ein gegebenes Spiel zu spielen ist. Ein Lösungskonzept ist dagegen eine Anweisung, wie in einer Klasse von Spielen eine Lösung zu ermitteln ist.

- Lösungen im Sinne des »Nash-Gleichgewichts« fixieren die sich im Strategienwettbewerb durchsetzenden Strategien als robuste sich nicht selbst zerstörende Beziehungsmuster zwischen Spielern.

- Spielsimulationen adaptieren ein Spielmodell vor der Empirie. Die präzise Terminologie der Strategie sichert Strategieentwicklung als Problemlösung. Kontinuierliche Lernprozesse liefern den Spielern die Anreize, relevante Informationen zu verwenden und auch bereitzustellen.

Spieltheorie strukturiert durch die Idealisierung von Informationsrisiken als strategisch messbare Verhaltensrisiken das in vernetzten Organisationssystemen generell auftretende stochastische Messbarkeitsproblem (Früherkennungsproblem) nach dem folgendem Muster:

▶ Die Anzahl der Spieler bestimmt die Ausprägung der Spielergebnisse. Dabei sind die Auszahlungen ein Maß dafür, für wie wünschenswert Spieler verschiedene Spielausgänge halten.

▶ Die Informationen erfassen als während des Spielverlaufs mögliche Informationszustände das Wissen der Spieler in ihren Entscheidungspunkten. Dabei ist die Strategie eines Spielers ein Plan passender Handlungsschritte, der in jeder durch die Informationszustände bestimmten Spielsituation vorschreibt, welche Alternative zu wählen ist.

▶ Die Spielregeln erfassen die im Spiel gegebenen Möglichkeiten der Spieler.

▶ Die Spiel-/Spielermetapher erfasst die Risikodynamik durch sich ständig neu verzahnende Informationsströme. Dabei steht die Spielmetapher zunächst einmal nicht für eine stochastisch messbare Unsicherheit, sondern für die prinzipielle Erkennbarkeit willentlicher Risikoentscheidungen (Informationsverhalten). Dadurch liefert die Spielermetapher die formalanalytische Methode zum Aufspalten von Risiken.

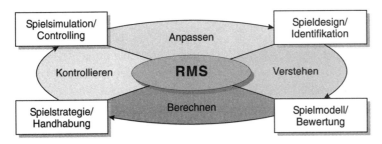

Abbildung 13.2 Regelkreis: Strategisches Risikomanagementsystem (RMS)

Eine am Spielmodell greifende spieltheoretische Analyse beschreibt die Performance des Risikomanagements durch ein Vorgehensmuster in Form der Triade: Spieldesign, Spiellösung und Spielsimulation.

▶ Was ist das richtige Spiel? Diese Frage strukturiert die Risiken kontextsensibel. In einer als Spiel modellierten Risikoentscheidung sind die obigen Modellkomponenten situativ zu spezifizieren.

▶ Was ist die richtige Spiellösung? Diese Frage quantifiziert als analytischer »Best Case« die Risiken über ein stabiles Beziehungsmuster zwischen den Spielern nach dem »Nash-Gleichgewicht«. Dies zeichnet eine beste Strategie aus, von der kein Spieler abweichen wird, falls die anderen Spieler ihren »Nash-Gleich-gewichtsstrategien« folgen.

▶ Was ist das richtige Spiel und was ist die richtige Strategie? Diese Frage testet Spieldesign und Spiellösung durch Spielsimulationen vor Datensätzen, Zeitreihen und institutionellen Bedingungen.

Für Risikomanagement ist das ganzheitlich Struktur entdeckende Detail wichtig, dass Spielanalysen die Risiken verursachungsgerecht spezifizieren. Nur im analytischen Idealfall »Spiel gegen die Natur« erreichen Spielmodelle den Status der perfekten mathematischen Feinadjustierung von Standardmodellen. Weil es in der Natur des Spielers liegt, nicht im Generellen gegen eine vorgegebene und unbeeinflussbare Umwelt in irgendeiner Form zu optimieren, sondern stets mit ins eigene Kalkül zu ziehen, dass relevante Umwelten (Risiken) durch strategische Überlegungen anderer Spieler entstehen, die eigene Überlegungen antizipieren können, liegt in der Prozeduralisierung von Risiko nach dem Verursachungsprinzip damit das »Cui bono« der Spieltheorie.

Wir erinnern: Risikomanagement, das in der Tradition der Brownschen Bewegung betrieben wird, beschäftigt sich wie die Götter des Aristoteles mit sich selbst. Durch den Münzwurf Zukunft und Vergangenheit einfach erklärbar in der Gegenwart enthalten. Diese Sicht verändert gerade die Spieltheorie. Spieltheorie kann auf einer Ebene »noch« greifen, die unterhalb der Ebene liegt, auf der die Gesetze der Stochastik greifen. Denn ist Risikomanagement strategisch, rückt mit der Frage, was das richtige Spiel ist, die »vor« der Frage nach der Lösung des Spiels zu beantworten ist, mit der Nicht-Erklärbarkeit dieser Schrittfolge durch den Münzwurf das Basel-II-Problem erst als Managementproblem in den Fokus des Risikomanagements. Dies nicht ad hoc, sondern in einer differenzierten Form: Die Spieltheorie kennt mit Ausnahme von Naturereignissen wie Vulkanausbrüchen, Erdbeben und Epidemien nur strategische Risiken. Diese können im Sinne der Stochastik »Known Risks« sein, müssen es aber nicht.

Den Weg beschreiten

Der Fokus auf strategische Risiken steht für Qualitätssicherung im Generellen und für Qualitätssicherung im Speziellen, so wie sie Basel II mit der Vor-Ort-Aufsicht und dem »Supervisory Review Process« als ständigen in seinen Ergebnissen offenen Verbesserungsprozess konturiert. Da es für qualitätsgesichertes Risikomanagement keine allgemein gültige und abschließende Definition geben kann, weil in Anpassungs- und Verbesserungsprozessen Techniken und Prinzipien unaufhörlich hinzugefügt beziehungsweise zurückgenommen werden, gilt es zunächst einmal die Felder zu beschreiben, in denen Risiken entstehen und die Merkmale zu identifizieren, unter denen Risiken entstehen.

Dies leistet Spieltheorie:

▶ »Finde das Spiel« für ständige Umfeldanalyse.

▶ »Löse das Spiel« für die qualitative Quantifizierung von Risiko.

▶ »Teste das Spiel« für die Anpassung von Spielmodellen durch die Emiprie.

Durch diese Schritte wird die Vielfalt der Begrifflichkeit »Qualitätssicherung« mit einem hinreichend dehnbaren, aber dennoch robusten mathematischen Konzept selbst als komplexer Veränderungsprozess in das Risikomanagement integriert. Da die Triade Spieldesign, Spielanalyse, Spielsimulation dafür steht, dass der Fokus zum einen die Vergangenheit abtastet (Risikofrühwarnung durch Prognose) und zum anderen die Zukunft vorausdenkt (Risikofrüherkennung durch Antizipation), steht Risikomanagement unter den Spielregeln der Spieltheorie für den adäquaten Umgang mit Risiken durch asymptotische Modellbildung. Dass Spielmodelle in ihrer Komplexität der Komplexität des Analysegegenstandes angepasst werden können, schafft konzeptionell den Zugang, um überhaupt erst *das* zu mathematisieren, was moderne Managementansätze und Basel II als ganzheitlich, prozessorientiert oder wertorientiert oft nur vage formulieren.

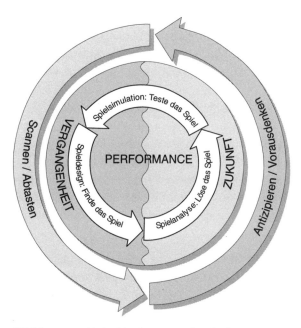

Abbildung 13.3 Verlaufslogik strategischen Risikomanagements

Hier ist das wesentliche Moment der Triade Spieldesign, Spielanalyse, Spielsimulation nicht zu verkennen. Es liegt in einem »Mehr« an Problembewusstsein durch ein »Mehr« an Erkenntnis. Basel II steht dafür, dass Risikomanagement nicht mehr alle Probleme ad-hoc lösen kann, wohl aber die Basis zur Diskussion von allen Problemen in strukturierter Form liefern muss. Dies leistet das in der Triade Spieldesign, Spielanalyse, Spielsimulation essenzialisierte strategische Risikomanagement.

Der Grund liegt auf der Hand: Es gibt per definitionem nicht *den* repräsentativen Spieler; nicht *das* eindeutig messbare Risiko. Ja, mehr noch, es gibt nicht *den* Ansatz des Behavioral Finance; es gibt nicht *die* stochastische Methode. Es gibt nur *die* Spiele: Jedes so, wie die Spieler ihre Spiele (gerade) sehen. Weil Risikomanagern beim Spieldesign die Auseinandersetzung mit Risiken per prä-fixierter Verteilung nur noch im Speziellen abgenommen wird, hat ein Risikomanager, man könnte sagen: »a clear sense of dynamics«, versetzt er sich in die Rolle des Spielers, der in Schritt I sein Spiel findet und in Schritt II bei seiner Entscheidung alle möglichen Reaktionen der Umwelt in ihren Konsequenzen mitdenkt und voraus denkt (seien sie auch noch so unwahrscheinlich). Er hat Fragen nach den Risiken, welche Risiken eingegangen werden und welche Risiken abgesichert werden, das heißt die Frage, was das richtige Spiel ist, für sich hinreichend exakt beantwortet: Für ihn sind alle denkbaren Risiken »Known Risks«.

Ist einerseits die Frage, ob alles »Known Risks« sind, nicht in der Welt der Stochastik, sondern in der Welt der Akteure die entscheidende Frage, die im globalen Risikomanagement zu stellen ist, und hängt andererseits die Antwort auf die Frage, was Risiko ist, aber von dem ab, den man fragt, ist für Banken als kundenorientierte Kontextanbieter »Nicht im Schatten von Turbulenzen zu verblassen« das Problem. Für Investoren, denen es darum geht, einen guten Preis zu erlösen und nicht den fairen Preis eines Wertpapiers herauszufinden, ist nämlich das Pricing mit der Brownschen Bewegung, die Risiken nicht in ihrer Entstehung, sondern im Resultat überraschend auswürfelt, nur eine von vielen Alternativen, um den wahren Wert eines Wertpapiers zu bestimmen. Hier klaffen Theorie und Praxis auseinander. Hier ist ein erster Schritt in Richtung Lösung das Anerkennen des Herausbildens der richtigen Fragen. Dies ist die Erklärungslücke der Standardmodelle, die Spieltheorie schließt.

Der Grund liegt auf der Hand. Nur bei Spielanalyse und Spielsimulation gilt »Gegeben das Spiel«: Nur hier kommt, vor dem Ganzen unreflektiert, schweres mathematisches Geschütz und Datenverarbeitungstechnik zum Einsatz. Das strenger mathematischer Analyse vorgelagerte Spieldesign ist entscheidend. Hier gilt »Suche das Spiel«: Akteure sind selbst die Risikofaktoren. Diese werden schlagend, wenn ein Spiel für stochastisch prä-determiniert gehalten wird, was nicht stochastisch prä-determiniert ist. Diese werden schlagend, wenn bei Spielanalysen, die »nur« mathematisch rund um das »Nash-Gleichgewicht« operieren, mit einer zwar richtigen Strategie vor der Realität, aber dennoch (durch fehlerhaftes Spieldesign) das falsche Spiel gespielt wird.

Eine Strategie kann immer so nur gut sein, wie konsequent sie durchdacht und auch umgesetzt wird. Natürlich kann beim Spieldesign auch diskutiert werden, ab welcher Kommastelle kleinste Rundungsunterschiede lawinenartige, nicht prognostizierbare chaotische Effekte auslösen. Beim Spieldesign kann aber auch ein wichtiger konzeptioneller Beitrag zur Basel-II-Umsetzung geleistet werden, wenn der Kern stochastischer Phänomene besser erkannt wird. Die Empirie liefert dafür das Beispiel. An Finanzmärkten definieren »Nash-Gleichgewichte« nämlich die Punkte der Trendwenden, nach denen Computersysteme im Grunde genommen fahnden. Denn wenn Trader, Fondsmanager und Vermögensverwalter ihre Strategien konstant halten (also ein Nash-Gleichgewicht spielen), ist die Gefahr von Kursumstürzen am größten.

Quintessenz

»Die Antwort auf die Kongressfrage: Ist der Mensch messbar? lautet: ein bisschen, mit vielen Maßen.«
(Herbert Marcuse)

Risikomanagement ist nicht auf Kommastellen planbar. Spieltheorie ist nicht Spiegel, sondern Fenster. Risikomanagement wird für Risiken sensibilisiert, weil in einem Risiko(Spiel)Modell Fragen im Detail zu stellen und im Detail auch zu beantworten sind.

14   Das Wesen der Strategie

Der Zweck eines Modells ist es nicht, die Daten zu reproduzieren,
sondern die Fragestellungen zu präzisieren.

Samuel Karlin

Ein Blick in die Geschichte zeigt, dass die Menschen seit Anbeginn der Zeit immer wieder erstaunt und verwirrt darüber sind, wie und warum sich im Zeitverlauf die Dinge verändern. Es überrascht daher nicht: Wie ein Ariadnefaden zieht sich die Auseinandersetzung des Menschen mit dem Zufall als Gestaltungsfaktor der Welt durch die Geschichte.

Denkfiguren gaben (und geben) dabei die notwendigen Erklärungshilfen. So wurde in der griechischen Mythologie die Verteilung der Gestaltungsmacht der Welt dadurch erklärt, dass die Götter ein Würfelspiel über Macht und Einfluss spielten. Das Spielergebnis ist bekannt: Zeus erhielt den Himmel, Poseidon die Meere und Hades blieb als Verlierer des Spiels nur die Unterwelt. In dieser wohlgeordneten Gedankenwelt suchte der Mensch dann logischerweise auch wieder unter der Denkfigur des Spiels zur Erklärung seiner realen Ordnung der Welt den Schutz der (spielenden) Götter. Die Spruchwahrheiten der Orakel kamen ins Spiel. In ihren Mauern wirkten mit den Hohepriestern die weltlichen Interpreten des letztlich unergründlichen göttlichen Willens. Sie organisierten das antike Leben nicht dadurch, dass sie die Realität widerspiegelten, sondern dadurch, dass sie den uralten, pseudoreligiösen Wunsch des Menschen nach Gewissheit befriedigten.

»Nulla regula sine exceptione«, keine Regel ohne Ausnahme, ist eine bis heutige gültige Spruchweisheit des antiken Rom. Sie wurde (und wird heute mehr denn je) gelebt: Dass die Soldaten des Pontius Pilatus um das Gewand von Jesus würfelten, dass zur Begleitung des römischen Kaisers Mark Aurel stets sein persönlicher Croupier gehörte und dass George Washington während des Amerikanischen Unabhängigkeitskrieges regelmäßig Würfelspiele veranstaltete, liefern dann auch nur einige Beispiele dafür, dass die Spielleidenschaft schon seit der Antike keineswegs nur ein Privileg der Götter und dass das Regeln von Spielen keineswegs nur ein Privileg ihrer (fast göttlichen) Interpreten mehr war.

Es ist dann auch die Spielleidenschaft des Menschen, die wie die Sehne eines Bogens die Antike mit der Gegenwart verbindet. Im Vergleich zu damals haben sich heute allerdings die Sprachregelungen und die Methoden im Umfeld der Denkfigur des Spiels verfeinert. Die Spiele der Gegenwart sind zu komplex, um sie in die einfachen Schwarz-Weiß-Bilder der antiken Götterwelten umzuzeichnen.

Man denke nur daran, dass staatlich sanktioniertes Lotteriespiel und die Spiele an Finanzmärkten die Spielleidenschaft des modernen Menschen kompliziert institutionalisieren.

Neuanfang unter Einschluss eines Experiments

Es gibt Spiele seit dem Beginn der Menschheit. Der Mensch brauchte (und braucht) immer etwas, um sich die schattierten Bereiche seiner Erfahrungswelt besser erklären zu können, die der Zufall in seiner Schöpferrolle bei den Lebensvorgängen immer wieder neu erzeugt. Dazu dient die Spielmetapher. Sie ist zunächst einmal nur eine »etwas« strukturierende Denkfigur. Sie steht dafür, dass man im ungeordneten Dickicht unterschiedlichster Realitäten nicht unbedingt sofort im Morast der Details zu versinken droht. Ordnung stiftendes Prinzip ist das Entscheidende. Hier liegt die Wurzel, dass die Spielmetapher in der Variante des Glücksspiels als Inbegriff bewusst eingegangener Risiken dann auch zum festen Bestandteil menschlicher Verhaltensmuster werden konnte.

Egal um was man würfelte oder um was man die Münze auch warf. Jeder Mensch hatte mit dem Spiel sein persönliches Bild von der Situation X in Form eines Erklärungsmusters. So konnte er mit den verschiedensten Formen des Wandels zumindest umgehen. Dass der Mensch bei seinen Spielen ab der Renaissance nicht mehr auf Orakelsprüche, Launen der Götter und das Lesen von Eingeweiden angewiesen war und negative Begriffe wie Zufall, Ungewissheit und Pech (aber auch Glück) dem Bereich der Wahrsagerei entzogen wurden, dafür sorgten Blaise Pascal, Pierre de Fermat, Christiaan Huygens und Jakob Bernoulli. Zwar einseitig, aber dennoch erfolgreich richteten sie aus der Perspektive der Mathematik ihr Augenmerk auf die von der Münze und dem Würfel beherrschten Zufallsspiele. Nicht überraschend lichtete durch die Lösung des »problème des parties« dann auch ein mathematisches (Risiko)Kalkül die Grauzonen im Umfeld der Spruchwahrheiten der Orakel.

Die Befreiung aus dem Klammergriff orakelnder Interpreten, über die Voltaire urteilte »Die Götter sind gut, die Priester grausam«, hatte mit der Lösung des »problème des parties« jedoch einen Preis: Mit dem Wahrscheinlichkeitskalkül wurden die menschliches Verhalten regelnden Phänomenbereiche der Götterwelt mit der Denkschablone des Münzwurfs ziemlich abrupt in die Naturvorgänge regelnden Phänomenbereiche von Physik und Mathematik katapultiert. Die hoch komplexe Ungewissheit, für die noch die Götterwelt stand, wurde durch die weniger komplexe (aber komplizierte) Fastgewissheit ersetzt, für die Wahrscheinlichkeiten gerade stehen. Unter dem Menetekel, dass durchaus immer die Möglichkeit besteht, dass per Wahrscheinlichkeitskalkül gewonnene Resultate falsch sein können, wenn Wahrheiten nur noch von statistischer Natur sind, brach das monopolisierte Wissen der Hohepriester um die Zukunft quasi um den Preis einer mechanistischen Kontrollillusion auf.

Das Moment, dass etwas, was für den Einzelnen gut ist, für die Gesamtheit durchaus katastrophal sein kann und das Moment, dass das Vertrauen, was man wahrscheinlichen Wahrheiten schenken darf, sehr stark vom Zusammenhang abhängen kann, wurde in den Zeiten der Renaissance sicher (und heute fast sicher) in seinen Wirkungen auf das, was Risiko sein kann, noch nicht richtig erkannt. Bertrand Russells Urteil: »Die Mathematik kann man als die Disziplin definieren, in der wir nie wissen, worüber wir reden, oder ob das, was wir sagen, auch wahr ist« hätte in den Zeiten des noch ungebrochenen Glaubens an die Mathematisierung der Welt wahrscheinlich die gleiche Wirkung gehabt wie die ungehörten Rufe der Kassandra im Trojanischen Krieg.

Warum hätte es auch anders sein sollen? Das Denken, dass alles in der Welt einer klaren stochastischen Ordnung folgt, ist gut begründbar. Mit der Denkschablone von Münze oder Würfel standen (und stehen) scharfe Objekte eines mittlerweile gut verstandenen mechanistischen Systems bereit, die die Wege in die Zukunft scheinbar gut erkennbar festlegten. Das, was wirklich geschieht, erscheint in seinen Ursachen tatsächlich klarer: Eine lange Reihe von Münzwürfen liefert nämlich tatsächlich ein nahezu sicheres Ergebnis, obwohl der Ausgang eines einzelnen Münzwurfs vollständig ungewiss ist. Man kann fragen: Warum soll(te) man sich qualitativ mit dem Phänomen überhaupt auseinander setzen, dass es aus der Sicht der Wahrscheinlichkeitstheorie keinen Unterschied macht, ob eine Person eine Münze x-mal wirft oder x Personen eine Münze nur einmal werfen, wenn x nur gegen unendlich geht?

Das (Un)Wesen der Strategie

Wechseln wir die Perspektive und schauen uns einmal abseits der Versuche um, die für eine Zukunftsbewältigung mit mathematischen Methoden stehen, für die Pascal und Fermat den Grundstein legten. Verlassen wir die Wege der Mathematik, die mit der Münzwurfanalogie stets breit ausgetretene und vor allem auch gut beschreitbare Alleen anlegt, um das Gebiet des Zufalls zu erschließen, stoßen wir sofort auf die Namen von Sunzi, Niccolò Machiavelli und Carl von Clausewitz. Diese Namen, die untrennbar mit politisch-militärischen Szenarien verbunden sind, stehen für Formen der Zukunftsbewältigung durch strategisches Denken.

Was ist der Unterschied zwischen den Denkwelten von Pascal und Fermat und den Denkwelten von Machiavelli und Clausewitz? Nichtstrategisches Denken im Sinne von Pascal und Fermat und strategisches Denken im Sinne von Machiavelli und Clausewitz vereinigt das Ziel der Zukunftsbewältigung. Beide Ansätze unter-

scheidet jedoch die denklogische Methode: Ist eine Strategie, allgemein gesprochen, als ein kontextsensibles Konzept zu bereifen, das auch in schwierigen Situationen eine differenzierte Handlungsfreiheit ermöglichen soll, sind die Wege in
das Gebiet des Zufalls beim strategischen Denken ganz offensichtlich schwerer zu
beschreiten als die Wege, die von der Mathematik eines Pascal und Fermat stets
scharf konturiert vorgezeichnet werden.

In einer eher ganzheitlichen Lesart kann man sagen: Beim strategischen Denken,
das sich auch an gegebenen und nicht nur an vorgegebenen Verhältnissen orientieren muss, gibt es nicht notwendigerweise vorgetretene Wege. Denkt man strategisch, wird man zum Wanderer in einer Schneelandschaft, in der die Wege oft
deshalb erst zu treten sind, weil ein wichtiger Konstituent strategischen Denkens
gerade die Fähigkeit ist, sich auch (oder gerade) von vorgegebenen Theorien
lösen zu können.

Wer in die Spuren anderer tritt, hinterlässt keine eigenen Spuren

In seinem Buch 1834 veröffentlichten Buch »Vom Kriege« war es Carl von Clausewitz vorbehalten, sich erstmalig in differenzierter Form von einer nicht rein
mathematischen Seite dem Problem der Zukunftsbewältigung zu nähern. Clausewitz war der Erste, der mit dem Wesen der Strategie auch den Wert der Strategie
als gestalterisches Instrument zur Zukunftsbewältigung erkannte. Bei der Optimierung militärischer Züge zum Sieg in der Schlacht stellte er nämlich in Rechnung, dass die Effektivität einer Strategie nicht nur das Denken in Schablonen,
sondern vor allem auch die Fähigkeit bestimmt, die Aktionen und Reaktionen des
Gegners sowie die sich verändernden Erwartungen aller Kontrahenten über die
Zeit hinweg zu antizipieren und sich darauf einzustellen.

Nach dem bis heute gültigen Diktum von Clausewitz muss eine (Kriegs)Strategie
durch den mehr oder weniger langsamen Verlauf von Kriegen auf Wahrscheinlichkeiten und Vermutungen gründen. Für ihn manifestierte sich der Zufall im Kriegsglück, das durch vorausschauendes strategisches Denken beeinflussbar ist. Clausewitz definierte den Zufall über das Kriegsglück durch Wahrscheinlichkeit plus
Verhalten und nicht nur durch Wahrscheinlichkeit allein.

Sein wichtigster Baustein für eine (Kriegs)Strategie war dann auch der so
genannte »Coup d'Oeil«. Durch Clausewitz kam bei der Zukunftsbewältigung
nämlich das »geistige Auge« (Wahrnehmung des Betrachters) mit ins Spiel. Clausewitz erkannte nämlich, dass der Stratege mit seinem Verstand alle Hilfsmittel (so
kreativ wie ein Künstler) immer so kombinieren muss, dass er aus einer (un)end-
lichen Menge von Alternativen die im Augenblick wichtigsten und entscheidends-
ten Alternativen herausfiltern kann.

Dass ein Strategieerfolg im Sinne von Clausewitz damit auch (oder gerade) von der Kompetenz abhängt, mit der sich eine Strategie den Umfeldveränderungen stellt, steht durch das Fehlen der Münzwurfanalogie als Dogma ganz offensichtlich für den qualitativen Unterschied zur Berechnung der Zukunft im Sinne von Pascal und Fermat. Der Strategieansatz ist zunächst einmal im Ergebnis offen, eine mathematische Denkschablone zielt dagegen auf eine numerisch exakte Lösung.

Hier erhält einerseits das Bild seine Sinngebung, dass in der Strategiedimension die Wege in die Zukunft je nach Situation manchmal breite und gut beschreitbare Alleen, oft aber auch erst mühsam auszutretende Pfade sein können. Hier zeigt sich andererseits aber auch der Erkenntnis- und Erklärungswert des Strategieansatzes. Der »Coup d'Oeil« fokussiert gerade die schattierten Bereiche, die eine Münzwurfanalogie aus prinzipiellen Gründen stets erzeugen muss, wenn es um das Erfassen der Zukunft geht. Dabei ist der entscheidende Punkt: Mit der Denkfigur des »Coup d'Oeil« entscheidet quasi die Sehschärfe (im Auge des Betrachters) im Sinne des Auflösungsvermögens von Zusammenhängen über das Schicksal von Strategien, Ansätzen und Konzepten. Damit muss man aber auch sagen, dass auch Strategien im Sinne eines von Clausewitz dem Schicksal einer kurzen Dauer oft deshalb nicht entgehen, weil sie das Wesen der Instabilität nicht begreifen (und nicht berücksichtigen), wenn das Bild der Realität zu schnell in ein »Schwarz-Weiß-Bild (Kopf/Zahl-Szenario)« umgezeichnet wird.

Es wird nicht einfacher

Dem Moment, dass der »Coup d'Oeil« einem Strategen als einzige Grenze zur Durchdringung einer Situation die Grenze seiner eigenen Vorstellungskraft setzt gebührt Aufmerksamkeit. Weil Clausewitz darauf beharrte, dass Strategie die intelligente Verknüpfung einzelner Schlachten zur Gestaltung eines nachhaltig erfolgreichen Feldzuges ist, ist die Denkfigur des »Coup d'Oeil« ein Überwachungsinstrument für einen Spielraum von Möglichkeiten.

Abbildung 14.1 Coup d'Oeil: »Man weiß immer viel weniger von dem Stande und dem Maßnahmen der Feindes, als man bei den Entwürfen voraussetzt.« (Carl von Clausewitz)

»Coup d`Oeil« als Überwachungsinstrument für einen Spielraum von Möglich-keiten ist das Stichwort: Hier schließt sich der Kreis von Strategie und Risikoma-nagement im Wandel. Dass ein Raum seine Geometrie ständig mit den gegebe-nen Verhältnissen verändert, entzieht ihn der Münzwurfanalogie im Generellen, wenn ein Spieler nicht bereit ist, mit dem schnellen Griff zur Münzwurfanalogie die »Kosten« in Form eines strategisch relevanten Informationsverlustes in Kauf zu nehmen. Der »Coup d'Oeil« ist mit anderen Worten das Synonym für ein Sys-tem, das durch Strategien Problemlösungen generiert. Es ist ein Bestandteil der Lösung (Strategie), dass ein Geschehen, das in einem bestimmten Umfeld wur-zelt, auch nur darin möglich ist.

Halten wir den Ball weiter flach und halten als Konsequenz der clausewitzschen Sicht für das Risikomanagement (im Wandel) nur Folgendes fest: Degenerieren Lösungsalternativen durch ihre erst in einem strategischen Kontext adäquat zu verstehende Kontextsensibilität nicht zum Dogma, kann das Moment zum Risiko werden, dass Researcher routinemäßig die Ressourcen im Risikomanagement auf die Probleme konzentrieren, für deren Lösung sie als Mathematiker ausgebildet sind. Mehr noch: Der Zusammenhang von Zahlen und Risiko kann sogar gänzlich verloren gehen, wenn Researcher die Probleme oft sogar so strukturieren, dass sie dadurch überhaupt erst lösbar sind.

Gerade Letzteres gilt es in den instabilen Zeiten der Gegenwart nicht zu ignorie-ren. Eine vor dem Ganzen unreflektierte Mathematik ist dann aufgrund einer in diesem Sinne zu verstehenden Praxisabstinenz selbst am Entstehen und am Wachstum von Risiken prominent beteiligt, wenn strategische Risiken mit der Konzentration auf vorgefertigte Denkschablonen und mathematische Details nicht strategisch gesehen werden können.

Trägt man im Sinne von Clausewitz der Tatsache Rechnung, dass ein Krieg in sei-nen Folgewirkungen kein in Raum und Zeit exakt begrenzbares Ereignis ist, bilden die Quintessenz der strategischen Sicht, die unter das Motto »die Zukunft den-ken« zu stellen ist, und der hinter einem globalen Risikomanagementsystem ste-hende Anspruch, der unter das Motto »den Wandel differenziert erfassen« zu stellen ist, quasi eine Einheit. Denn nur wenn das Risikomanagement zunächst einmal von allen Beteiligten als strategisch im Sinne von Clausewitz begriffen wird, besteht überhaupt erst die Chance, auch das Moment in den Griff zu bekommen, dass der Risikobegriff oft dadurch erst tückisch und selber riskant ist, weil man Risiken, die man routinemäßig nicht formulieren und nicht kommuni-zieren kann, gesellschaftlich auch nicht präsent stellen kann.

Das Unbehagen, dass man nicht voraussehen kann, was man nicht frühzeitig wahrnimmt, transportiert ein aus der Verhaltensbiologie bekanntes Ergebnis: Ein

Frosch, den man abrupt in heißes Wasser setzt, unternimmt sofort Fluchtversuche. Der gleiche Frosch zeigt dagegen überhaupt keine Reaktion und lässt sich im wahrsten Sinne des Wortes sogar kochen, wenn man ihn zuerst in kaltes Wasser setzt und das Wasser dann langsam (stetig!) bis zum Siedepunkt erwärmt. Natürlich ist ein Risikomanager kein Frosch. Aber im Risikomanagement im Wandel muss das von Äsop in der Fabel »Der Prahler« formulierte »Hic Rhodus, hic salta!« (Hier ist Rhodos, spring hier!) gelten.

Der Begriff der Strategie wird hoffähig

Betrachtet man den Kommunikationsstil im Risikomanagement von heute, wo fast ständig von freundlichen und feindlichen Übernahmen, vom Kampf um die Märkte und Spielen am Rande des Abgrundes gesprochen wird, prägt der militärische Hintergrund von Strategie als Gestaltungsmittel der Zukunft dann auch den bis heute gültigen Weg, um sich auch im Wirtschaftsleben mit Formen der Zukunftsbewältigung adäquat auseinander setzen zu können. Auch in Finanznetzen, wo jede neue Informationslage fast schon in Bruchteilen von Sekunden wirtschaftliche Beziehungen neu definieren kann, weil in durch menschliches Verhalten bestimmten Ereignisräumen in kürzester Zeit der kausale Zusammenhang von Vergangenheit und Zukunft verloren gehen kann, ist daher das Erkennen des Wesens der Strategie wichtiger denn je.

Vor dem Hintergrund des mit dem Übergang zum globalen Risikomanagement verbundenen Paradigmenwechsels, spielen damit aber gerade auch die folgenden Strategiedefinitionen eine wichtige Rolle:

▶ Carl von Clausewitz: »Die Strategie ist eine Ökonomie des Krieges«

▶ Helmuth Graf von Moltke: »Strategie ist ein System von Notbehelfen«

▶ August Graf Neidhardt von Gneisenau: »Strategie ist die Wissenschaft von Zeit und Raum«

Dies umso mehr, weil es schon der Verdienst von Moltkes war, mit der von ihm eingeleiteten Reform des preußischen Generalstabs hin zu einem Instrument des logisch-diskursiven Denkens die Gestaltung von Strategie mit der Strenge der Formen mathematischer Methodik zu verbinden, die in ihrem Kern von Pascal und Fermat mit der Lösung des »problème des parties« entwickelt wurden.

Betrachtet man die obigen Strategiedefinitionen (Moltke) etwas genauer und stellt zusätzlich noch die im modernen Management als richtungsweisend angesehene Strategiedefinition von Michael Porter mit in Rechnung, die er in seinem 1998 erschienen Buch »On Competition« durch »Strategy is creating fit among a company's activities. The success of a strategy depends on doing many things well

– not just a few – and integrating among them« gab, einfach nur einmal unkommentiert in den Raum, ermahnt das Wesen der Strategie gerade dazu anzuerkennen, dass strategische Interaktion nicht immer logisch und systematisch im Sinne einer alles prä-determinierenden Messbarkeitslogik sein muss.

Dies ist ein wichtiger Punkt, wenn heute differenziert über die Konstituenten und Minimalanforderungen an ein Risikomanagementsystem zu diskutieren ist, das ein Frühwarnsystem und ein Früherkennungssystem sein soll. Aus der Sicht der stochastischen Messbarkeitslogik liegt damit das methodische Dilemma klar auf der Hand. Strategisches Risikomanagement ist untrennbar mit dem Menetekel verbunden zu erkennen, dass strategisches Risiko im Regelfall etwas anderes ist als eine oft undurchschaubare Überlagerung von vielen einfachen Prozessen, die für sich jeweils stochastisch messbar sind, wenn man sie nur erkennt. Dies ist zu erkennen. Dies ist geeignet zu kommunizieren. Dies erfordert eine Mathematik, die in dem Sinne als weich (nicht unpräzise) zu bezeichnen ist, dass sie die finanzmathematische Standardanalytik auch mit anderen Metaphern als der Metapher des Münzwurfs verknüpft.

Da dieser Schritt seit Basel II ein für die Performance von Risikomanagement notwendiger Schritt ist, sei das Veränderungsmoment der Neuregelung des Verhältnisses von quantitativen und qualitativen Methoden im Risikomanagement noch einmal schärfer gefaßt. Man kann sagen:

▶ Aus der in der Antike von den Göttern gegebenen Umwelt wird mit dem Verständnis des Begriffs der Strategie eine auch durch Verhalten bestimmte relevante Risikoumwelt.

▶ Bis auf Naturereignisse wie Vulkanausbrüche, Erdbeben und Überschwemmungen bestehen Risikoumwelten im Wesentlichen aus strategischen Überlegungen der Menschen in ihrer Rolle als Risikoträger.

▶ Hinter den von Umweltveränderungen durch Interaktion unbeeinflussbaren Wahrscheinlichkeitsverteilungen eines Pascal und eines Fermat stehen menschliche Denk- und Handlungsmuster, durch deren Wirken ein Standardrisikomodell augenblicklich mit der Realität in Widerspruch geraten kann.

▶ Benutzt man ausschließlich die Brille der Stochastik, übersieht man mit dem Ausblenden der vom Kontext abhängigen Denk- und Handlungsmuster mit den sich quasi heranschleichenden Risiken durch menschliches Verhalten eine ganze Risikoklasse.

▶ Auf »Unknown Risks« im Sinne stochastischer Messbarkeitslogik ist aber mit Risikostrategien zuzugreifen, um sie (am Shareholder-Value orientiert) wertschöpfend überhaupt beeinflussen zu können.

Damit ist klar: Sind in interaktiven Finanznetzen durch eine Verbesserung der Performance des Risikomanagements Werte zu schaffen und ist der Auftrag von Basel II adäquat umzusetzen, ist, bildlich gesprochen, der Raum zu schaffen, um auch mathematisch mit der Komplexität der Situation ringen zu können. Routinemäßige Linearisierung einer Situation durch mathematische Formeln kann zu einem nicht mehr tolerierbaren Informationsverlust führen.

Eine Frage der Balance

In Information und nicht nur physische Assets handelnden Finanznetzen werden Werte in der Strategiedimension in den verschiedensten Formen geschaffen. Wider die stochastischen Messbarkeitslogik, kann sich in Informationsnetzen kein Entscheider strategischen Einflüssen entziehen. Jeder Mensch ist in Umwelten aus Menschen und Naturgewalten eingebettet. Jeder Mensch versucht sein Risiko dadurch zu bewältigen, dass er lernt, mit den Naturgewalten und seinen Mitmenschen umzugehen.

Naturgewalten sind die Seite der Medaille »Risikomanagement«, die der Mensch gar nicht oder nur bedingt beeinflussen kann, um Risiko zu bewältigen. Die beeinflussbare Seite der Medaille »Risikomanagement«, um mit Risiken umzugehen, ist dagegen, das Verhalten von Risikoträgern zu antizipieren und dieses antizipierte Verhalten in die eigenen Verhaltensmuster zu integrieren. Jeder Mensch verhält sich in irgendeiner Form strategisch. Er ist in Beziehungsgeflechte eingebunden, die an den Finanzmärkten von heute gerade dadurch höchst sensible Informationsgeflechte sind, weil Akteure bewusster wahrnehmen, dass jede scheinbar gesicherte Erkenntnis trügerisch ist, da sie selbst stets das Objekt verändern, das sie hoffen, verstehen zu können.

In der *Financial Times* vom 22. März 2000 schrieb David Crockett daher treffend: »The first step is to recognize the dangers of market failure – that is, the unsettling effects of irrational exuberance, investor panic, and financial contagion. Financial officials and market practioners have become increasingly familiar with terms such as moral hazard, asymmetric information and adverse selection. But awareness has yet to be translated into concerted action. The international financial system will have to deal with these short-comings. This will require more effective supervision and regulation, and stronger incentive for prudent behaviour.« Vor dem bisher Gesagten ist Crocketts Sicht der Dinge ein Statement dafür, dass Risiko nicht nur mechanistisch berechnet, sondern auch (oder gerade) stets neu beurteilt, ja, mehr noch, oft sogar neu gedacht werden muss.

Vor dieser Risikomanagement komplex verknüpfenden Sicht der Dinge ist Folgendens klar: Adjektive wie unvorhersehbar, unvorstellbar und unwahrscheinlich müssen zum festen Bestandteil des Risikomanagements selbst werden. Der desaströse Anschlag auf das WTC zeigt, dass im globalen Risikomanagement kein Konjunktiv mehr undenkbar ist. Auch (oder gerade) die Fähigkeit des Zweifels und die Fähigkeit des Hinterfragens, wie Simulationsmodelle und wie komplizierte Formelapparate das Heute in das Morgen transformieren, bestimmen die Fähigkeit, mit Risiko adäquat umzugehen.

Wir überlassen es dem Leser, vor diesem Hintergrund den VaR zu bewerten, wenn hinter der momentanen Allzweckwaffe des Risikomanagements ein Motiv steht, was Philip Jorion auf den Punkt bringt: »VaR is a method of assessing risk that uses standard statistical techniques routinely used in other technical fields. No doubt that is why regulators and industry groups are now advocating the use of VaR systems.«

Zu starke Pendelausschläge

Greift man auf, dass der »State of the Art« im Risikomanagement auf der Optimierung des Normalfalls basiert, weil nur Schwankungen (Risiko) in einem ex ante exakt berechenbaren Bereich zugelassen sind, liegt die Konsequenz auf der Hand. Im Risikomanagement, das auch ein Früherkennungssystem für Phänomene sein soll, mit denen heute überhaupt kein Mensch rechnen kann, ist nicht nur das mathematische Detail zu fixieren, sondern auch das »große Szenario« so gut wie möglich zu modellieren. Muss aber länger und gründlicher darüber nachgedacht werden, was Risiko ist, weil die Gesetze des Münzwurfs auf den Finanzmarkt einfach nicht mehr eins-zu-eins zu übertragen sind, ist man sofort in einem strategischen Kontext, den drei Konstituenten beschreiben:

▶ die Natur im Sinne einer von uns nicht beeinflussbaren, uns aber beeinflussenden Umwelt

▶ eine von uns beeinflussbare und uns beeinflussende Umwelt

▶ der Zufall

Alle drei Konstituenten sind höchst kompliziert miteinander verzahnt. Im »Worst-Case-Szenario« kann ihr Wechselspiel sogar zum Totalausfall des Risikomanagements führen. Die Barings Bank lieferte in der Person von Nigel Leeson ein prominentes Beispiel dafür. Hier war nicht die Software oder die Hardware eines Risikomanagementsystems, sondern Mindware in Form von »People Risk« das Problem, das über das Erkennen oder das Nichterkennen von Risiken entschied.

Das WTC-Desaster liefert dagegen ein Beispiel, dass Hightech-Risikomanagement von »People Risk« oder »Operational Risk« auch in ganz anderen Dimensionen geschlagen werden kann. Hier wurde jede unternehmenspolitisch nur denkbare Dimension von Risiken gesprengt, weil sich ein Ereignis realisiert hat, das auch von großen Versicherern im Vorfeld für schlicht unfassbar gehalten wurde.

Warum? Ohne dass scheinbar erkennbare Vorläuferereignisse darauf hinwiesen, hat erstmalig ein sich stufenlos realisierendes »Man-made-Schadensereignis« die Dimension einer Naturkatastrophe erreicht. Stufenlos heißt beeinflussungslos und nicht messbar. Glaubt man aber, noch zu schieben, wenn man selbst schon lange geschoben wird, ist klar: Mit der schlagartigen Veränderung des Wahrnehmungsbildes von Risiko und den damit verbundenen oft diffusen Ängsten durch das Ausmalen schlimmstmöglicher Weiterungen der Krise geht eine verhängnisvolle Chimäre im Risikouniversum der Lambdas, Gammas, Thetas und Vegas um.

Die Zeit der Prüfung hat begonnen

Das WTC-Desaster steht für eine sich plötzlich von Grund auf verändernde Risikolage. Die Zeit der Prüfung für globales Risikomanagement hat in seiner denkbar extremsten Form begonnen: Für Banken als Global Player wird der selbst gewählte Anspruch der Konzentration auf und die Absicherung von Marktsegmenten, die der Kunde selbst definiert, in komplexer werdenden Risikolandschaften selbst zum unkalkulierbaren Risiko. Vor diesem Szenario bekommt der Paradigmenwechsel im Risikomanagement mehr als nur eine »gewisse« Dramatik. Der Grund liegt auf der Hand: (VaR)Kennzahlen, die aus einem zeitlosen Hort des objektiven Urteils stammen, werden mit der Nichtbeherrschung von Krisensituationen als Menetekel des verpassten Krisenmanagements durch gründliche finanzielle Fehlkalkulationen und Folgeschäden in vielfacher Größe auch zum Menetekel des Risikomanagements.

Es verwundert nicht, dass ein Ereignis wie das WTC-Desaster dem sperrigen Begriff des »Operational Risk« eine vorher für undenkbar gehaltene Dimension gibt. Aufgrund der nicht zu übersehenden gesellschaftspolitischen, außenwirtschaftlichen und volkswirtschaftlichen Konsequenzen steht das WTC-Desaster für eine Verbundkrise, die Risikomanagement (in Finanznetzen) im Großen und im Kleinen verändert. Malt man sich mit nur ein wenig Fantasie in seinen Folgewirkungen ähnlich desaströse Szenarien aus, wobei die koordinierte Ausschaltung von Knoten in Informationsnetzen nur eines von vielen Bedrohungsszenarien ist, die durchaus als realistisch anzunehmen sind, muss man sich im Risikomanagement in einem ersten Schritt in Richtung adäquater Risikoprophylaxe im Generellen auch viel intensiver mit externen Problemquellen auseinander setzen (können): Zukünftig wird es (aus welchen Gründen auch immer) wahrscheinlich mehr denn je darauf ankommen, neben dem Erkennen und Erfassen von komplexen und eng vernetzten Problemen Akzente in einer geeigneten Form setzen zu können.

Trägt man der einfachen Tatsache Rechnung, dass das WTC-Desaster mit dem Wissen um diese »Blackbox« mit einer fundamentalen Steigerung der Unsicherheit einhergeht und es nicht auszuschließen ist, dass Versicherungen für diese Klasse von höchst gefährlichen Risiken ihren Schutz zumindest drastisch begrenzen werden, wird die Grenze zwischen kalkulierbaren Risiken und nicht kalkulierbaren Gefahren zumindest erreicht, wenn nicht gar überschritten. Wohlwollend formuliert kann man (noch) sagen. Ein Ereignis, was »man made« und nicht »nature made« ist, hat etwas Irritierendes für die (Finanz)Theorie. Es steht nämlich dafür, dass es im Risikomanagement von »jetzt auf gleich« keine faktenresistenten Positionen mehr geben kann und eine Bank dann am besten auf eine Katastrophe vorbereitet ist, wenn sie sich im Vorfeld gerade wider die (Finanz)Theorie am meisten vorstellen konnte.

Ist die Zahl potenzieller Bedrohungen aber beliebig hoch, wenn ein in seinen Wirkungen weit ausstrahlender (Groß)Schadensfall möglicherweise nur noch von der Fantasie von Terroristen begrenzt ist, und wird zusätzlich aus einer möglichen Bedrohung ein tatsächlich ernst zu nehmendes Risiko, wenn nur eine von den in der Informationsgesellschaft reichlich vorhandenen Schwachstellen getroffen wird, ist klar: Man kann im globalen Risikomanagement das Risikopotenzial von Ereignissen mit rein (natur)wissenschaftlicher Denklogik nur noch bedingt (oder gar nicht) erfassen. Operationale Risiken einer bestimmten Dimension entziehen sich schlicht ihrem Management durch Formen der Eigenkapitalunterlegung: Sie gehorchen einfach keinen Zahlen.

Global Player müssen trotz alledem auch mit diesen Formen von Unwägbarkeiten umgehen können. Dies erfordert zur Risikoprophylaxe einen hinreichend dehnbaren formal-analytischen Rahmen. In diesem Rahmen muss man (zumindest bei Bedarf) auch von vielem abstrahieren können, was routinemäßig als logisch erscheint: Ein in seinen Wirkungen, aber nicht in seinen Ursachen mit Erdbeben, Vulkanausbrüchen und Flutkatastrophen vergleichbares Ereignis wie das WTC-Debakel lässt sich nicht mehr einfach erklären.

Mehr noch: Die Ermittlung der Wahrscheinlichkeit eines Repräsentanten dieser Man-made-Risikoklasse wird sogar zur Absurdität, wenn quasi billigend in Kauf genommen wird, dass bei der Ermittlung der Wahrscheinlichkeit die vollständige Bandbreite möglicher Ursachen systematisch nicht ausgeschöpft wird. Ist möglicherweise sogar kein Szenario plausibel, müssen bewährte Analogieschlüsse (der Münzwurf) sicher versagen, wenn es nicht gelingt, auch beim mathematischen (Nach)Denken über Risiken gedankliche Vorurteile zum Thema Unsicherheit zu überwinden. Sind Annahmen nicht mit Wissen zu verwechseln, ist Verständnis für die Grundstruktur von Entscheidungen gefragt. Es wird immer offensichtlicher, dass Netzwerkrisiken, die sich exponentiell entwickeln, keine seltene Störung des Tagesgeschäfts sein müssen, die nur dadurch unwahrscheinlich werden, weil die alles exakt ausdifferenzierende stochastische Messbarkeitslogik sie per definitionem an die Ränder der Normalverteilung verbannt.

Nicht handlungsunfähig werden

Im globalem Risikomanagement ist De-facto-Sachverhalt, dass man möglicherweise nur deshalb »etwas« nicht weiß, weil »etwas« aufgrund einer dominierenden Messbarkeitsphilosophie für als nicht wissbar erachtet wird. Damit ist einerseits eine Grenze für den Glauben erreicht, dass Risiken mit der notwendigen Konfidenz zu diversifizieren sind, wenn die Gesetze der Stochastik fernab von der (Finanzmarkt)Realität greifen. Andererseits ist eine Grenze für den Glauben erreicht, dass das Credo der Portfoliotheorie uneingeschränkt gilt.

Zu wenig differenziert ist der Portfolioansatz in der Tat. In alle Orte der Welt in Echtzeit verknüpfenden Informationsnetzen steht die Handlungsmaxime »Je mehr Orte, desto geringer die Wahrscheinlichkeit, dass an mehreren Orten gleichzeitig etwas passiert, was Geld kostet« auf tönernen Füßen. Einerseits gilt Marshall McLuhans Urteil: »Es gibt keine Passagiere auf dem Raumschiff Erde, jeder gehört zur Besatzung.« Andererseits kann das Risikouniversum als Raum für Überraschungen nicht mehr per Computer heute so geordnet werden, dass diese Ordnung auch noch morgen gilt. Man kann mit Stochastik nicht mehr »nur« in die Vergangenheit schauen, wenn man Risiken der Zukunft über die Finanzmärkte versichern will.

Bei diesem Spagat auf methodisch dünnem Eis sind möglicherweise Bescheidenheit und Zurückhaltung beim Umgang mit Risiken das Gebot der Stunde. Die These ist nicht gewagt: Die Möglichkeit, mit dem »Wissen um die Möglichkeiten« adäquat umzugehen, ist eine ergebnisrelevante Nebenbedingung globalen Risikomanagements. Sei es darum, dass es nicht mehr nur darauf ankommt, durch Kenntnis der Vergangenheit Dinge nur besser zu gestalten, wenn es auch darauf ankommt, durch das rechtzeitige Erkennen neuer Zusammenhänge die Dinge auch anders anzugehen. Oder sei es darum, dass bei einer Gesamtbanksteuerung Stochastik und Computer zweifelsohne unter der Spezifität der speziellen Perspektive auch weiterhin relevante Lösungen in ihrer typischen Eleganz und Performanz liefern, wobei es aber immer offensichtlicher wird, dass die Elemente von menschlicher Aktivität und die Elemente der Physik einfach kein Pendant in der jeweils anderen Sphäre mehr haben.

Gehen Stochastik und Computer dann noch eine unheilvolle Allianz ein, wenn die bequeme, auf Punkt und Komma genaue Lösung das Moment der Zeitweiligkeit der Lösung überdeckt, kann Risikomanagement so nicht zum Widersacher sondern nur zum Bundesgenossen für Fehler werden. Damit steht hinter der Frage, wohin Risikomanagement steuert, ein ganzes Bündel offener Antworten. Alle Antworten haben eines gemeinsam: Zur Analyse interner und externer Erfolgspotenziale muss Risikomanagement auch unter schwierigen Bedingungen handlungsfähig sein. Sei es darum, dass das Risikoprofil von Aktionären, die Unternehmens- und die Risikomanagementstrategie ganz direkt zusammenhängen. Oder sei es darum, dass die Arbeit globalen Risikomanagements schlicht darin besteht, etwas in einen Kontext zu setzen, der Risiken durch Optionen erzeugt, die von Informations- und Wissenverarbeitungsprozessen und von deren Gestaltung abhängen.

Stützend in den Arm fallen

Etwas in einen Kontext zu setzen, ist die Hauptarbeit des Risikomanagements in der Zukunft. Dies ist leichter gesagt als getan. In einem Risikomanagementsystem, das ein Früherkennungs- und ein Frühwarnsystem sein soll, ist es nämlich nur ein Teil eines größeren Ganzen, dass Mathematiker, Physiker und Ökonomen damit befasst sind, mit Hochleistungsrechnern die Risikogeometrie der Welt ohne ein Gespür für Risiken am Schreibtisch einfach nur festzulegen.

Warum? Man muss sagen, dass Fähigkeiten zu entwickeln sind, unterschiedliche Perspektiven zu beziehen, weil Risiken durch verschiedene Brillen (Filter) möglicherweise auch gleichzeitig zu analysieren sind. Hier trägt Standardrisikomanagement die teuere Last eines zu unaufmerksamen Wächters. Mit der Brownschen Bewegung ist viel Zufall (Risiko) auf kleinstem Raum in einem zu jedem Zeitpunkt voll überschaubaren physikalischen Experiment nur noch im Ausnahmefall berechenbar, wenn man der Realität Rechnung trägt, wie sie ist.

Mit stochastischen Differenzialgleichungen, wo kleine Veränderungen nur kleine Wirkungen hervorrufen, und große Wirkungen nur dadurch zustande kommen, dass viele kleine Änderungen sich langsam (stetig!) aufsummieren, springt man bei Strategieformulierungen gemäß der Sinngebung des Wortes »Strategie« einfach zu kurz. Ist eine Strategie ein klares Bild von dem, was man erreichen will in Form eines Musters für über die Zeit hinweg konsistentes Verhalten, ist eine Strategieformulierung gerade dann als nicht adäquat zu bezeichnen, wenn eine Strategie eine schon verhältnismäßig kleine Umfeldveränderung wie das LTCM-Debakel und nicht nur ein Großschadensereignis wie das WTC-Desaster ad absurdum führen kann.

Damit ist klar: Das Problem im Risikomanagement heute hat mit dem Verlust an Strategiefähigkeit einen Namen, wenn es vor allem darum geht, die Risiken besser zu verstehen. Dies ist keine gewagte These, sondern eine logische Schlussfolgerung aufgrund der Realität. Denn neue Fragen zu stellen oder alte Fragen unter neuen Perspektiven neu zu bewerten, ist der Anfang jeder Strategie. Wird in diesem Sinne Standardrisikomanagement stützend in den Arm gefallen, können folgenschwere Fehler in ihren Wirkungen begrenzt werden, wenn man nicht unbedingt die richtigen Vorstellungen über Wahrscheinlichkeiten und Risiken hat.

Nicht polarisierend vereinfachen

Das Strategie für den Umgang mit Überraschung steht (mehr noch: Strategie als Instrument zur Gestaltung Überraschung gerade erfordert), ist nicht unbedingt »Physikers Sicht«. Mit dem notwendigen Respekt: Physiker haben in der Regel keinen Zweifel an der Realität, die sie zu beschreiben versuchen. Wäre das nicht so, läge hier in der Tat der Grund für viel (vergebliches) logisches Kopfzerbrechen verborgen, wenn es im Risikomanagement heute tatsächlich um die exakte Beantwortung der Frage ginge, wie viel physikalische Realität einer mathematischen Theorie für Finanzmärkte anzuheften ist, um die hinter finanziellen Problemen stehenden Motive und Denkweisen kennen zu lernen und die Vielfalt sich ständig wandelnder ökonomischer Faktoren einzufangen.

Wir haben Glück, wir müssen die mit dem Fortschritt der Quantenphysik prominente Frage hier nicht ausschließlich aus der schwierigen erkenntnistheoretischen Perspektive beantworten. Basel II ist in einem gewissen Sinne schon einen Schritt weiter. Mit der Forderung nach einem Risikomanagementsystem, das ein Früherkennungs- und Frühwarnsystem für Risiken ist, ist nämlich per definitionem anzuerkennen, dass in Risikosituationen neben den stochastisch messbaren Faktoren auch Wahrnehmungs-, Kommunikations- und Denkfallen genauso lauern wie die Verhaltensmuster, die durch das Wechselspiel von Nicht-Kooperation und Kooperation beim Selektieren und Interpretieren von Information erst bestimmen, wie komplex oder nicht komplex eine Situation überhaupt ist.

Schreibt Basel II dem Risikomanagement aber mit dieser Sicht der Dinge ins Stammbuch, dass es auch (oder gerade) zu einem Bestandteil des Risikomanagements selbst werden muss, dass niemand die exakten Gleichungen von Risiken kennt, steht für die Qualität einer Risikoentscheidung auch (oder gerade) das Erkennen, ob geschlossene, offene oder verdeckte Spielregeln eine Situation bestimmen. Als strategische Entscheidung ist diese Entscheidung prinzipiell eine von spezieller Denklogik unabhängige Entscheidung.

Ob man sich dieser Entscheidung mit stochastischen Methoden, Managementansätzen oder Mischformen vom beidem nähert, ist ein Problem, das jeder Entscheider für sich selbst lösen muss. Tritt aber »so« neben das Ziel, ein Portfolio nach Wertaspekten »nur« zu optimieren, als »neue« (entscheidende) Kraft, dass jeder Stratege gemäß seines Verständnisses von Situation, Theorie und Praxis entscheidet, steht das Ziel globalen Risikomanagements, dass eine Bank ihre Fähigkeiten verbessern muss, auf äußere und innere Umstände adäquat reagieren zu können, für ein »creating value through knowledge«. Diese Formulierung macht Sinn, weil integrative Finanzierungslösungen aufgrund ihrer Individualität wissensintensiv sind.

Fokussieren wir den für traditionelles Risikomanagement neuen Aspekt, dass Strategiefindung, die sich über »creating value through knowledge« definieren muss, keine Domäne einer einzigen wissenschaftlichen Disziplin sein kann, steht man vor der entscheidenden Frage: Wie ist in einem Kontext, der Reproduzierbarkeit erfordert, das Moment der Nicht-Reproduzierbarkeit überhaupt zu integrieren?

Trägt man der im Risikomanagement dominierenden Denklogik einmal mehr Rechnung, ist die Antwort auf die Frage brisant. Zum einen ist mit der Strategiedimension ein Fluidum zu strukturieren, das von Menschen für Menschen erdacht und umgesetzt wird. Inwieweit eine Strategieorientierung gelingt, ist damit eine Frage, inwieweit der Einblick in die Prinzipien von Kommunikation und Interaktion gelingt, die das strategische Verhalten von Akteuren formen. Zum anderen ist de facto damit nicht mehr dem Problem auszuweichen, dass eine Messbarkeitsphilosophie klassischer Provenienz keine Risikophilosophie ist. Der Bezug auf Daten und die Vereinheitlichung der Messmethodik überdecken die Probleme nur noch unzureichend, die in der Motivation, der Organisation und der operativen Infrastruktur der Bank liegen.

Sei es darum, dass in Finanznetzen durch Warren Weavers Diktum »Information and uncertainty find themselves to be partners« streng genommen nichts mehr als Status quo nur hinzunehmen ist. Oder sei es darum, dass in Finanznetzen keine These über das Morgen mehr mit der notwendigen Konfidenz zu postulieren ist, ohne sie im Lichte ihrer Gegenthese zu überdenken. Theorien, die per definitionem einen speziellen Kontext fokussieren und Lösungen exakt bis auf die Kommastelle genau liefern, müssen sich in einem strategischen Kontext in Bezug auf ihren Erkenntnis- und Erklärungswert in gewisser Bescheidenheit üben.

Hier schließt sich der Kreis von Risikomanagement und Spieltheorie. Einerseits verbietet es der Respekt gegenüber der freien Entscheidung eines Strategen, diesem sein Verhalten exakt (per Formel) vorzuschreiben. Andererseits sind (Spiel)Szenarien durch das Stellen der Frage, was das richtige Bild im Spiegel ist, der gedankliche Rahmen, um Wandel aus den verschiedensten Perspektiven überhaupt zu betrachten. Beides in einen (mathematischen) Kontext zu stellen, der, balanciert und wohl dosiert, dem Management die Verzahnung von strategischem Denken und operativer Umsetzung von Strategie abfordert – dafür steht Spieltheorie.

Auf dem neuesten Stand sein (und bleiben)

Die Antwort auf die Frage »Warum (Spiel)Szenarien?« ist vergleichsweise einfach, aber dennoch differenziert. Durch die Spielmetapher wird das Wesen von Informations- und Kommunikationsprozessen adäquat erfasst. In einem Spielkontext bestimmen im Regelfall nämlich nicht die Gesetze der Stochastik allein, wo die Grenzen für »das« liegen, was Risiko ist.

Der Grund liegt auf der Hand: Aristoteles' Urteil »Wer recht erkennen will, muss zuvor in richtiger Weise gezweifelt haben« kommt ins Spiel. Wir müssen es wiederholen, in einem Spielkontext greift mit der Auswertung von während des Spielverlaufs gewonnenen Informationen »König Zufall« auf einer anderen Ebene in das Geschehen ein als auf der Messbarkeitsebene der Stochastik. Mit dem permanenten Rückbezug auf selbst geschaffene Strukturen und mit dem permanenten Selbstbezug auf eigene Fähigkeiten durch Lernprozesse bestimmt in einem Spielkontext mit der Lerneffizienz und der Zeitökonomie der Lernprozessen nämlich wahrgenommener Kontext das, was Risiko ist. In einem Spielkontext, wo jeder Spieler zum »Zufall« seiner Mitspieler werden kann, wird »König Zufall« nicht nur zu einem externen Störer, sondern zu einem Mitspieler. Spieler organisieren sich im Regelfall auf einer Ebene selbst, die unterhalb der Ebene liegt, auf der die Gesetze der Stochastik greifen.

Scharf formuliert steht ein rein stochastischer Kontext für Planung. Ein Spielkontext steht (im Regelfall) für Flexibilität. Das Urteil von Albert Einstein »Schämen sollten sich die Menschen, welche die Wunder der Wissenschaft und Technik gedankenlos hinnehmen und nicht mehr davon erfasst haben, als die Kuh von der Botanik der Pflanzen, die sie mit Wohlbehagen frisst« erfasst eine der für globales Risikomanagement wesentlichen Implikationen der Spielmetapher zwar humorlos – aber deutlich.

Verdichtet man Einsteins Urteil im Speziellen zur Forderung nach mehr Bodenhaftung und mehr Augenmaß im Generellen (in Managementterminologie würde man hier wohl von der Synthese aus strategischer und operativer Kompetenz sprechen können), liegt es auf der Hand: Spielkontext legen die Implikationen globalen Risikomanagements offen. Sei es darum, dass in Spielkontexten durch die Variantenvielfalt und die Wechselhäufigkeit möglicher (zu antizipierender) Spielabläufe das begrenzte Erkennen der Dinge mit wissenschaftlichen Methoden keine exogene Störung, sondern eine denknotwendige Größe ist. Oder sei es darum, dass Spielkontexte verursachungsgerecht und transparent »die Natur der Natur« von Entscheidern respektieren. Spielkontexte respektieren Folgendes:

▶ Entscheider müssen das (Spiel)Geschehen bestimmende Faktoren identifizieren.

▶ Entscheider müssen besonders kritische Faktoren für bestehende (Spiel)Strategien ständig beobachten.

▶ Entscheider müssen durch die ständige Verarbeitung von Interpretations- und Beobachtungsdaten eine systematische Vorausschau betreiben.

Nur wenig überzeichnet kann man sagen: In einem Spielkontext verhält sich ein Entscheider beim Abtasten seiner Umwelt immer etwas »chaotisch«. Er opfert strategische Optionen durch kritiklose Optimierung nicht sofort dem »heiligen Gral« des Risikomanagements. Er kann sich nicht mit einem flüchtigen Blick über den Zaun begnügen, weil er (am Shareholder-Value orientiert) nicht über den Tadel hinwegsehen kann, den etwa das Behavioral Finance für die Finanzmathematik hat (und vice versa). Er kann sich auch nicht nur wie ein Physiker verhalten, der Licht auf Wellen oder Photonen reduziert, wenn er erst einmal erkennen muss, was die Dunkelheit überhaupt verursacht, die er mit seinem Licht durchdringen muss. Ist ein Entscheider, wenn er globales Risikomanagement betreibt, aber gut beraten, sich Licht als die Abwesenheit von Dunkelheit vorzustellen, stehen erst Spielmodelle für den adäquaten Umgang mit komplexen denklogischen Aufgaben.

Der Vater, der bei einem Karnevalsumzug sein Kind auf die Schultern hebt, ist ein gutes Bild, das den mit strategischem Risikomanagement unabdingbar verbundenen Perspektivenwechsel im Sinne des Wechsels der Bezugssysteme verdeutlicht: Jedes Kind würde sofort über den Vorteil des veränderten Standpunktes zu berichten wissen, obwohl ihm zunächst einmal nur ein neuer Blickwinkel und keine neuen Fakten vorgestellt werden. Für nichts anderes steht im Prinzip auch Spieltheorie. Sie nutzt das Moment, dass es in der Natur des Spielers liegt, neue Entwicklungen so frühzeitig wie möglich zu erkennen, um sie so nutzbringend wie möglich in den eigenen Entscheidungsprozess zu integrieren. Werden mit der Spielanalogie also gedanklich Strategieformulierungen betrieben, Strategiepfade festgelegt und strategische Stoßrichtungen priorisiert, kommt es im globalen Risikomanagement somit aber auf das Finden des geeigneten Spiels und auf die Lösung des Spiels an.

Es ist diese Schrittfolge, durch die Spieltheorie die für traditionelles Risikomanagement typische Dominanzrelation der Schritte quasi umkehrt. Die Frage »Was ist das richtige Spiel?« wird erst durch die Spieltheorie zur wirklich entscheidenden Frage. Hier kann das richtige Wissen zur richtigen Zeit am richtigen Ort in der richtigen Qualität erzeugt werden, um es auch wertschöpfend anzuwenden. Hier kann aber auch schon auf der Beobachtungsebene »Finde das Spiel« der entscheidende Fehler passieren, der sich auf der Bewertungs-, Entscheidungs- und Kontrollebene dann zur Katastrophe potenziert.

Globales Risikomanagement: Die Mission ist klar; ihr Ausgang eher ungewiss

Globales Risikomanagement ist strategisches Risikomanagement. Strategisches Risikomanagement fällt in natürlicher Weise in den Bereich der Spieltheorie. Dabei liegt ein wesentlicher Teil der Wertschöpfung der Spieltheorie im Strukturierungspotenzial. Wir nennen zwei Gründe: Einerseits bekommen durch die Analogie zwischen Spiel und Realität auch die Dinge oft erst einen Namen, die vorher schlicht nur Unschärfen (»Unknown Risks«) waren. Anderseits ist die Denkfigur des Spiels eine Basis, um der wahrgenommenen Komplexität der Situation entsprechend zu entscheiden.

Es ist die Leistung der Spieltheorie, dass man bei der strategischen Analyse, der Entwicklung von Szenarien, der Optionsentwicklung, der Strategiefindung, der Strategieformulierung und der Strategieumsetzung aus einem Guss oft erst die Wege findet, um auf Risiken adäquat reagieren zu können. Entscheidet man aber in einem solchen Szenario, entscheidet man ganz offensichtlich vorausschauend, flexibel, kontextsensibel und situativ. Man entscheidet strategisch.

Dass die Spieltheorie dafür den mathematischen Modellrahmen liefert, ist die gute Nachricht. Die schlechte Nachricht ist, dass Risikomanagement nach den Regeln der Spieltheorie keinesfalls heißt, dass man richtig entscheidet. Die Kenntnis und die Steuerung von Risiken sind nämlich nur der erste Schritt in einer langwierigen und mühseligen Entwicklung hin zum bestmöglichen (nicht unbedingt optimalen) Verhalten aller Risikoträger. Aus spieltheoretischer Sicht ist die Maximierung des Shareholder Value nämlich ein Prozess ohne Ende: Man spielt auf der Gesamtbankebene nur dann ein »Endspiel«, wenn die Annahmen eines Standardmodells das Spiel vollständig bestimmen.

Dass sich Charles Dickens einmal geweigert haben soll, am Ende eines Jahres einen Zug zu besteigen, weil die durchschnittliche Anzahl der Eisenbahnunfälle noch nicht erreicht war, bringt pointiert zum Ausdruck, dass die Einschätzung von Risiken durch Zahlen nicht automatisch für das richtige Erfassen von Zusammenhängen steht. Wird Spieltheorie »richtig« angewandt, bleibt diese Anekdote in der Tat eine Anekdote. Strategisches Risikomanagement dynamisiert und adaptiert sich nämlich gerade dadurch problemadäquat, weil auf der Stufe des Spieldesigns nur die Plattform für Risiko als Analyseobjekt konstruiert wird.

Hier gilt in der Tat das Pareto-Prinzip »Mit 20 Prozent Wissen, 80 Prozent Wirkung erzielen«. Hier greift noch kein mathematischer Automatismus, der in einer typischen Rigorosität Zusammenhänge prä-fixiert. Auf der Ebene des Spieldesigns, wo durch das Durchspielen von Folgen von »Was-wäre-wenn«-Szenarien zunächst einmal nur geeignet zu bewertendes Wissen erzeugt wird, ist als Input nämlich nicht nur das Detail in Form von Daten und mathematisch präziser Methodik, sondern auch (oder gerade) der Input in Form von strategischer Denkfähigkeit gefragt. Hier entscheidet sich mit dem Umgang mit der Kongressfrage »Ist der Mensch messbar?«, so wie sie Herbert Marcuse stellte, auch der Umgang mit der Kernfrage des globalen Risikomanagements: Ist »People Risk« messbar?

Die Antwort auf die letzte Frage muss natürlich ein klares Nein sein. Wird aber die Frage, ob »People Risk« messbar ist, durch die Frage »Ist People Risk antizipierbar?« im Ergebnis offen in der strategischen Dimension reformuliert, ist die Antwort auf die letzte Frage ein klares Ja. Ein Desaster in der WTC-Dimension ist zwar mathematisch nicht vorhersehbar, aber zumindest in der Strategiedimension nicht undenkbar. Soll ein Risikomanagementsystem ein Früherkennungs- und ein Frühwarnsystem sein, ist Letzteres der gerade entscheidende Punkt. Um das Ziel »Manage dein Risiko, bevor es dich managt« zu erreichen, sind die Tücken von Spielen zunächst einmal zu erkennen. Vorausgesetzt, »es passiert nicht zuviel auf einmal«: Hier muss das Moment, dass Einsichten statt Antworten zunächst einmal die Perspektiven überhaupt erst schaffen, auf denen Modelle dann aufsetzen können, noch das Moment dominieren können, dass eine Strategie ohne Zahlen zunächst einmal wie ein Flug ohne Instrumente ist.

Die Entwicklung von strategischem Risikomanagement braucht Zeit. Diese muss man sich auch bei in Echtzeit getakteten Finanznetzen einfach nehmen, wenn oft nur noch zu antizipieren ist, dass sich Risikolagen plötzlich verändern können. Ein strategisches Risikomanagementsystem, das als Früherkennungs- und als Frühwarnsystem gerade das Moment fokussieren muss, dass es nicht immer der Mangel an Daten ist, der die Lösung von Problemen erschwert, muss sich in Richtung eines stimmigen Instrumentariums zur Messung zur Vielfalt der Form von Risiken zunächst einmal entwickeln können.

In diesem Sinne steht hinter der Frage nach der Performance strategischen Risikomanagements in der Tat Friedrich Dürrenmatts kategorischer Imperativ: »Was alle angeht, können nur alle lösen« genauso wie die Worte, die Ludwig Wittgenstein am Ende seines Tractatus schrieb: »Worüber man nicht sprechen kann, darüber muss man schweigen.« Bildlich gesprochen steht hinter strategischem Risikomanagement also das, was die Spieltheorie durch das Bild des gemeinsamen Backens und des gemeinsamen Verteilen eines Kuchens beschreibt.

Galileo Galileis Urteil, »Neugier steht immer an erster Stelle eines Problems, das gelöst werden will«, ist zeitlos. In diesem Sinne ist entdeckendes strategisches Risikomanagement keine »Blackbox«. In diesem Sinne ist Spieltheorie »keine Theorie für alles«. Dies ist kein Widerspruch, wenn unter dem Stichwort »strategische Vorausschau« die Metapher des Backens und des Verteilens eines Kuchens in ihrer Bedeutung gerade für die Früherkennung von Risiken erst einmal erkannt wird. Nicht mehr, aber auch nicht weniger leistet die Spieltheorie. Sie leistet dies dadurch, weil sie mit der Mathematisierung der Spielmetapher das Denken von Strategie und das Denken von Umsetzen von Strategie so mathematisiert, dass sich der Raum reduziert, in dem Ergebnisse, die vorgelegt werden, nicht nachvollziehbar sind.

Dieser Punkt ist wichtig in unruhigen Zeiten. Hier werden Ergebnisse (des Risikomanagements) oft erst dadurch richtig problematisch, weil sie gerade nicht den Erwartungen entsprechen. Vor diesem De-facto-Sachverhalt muss man sagen: Ein Spielkontext visualisiert und operationalisiert das Risikomanagement so, wie es nach Basel II zu verstehen ist. Die Denkfigur des Spiels ist ein Mechanismus für rechtzeitige »Risk Inspection«.

Jeder in einer (Spiel)Situation involvierte Risikoträger kann (muss) den Weg strategischen Denkens mit beschreiten, weil jeder Akteur zumindest erkennt, dass sein zielorientiertes und informationsehrliches Verhalten durch sein Einbringen von seinem Erfahrungshintergrund zum Finden einer bestmöglichen Lösung beiträgt. Dass diese Lösung dann nicht nur für ihn, sondern auch für alle Beteiligte als Konsens über die Situation die bestmögliche realisierbare individuelle Wertschöpfung in Form einer bestmöglichen Risikoprophylaxe liefert, ist mit der Krux nichtstrategischer Standardmodelle das Credo strategischer Risikomodelle. Der Grund liegt auf der Hand. Risikoträger, die strategisch entscheiden, wissen, dass sie nur dann (und nur dann) das Bestmögliche bekommen, wenn alle Risikoträger auch das Bestmögliche wollen.

Inhalte müssen auf den Tisch

Im strategischen Risikomanagement liegen die Anreize, um im »Team der Disziplinen« die bestmögliche Risikoprophylaxe durch koordiniertes Verhalten seiner Mitglieder zu bekommen quasi auf dem Tisch, an dem das Spiel gedanklich durchgespielt wird. Hier kann jeder Akteur jederzeit seine Ausstiegsoption ziehen. Hier kann jeder Akteur aber auch erkennbar zur Wertschöpfung durch »a clear sense of dynamics« beitragen.

Im Lichte von Werner Heisenbergs Urteil: »Die richtige Fragestellung ist oft mehr als der halbe Weg zur Lösung des Problems« ist die Frage, warum Spieltheorie eine bessere Sicht auf die Dinge liefert, vergleichsweise einfach zu beantworten: Wenn in einer Entscheidungssituation alle Akteure die Frage beantworten können, um was es geht, wird ein strategisches Risikomanagementsystem gelebt. Es wird zu einem strategischen Führungsinstrument: Die Köpfe der Akteure werden aktiv genutzt und nicht passiv nur benutzt. Die Glaubwürdigkeit von Fehlerdiagnosen steigt, wenn Konsens darüber herrscht, welche Risiken wie anzugehen sind: Nur dann (und nur dann) ist eine angemessene (adäquate) Qualitätskontrolle überhaupt erst möglich.

So ist durch Spieltheorie fundiertes strategisches Risikomanagement aber gerade die Strategiepraktik, wo Spieler wissen und erkennen, dass es ihr Engagement ist, das bestimmt, inwieweit die Chancen und die Risiken einer Situation zunächst einmal in ihren Konsequenzen überhaupt erfasst werden können. Dies ist aber ein notwendiges und hinreichendes Kriterium dafür, um überhaupt erst einen internen Rahmen zu schaffen, der mit einem Mehr an Orientierung in risikoreichen und volatilen Zeiten auch gewährleistet, dass mit dem gezielten Einsatz der Ressourcen des Managements auch das Risikomanagement selbst wertschöpfend im Sinne des Shareholder-Value-Ansatzes eingesetzt wird.

Aus spieltheoretischer Sicht ist Laotses Diktum »Der Weg ist das Ziel«, was Managementansätze gern unter dem nur in einem spieltheoretischen Kontext erst Sinn gebenden Wortspiel subsumieren, eine »Loose-loose-Situation« in eine »Win-win-Situation« zu wandeln, damit ein durchaus gangbarer Weg. Dieser Weg ist schwer zu beschreiten. Verantwortlich dafür ist das letztendlich unergründliche »Wesen von Strategie«, mit anderen Worten, die komplexe Problematik der Umsetzung der Steuerungsimplikationen von Basel II.

In einem Spielkontext sind Spieler (Risikomanager), die mit der Zerlegung der Komplexität einer Situation in handhabbare Komponenten den konstruktiven Umgang mit dem Dissens von Interessen oft erst lernen müssen, aber in der Tat in einer Situation, wo man beim Suchen mit einer Lupe (Filter) nicht das findet, was man sucht, wenn man nicht weiß, wo man suchen soll.

Mit dem Management als Spieler, der seine Spielzüge entweder als Moderator machen kann oder aber als Command-Control-Instanz machen muss, um die notwendigen »Commitments« zwischen den Spielern herzustellen, ist der Weg in Richtung strategisches Risikomanagement ein Weg in den drei Schritten:

▶ Finde für die konkrete Situation den passenden gedanklichen Rahmen eines Spiels.

▶ Finde in dem Spiel geeignete Lösungen und folge dem Lösungsweg.

▶ Setze diese von allen Spielern akzeptierte Lösung gemeinsam um.

Quintessenz

»Nicht von Beginn an enthüllen die Götter uns Sterblichen alles. Aber im Laufe der Zeit finden wir suchend das Bessere.«
(Xenophanes)

Strategie steht für Früherkennung und Frühwarnung. Als offenes Denken steht Strategie für Abtasten, Ertasten und Weiterentwicklung durch Kontakt mit der sich verändernden Realität.

15   Abrégé: So arbeitet die Spieltheorie

Nicht was wir gedacht haben, sondern vielmehr wie wir es gedacht haben, betrachten wir als unseren Beitrag zur Theorie.

Carl von Clausewitz

In einer Welt schwindender Gewissheiten gibt es kaum noch einfache Standard-lösungen. Dabei überrascht es scheinbar nicht, dass hoch automatisiertes und routinemäßig betriebenes Risikomanagement unter dem stochastischen Kontroll-paradigma (Brownsche Bewegung) an seine Erkenntnis- und Erklärungsgrenzen stößt. Dabei überrascht es scheinbar schon eher, wenn im September 1997 mit dem Kreuzer »Yorktown« vor der Küste von Virginia ein mehrere Milliarden US-Dollar teures Hightechschiff der U.S. Navy, das gegen alle denkbaren Angriffe geschützt und mit allen denkbaren operativen Möglichkeiten ausgestattet ist, plötzlich im wahrsten Sinne des Wortes vom operativen Netz der U.S. Navy geht.

Die Yorktown war schwer »getroffen« und manövrierunfähig. Sie dümpelte vor Virginias Küste und musste notgedrungen Schlepperhilfe anfordern. Was war geschehen? Die Antwort war für das Selbstverständnis der U.S. Navy mehr als deprimierend. Mit der »Null« hatte ein virtueller und kein militärischer Gegner final zugeschlagen. Die Computer der Yorktown waren gerade mit einer neuen Software ausgestattet worden, die zentral die Maschinen kontrollierte und steuerte. Im Programmcode lauerte eine Null. Sie hatte alle Testläufe überstanden. Vor der Küste Virginias schlug die »Null« überraschend zu: Das Rechnersystem der Yorktown versuchte nämlich durch Null zu dividieren.

Die Wirkungen waren fatal. Mehr als 80 000 PS waren in sekundenschnelle näm-lich wirkungslos. Es war wenig tröstlich, dass Spezialisten nach mehreren Tagen die Null an der falschen Stelle im Programmcode fanden und entfernten. An eine solche Situation zu einem anderen Zeitpunkt an einem anderen Ort in einer ande-ren Lage vermag man nicht zu denken. Man fühlt sich an das Urteil von Wernher von Braun erinnert: »Bei der Eroberung des Weltraums sind zwei Probleme zu lösen: die Schwerkraft und der Papierkrieg. Mit der Schwerkraft wären wir fertig geworden.« So wie die Multiplikation mit der Null die Zahlengerade auf einen Punkt zusammenschmelzen lässt, so lässt ein Ereignis, das so nicht gedacht wurde, aufgrund seiner Wahrscheinlichkeit von (fast) null das Gebäude einer komplexen Technologie in sich zusammenfallen.

Zur Sache: Dass die Produktfamilie der Finanzinstrumente auf eine fast unüber-schaubare Vielfalt angewachsen ist, ist nur ein Grund dafür, dass Banken mit neuen (Hightech)Produkten und neuen Organisationsformen experimentieren müssen: Nur so können sie sich auf Marktsegmenten behaupten, die durch die Flüchtigkeit von Perspektiven, Kurzfristigkeit und Einmaligkeit oft nur vage konturiert sind.

Hier kommt Strategie ins Spiel: Muss aufgrund der sich im Informationszeitalter per se verkürzenden Zeitspanne zwischen Erkennen und Entscheiden die Fähigkeit zur Anpassung selbst zur Routine werden, ist das im Ergebnis offene Konzept der Strategie nämlich *das* Instrument zur Beherrschung des Wandels. Sei es darum, dass Strategie das Instrument ist, das durch die Abstimmung der internen Fähigkeiten der Bank auf die äußeren Umstände die Vielzahl sich wandelnder Faktoren erst in ihren Zusammenhang stellt. Oder sei es darum, dass nach modernen Managementansätzen die Strategiefähigkeit das Maß für die Performance ganzheitlichen Risikomanagements ist.

Den Werten einen Wert geben

Unter dem Stichwort »Institut als Portfolio« ist bei Organisationsmonolithen, wie es (nicht nur) Banken nun einmal sind, der Übergang zu einem vernetzten, multiplen Steuerungssystem weder trivial noch billig. Der Aufbau eines globalen Risikomanagementsystems kann aus den verschiedensten Gründen nicht auf Anhieb gelingen:

▶ Die Ziele sind wider die für Bankorganisationen typische hohe Regelungsdichte und ausgeprägte Regelungstiefe in der Strategiedimension flexibel zu formulieren und die Ausrichtung der Bank ist als Ganzes flexibel zu organisieren: Dies ist für in der Logik der Stochastik stehende Researcher ungewohnt.

▶ Der Ausgleich von Mentalitätsdifferenzen und die Neuregelung von Befugnissen und Durchgriffsrechten entlang flexibler Wertschöpfungsketten erfordern bei nicht mehr nach Risikoarten getrennten Abteilungen die Entwicklung neuer Formen zum bewussten und disziplinierten Umgang mit Risiken: Dies kann nur gelingen, falls die quantitativen Methoden des Risikomanagements mit den qualitativen Methoden des Konfliktmanagements verflochten werden.

▶ Für bestimmte Ausprägungen von Informationsrisiken existieren keine Präzedenzen. Dies hebelt standardisierte Risikokalküle aus, weil keine empirisch fundierten Eintrittswahrscheinlichkeiten vorliegen beziehungsweise keine Erfahrungswerte und Verteilungen über potenzielle Schadenshöhen verfügbar sind, falls Risiken noch nicht zum Schadensfall geführt haben.

▶ Globales Risikomanagement geht nicht mehr nur für den Zugriff auf Fakten und Daten, sondern auch für den Zugriff auf die »Köpfe«. Dies bedeutet, dass die Entwicklung und die Implementierung eines Strategiefokus viel Zeit, Überlegung und Technologie erfordert.

Der in der Strategiedimension notwendige Zugriff auf die »Köpfe« der Strategen transportiert den Kern der hinter modernem Risikomanagement stehenden Veränderung. Man muss sagen: Als Suche nach immer vollständigeren Bildern der Realität durch Antworten *und* Einsichten steht Strategieorientierung dafür, dass im Risikomanagement mit dem Menschen als mehr oder weniger gutem Strategen durch Verhaltensrisiken machtvoll und nachhaltig eine neue Klasse von Risiken ins Spiel kommt. Das englische Sprichwort »Be the jockey, not the horse« steht dafür, dass im Prozessmanagement ein dorniges Terrain zu beschreiten ist.

Durch die Verzahnung von quantitativen und qualitativen Risiken hat strategisches Risikomanagement dann auch seine Tücken. Mit »People Risk« tritt neben das routinemäßige Messen von Risiken und das routinemäßige Verfeinern von Methoden der Umgang mit Nicht-Messbarkeiten, wenn auch die Risiken zu handhaben sind, die aus Webfehlern in Wahrnehmungsmustern und aus der Verschiedenartigkeit von Wahrnehmungsfiltern resultieren. Dass beide Risikoarten zwar Risiken bestimmen, ohne dabei aber gleichberechtigte Partner zu sein, verändert die Architektur des Risikomanagements dann auch nachhaltig. Man bedenke nur, dass es gerade die Fähigkeit zur Vorausschau durch strategisches Denken ist, die auch die Fähigkeit bestimmt, innovative Geschäftsmodelle zu entwickeln.

Weil die Bankenaufsicht mit Basel II zwar nicht eindeutig im Detail, aber doch in der Diktion zwingend unter dem Rubrum »Risikofrüherkennung« das Konzept der Strategie prominent stellt, steht globales Risikomanagement letztendlich dafür, dass sich Banken mit der prinzipiellen Ergebnisoffenheit einer strategischen Lösung den Herausforderungen eines strategischen Risikomanagements in einer differenzierten Form auch stellen müssen. Bedenkt man, dass Strategieorientierung in dem Sinne für eine umfassendere Logik als die Messbarkeitslogik der Stochastik steht, weil Neues zu denken und unbekannten, auf Erfahrungen beruhenden Mustern zu folgen der Kern von Strategie ist, gilt hier der oft strapazierte Begriff des Paradigmenwechsels uneingeschränkt. Im Risikomanagement wird, bildlich gesprochen, der zentrale Punkt der Selbstentdeckung dann verfehlt, wenn Schlagworte wie »Flexibilität« und »Lernen in Organisation« durch das Herausbilden flexibler Umgangsformen mit Risiken quasi nicht gelebt werden.

Auf diesem dornigen Terrain liest sich Gerhart Hauptmanns Urteil »In der Beschränkung zeigt sich erst der Meister« dann auch wie eine Empfehlung für den Umgang mit dem konzeptionellen Problem, dass eine von der Bankenaufsicht und Anspruchs- und Interessengruppen priorisierte Managementphilosophie, die mit dem Fokus auf Strategie Kontext prominent stellt, einen mathematischen Rahmen braucht, der als ein offenes Setting die nichtstrategischen Standardansätze des Risikomanagements als Spezialfälle enthält.

Wird vor diesem Hintergrund Spieltheorie nicht nur als rein mathematisches Konzept in dem Sinne angewandt, dass gegebene Spiele analysiert werden, sondern wird auch dem (weniger bekannten) De-facto-Sachverhalt Rechnung getragen, dass Spieltheorie strukturentdeckend Strategie entwickelt, liefert Spieltheorie den oben umrissenen Rahmen. Dabei respektiert Spieltheorie in dieser Lesart als eine ganzheitliche Mathematik (Netzwerkmathematik) den Wert von Strategie, weil Spieltheorie so Strategie als Kommunikationsmedium für das begreift, was im globalen (strategischen) Risikomanagement erst (oder gerade) Werte schafft. Spieltheorie so angewandt steht für eine Verarbeitung von Kontext, wo das bessere Verstehen des Weges zum Ergebnis mindestens (oder erst) genauso wichtig ist wie das Ergebnis selbst.

Handle with Care

In der hier gebotenen Kürze werden im Folgenden mit einem Minimum an spieltheoretischer Terminologie und institutionellen Details vier einfache, in ihrer Komplexität mäßig zunehmende (Spiel)Szenarien grob skizziert. Dabei wird das (letztendlich unergründliche) Wesen von Strategie dadurch respektiert, dass die Resultate von Spielanalysen nur als optimierte Vorschläge und nicht als optimale Lösungen zu begreifen sind. Es werden nur bestmögliche Lösungen (Risikostrategien) für die Spiele präsentiert. Wir wissen nicht sicher, ob wir vor der skizzierten Situation X mit dem Spiel Y das »richtige« Spiel spielen.

Die Bedeutung des Punktes, dass eine mathematisch exakte Lösung nicht die (vor der Realität) richtige Lösung sein muss, ist nicht zu verkennen. Da (Spiel)Szenarien dafür stehen, dass Entscheidungsgrundlagen stets verbesserungswürdig und verbesserungsfähig sind, transportieren bestmögliche Risikostrategien (Spiellösungen) durch ihren »Nur-Vorschlagscharakter« das zentrale Moment der Risikofrüherkennung. In diesem Sinne sind Risiko(Spiel)Strategien als »nur« bestmögliche Lösungen aber gerade qualitätsgesichert. Man kann sagen: Eine Risiko(Spiel)Strategie ist dann qualitätsgesichert (marktfähig), wenn sie robust gegen das Eindringen neuer Strategien ist. Eine Kennzahl wäre die Größe des in sie investierten Kapitals.

 Wenn auch nicht auf Punkt und Komma quantifizierbar, gebührt dem Moment Aufmerksamkeit, dass es ein integraler Bestandteil von spieltheoretischen Analysen ist, dass mit der bewussten Entscheidung für oder gegen ein Spieldesign stets auch eine bewusste Entscheidung für oder gegen einen Kontext (Risiko) zu treffen ist. Man muss sagen: Entscheider, die strategisches Risikomanagement (Spieltheorie) betreiben, entscheiden (wie Strategen) selbst und eigenverantwortlich, welche Faktoren sie in ein Spielmodell integrieren und welche Faktoren sie nicht in ein Spielmodell integrieren. Dass in einem (Spiel)Szenario diese Entscheidung auch transparent ist, ist die gute Nachricht, wenn es um die Evaluierung von Risikomanagement durch Bankenaufsicht, Rating-Agenturen und Shareholder geht.

Aus der Perspektive der wohl etablierten Machtspieler in den Hierarchien der Banken ist die möglicherweise schlechte Nachricht allerdings, dass Spieltheorie mit dem Fokus auf Spielerverhalten (Informationstransfer) das Moment der Risikofrüherkennung verursachungsgerecht operationalisiert. In einem strategischen Kontext, der wider einem nichtstrategischen Kontext nicht nur auf bereits entwickelte Modelle aufsetzt, sind Kontrollmängel und Fehlverhalten nicht mehr nur als hinzunehmendes Beiprodukt unzureichender Modellbildung zu diagnostizieren: In einem Spielkontext sind Ursachen im Regelfall nicht mehr subjektlos. In einem Spielkontext ist Hermann Josef Abs Urteil, »Eine Bank lebt von den schlechten Geschäften, die sie unterlässt«, keine Worthülse.

In Spielkontexten ist die Vernichtung von Werten durch »Ignorance«, um einen oft strapazierten Anglizismus zu gebrauchen, quantifizierbar. Noch anders ausgedrückt: Beim Spieldesign, wo die Grenze zwischen Wissen und Nichtwissen über Risikofaktoren die Grenze ist, bis zu der man Risiken auf die Spur kommen kann, sind nicht (wie bei der Münzwurfanalogie) Risiken anonym zu identifizieren. Überspitzt kann man formulieren, dass Spieltheorie zeigt, dass Entscheider bei der Auseinandersetzung mit Risiken den einfachsten Weg gehen, wenn routinemäßig das gewählte (Spiel)Szenario als Spiellösung eine optimale Risikostrategie hat, die bis auf Punkt und Komma mit der Lösung eines Standardmodells identisch ist. Dabei ist unbestritten: Je nach Kontext kann eine nichtstrategische Entscheidung die richtige sein, muss es aber nicht.

Die Zukunft (Vor)(Aus)Denken

Wir werden nun den Weg strategischer Analyse ein Stück weit beschreiten. Wohlgemerkt nur ein Stück weit. Wir nennen noch einmal die Gründe: Obwohl sich die gewählten (Spiel)Szenarien bewusst nicht an Standardmodelle anlehnen, haben auch sie eindeutige Spiellösungen. Sie stehen durch Rückgriff auf ein wenn auch nur mäßiges, aber dennoch gewisses mathematisches Raffinement dadurch für den »Best Case« strategischen Risikomanagements.

Den »Preis« dafür zahlen wir dadurch, dass wir komplexe strategische Entscheidungen stark vereinfacht präsentieren. Ja, mehr noch – da im Folgenden »Spielanalyse« prominent gestellt wird, setzen die (Spiel)Szenarien mit dem Ausblenden des Spieldesigns auf einem schon konsensfähigen strategischen Fundament auf. Die (Spiel)Szenarien stehen unter der Prämisse »Gegeben das Spiel«. Wir stellen uns hier nicht dem Problem »Suche das Spiel«. Zu erklären, dass Analysen rund um das Spieldesign den Rahmen des Buches sprengen würden, wäre sicherlich die (für uns) eleganteste Lösung. Die Erklärung, dass die Methoden von Verhaltenswissenschaften nicht unbedingt »Mathematikers/Physikers Sicht« sind, ist dagegen eine ehrliche Antwort: Wir wählen die letzte Variante.

Halten wir aber dennoch Folgendes fest: Indem wir aus der Triade Spieldesign, Spielanalyse und Spielsimulation hier nur das Glied »Spielanalyse« skizzieren, verkennen wir keineswegs die Bedeutung der Lösungsfindung im Team der Disziplinen, wenn es um die Organisation von strategischem Risikomanagement mit der Spieltheorie als ganzheitlicher Strategiepraktik geht, und wir verkennen keineswegs die Probleme, wenn es um die datenverarbeitungstechnische Umsetzung von strategischen Risikomanagement geht (Spielsimulation). Bleiben wir im Bild des Spieldesigns als Teamlösung, kann man sagen: Wir sind nur der Teil des Teams, der erst dann richtig zum Zuge kommt, wenn im Vorfeld der mathematischen Analyse mit dem Spieldesign schon ein großer Teil der Arbeit geleistet wurde, die im strategischen Risikomanagement zu leisten ist. Uns werden durch das Lösen der Probleme, die im ganzheitlichen Zusammenwirken der Faktoren Mensch, Technik und Organisation liegen, durch ein konsensfähiges Spieldesign die Bausteine des Spielmodells schon angeliefert.

Im strategischen Risikomanagement, wo es darum geht, die Balance immer wieder neu zu finden, die mit der notwendigen Wahl mathematischer Verfahren auf der einen Seite die Freiheit des Strategen auf der anderen Seite nicht zu sehr beschränkt, übt sich die Spieltheorie zwar nicht als Ganzes, wohl aber mit der Mathematik als ihrer mächtigen formalen Teilstreitkraft in der notwendigen Bescheidenheit. Dies in einem logisch konsistenten, ganzheitlichen Ansatz bei Bedarf tun zu können, ist ein wichtiger Punkt, wenn man ihn vor den bekannten Implementationsproblemen von »Neuem« mit dem Urteil von William McDonough (Vorsitzender des Basler Ausschusses für Bankenaufsicht) kontrastiert: »Basel II darf kein Thema sein, das selbst ein Bankvorstand nur an seine promovierten Mathematiker verweisen kann.«

Richtet man den Blick direkt auf die methodisch-konzeptionelle Ebene, hat beim Risikomanagement im Wandel die Möglichkeit einer »gewissen« mathematischen Zurückhaltung möglicherweise sogar die Qualität einer (strategischen) Option. Man bedenke nur, dass es keine Frage der Mathematik allein ist, bei einem Risikomanagementsystem die zentralen Werte schaffenden Faktoren zu identifizieren, an denen wertschöpfende Strategien auszurichten sind, und es ist auch keine Frage der Mathematik allein, die Kriterien zu finden, durch die ein Risikomanagementsystem für die kritische Auseinandersetzung mit der Praktikabilität von Lösungen steht, wenn die Intention des Basler Ausschusses umzusetzen ist, eine

Anreizstruktur zu schaffen, die von Banken, die aufwändige Risikomanagement-systeme verwenden, weniger Eigenkapitalunterlegung verlangt als von Banken, die im Vergleich dazu eher einfache Methoden verwenden.

Nicht ziellos in die Sterne schauen

Es ist noch die Frage zu beantworten: Was verbindet Risikomanagement und (Spiel)Szenarien? Die Antwort liegt auf der Hand, wenn im Risikomanagement einerseits das Innehalten (Nachdenken) in sich schnell verändernden wirtschaftli-chen, gesellschaftlichen und technischen Umfeldern zum Problem wird und es aber andererseits die Aufgabe ist, dass die Fähigkeit zu angemessenen Aktionen und Reaktionen durch bestmöglich vorgedachte Bühnenbilder nicht dem Primat des Tagesgeschäftes unterliegen darf.

Hier greifen (Spiel)Szenarien, weil schon der Rückgriff auf »einfache« Spiele ein besseres Verständnis für die Grundstruktur einer Entscheidung unter von inhalt-licher Unschärfe und Mehrdeutigkeit der Erwartungen geprägtem Risiko liefert – und zwar ohne dass dabei sofort die für Standardmodelle typischen Ad-hoc-Annahmen zu treffen sind. Gelingt durch das bessere Erkennen des Verhaltens von Risikoträgern aber gerade auch das bessere Erkennen der Risikotreiber, gelingt das, was nach Basel II im globalen Risikomanagement unter Risikofrüher-kennung zu verstehen ist. Es ist das Verständnis von »einfachen« Spielen bezie-hungsweise die Fähigkeit, komplexe Spiele auf »einfache« Spiele zu reduzieren, was für moderne Risikoprophylaxe steht: »Einfache« Spiele legen die Basis für komplexe Spiele beziehungsweise in komplexen Spielen liegen oft »einfache« Spiele verborgen, die es zu identifizieren gilt.

Das eine organisierte Systemvorschau durch »einfache« Spiele für Risikofrüher-kennung steht, weil schon »einfache« Spiele den Fokus nicht nur auf gerade aktu-elle Datenlagen, sondern auch (oder gerade) auf die unter dem Gestrüpp der Daten verborgen liegenden zeitlosen Verhaltensprinzipien (Risikotreiber) lenken, zeigt die Ödipus-Metapher. Bekannterweise fehlte Ödipus zu einer Systemvor-schau so etwas wie Fantasie im Sinne des clausewitzschen »Coup d'Oeil« als er das Rätsel der Sphinx löste. Es war die Perfektheit der Lösung des Ödipus, durch die (durch Kontrollillusion) die lange Kette von Katastrophen erst entstand, die Dichter und Psychoanalytiker für die nächsten dreitausend Jahre dann beschäftigt hat (und wohl noch weiter beschäftigen wird).

Aus heutiger Sicht wäre eine Lesart des »Ödipus-Komplexes«: Bei seinem Spiel gegen die Sphinx verhielt sich Ödipus mangels fehlender Übersicht in einer stra-tegischen Situation nicht strategisch. Letzteres ist der entscheidende Punkt. Wird Risikomanagement nach den Regeln der Spieltheorie betrieben, kann sich der Glaube an die Perfektheit von Lösungen nicht (so schnell) manifestieren, weil Entscheider in Spielkontexten stets eine im Ergebnis offene Systemvorschau betreiben, wenn sie die Chancen und Risiken ihrer Entscheidung mit dem Auswahlproblem von oft zunächst »einfachen« Spielen verbinden, um sich etwas besser gegen die in der Zukunft so gefürchteten »Surprises« zu wappnen.

Die Verbindung von (Spiel)Szenario mit im Ergebnis offener Systemvorschau ist das Stichwort. Gemäß Napoleons Devise: »On s'engage et puis on voit« (Man fängt einfach mal an, dann wird man schon weitersehen) ist Spieltheorie nicht nur als Automatismus zur Berechnung von Nash-Gleichgewichten (Zukunftsextrapolation), sondern auch als Instrument der Systemvorschau (Zukunftsantizipation) zu verstehen. In diesem Sinne stehen die folgenden (Spiel)Szenarien auch dafür, um durch ein Mehr an zielgerichteter Handlungsflexibilität reale Optionen zu erzeugen. Es sind schon »einfache« Spiele, die Chancen zur Bewertung von Gelegenheiten ergeben, die aus einer Entscheidungsveränderung durch eine Spielregelveränderung resultieren. Es sind schon »einfache« Spiele, die Alternativen aufzeigen, die sonst so nicht erwogen worden wären.

Realisieren Entscheider aber, dass auch schon in »einfachen« Spielen komplexe Probleme durch das Stellen der richtigen Fragen zu Nash-Lösungen systematisch durchdacht werden können, ist schon viel gewonnen. Sei es darum, weil sie bewusst wahrnehmen, dass sie vor der Realität (fast sicher) nicht das richtige Spiel spielen. Oder sei es darum, dass sie bewusst wahrnehmen, dass Richard Hammings Urteil gilt: »The purpose of complexity is insight, not numbers.«

Szenario I: Valuing Models and Modeling Value

Luca Pacioli steht streng genommen am Beginn der Geschichte des Risikomanagements, so wie sie heute zu schreiben ist. Im Jahre 1494 veröffentlichte er mit der »Summa de Arithmetica, Geometria, Proportioni et Proportionalitá« sein mathematisches Hauptwerk. Neben einer ersten gründlichen Darstellung der Prinzipien, die heute die Prinzipien der doppelten Buchführung sind, formulierte er in der »Summa« mit der »Aufgabe mit den Punkten« ein Problem, das schon im 15. Jahrhundert im Prinzip die Fragestellung vorwegnimmt, die als die zentrale Fragestellung der Optionspreisbewertung heute zu bezeichnen ist.

Das Szenario

Ein Spieler A und ein Spieler B leisteten einen Einsatz von je 32 Geldeinheiten (GE). Mit einer Münze als Entscheidungsautomatismus vereinbarten sie ein Glücksspiel, »Balla-Spiel« genannt. Dabei lauteten die Spielregeln:

- Fällt die Münze auf Kopf (K), bekommt der Spieler A einen Punkt zugesprochen.
- Fällt die Münze auf Zahl (Z), bekommt Spieler B einen Punkt zugesprochen.
- Der Spieler, der zuerst 7 Punkte hat, gewinnt das Spiel. Er bekommt den Einsatz beider Spieler.

Ein altes Problem

Das Spiel konnte nicht zu Ende geführt werden. Nachdem der Spieler A schon fünf Punkte auf seinem Konto hatte und der Spieler B aber erst vier Punkte gewonnen hatte, musste das Spiel plötzlich abgebrochen werden. Die Spieler hatten 64 GE zu verteilen. Es kam, was kommen musste: Es kam zum Streit, wie der Einsatz des Spiels gerecht aufzuteilen ist. Blaise Pascal und Pierre de Fermat lösten dieses als »problème des parties« bekannte Verteilungsproblem, mit dem sich die Mathematiker schon seit den Zeiten von Luca Pacioli vergeblich auseinander gesetzt hatten. Ihre Idee war es, mit dem erwarteten Erlös auch die Wahrscheinlichkeiten als ein Kriterium zur Lösung heranzuziehen.

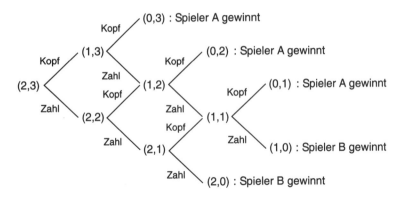

Abbildung 15.1 Balla-Spiel klassisch

Die Lösung von Pascal und Fermat

Betrachten wir die Situation: Der Spieler A benötigt noch m = 2 Punkte zum Sieg, wohingegen der Spieler B noch n = 3 Punkte zum Sieg benötigt. Abbildung 15.1 zeigt den möglichen Spielverlauf – nach dem Abbruch des Spiels. Wir steigen zum Zeitpunkt des Spielabbruchs (2,3) in das Spiel ein und führen es zu Ende. Die in der Grafik rechts von (2,3) stehenden Tupel stehen für die Runden, die den Spielern noch zum Sieg fehlen.

Was ist der erwartete Erlös (E) von Spieler A (und damit natürlich auch von Spieler B) zum Zeitpunkt des Spielabbruchs (2,3)? Wir wollen diese Frage schrittweise beantworten, indem wir die Grafik quasi von links nach rechts abarbeiten.

Die Münze fällt mit der Wahrscheinlichkeit von ½ auf K oder Z. Entweder gewinnt der Spieler A oder der Spieler B einen zusätzlichen Punkt. Dies bedeutet, es ist:

E (2,3) = ½ E (1,3) + ½ E (2,2)

Betrachten wir die Summanden der obigen Gleichung genauer:

Tritt der Fall: (2,2) ein, fehlen beiden Spielern noch zwei Runden zum Sieg. Wir haben eine Pattsituation. Der Gewinn könnte geteilt werden. Jeder Spieler erhält 32 GE. Damit gilt offensichtlich: E (2,2) = 32

Tritt der Fall (1,3) ein, fehlt Spieler A noch eine Runde zum Sieg. Spieler B fehlen dagegen noch drei Runden zum Sieg. Hier ist eine differenzierte Betrachtung notwendig. Das Spiel ist nicht beendet. Es gibt keine Pattsituation. Es ist der erwartete Erlös des nächsten Münzwurfs auszuwerten. Offensichtlich gilt:

E (1,3) = ½ E (0,3) + ½ E (1,2)

Dabei gilt: E (0,3) = 64, weil Spieler A hier das Spiel gewonnen hat.

Tritt der Fall (1,2) ein, fehlt Spieler A noch eine Runde zum Sieg. Spieler B fehlen noch zwei Runden zum Sieg. Mit den gleichen Argumenten wie oben gilt:

E (1,2) = ½ E (0,2) + ½ E (1,1).

Dabei gilt: E (0,2) = 64 und E (1,1) = 32.

Wir können die obige Gleichung nun lösen, da gilt:

E (1,2) = ½ (64 + 32) = 48; E (1,3) = ½ (64 + 48) = 56; E (2,2) = 32

Wir lösen und erhalten als Ergebnis: Mit E (2,3) = ½ 56 + ½ 32 = 44 bekommt Spieler A also 44 GE, wohingegen Spieler B dann 20 GE bekommt.

Ein moderne Reformulierung

Den erstaunlichen Wandel, den das Balla-Problem zwar in seiner heutigen mathematischen Präsentation, jedoch nicht in seiner grafischen Darstellung genommen hat, zeigt dessen Reformulierung in der Terminologie moderner finanzmathematischer Analytik.

Wir skizzieren hier nur die ersten Schritte: Es ist eine Siegprämie (P) an den Spieler A und den Spieler B unter der Informationsbedingung aufzuteilen, dass der Spieler A noch (m) Spielrunden und der Spieler B noch (n) Spielrunden für sich entscheiden muss. Das Aufteilen von P ist ein typisches Bewertungsproblem, das sich in der Optionspreistheorie stellt und beantwortbar ist.

Um zu einer Bewertung zu gelangen, wird ein Basiswert benötigt, der zum jetzigen Zeitpunkt feststeht. Jetzt ist ein eindeutiges Maß zu finden, das dafür sorgt, dass die stochastisch prognostizierte Entwicklung des Basiswertes ein Martingal bildet. Das Auszahlungsprofil der Option ist festzulegen, damit klar ist, welchen Betrag (PA) der Spieler A nach (m + n - 1) Spielrunden erhalten würde. Wir sind nun in der Lage dem Spieler B den komplementären Betrag ($P_B = P–P_A$) zuzuweisen. Lassen wir die Verzinsung außer Acht, können wir den Anteil von Spieler A als Erwartungswert bezüglich des Martingalmaßes berechnen und so weiter: »Lege artis«, nach den Regeln der Kunst.

In diesem Buch geht es um das strategische Management von Risiko und nicht um Risikomanagement im Sinne moderner Finanzmathematik. Wir wollen (und dürfen!) daher auch keine Finanzmathematik betreiben. Daher nur noch ein letzter Satz: Mit »Up« für Kopf und »Down« für Zahl liegt allen weiteren Berechnungen der Binomialbaum in Abbildung 15.2 zugrunde.

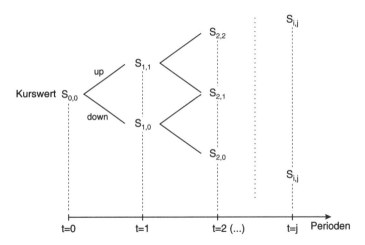

Abbildung 15.2 Balla-Spiel modern

Warum das Balla-Spiel, wenn es um strategisches Risikomanagement geht? Dies ist eine berechtigte Frage. Eine Antwort darauf ist, dass das Balla-Spiel Erkenntnis- und Erklärungswert hat, wenn Risikomanagement im Wandel die Black-Scholes-Welt verlassen (können) muss. Risikomanagement im Wandel gerät nämlich in das Fadenkreuz diametraler Anforderungen. Sie resultieren aus dem De-facto-Sachverhalt, dass das Streben nach einer Balance zwischen fundamentaler Veränderung und operativer Perfektion im Tagesgeschäft in dynamischen Umfeldern eine neue Sicht auf monokausale Leitbilder erfordert, wenn diese Schieflagen provozieren.

Hier muss man sagen, dass die von der Denkfigur des Münzwurfs beherrschte Black-Scholes-Welt die falsche Welt ist, muss man sich, um Risiken besser zu verstehen, Risiken auch vorstellen können. Letzteres ist beim Balla-Spiel (in moderner Lesart) der kritische Punkt. Hier ist das Wesen von Risiko kein Thema. Hier spielt Wilhelm Raabes warnendes Urteil »Sieh nach den Sternen! Gib acht auf die Gassen« keine Rolle. Denn für das Vorstellen und das Verstehen von Finanzrisiken »aus einem Guss« sorgt nach dem Black-Scholes-Prinzip als Lösung des verallgemeinerten Balla-Spiels nämlich gerade die komplexe Risikolandschaften rigoros glättende Denkfigur des Münzwurfs.

Wird im Risikomanagement durch Basel II die Früherkennung von Risiken zum Primat des Handelns, steht Basel II durch die (implizite) Frage, ob Risiken planbar sind, für den Lackmustest der Münzwurfanalogie. Dass beim Balla-Spiel der Test nur bestanden wird, wenn das »Zukunftsportfolio« oder »Sollportfolio« tatsächlich aus dem »Istportfolio« per hoch vorsetzungsreichem Martingalmaß abgeleitet werden kann, bringt damit nachdrücklich die Aufgabe ins Spiel, sich mit dem Wesen von Risiken auseinander setzen zu können.

Die Sicht der Spieltheorie

Es ist vergleichsweise einfach, eine Verkehrsampel zu bauen. Es kann aber sehr schwierig sein, ein modernes Verkehrsleitsystem zu entwickeln. Es ist dieser qualitative Unterschied, der für den unterschiedlichen Einsatz von Know-how steht, wenn die Komponenten eines Systems auf der komplexeren Ebene des Systems selbst zu konstruieren und weiterzuentwickeln sind.

Im Jargon des Militärs hat man es auf der Ebene des Systems mit zielreichen Umgebungen zu tun. Mit zielreichen Umgebungen muss sich auch das Risikomanagement in Finanznetzen auseinander setzen können. Aufgrund sich inflationär entwickelnder Einflussfaktoren muss sich die Performance von Risikostrategien (als integrative Finanzierungslösungen) über die Kompetenz bestimmt, sich während der Marktdurchdringung Veränderungen durch Unsicherheit und Mehrdeutigkeit zu stellen.

In diesem Sinne ist im Risikomanagement das ständige Bewerten von Optionen und Situationen durch Experiment, Beobachtung und Erfahrung nicht mehr in »einfache« Formeln zu pressen. Weil Entscheider schlicht und einfach aufmerksam und alert sein müssen, ist der Umgang mit einer in diesem Sinne zu verstehenden Komplexität nicht mehr als ein Problem des Managements, sondern als Lösung von Managementproblemen zu begreifen.

Bestimmt den Wertschöpfungsbeitrag einer Strategie dadurch aber das Moment, durch kontinuierliche Beobachtung und Bewertung der Umwelt die richtigen Züge zu tun, kann man in Finanznetzen Risikomanagement unter der Diktion des Balla-Spiels, den Sachverhalt überzeichnend, unter das Motto stellen »Je mehr man plant, desto härter trifft einen der Zufall.« Die Frage nach dem Erfolg oder Misserfolg von Risikostrategien im Wettbewerb der Strategien verbindet aus spieltheoretischer Sicht die Frage, ob Risikofrüherkennung im Balla-Spiel möglich ist, dann mit der Frage: Ist das Balla-Spiel ein strategisches Spiel?

Die Antwort auf die letzte Frage ist ein klares Nein. Wir nennen einige Gründe:

▶ Mit dem wechselseitig auszuführenden Münzwurf betrachtet jeder Spieler seine Umwelt als vorgegeben und unbeeinflussbar. Die relevante Umwelt des Spielers A entsteht nicht durch strategische Überlegungen des Spielers B, der die Überlegungen des Spielers A vorwegnehmen könnte, um sein Verhalten auf das Verhalten von Spieler A abzustimmen (und vice versa).

▶ Jeder Spieler versucht in irgendeiner Form zu optimieren, weil sich Mitspieler unter dem Diktat des Münzwurfs nur passiv verhalten können. Aus spieltheoretischer Sicht steht wechselseitig passives Verhalten unter dem Diktat des nur von physikalischen Gesetzen bestimmten Münzwurfs für die rudimentärste Form eines (strategischen) Spiels. Es wird ein so genanntes »Spiel gegen die Natur« gespielt. Dabei steht die Natur für eine Metapher, hinter der sich eine Wahrscheinlichkeitsverteilung über die Umweltzustände verbirgt, die vom Verhalten der Spieler unabhängig ist.

▶ Das Balla-Spiel steht für eine Entscheidungssituation ohne vernunftbegabte Entscheider. Mit dem Black-Scholes-Prinzip lässt damit das für die Finanzmärkte richtungsweisende Organisationsprinzip aus prinzipiellen Gründen keinen Raum zur Früherkennung von Risiken. Es ist in Black-Scholes-Welten nicht darstellbar, wie und warum Entscheider Einfluss auf eine Lösung haben, wenn sie ihre eigenen Interessen verfolgen.

Der Übergang: Strategische Szenarien

Betreibt man Risikomanagement nach den Spielregeln des Balla-Spiels, ist die Gefahr der Kontrollillusion evident. In Finanznetzen ist Risiko ein mehrdimensionaler Prozess und kein eindimensionales Produkt aus den Faktoren Schadenssumme und Eintrittswahrscheinlichkeit, wenn Beziehungen zwischen den Faktoren bestehen, die das Auftreten und das Absichern von Risiko wechselseitig bestimmen. Das Bild, dass es nicht verwundert, dass ein Pferd nur schlecht auf seinen Hinterbeinen stehen kann, es wohl aber verwundern müsste, dass ein Pferd überhaupt auf seinen Hinterbeinen stehen kann, zeigt das Wesentliche des Problems, wenn dieser Zusammenhang nicht erkannt wird.

Fassbar machen statt vorhersagen

Durch »People Risk« hat seit dem WTC-Debakel das, was Risiko im vernetzten System der Weltwirtschaft sein kann, auf dramatische Weise seine Eindimensionalität verloren. Das Man-made-Schadensereignis »WTC-Debakel« steht als strategisches Ereignis dafür, dass man Risiko nicht mehr routinemäßig bagatellisieren kann. Wenn man sich das System der Netzwerke als Ganzes ansehen muss, um zu erkennen, wie sich Risiko auf das Gesamtsystem überhaupt auswirken kann, ist mathematisch gedachtes Risiko mit dem schillernden Begriff »People Risk« geeignet zu kombinieren. Stand »People Risk« (als »Operative Risk« deklariert) bisher mehr oder weniger nur für eine Denkschablone, unter der Fehler beim Umgang mit den Komponenten von Hardware und Software mechanistisch betrachtet wurden, steht »People Risk«(»Operative Risk«) nun schlicht und einfach dafür, dass im Risikomanagement auch das Undenkbare für denkbar zu halten ist.

Jedes Risiko wider den Normalfall ist ein Risiko, das dem Denken in Wahrscheinlichkeiten sehr schnell seine Grenzen setzt, weil es nicht in eine spezifische Richtung gezwungen werden kann. Risiken aus dieser Klasse halten sich nicht an von der Mathematik exakt zugewiesene Bereiche. So wie man keinen technisch perfekten Slalomläufer so ohne weiteres auf eine vereiste Abfahrtspiste schicken kann, kann man mit der Denkfigur des Münzwurfs zur Abschätzung von »People Risk« nicht mehr so einfach auf retrospektiv orientierte Statistik setzen, wenn durch »People Risk« mit Verhaltensmustern für das traditionelle Risikomanagement neuartige Faktoren zum festen Bestandteil der Risikoprophylaxe werden müssen.

Im globalen Risikomanagement steht »People Risk« für das Risiko der potenziellen Dominanz der Labilität der Situation über die Stabilität des von der Stochastik vorgegebenen Rahmens. Dabei steht »People Risk« de facto oft gerade dadurch für einen unsichtbaren Feind, der sich im Vorfeld eines Risikofalls quasi unerkannt heranschleichen kann, wenn im Risikomanagement Standardmethoden zur Prävention und Analyse von Risiko routinemäßig zum Zuge kommen, auf deren Zuverlässigkeit man sich nur allzu gern blind verlässt, falls man nur davon überzeugt ist, im Vorfeld die richtige Modellpflege betrieben zu haben.

Befindet man sich im Risikomanagement also quasi im »Blindflug«, wenn routinemäßig ausgeblendet wird, dass sich das Verhalten von Anwendern von Analysemethoden und Analysemethoden selbst in dem Sinne wechselseitig beeinflussen, dass nur die Einhaltung von Regeln und eine ausgereifte Technik zusammen ein Optimum ergeben, ist mit Nachdruck auf das Urteil von Albert Einstein hinzuweisen: »Die Mathematik handelt ausschließlich von den Beziehungen der Begriffe zueinander ohne Rücksicht auf deren Bezug zur Erfahrung.«

Stehen zwar ausgefeilte Tradingsysteme zum Aufspüren von Arbitragemöglichkeiten bereit, die viele Lichter am Ende eines Tunnels zeigen können, aber kennt man nicht die Geometrie des Tunnels selbst, in dem man sich bewegt, kommt in der Welt von Martingal, Itô-Lemma und Brownscher Bewegung sofort die Frage ins Spiel: Wie setzt man sich mit der Verwundbarkeit durch »People Risk« als neuer Dimension des Risikomanagements konzeptionell, methodisch und praktisch adäquat auseinander? Damit ist im Risikomanagement aber die Kernfrage zu fokussieren: Wie geht man mit dem Phänomen der Kooperation und der Nicht-Kooperation zwischen Akteuren um?

Wir nennen einige Gründe dafür, dass die Verdichtung der Probleme globalen Risikomanagements auf die Frage nach dem Umgang mit Verhaltensmustern (Kooperation/Nicht-Kooperation) für den adäquaten Umgang mit Risiko im Generellen steht. Zum einen wird diese Frage durch die Realität ständig belegt. Beispiele dafür, liefern so stereotype Aussagen wie die Aussage: »Wir haben von der Existenz des Risikos XY nichts gewusst« und die Aussage: »Das Risiko XY war durch höhere Gewalt unvorhersehbar«, die Praktiker und Experten zu geben pflegen, wenn die Finanzmärkte einmal mehr wider die Gesetze von Stochastik und Simulation entgleisen. Zum anderen wird diese Frage durch die Finanzpresse (zu) oft sogar spöttisch belegt. Dies in dem Sinne, dass man das Wort »Politiker« durch das Wort »Risikomanager« im Urteil ersetzt, das Winston Churchill über Politiker fällte: »Die Fähigkeit zu erklären, was morgen, nächste Woche, nächsten Monat und nächstes Jahr passieren wird. Und dann die Fähigkeit zu erklären, warum es nicht passiert ist.« Nicht unerwähnt bleiben sollte auch, dass sich im Anerkennen des Wechselspiels von Kooperation und Nicht-Kooperation die Kritik von Henry Mintzberg an Planung im Generellen spiegelt, die aus seiner Befürchtung resultiert, dass unreflektierte Planung zur Ablösung von Netzwerkrealität und Managementsystem führt.

Retrospektive Frühwarnung ist nicht prospektive Früherkennung

Dass WTC-Debakel liefert den zurzeit dramatischsten Grund dafür, dass im globalen Risikomanagement der Konnex von Verhaltensrisiken differenziert zu entfalten ist. Der Grund liegt auf der Hand: Versicherungsmathematisch gelten Risiken so lange als grundsätzlich versicherbar, wie sie im Prinzip als zufällig angenommen werden können. Der mit dem feinen Instrumentarium der Stochastik wohl kalkulierbare Versicherungsfall tritt daher nicht überraschend ein, wenn die Schadensauslösung in dem Sinne willkürlich erfolgt, dass zum einen kein im Voraus exakt geplantes Zerstörungskonzept greift und zum anderen der Schaden selbst und bei All-Risk-Kontrakten auch die indirekten Folgeschäden in ihren exakt kalkulierten Dimensionen bleiben.

So weit die Theorie, wie sie für die Optimierung des Normalfalls steht. Genau die Optimierung des Normalfalls kann aber in hochkomplexen Systemen durch Ereignisse wider die Theorie sehr schnell zur falschen Optimierung werden. Trägt man der Tatsache Rechnung, dass aus der Perspektive der Vergangenheit vieles für undenkbar gehalten werden kann, was in der Gegenwart Fakt ist, hat das WTC-Debakel in der desaströsesten Form von Verhalten die Theorie geradezu verkehrt: Ein klares (im negativen Sinne wohlüberlegtes) Zerstörungskonzept ist nämlich dafür verantwortlich, dass ein Schadensereignis mit schwer vorstellbaren Wirkungen und Folgewirkungen eintritt.

Versucht man sich dem Phänomen der Anfälligkeit von vernetzten Systemen dadurch zu nähern, indem man versucht, in einfachen Begrifflichkeiten ein komplexes größeres Ganzes zumindest zu deuten, steht hinter dem WTC-Desaster ein in sein Extrem entartetes nichtkooperatives Verhaltensmuster. Wenn überhaupt, lässt es sich durch die Worte beschreiben, die Wernher von Braun in den Mund gelegt wurden: »Sind die Raketen erst einmal oben, wen kümmert's, wo sie runterhau'n, das ist meine Abteilung nicht.« Das andere äußere Ende des Verhaltensspektrums ist dagegen extreme Kooperation durch grenzenlose Toleranz. Im Sinne eines Realitätsverlustes beschreibt dies die *Wirtschaftswoche* (Nr. 38, 2001, S. 93) durch: »Risikomanagement made in Germany, das heißt auch heute noch immer: Risiken ignorieren, abwiegeln, aussitzen – erst reagieren, wenn die Katastrophe da ist.«

Wir wollen die Zitation der *Wirtschaftswoche* weder kommentieren noch sie uns gar zu Eigen machen. Festzuhalten ist aber dennoch: Sie steht dafür, dass im Risikomanagement ein Sinn für das komplizierte Zusammenspiel von Prinzipien zu entwickeln ist. Indem wir in einem ersten Schritt begreifen, wie komplex Strukturen sind, die Systeme fundieren und in einem zweiten Schritt besser verstehen, wie vergleichsweise einfach es ist, ein System aus der Bahn zu werfen, muss sich Risikomanagement in einem dritten Schritt über die Fähigkeit zur Vorsicht definieren, die so genannten Gleichgewichte von Systemen neu zu justieren. Werden aus Nachrichten Kurse, sind in von Information angetriebenen (Finanz)Netzen durch das Ablaufen von im Ergebnis offenen Interaktionsprozessen bewegliche Balancen und nicht Endlösungen dafür verantwortlich, dass Risiken strategische Risiken sind.

Sind Risiken aber strategisch, gilt es sich mit dem Verhalten von Menschen als Risikoträger auseinander zu setzen, wenn ein globales Risikomanagementsystem ein Überwachungssystem sein soll, das Risikofrühwarnungen durch Risikofrüherkennung liefert. Technischer könnte man sagen: Risikofrühwarnung ist Risikofrüherkennung, wenn es zu einem bewusst wahrgenommen Bestandteil des Risikomanagements wird, dass zum Beherrschen der quantitativen Seite von Risiko vorab die qualitative Seite von Risiko zu klären ist und die Wahrscheinlichkeitstheorie nur inhaltlich klar definierte, alternative Outcomes in Form determinierter zukünftiger Ereignisse voraussetzt.

Einmal mehr: Pro Domo

Strategie ist etwas Bewegliches. Strategie ist ein Muster für über die Zeit hinweg konsistentes Verhalten. Strategie ist ein klares Bild von dem, was man erreichen will. Trägt man dem Profil von Strategie Rechnung, gibt es bei der Operation »Strategie« keine »Carte blanche«.

Der für Strategie wichtige Baustein ist »Suche das Spiel«. Er ist sorgfältig zu gestalten. Er ist entscheidend für die Qualität strategischer Analyse, weil beim Spieldesign folgende Kriterien wichtige Rollen spielen:

▶ Analysepotenziale sind im Strategieteam zu mobilisieren: Hier sind in Banker/ Researcher-Professionalität liegende Konfliktlinien zu erkennen und Konfliktpotenziale zu beherrschen.

▶ Wertschöpfend müssen die Formen von Risikodialog entstehen: Hier dominiert nicht notwendigerweise ein Handlungs- das Denkmuster, weil nicht notwendigerweise der Warner vor der Enge einer (mathematischen) Methode abgestraft und der Gläubige an eine Methode nicht notwendigerweise gefördert wird.

▶ Der Gegensatz ist aufzulösen, dass Szenarien im Risikomanagement nie so notwendig waren wie heute, es aber auch nie so schwierig war, relevante Szenarien zu formulieren.

▶ Es entscheidet sich beim Spieldesign, inwieweit Risikofrüherkennung gelingt: Spieldesign legt die Geometrie des Trichters fest, in dem postulierte Zukünfte in der Realität liegen müssen.

Dass Hinweise zu Problemen rund um das Spieldesign im Szenario I fehlen konnten, begründet den Unterschied zwischen einem nichtstrategischen Szenario und einem strategischen Szenario: Der Münzwurf hat kein Spieldesign. Die »Physik« des Münzwurfs bestimmt das Spiel vollständig. Es gibt keine strategischen Aspekte von Kooperation und Nicht-Kooperation. Es gibt nicht das Problem »Finde das Spiel«. Es gibt nicht das Problem, dass Akteure eine Lösung suchen müssen, die für sie möglicherweise akzeptabel, aber nicht optimal ist.

»Lege artis« ist der Hinweis: Das Problem »Finde das Spiel« ist im Folgenden nicht Gegenstand, aber auch nicht gegenstandslos. »Finde das Spiel« ist bewusst ausgeklammert. Dass evidente Trägheitsmomente, funktionale Barrieren und Koalitionen verschiedenster heterogener Anspruchsgruppen mit oft stark divergierenden Interessen die Wege zu strategischem Denken und Handeln versperren, ist ein

De-facto-Sachverhalt, der auch auf vielen Seiten nicht erschöpfend zu beschreiben ist. Urteilte doch schon Isaac Newton zeitlos: »Die Menschen bauen zu viele Mauern und zu wenig Brücken.«

In diesem Sinne machen wir uns die »Sache« vergleichsweise einfach. Warum? Die hier präsentierten (Spiel)Szenarien setzen auf einem mit dem gegebenen Spieldesign schon bereiteten strategischen Grund auf. Folgendes wird in einem (Spiel)Szenario genutzt:

▶ Netzwerkrealität und Managementsystem entkoppeln sich nicht unerkannt.

▶ In Strategieteams ist die unberechenbare Größe »People Risk« ein kalkulierbares Risiko.

▶ Die Situationskomplexität ist auf wesentliche Elemente zu reduzieren.

▶ Weiche Risikofaktoren sind in einen mathematischen Kontext zu stellen.

Das Folgende setzt darauf auf, dass ein Strategieteam durch Spieldesign Risikofrüherkennung unter Rainer Maria Rilkes Urteil: »Fenster sein; nicht Spiegel« schon erfolgreich betrieben hat. Wir sehen mit dem Spiel quasi das fertige Bild, das zunächst einmal mit einem malenden Schauen beginnt.

Spielanalysen sind nichtsdestotrotz ein wichtiger Teil von Strategieentwicklung. Als Systematik zur Beschreibung und Vorhersage von Kooperation und Nicht-Kooperation stehen sie für das Aufbrechen von zu einfachen Vorstellungen von Kooperation und Nicht-Kooperation. So liefern sie oft erst Optionen, die sonst so nicht erwogen worden wären. So liefern sie die Basis, um erst einmal die richtige Anfangsstrategie für etwas noch zu Entwickelndes zu finden. So greifen sie am Blockadepotenzial für Risikomanagement im Wandel im Sinne von Albert Einsteins Urteil: »Es ist schwieriger ein Vorurteil zu zertrümmern als ein Atom.«

Szenario II: Creating Value Through Knowledge

Vereinfacht ausgedrückt, ist das Wechselspiel von Kooperation und Nicht-Kooperation das Prinzip, welches mit Frieden oder Krieg als Extremformen das Rad der Geschichte antreibt. Das gleiche Prinzip bestimmt das Risikomanagement in Informationsnetzen. Sei es darum, dass entlang von Wertschöpfungsketten von menschlichen Ursachen- und Wirkungskomponenten bestimmte Risikopotenziale zu identifizieren und abzusichern sind, wenn der verhaltensgesteuerte Risikoprozess Identifikation, Analyse, Bewertung, Steuerung als ein begleitender integrativer Problemlösungsprozess zu begreifen ist. Oder sei es darum, dass es die Verantwortung des Risikomanagements ist, als Risikokultur ein organisatorisches Umfeld zu schaffen, das die systematische Steuerung von Risiken durch informierte Entscheidungsfindung sichert.

Im Risikomanagement (der Banken) sind mit den Treibern von Interaktionsprozessen auch die Treiber der Informationsrisiken identifiziert. Hier kommt kooperatives und nichtkooperatives Verhalten ins Spiel. Beim Erzeugen, Auswerten und Verteilen von Information entscheidet der näher an den Prozessen stehende Risikoträger über die Performance des Managements. Er ist gegenüber dem prozessferner agierenden Management stets der besser informierte Spieler. Damit unter Einhaltung qualitativer Anforderungen das Schaffen von Value gelingt, ist somit ein ausgeprägtes Wissen um die Herkunft und die Erscheinungsformen von Risiken (Spielerverhalten) notwendig.

Erinnern wir uns: Spiele geben dem Management eine mathematisierbare Struktur, weil Spiele interaktive Zusammenhänge strukturieren, indem sie ihre Ursachen reproduzieren. Unter der Spielmetapher sind im Shareholder-Value-orientierten Risikomanagement damit die Gründe für Wertschöpfungsverluste besser zu verstehen, wenn die Ursachen für die Konflikte zwischen Prozessverantwortlichen entlang der Wertschöpfungsketten besser verstanden werden. Diesen Zusammenhang von Kooperation und Nicht-Kooperation greift Szenario II auf. Dabei wird unter dem Motto »Management wirkt im System; Lösung wirkt auf das System« die komplexe Frage, was wirklich wichtig ist, mit der Frage der Gestaltung der Risikokultur verknüpft: Wie ist eine Architektur des Konsens zu schaffen?

Wir reduzieren das Problem auf eine spezielle und stark vereinfacht dargestellte Konfliktsituation, deren Konfliktlinien gerade die Verhaltensmuster Kooperation und Nicht-Kooperation festlegen. Es wird ein konfliktminimaler Lösungsvorschlag angeboten, mit dem das Management »Value« dadurch schafft, dass es in seiner Klammerfunktion als Problemlöser die Kooperation nicht nur in Gang halten, sondern auch zielorientiert beeinflussen kann. Dass nicht alle Begriffe problematisiert werden, steht für eine Minimalausstattung, um ein Spiel zu definieren: Wir betrachten »nur« zwei Spieler mit jeweils »nur« zwei Alternativen.

Das Szenario

Entlang einer Wertschöpfungskette sind mit wertorientierter Steuerungssystematik die Aktivitäten zu organisieren. Zwei Profitcenter müssen sich eigenverantwortlich (wertschöpfend) koordinieren. Jedes Profitcenter bewertet die konsensfähige Lösung, die Eigeninteressen durchsetzt, höher als die konsensfähige Lösung, die Fremdinteressen durchsetzt. Eine nicht konsensfähige Lösung wird als das jeweils schlechteste Ergebnis wahrgenommen. Wir sprechen von First-Best-, Second-Best- und Third-Best-Lösungen. Der Koordinationserfolg bestimmt auch die Performance des Managements.

Wir strukturieren die Situation:

▶ Profitcenter A und Profitcenter B sind die Akteure (Spieler 1; Spieler 2).

▶ Die Situation ist strategisch: Die Aktionen bedingen sich wechselseitig.

▶ Es wird gleichzeitig und unabhängig voneinander entschieden.

▶ Die Spieler können sich zwischen kooperativem Verhalten (X) oder nicht-kooperativem Verhalten (Y) entscheiden.

▶ Die Interessen der Spieler sind verschieden: Spieler 1 bevorzugt X gegenüber Y; Spieler 2 bevorzugt Y gegenüber X.

▶ Kommt es zu keiner Einigung, greift das Management als Moderator ein.

Die Strategiedimension

Vier mögliche Spielergebnisse spannen die Strategiedimension auf:

▶ (X, X): Die konfliktfreie Lösung wird realisiert: Spieler 1 realisiert seine First-Best-Lösung; Spieler 2 realisiert seine Second-Best-Lösung.

▶ (X, Y): Die konfliktäre Third-Best-Lösung wird realisiert.

▶ (Y, X): Die konfliktäre Third-Best-Lösung wird realisiert.

▶ (Y, Y): Die konfliktfreie Lösung wird realisiert: Spieler 2 realisiert seine First-Best-Lösung; Spieler 1 realisiert seine Second-Best-Lösung.

Von den in der Spieltheorie möglichen Darstellbarkeiten strategischer Zusammenhänge wählen wir mit der »Bi-Matrix-Darstellung« die Darstellung eines Spiels in der »Normalform«. Die jeweiligen mit einem Spielergebnis verbundenen Auszahlungen an die Spieler (Spielergebnisse) sind im Schnittpunkt der jeweils gewählten Strategien aufgeführt. Dabei steht die erste Zahl in einer Zelle der Bi-Matrix für die Auszahlungen an den Spieler 1, die zweite Zahl steht für die Auszahlungen an Spieler 2.

Gemäß der Wertigkeit der Spielergebnisse bestimmen sich die Auszahlungen wie folgt:

▶ Da Spieler 1 die Strategie X bevorzugt, hat die Strategie X gegenüber der Strategie Y für ihn die höhere Wertigkeit. Wir legen fest: Für Spieler 1 hat ein Spielergebnis mit der First-Best-Lösung den Wert 2; ein Spielergebnis mit der Second-Best-Lösung hat den Wert 1.

▶ Da Spieler 2 die Strategie Y bevorzugt, hat die Strategie Y gegenüber der Strategie X für ihn die höhere Wertigkeit. Wir legen fest: Für Spieler 2 hat ein Spielergebnis mit der First-Best-Lösung den Wert 2; ein Spielergebnis mit der Second-Best-Lösung hat den Wert 1.

▶ Ein Spielergebnis mit der Third-Best-Lösung hat für jeden Spieler den Wert 0.

	Spieler 2 X	Y
Spieler 1		
X	(2,1)	(0,0)
Y	(0,0)	(1,2)

Abbildung 15.3 Bi-Matrix: Koordinationsspiel

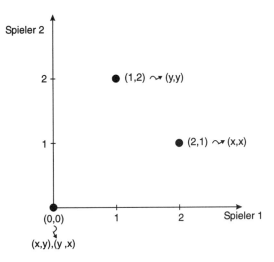

Abbildung 15.4 Auszahlungsraum: Koordinationsspiel

Die Spiellösung

Wir erinnern: Eine Strategie im Sinne der Spieltheorie ist ein Maßnahmenkatalog für alle im Spielverlauf möglicherweise auftretenden Eventualitäten. Eine Strategie ist mit anderen Worten eine vollständige Darstellung von festgelegten Entscheidungen unter Berücksichtigung aller möglichen Entwicklungen der Umwelt und aller möglichen Entscheidungen anderer Akteure. Die Bi-Matrix repräsentiert eine Liste von Strategien (Maßnahmenkataloge): Mit den Auszahlungen als Konsequenzen werden diese Strategien von den Spielern wechselseitig verglichen.

Die Spiellösung liefert das als strategisches Gleichgewicht bezeichnete »Nash-Gleichgewicht«: Ein Zustand, in dem die Spieler feststellen, dass das strategische Verhalten ihrer Mitspieler sie zwingt, auf der einmal gewählten Strategie zu beharren. Da diese Erfahrung alle Spieler zugleich trifft, wird kein Spieler sein Verhalten ändern. Die fixierte Strategienkombination ist stabil. Mit anderen Worten: Im Nash-Gleichgewicht hat kein Spieler einen Anreiz, als Einziger von der fixierten Strategienkombination abzuweichen, wenn ein »am Spiel Unbeteiligter« den Spielern das Nash-Gleichgewicht als Verhaltensempfehlung präsentiert.

Damit ist bei der Spiellösung (bei allen Strategienkombinationen wird die Nash-Eigenschaft geprüft) zu fragen:

▶ Ist die Strategienkombination (X,X) ein Nash-Gleichgewicht? Die Antwort lautet Ja. Denn: Hält Spieler 1 an der Strategie X fest, wird Spieler 2 nicht von der Strategie X abweichen, da er sich in seinen Auszahlungen verschlechtert (vom Wert 1 auf den Wert 0). Hält Spieler 2 an der Strategie X fest, wird Spieler 1 nicht von der Strategie X abweichen, da er sich in seinen Auszahlungen verschlechtert (vom Wert: 2 auf den Wert: 0).

▶ Werden die weiteren Strategienkombinationen (X,Y), (Y,X) und (Y,Y) nach diesem Prozedere getestet, resultieren als Spiellösung zwei Nash-Gleichgewichte: (X,X) und (Y,Y).

Das Problem

Es gibt zwei Nash-Gleichgewichte. Wie sollen sich die Spieler verhalten? Welche Orientierung liefert das Nash-Gleichgewicht? Betrachten wir die Situation genauer. Die Spiellösungen schließen die Third-Best-Lösung aus, erreichen allerdings auch nicht die First-Best-Lösungen der Spieler. Im Fall (X,X) würde Spieler 1 seine First-Best-Lösung realisieren; Spieler 2 würde hingegen seine Second-Best-Lösung realisieren. Im Fall (Y,Y) würde Spieler 2 seine First-Best-Lösung realisieren; Spieler 1 würde hingegen seine Second-Best-Lösung realisieren.

Wir erinnern: Den Spielern selbst ist diese Situation vollständig bekannt. Für sie ist (aufgrund der hier gültigen Spielregeln) das Dilemma nicht auflösbar. Ihre Komplexität ist auf ihr strategisches Verhalten reduziert.

Hier kommt das Management ins Spiel. Quasi aus der Vogelperspektive heraus kann das Management diese Situation (zwei Nash-Gleichgewichte) im Vorfeld der Entscheidung der Spieler A, B ebenfalls analysieren. Es muss zur Vermeidung von Organisationskonflikten (Wertschöpfungsverlust) daran interessiert sein, über allgemeine Handlungsanweisungen für ein strategisches Konfliktmanagement zu verfügen.

Dazu ist in einem ersten Schritt besser zu verstehen, wie Akteure mit ihren individuellen Zielvorstellungen strategisch handeln und wie durch das Neugestalten des Handlungsumfeldes der Konfliktparteien deren Handeln gegebenenfalls zu beeinflussen und zu steuern ist. Wie die Akteure strategisch handeln, zeigen die Nash-Gleichgewichte.

Wird besser verstanden, weshalb es zu Konflikten kommt, ist unter dem Motto »Über bekannte Konfliktphänomene neu nachdenken« ein Weg zu finden, um Konfliktsituationen geeignet zu gestalten.

Der Umgang mit dem Problem

Wir versetzen uns in die Situation des Managements. Dessen Ziel muss es sein, zum Aufbrechen des in den Nash-Spiellösungen erkennbaren Dilemmas (Diskoordination der Spieler) noch konsensfähige und vor allem auch Werte schaffende Alternativen aufzuzeigen. Im Vorfeld der Entscheidung der Spieler sind Anreize zu schaffen, um möglicherweise ein neues Spiel spielen können.

Ein Weg zu einer Neubetrachtung beziehungsweise Reformulierung des Koordinationsproblems durch Aufzeigen von Value jenseits der Nash-Lösungen führt über das Betrachten »gemischter Strategien«. Es wird eine Situation betrachtet, in der das Verhalten der Spieler (mathematisch) nicht vorhersagbar ist. Man stelle sich vor, dass die Spieler ihre Strategien X, Y für gleichwahrscheinlich halten.

Bildlich gesprochen verhalten sich die Spieler bei einer »gemischten Strategie« nicht mehr wie ein Speerwerfer, der stets einer reinen Strategie (entweder X oder Y) folgen muss. Bei einer »gemischten Strategie« verhalten sich die Spieler wie Fußballspieler: Mit dem Abspielen des Balls (nach Lust und Laune) können sie nicht nur der für Gegenspieler, sondern auch der für Mitspieler oft überraschenden Strategie (X und Y) folgen. Hier ist es wichtig, nicht zu verkennen, dass kein neues Spiel gespielt wird. Das gegebene Spiel wird nur tiefer analysiert.

Bei der »gemischten Erweiterung des Spiels« wird die natürliche Verhaltensweise genutzt, dass Spieler ihre wahren Absichten oft verschleiern wollen. Spieler wollen einfach verhindern, dass Mitspieler leicht gegen ihre zu erwartenden Strategien optimieren können.

Um das Moment der Überraschung als strategisches Mittel einzusetzen, unterwerfen sich die Spieler dem Prinzip des Zufalls. Dies jedoch nicht im Sinne der Stochastik durch ein überraschungsfreies Münzwurfexperiment, sondern durch einen von ihren strategischen Zielen bestimmten Zufallsmechanismus. Die Auswahl einer Strategie wird von einer Wahrscheinlichkeitsverteilung geregelt, die über der Menge der reinen Strategien operiert, über die ein Spieler verfügt.

Im gegebenen Spiel, wo die Spieler über identische Strategienmengen verfügen, sind über der Strategienmenge X und Y für jeden Spieler die Wahrscheinlichkeitsverteilungen zu bestimmen, die jedem Spieler mit dem Erwartungswert die größtmögliche Auszahlung sichern.

Zur Sache: Damit die Strategien der Spieler zu Wahrscheinlichkeitsverteilungen »mutieren«, nehmen wir an: Spieler 1 wählt prob (X) = p und prob (Y) = 1 - p. Spieler 2 wählt prob (X) = q und prob (Y) = 1 - q. So operieren die Spieler mit dem Delegieren der Entscheidung an einen Zufallsmechanismus in einer um die Wahrscheinlichkeiten erweiterten Bi-Matrix. Jeder Strategie X, Y wird eine Wahrscheinlichkeit zugewiesen. Nach der Optimierung der dazugehörigen Wahrscheinlichkeitsverteilungen wird auf der Grundlage dieser Wahrscheinlichkeiten dann gehandelt: Der Auszahlungsraum der gemischten Erweiterung ist die Menge der möglichen Erwartungswerte für beide Spieler.

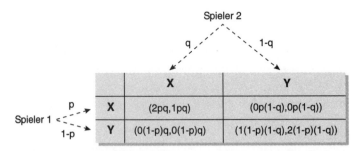

Abbildung 15.5 Bi-Matrix: Gemischte Erweiterung Koordinationsspiel

Die optimalen Wahrscheinlichkeitsverteilungen (Strategien) resultieren aus der Maximierung des Erwartungswertes (E) der Spieler bezüglich ihrer strategischen Variablen. Dies bedeutet: Für Spieler 1 liefert die Optimierung von $E_1 = 2\,p\,q + 0\,p\,(1 - q) + 0\,(1 - p)\,q + 1\,(1 - p)\,(1 - q)$ nach p und für Spieler 2 liefert die Optimierung von $E_2 = 1\,p\,q + 0\,(1 - p)\,q = 0\,p\,(1 - q) + 2\,(1- p)\,(1 - q)$ nach q die optimalen Wahrscheinlichkeitsverteilungen: $P^* = (\tfrac{2}{3},\ \tfrac{1}{3})$ und $Q^* = (\tfrac{1}{3},\ \tfrac{2}{3})$. Dabei können die Spieler: $E_1\,(p^*, q^*) = \tfrac{2}{3} = E_2\,(p^*, q^*)$ erwarten.

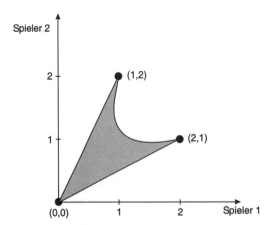

Abbildung 15.6 Auszahlungsraum: Gemischte Erweiterung Koordinationsspiel

Creating Value Through Knowledge

Wir haben die Position des Managements bezogen, um einerseits die Organisation von Profitcentern entlang von Wertschöpfungsketten besser zu verstehen und um andererseits Potentiale für die Steuerung des Verhaltens unter dem Organisationsziel zu erschließen. Dabei identifizierten die Nash-Spiellösungen ein für die Spieler A und B nicht auflösbares Dilemma: Wechselseitig resultieren die First-Best-Lösung und die Second-Best-Lösung.

Abbildung 15.6 weist zumindest einen Weg zum Aufbrechen des Dilemmas durch das Erschließen zusätzlicher Wertschöpfungspotenziale. Der denkbar einfachste Lösungsvorschlag an die Spieler vonseiten des Managements ist: Das Management schlägt im Vorfeld der Entscheidung der Spieler einen »Münzwurf« zwischen den Nash-Lösungen vor. In diesem Szenario könnte jeder Spieler gemäß: $\frac{1}{2}$ $(2,1) + \frac{1}{2} (1,2) = (\frac{3}{2}, \frac{3}{2})$ erwarten.

Differenzierter ist die Erkenntnis des Managements selbst, durch ein geeignetes »changing the game« schon im Vorfeld des Spiels nach (anderen) konsensfähigen Wegen zu suchen. Dabei muss es das Ziel sein, den durch den »Münzwurf« symbolisierten fairen Vorschlag zur Koordination als Orientierungshilfe für das sonst brachliegende Wertschöpfungspotenzial bestmöglich zu nutzen.

Hier ist das Wesentliche dieser verhaltensorientierten Form der Münzwurfanalogie nicht zu verkennen. Natürlich wird kein Risikomanager und keine Risk Steering Group eine Münze zur Entscheidungsfindung werfen. Darum geht es auch nicht, der Punkt ist ein anderer. Greifen wir auf die Metapher des Fußballspiels zurück, zeigt er sich sofort: Ein Elfmeterschütze verfolgt eine gemischte Strategie gegenüber dem Torwart, nicht beim Schuss, aber beim gedanklichen Durchspielen des Schusses vor oder während des Anlaufs. In Kenntnis der Qualität des Torhüters wird der Schütze nämlich mit einer gewissen Wahrscheinlichkeit festlegen, ob er links, rechts, in die Mitte, flach, halb hoch, hoch, scharf oder trickreich schießen wird.

Es ist das mit der Logik der gemischten Strategie verbundene Durchspielen und Abwägen von Alternativen in der Situation, die oft erst Optionen erschließt, die sonst so nie erwogen worden wären. Lauten doch die sechs Regeln für Management von Jack Welch:

▶ Nehmen Sie die Realität so, wie sie ist, nicht wie sie war oder wie Sie sie gern hätten.

▶ Seien Sie ehrlich zu jedermann.

▶ Verwalten Sie nicht, führen Sie.

▶ Nehmen Sie Veränderungen vor, ehe Sie dazu gezwungen werden.

▶ Konkurrieren Sie nicht, wenn Sie keinen Wettbewerbsvorteil haben.

▶ Bestimmen Sie die Zukunft selbst, sonst werden es andere tun.

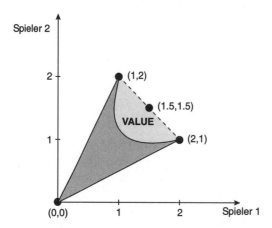

Abbildung 15.7 Creating Value Through Knowledge

Szenario III: Handle with Care

Sich mit Management differenziert auseinander setzen zu können, heißt zumindest zweierlei. In einem ersten Schritt ist Management anhand des Begriffsinhaltes zu präzisieren. Darauf aufbauen muss in einem zweiten Schritt, dass die Zielerreichung bei der Aufgabe, Entscheidungen beim Umgang mit Unsicherheit zu gewährleisten, schrittweise verbessert wird. Als momentaner »State of the Art« des Managements folgen Balanced Scorecard und Balanced Strategy diesem Vorgehensmuster. Grob formuliert stehen dahinter integrative, prozessorientierte Managementansätze, deren Anspruch es ist, gleichermaßen die Wert- und die Sachebene mit den unterschiedlichsten Perspektiven von Management zu verbinden. Dabei resultiert die Mehrdimensionalität des Zielsystems aus dem gleichzeitigen Einbinden von Prozessen, Technologie, Shareholdern, Stakeholdern und Finanzen in »Planung«.

Da in Informationsnetzen durch Nachrichtenlagen alles mit allem verbunden ist und durch wechselnde Nachrichtenlagen in Sekundenschnelle alles mit allem immer wieder neu verbunden werden kann, bestimmt das Wechselspiel von Komplexität und Dynamik durch die Effizienz der verschiedensten Formen der Koordination die Performance des (Risiko)Managements als Ganzes. Ist unter dem Stichwort »Information als Wirtschaftsgut« aber die »Blackbox« individueller Entscheidungsprozesse erst einmal geöffnet, erinnert Risikomanagement an eine Zirkusnummer. Zwei weiße Hände können scheinbar nur deshalb frei (und koordiniert) agieren, weil der, der sie bewegt, vor dem schwarzen Hintergrund unsichtbar bleibt.

Da man »weiße Hände« nur sieht, wenn es richtig dunkel ist, können mit einfachen Fragen zu Sichtverhältnissen und Auflösungsvermögen im Generellen große Probleme angesprochen werden, um im Bild zu bleiben. Wie die Lichtverhältnisse im Zirkus es dem Zuschauer erschweren, die »Illusion« zu durchschauen, erschwert ein Konglomerat von Systemen und Prozessen und ein engmaschiges Geflecht von Daten, das Verhaltens- und Umweltrisiken stets vermischt, auch im Risikomanagement die Aufgabe, zuverlässige Informationen zu filtern.

Hier strukturieren bei den noch nicht endgültig spezifizierten Anforderungen von Basel II an das Risikomanagement die dehnbaren Denkfiguren der Spiele den für Risikomanager bedeutenden Schritt der Wertschöpfung durch die Bewusstmachung des Risikophänomens bei Führungs- und Durchführungsprozessen. Sind Risiken spezifisch ausgeprägte Informationsstrukturen, sind Spielanalogien (Spiele um Information) in dem Sinne ein sich entwickelndes und stimmiges Instrument zur Messung der Facetten von Risiken, weil Spiele Risiken, die mit Entscheidungen verbunden sind, in ihrem Entscheidungszusammenhang analysieren.

Das Szenario

Wie in Szenario II wird auch in Szenario III kein spezieller finanzmathematischer Kontext fokussiert. Es ist über die Restrukturierung eines Geschäftsprozesses zu entscheiden.

Im Vergleich zum Szenario II ist Szenario III allerdings komplexer. Bei Profitcentern, die im Rahmen ihrer Budgetverantwortung über ihre Aktivitäten frei entscheiden, wird die Vielfalt von Informationsrisiken durch die Dynamik der sie verursachenden Interaktionsrisiken prominent gestellt.

Es wird die Perspektive des Managements einbezogen: Es sucht nach einem Rahmen zur Strukturierung und Darlegung von Alternativen. Bei dem in Rede stehenden Geschäftsprozess ist frühzeitig das Risikopotenzial abzuschätzen, wann die Restrukturierung des Geschäftsprozesses dadurch erfolgen soll, dass ein Profitcenter neu in den Geschäftsprozess eintritt, den ein anderes Profitcenter dominiert. Aus der Sicht des Managements stehen die Profitcenter in einer strategischen Entscheidungssituation.

Hier entsteht Risiko dadurch, dass eine Aktivität (Auftritt eines neuen Spielers) eine ungeplante Wertminderung für den etablierten Spieler zur Folge hat. Diese Risikosituation ist als Spiel darstellbar: Nicht frei von Konflikten agieren zwei unterschiedliche Ziele verfolgende Akteure. Sie verfügen als Spieler über ihre Strategien. Das Resultat (Spielergebnis) für jeden Spieler ist von der eigenen Strategie und von der Strategie des Mitspielers abhängig.

Bezeichnet Spieler 1 den Spieler, der in den Geschäftsprozess neu eintreten könnte, und Spieler 2 den Spieler, der etabliert ist, hat das Spiel die folgende Struktur:

▶ Spieler 1 entscheidet unter Unsicherheit: Er muss bei seiner Entscheidung Erwartungen über das mögliche Verhalten von Spieler 2 bilden. Spieler 2 entscheidet unter Unsicherheit: Der Auftritt von Spieler 1 kann seinen Profit reduzieren.

▶ Spieler 1 kann sich entweder passiv oder aktiv verhalten: Seine Strategien sind A (passives Verhalten) und B (aktives Verhalten). Spieler 2 kann sich entweder nichtkooperativ oder kooperativ verhalten: Seine Strategien sind C (nichtkooperatives Verhalten) und D (kooperatives Verhalten).

▶ Tritt Spieler 1 auf (Strategie B) und wählt Spieler 2 die Strategie C, realisieren beide Spieler einen Profitverlust. Dieser ist gegenüber dem Status quo negativ: Er wird mit $PV < 0$ bezeichnet. Wählt Spieler 2 dagegen die Strategie D, realisieren beide Spieler gegenüber der Strategie B von Spieler 1 einen positiven Profit: Er wird mit $PG > 0$ bezeichnet.

▶ Tritt Spieler 1 nicht auf (Strategie A) ist sein Profit stets null (0). Es gilt der Status quo. Spieler 2 erhält seinen Profit uneingeschränkt: Er wird mit $PG°$ bezeichnet. Es gilt offensichtlich: $PG° > PG$.

Darstellungsformen für Spiele

Im Regelfall hat ein Spiel eine Vielzahl möglicher Positionen. Im betrachteten Spiel kommen zwei Spieler abwechselnd zum Zug. Wie die Spieler ihre aktuelle Position in eine andere Position umwandeln können, bestimmen die Spielregeln: Sie legen fest, welche Spielzüge erlaubt sind. Die vollständige Darstellung eines Spiels verzeichnet (ausgehend von der Ausgangsposition) alle erlaubten Züge eines Spielers und (ausgehend von den dadurch erreichten Positionen) die erlaubten Züge der anderen Spieler. Es ist nicht ausgeschlossen, dass Spieler während des Spielverlaufs auch mehrfach zum Zug kommen können.

Aus dieser Lesart eines Spiels resultiert ein »Entscheidungsbaum«. Er verzweigt sich mit dem Fortschreiten des Spielverlaufs immer weiter. Um im Bild zu bleiben. Der Spieler, der im Spiel gewinnen will, muss im Beschneiden des Baumes in dem Sinne geschickt sein, dass er in dessen Gewirr von Ästen die Erfolg versprechenden Zweige auch findet. Denn es ist die Fähigkeit zum richtigen Beschneiden des Baumes, hinter der am Ende die zum Erfolg führende Strategie steht. Dabei ist die (Erfolgs)Strategie ein den Gewinn garantierender vollständiger Verhaltensplan, der für jede denkbare Position im Entscheidungsbaum eine Anweisung für den nächsten Zug liefert.

Den mit dem Spiel korrespondieren Entscheidungsbaum zeigt die folgende Grafik in Abbildung 15.8. Die Spieltheorie bezeichnet diese Darstellungsform eines Spiels als »extensive Form«. Diese Darstellungsform beschreibt genau die Regeln, unter denen das Spiel gespielt wird, und spezifiziert die verschiedenen Informationsstände der Spieler, die für die Entscheidungshintergründe der Spieler stehen. Dabei ist die Lesart des Entscheidungsbaumes die folgende:

▸ Am ersten Entscheidungspunkt (α) entscheidet Spieler 1 über den Eintritt in den Geschäftsprozess.

▸ Tritt Spieler 1 nicht in den Geschäftsprozess ein (Strategie A), kommt es zu keiner den Status quo verändernden Entscheidung von Spieler 1 – der Status quo gilt.

▸ Tritt Spieler 1 dagegen in den Geschäftsprozess ein (Strategie B), muss Spieler 2 am Knoten (β) entscheiden, ob er sich nichtkooperativ (Strategie C) oder kooperativ verhält (Strategie D).

▸ In Abhängigkeit von den jeweils gewählten Spielzügen sind an den Endpunkten die jeweiligen Profits der Spieler markiert. Dabei erhält Spieler 1 den oberen Profit. Den unteren Profit erhält Spieler 2.

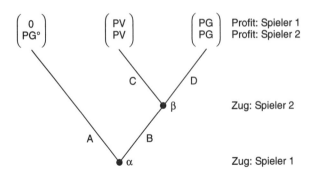

Abbildung 15.8 Die extensive Form des Spiels

Im Gegensatz zur extensiven Form eines Spiels ist die Darstellungsform eines Spiels in der strategischen Form (Normalform) eine verkürzte Schreibweise für ein Spiel: Mit ihr sind nicht alle den Spielverlauf bestimmenden Zusammenhänge zu entdecken: Sie kann nicht alle relevanten Aspekte eines Spiels wiedergeben. Unter Verlust des Erkennens der zeitlichen Struktur (Dynamik) des Spiels liefert sie aber einen wichtigen alternativen (gut rechenbaren) Zugang zur Analyse von Spielen. (Dies wurde in Szenario II genutzt.)

Zur Sache: Auf die Abbildung von dynamischen Prozessen ist in Spielen oft zu verzichten: Eine Strategie ist ein Maßnahmenkatalog für alle während des Spielverlaufs möglicherweise auftretenden Eventualitäten, von denen es möglicherweise (zu) viele geben kann. Um eine Liste von Maßnahmenkatalogen (Strategien) zu erstellen, ist die »Bi-Matrix« das geeignete Instrument: Sie ist eine Liste aller strategischen Möglichkeiten mit ihren daraus resultierenden Profits (Spielauszahlungen).

Dabei ist die Lesart der Bi-Matrix hier die folgende:

▶ Als Zeilenspieler kann Spieler 1 zwischen der Strategie A und der Strategie B wählen.

▶ Als Spaltenspieler kann Spieler 2 zwischen der Strategie C und der Strategie D wählen.

▶ Der Profit von Spieler 1 steht links vom Komma. Für Spieler 2 steht der Profit rechts vom Komma.

▶ Im betrachteten Szenario sind die Aktionen von Spieler 2 nur beim Auftritt von Spieler 1 relevant.

Spieler 2 Spieler 1	C	D
A	$(0, PG^0)$	$(0, PG^0)$
B	(PV, PV)	(PG, PG)

Abbildung 15.9 Die strategische Form des Spiels

Die (Problem)Lösung

Das Nash-Gleichgewicht bestimmt die Spiellösung. Es ist dadurch charakterisiert, dass die Strategien der einzelnen Spieler wechselseitig so genannte beste Antworten sind: Kein Spieler hat einen Anreiz, von seiner Strategie abzuweichen, sofern alle anderen Spieler an der betrachteten Strategienkombination festhalten.

In der Bi-Matrix gibt es damit vier mögliche Kandidaten für Nash-Gleichgewichte. Diese sind auf ihre Nash-Eigenschaft zu überprüfen. Man postuliert jeden dieser Kandidaten als Nash-Gleichgewichte und prüft, ob die Bedingung jeweils erfüllt ist. Da die Bedingung: $PG^0 > PG > 0 > PV$ gilt, erfüllen zwei Kandidaten die Nash-Bedingung:

(B, D) ist ein Nash-Gleichgewicht: Angenommen Spieler 2 hält an der Strategie D fest, ist für Spieler 1 die beste Antwort, die Strategie B zu wählen. Denn es gilt: $PG > 0$. Und angenommen Spieler 1 hält an der Strategie B fest, ist für Spieler 2 die beste Antwort, die Strategie D zu wählen. Denn es gilt: $PG > PV$. Damit ist bei der Strategienkombination (B, D) die Nash-Bedingung wechselseitig erfüllt.

(A, C) ist mit gleicher Argumentation ein Nash-Gleichgewicht.

Das Problem (Lösung Teil 1)

Aus der Sicht des Managements stehen zwei Nash-Gleichgewichte für den Worst Case. Es gibt keine eindeutige Spiellösung im Sinne einer Handlungsempfehlung.

Hier stellt die Spieltheorie durch »Verfeinerungen« des Nash-Gleichgewichts eine Vielzahl von Kriterien bereit, um zwischen Nash-Gleichgewichten auszuwählen. Sie basieren alle auf einem mehr (oder weniger) komplexen Durchdenken der Situation rund um die Kandidaten. Ein vergleichsweise einfaches Kriterium ist die »Teilspielperfektheit«: Damit wird geprüft, ob ein Spieler, der (in einem Teilspiel) von einem Nash-Gleichgewicht abweicht, auch seinen Mitspieler veranlasst, von der ursprünglichen Strategie abzuweichen. Ist das der Fall, ist ein solches Nash-Gleichgewicht nicht robust: Man sagt: Es ist nicht teilspielperfekt. Dieses Kriterium, das auf jedes Nash-Gleichgewicht anzuwenden ist, führt im gegebenen Spiel zum Erfolg. Dabei ist ein Teilspiel (eines extensiven Spiels) für sich genommen wieder ein vollständiges Spiel.

Für das Nash-Gleichgewicht (A, C) ist die Argumentation die folgende: Betrachtet man die Auszahlungen, zeigt die Grafik (extensive Form des Spiels):

▶ Spieler 2 hat ein starkes Interesse daran, Spieler 1 vor dessen Entscheidung (Zug) mit seiner Strategie C quasi zu drohen, um Spieler 1 vom Eintritt in den Geschäftsprozess abzuhalten.

▶ Hält Spieler 1 die Drohung von Spieler 2 für glaubwürdig, wird er von einem Eintritt in den Geschäftsprozess absehen und seine Strategie A wählen.

▶ Das Spiel ist beendet, ohne dass es richtig begonnen hat: Spieler 2 hätte einen »Sieg vor Start« erzielt.

Hier ist die entscheidende Frage: Ist die Drohung von Spieler 2 glaubwürdig? Die Antwort ist Nein. Denn sobald Spieler 1 in den Geschäftsprozess eintritt, ist die Drohung von Spieler 2 irrelevant: Für das ab dem Knoten (β) beginnende Teilspiel ist die bestmögliche Wahl von Spieler 2 die Wahl der Strategie D. Mit anderen Worten: Kommt Spieler 2 am Knoten (β) zum Zug, wird er sich wider seiner Drohung verhalten. Damit ist klar, dass die Drohung nicht glaubwürdig ist. Die Strategienkombination (A, C) ist im Sinne der »(Droh)Philosophie« der Teilspielperfektheit ein nicht plausibles Nash-Gleichgewicht.

Das Problem (Lösung Teil 2)

Dass eine Überprüfung mit der gleichen Argumentation zeigt, dass die Strategienkombination (B, D) ein teilspielperfektes Nash-Gleichgewicht ist, steht zunächst einmal dafür, dass eine schon vergleichsweise einfache strategische Überlegung für eine differenzierte Sicht des Managements auf das risikobewehrte Koordinationsproblem der Profitcenter steht. Mit der Strategienkombination (B, D) ist ein wertschöpfende Lösung zu erwarten.

Das zu erwartende Verhalten von Spieler 2 liefert dem Management auch Entscheidungsgrundlagen mit Gestaltungspotenzial, wenn man den folgenden Sachverhalt zum Gegenstand der Überlegungen macht.

Es ist eine plausible Annahme, dass der Profitverlust, den Spieler 2 durch den Auftritt von Spieler 1 erleidet, in seiner Höhe nur dem Spieler 2 selbst bekannt ist. Sind durch das Management unter dieser veränderten Informationslage mögliche Reaktionen des Spielers 2 frühzeitig zu antizipieren, gibt die folgende Annahme Sinn: Spieler 2 macht sein Verhalten von der Höhe seines Profitverlustes abhängig.

Man kann sagen: Spieler 2 erzeugt für Spieler 1 durch seine potenzielle »Typenvielfalt in gewisser Weise künstlich Informationsasymmetrie, wenn Spieler 2 dem folgenden (Spieler 1 bekannten) Verhaltensmuster folgt:

▶ Ist der Profitverlust für Spieler 2 durch den Auftritt von Spieler 1 hoch (wir bezeichnen in dieser Situation den Profitverlust von Spieler 2 mit PG*), ist es im Falle des Auftritts von Spieler 1 für Spieler 2 in jedem Fall das Beste, sich nichtkooperativ zu verhalten: Spieler 2 wählt sicher die Strategie C. Dabei gelte: $PG^* > PG^\circ$.

▶ Ist der Profitverlust für Spieler 2 durch den Auftritt von Spieler 1 dagegen gering, ist es im Falle des Auftritts von Spieler 1 für Spieler 2 das Beste, sich kooperativ zu verhalten: Spieler 2 wählt sicher die Strategie D. Das Spiel mit dem Nash-Gleichgewicht (B, D) wird gespielt.

▶ Hier ist die entscheidende Frage: Wie soll Spieler 1 mit dieser Situation umgehen? Welche Strategie soll Spieler 1 wählen?

Betrachten wir die Situation zunächst einmal aus der Sicht von Spieler 1. Für Spieler 1 stellt sich die Frage: Welches Spiel wird gespielt? Spieler 1 hat nur eine Einschätzung (Erwartung) darüber, mit welcher Wahrscheinlichkeit (p) für Spieler 2 ein hoher Profitverlust (PG*) beziehungsweise mit welcher Wahrscheinlichkeit (1 - p) für Spieler 2 ein geringer Profitverlust vorliegt. Mit anderen Worten: Spieler 2 hat eine Wahrscheinlichkeitsverteilung P = (p, 1 - p) über den Spielen. Aus der Sicht von Spieler 1 spielt Spieler 2 sein Spiel in seinem Typ quasi verschleiert.

Was geschieht, wenn Spieler über die Züge des anderen nicht vollständig informiert sind?

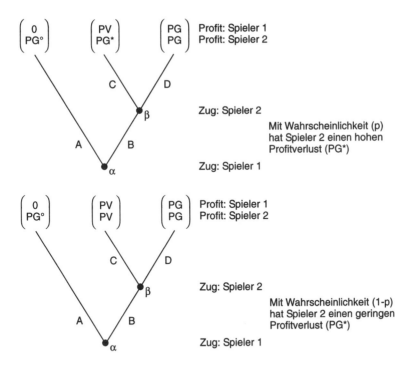

Abbildung 15.10 Welches Spiel wird gespielt?

Die Spieltheorie operationalisiert diese Situation mit »Informationsmengen« (I). Sie stehen (in Abbildung 15.10 schattiert dargestellt) dafür, dass ein Spieler beim Zug an einer Informationsmenge nicht weiß, an welchem Punkt der Informationsmenge er seine Entscheidung treffen muss. Er weiß nur, dass er an der Informationsmenge zum Zug kommt. Man kann sagen:

▶ Im gegebenen Spiel ist Spieler 1 der Typ von Spieler 2 nicht bekannt. Spieler 1 hat daher an einer Informationsmenge (I) über die Typen von Spieler 2 zu entscheiden. Für Spieler 1 liegen die Entscheidungen im wahrsten Sinne des Wortes »im Schatten«.

▶ Spieler 1 ist in einer Situation, in der die »Natur« nach einer für den Spieler 1 unbekannten Wahrscheinlichkeitsverteilung den Typ von Spieler 2 auswählt. Diese Wahrscheinlichkeitsverteilung ist nur Spieler 2 bekannt.

▶ Im gegebenen Spiel soll die »Natur« bei Spieler 2 mit der Wahrscheinlichkeit (q) den Typ mit dem geringen Profitverlust und mit der Wahrscheinlichkeit (1 - q) den Typ mit dem hohen Profitverlust (PG*) auswählen.

Damit stehen die Spieler in der in Abbildung 15.11 (mit dem Ausblenden der Erwartungen von Spieler 2) vereinfacht dargestellten Spielsituation.

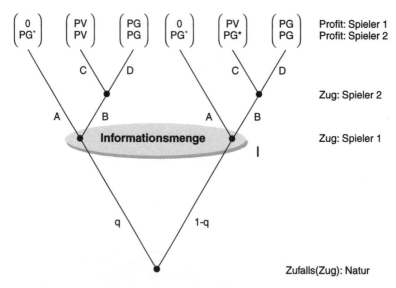

Abbildung 15.11 Welche Strategie ist zu wählen?

Was ist in der Spielsituation eine mögliche strategische Überlegung von Spieler 1?

Sie ist die folgende: Spieler 1 tritt in den Geschäftsprozess ein, wenn sein zu erwartender Profit positiv ist. Das heißt: Wenn die Bedingung erfüllt ist: q PV + $(1 - q)$ PG > 0.

Folgt Spieler 1 dieser Bedingung, ist ein plausibles Nash-Gleichgewicht dieses Spiels:

▶ Spieler 1 tritt in den Geschäftsprozess ein (Strategie B), falls die obige Bedingung erfüllt ist.

▶ Es kommt zu einer Werte vernichtenden Konfliktsituation, falls Spieler 2 einen Profitverlust von PG* hat, da sich Spieler 2 dann nichtkooperativ verhalten wird (Strategie C).

▶ Es kommt zu keiner Werte vernichtenden Konfliktsituation, falls Spieler 2 einen geringen Profitverlust hat, da sich Spieler 2 dann kooperativ verhalten wird (Strategie D).

Abbildung 15.12 zeigt diese Spiellösung.

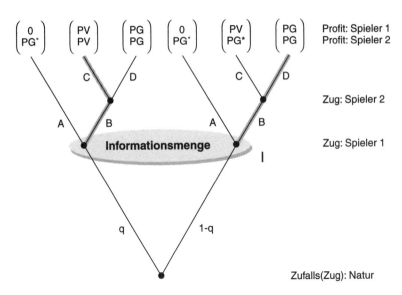

$$\begin{pmatrix} 0 \\ PG^* \end{pmatrix} \begin{pmatrix} PV \\ PV \end{pmatrix} \begin{pmatrix} PG \\ PG \end{pmatrix} \begin{pmatrix} 0 \\ PG^* \end{pmatrix} \begin{pmatrix} PV \\ PG^* \end{pmatrix} \begin{pmatrix} PG \\ PG \end{pmatrix}$$ Profit: Spieler 1
Profit: Spieler 2

Zug: Spieler 2

Zug: Spieler 1

Zufalls(Zug): Natur

Abbildung 15.12 Eine Spiellösung, falls gilt: q PV + (1 - q) PG > 0

Handle with Care

Im obigen Entscheidungsbaum realisiert sich eine Strategie nach der Realisierung des Zuges der »Natur«. Je nachdem, wie der Zug der Natur ausfällt, wird (beginnend am jeweiligen Knoten der Informationsmenge) entweder der »linke« Teil oder der »rechte« Teil des Entscheidungsbaumes durchlaufen und die entsprechenden Profits realisiert. Die mit einem Nash-Gleichgewicht korrespondierende Wahrscheinlichkeitsverteilung Q = (q, 1 - q), die den Zug der Natur festlegt, ist wegen der Gültigkeit der Bedingung: q PV + (1 - q) PG > 0 bestimmbar.

So weit, so gut: Die Spieler sind nach dem Durchdenken der Situation auf alle möglichen Eventualitäten des Spielverlaufs bestmöglich vorbereitet. Sie können auf jede Spielsituation per Strategie reagieren. Der Entscheidungsbaum wird von seinem Anfang bis zu seinem Ende »irgendwie« durchlaufen. (Wählt die Natur »q«, heißt der Pfad: q, B, C). Spielen die Spieler vor der Realität dann auch noch das »richtige« Spiel, sind sie in diesem Sinne auch auf alle Eventualitäten der Realität bestmöglich vorbereitet.

Zur Sache: Hier ist nicht der Ort, um eine (noch) tiefere Erkenntnisse liefernde mathematische Analyse dieses aus spieltheoretischer Sicht doch vergleichsweise recht einfachen Spiels zu betreiben. Dies tut auch nicht Not; in Umgebungen, deren Zielvielfalt und Einmaligkeitscharakter den routinemäßigen Einsatz des »alles« objektivierenden Wahrscheinlichkeitskalküls ausschließen, gilt das Urteil von Fjodor Dostojewskij: »Bevor du handelst, befreie dich von Zweifeln.« In moderner Lesart steht dafür »Handle with Care«.

Wird unter »Handle with Care« die Verbesserung der Fähigkeit zur »vernünftigen Einschätzung des Für-wahr-Haltens von Prognosen« verstanden, lassen sich auch auf einer (noch) wenig komplexen Abstraktionsebene für Spiele oft schon wichtige Erkenntnisse gewinnen. In unserem (Spiel)Szenario konturieren sie einerseits das Managementproblem schärfer. Andererseits verbessern sie die Managementperformance, weil diese Erkenntnisse zwischen den Beteiligten auch mit der notwendigen Transparenz kommunizierbar sind.

Stark verkürzt nennen wir aus der Vielzahl möglicher Erkenntnisse einige wenige.

▶ Das Management kann die Rolle der »Natur« beeinflussen. Ja, mehr noch: Wie ein Veto-Spieler kann das Management die Rolle der »Natur« auch selbst spielen. Dies in dem Sinne, dass es alle in die Bedingung: $q \, PV + (1 - q) \, PG > 0$ einfließenden Größen unter eigenen Zielen beeinflussen kann.

▶ Das Management kann als Moderator die Chancen und Risiken von Strategien der Spieler aber auch neutral nur qualitativ quantifizieren.

▶ Das Management ist in der Lage, die institutionellen Bedingungen zuverändern beziehungsweise nach einer leistungsfähigen Kombinatorik von Koordinationsmodi zu suchen, die es, bildlich gesprochen, dem Spieler 2 ermöglichen, seinen wahren Typ dem Spieler 1 glaubhaft zu signalisieren.

▶ Das Spiel kann das Management einfach etwa dadurch verändern, dass ein drittes Profitcenter auftritt.

Szenario IV: Creating an Changing the Game

In Finanznetzen leben Stabilität und Labilität »Tür an Tür«. Das Eigentliche ihres Wirkens bleibt oft unsichtbar. Die Schwankungen zwischen Stabilität und Labilität sind Ergebnisse in den Spielen ohne Grenzen, die bei ihren Engagements die Akteure spielen. Da spielerische Tätigkeit kein anderes Ziel hat, sich kein anderes Modell setzt und keinen anderen Nutzen hat als ihre eigene Erfüllung, ist in der Tat die These nicht gewagt: Akteure spielen ihre Spiele, wenn sie unter Stichworten wie »Volatilität« und »Alternative Risk Transfer« die Risikolandschaften (meist unergründlich) immer wieder verändern.

Überzeichnet man die Situation ein wenig, kann man sagen, dass sich die Wirkungen des bizarren Spiels von Stabilität und Labilität aber immer dann besonders deutlich zeigen, wenn Kurse unter der Peitsche der Finanzmathematik nicht das dressierte Verhalten an den Tag legen wollen beziehungsweise wenn der mit der enormen Prozessgeschwindigkeit der Computer verbundene Glaube, alles und jedes berechnen zu können, dadurch zum Irrglauben wird, weil die Quantität des bedruckten Papiers im reziproken Verhältnis zur Qualität des Inhaltes steht.

Da Wissen geprägte Information durch geeignete Selektion ist, steht letztendlich Isaac Newtons zeitloses Urteil »Unser Wissen ist ein Tropfen, was wir nicht wissen, ein Ozean« auch dafür, dass globales Risikomanagement untrennbar mit tief greifenden Konsequenzen in der monolithischen Aufbau- und Ablauforganisation des Risikomanagements (der Banken) verbunden ist. Dabei erfordert die Prozessorientierung globalen Risikomanagements unter dem Stichwort »Risikomanagementsystem als Risikofrüherkennungssystem« ein Risikomanagementsystem, dessen Architektur angemessen im Sinne von hinreichend komplex ist.

Ist der Einbau von Dehnungsfugen in Form einer leistungsfähigen Kombinatorik von Koordinationsmodi, die marktliche und organisatorische Gegebenheiten intelligent miteinander verbinden, aber gefordert, ist die Statik im Gebäude des (traditionellen) Risikomanagements neu zu bestimmen. Bildlich gesprochen, stehen damit Basel II, KonTraG und die Befunde der Realität für eine Situation, die an die Sanierung eines Gebäudes erinnert, in das unter Zeitdruck und unter den Augen zunehmend kritischer werdender Investoren hinter der alten Fassade auf einem bewährten Fundament neue Decken und Wände einzuziehen sind.

Stellt man den nur auf den ersten Blick als trivial erscheinenden Sachverhalt prominent, dass Fragen zu Informationsinfrastruktur und Handlungsspielräumen prozessabhängig sind, obwohl für das Funktionieren der Prozesse die Infrastruktur erst zu schaffen ist, ist die Frage kaum abschließend zu beantworten: Was sind die tragfähigen Teile des alten Gebäudes, die auszubauen und neu zusammenzufügen sind, damit daraus dann etwas Neues und Umfassenderes entstehen kann, an dem immer weiter gebaut und korrigiert werden kann?

Ist in diesem Sinne Oswald Spenglers Urteil: »Jeder Mensch kann der Zufall des anderen sein« ein wichtiges Antriebsprinzip der Risikowelten von heute, besteht ein Dilemma für das Risikomanagement gerade darin, dass Akteure oft deshalb nicht besser vorhersagen können, welche Auswirkungen ihr Handeln letztendlich haben wird, weil sie das System nicht visualisieren können, in dem dieses Handeln wirkt. Der Trost, dass Dilemmata den Blick auf neue Ideen lenken, und Friedrich Schillers Urteil: »Der Mensch ist nur dort Mensch, wo er spielt« bringen an dieser kritischen Schnittstelle von Risikomanagement im Wandel die Spieltheorie ins Spiel.

Hier zieht ein einfaches Argument: Spiele mit der Spieltheorie zu analysieren ist zwar Routine; die »richtigen« Spiele zu finden, ist dagegen oft aber eine Kunst. Letzteres deshalb, weil Spielkontexte den Akteuren in Trippelschritten auf eine vergleichsweise einfache aber dennoch differenzierte Weise das vor Augen führen, was man schlechthin Komplexität nennt. Nur im Ausnahmefall, wo ein Spielmodell und ein finanzmathematisches Standardmodell tatsächlich zusammenfallen, stehen auch Spielmodelle am klinisch reinen Ende des intuitiven Risikoverständnisses.

Das Szenario

Trippelschritte (Lernprozesse) sind das Stichwort. Es ist richtungsweisend, weil traditionelles Risikomanagement nicht so ohne weiteres mit den Anforderungen, die Basel II neu stellt, in Einklang zu bringen ist.

In der Lesart von Basel II (und KonTraG) ist modernes Risikomanagement als aktives das Risikobewusstsein verbesserndes Führungsinstrument zu begreifen und nicht mehr als passives Instrument im Sinne von Versicherungsmanagement nur zu (er)fahren. Dass es zur erforderlichen Konkretisierung von nachhaltiger Entwicklung in diesem Sinne keine kurzfristigen Lösungen und schon gar keine Patentrezepte gibt, sollte nicht verwundern. Hier ist moderne sich entwickelnde Prüfungspraxis wenig hilfreich, wenn es gilt, sich neben der Komplexität der Aufgabe auch differenziert mit Fragen auseinander zu setzen wie: Was ist machbar? Was ist erforderlich? Was ist umsetzbar? Ein Grund dafür ist: Es gibt im Vorgriff auf Basel III (noch) keine explizite Definition des »neuen« Risikobegriffs im Generellen.

Dass sich aufgrund der Zunahme der Gestaltungsmöglichkeiten im Risikomanagement, die zwangsläufig mit der begrenzten Aufnahmefähigkeit der Systeme kollidieren muss und der offenen Diskussion rund um Basel Risikomanagement auf der operativen Ebene in einer Zwickmühle befindet, dafür steht einerseits das keineswegs auf den Gültigkeitsbereich der Physik beschränkte zeitlose Urteil von Albert Einstein: »Die Welt, die wir geschaffen haben, ist das Resultat einer überholten Denkweise. Die Probleme, die sich daraus ergeben, können nicht mit der gleichen Denkweise gelöst werden, durch die sie entstanden sind.« Daher verwundert es andererseits nicht, dass es auf der Produkt- und Organisationsebene der Bank eine Vielzahl von Beispielen dafür gibt, die gerade die Schwierigkeit zeigen, partielles Wissen zu einem gesamten Wissen zu verdichten.

Ein exponierter Vertreter aus der Klasse »wissensbasierter Finanzprodukte« (Structured Products) sind Asset Backed Securities (ABS). Sie erfordern einerseits neue Begrifflichkeiten zum Design von Risikostrategien und stehen andererseits auch im Visier der Bankenaufsicht. Basel III soll erst die Probleme lösen, die darin liegen, dass Banken momentan » (....) mangels umfassender Einsicht in den Pool nicht in der Lage sind, Teile davon zutreffend einzuschätzen«.

Dass Letzteres einen strategischen Ansatz im Risikomanagement erfordert, zeigt die folgende Sicht auf ABS. Sie fokussiert nur eine spezielle Facette von »People Risk«. Plausibel ist das Moment, dass in ABS-Produktionsprozessen Akteure nur dann eine positive Wertschöpfung liefern, wenn jeder Einzelne es für vorteilhaft hält, sich auf Dauer an die Spielregeln zu halten.

Zur Sache: Die Arena

ABS steht für durch einen Bestand von unverbrieften Forderungen (Assets) gedeckte (Backed) und gesicherte Wertpapiere (Securities). Geschäfte dieses Typs derivater Finanzprodukte haben theoretisch keine Grenzen, da sich alle Forderungen, aus denen prognostizierbar und regelmäßig Kapitalzuflüsse fließen, als Verbriefungsbasis für ABS-Geschäfte eignen.

Kern eines ABS-Geschäftes ist die Veräußerung eines Bestandes unverbriefter Forderungen durch eine Bank. Diese wird als Originator bezeichnet und verkauft mit bilanzbefreiender Wirkung in ihrer Struktur möglichst homogene Forderungen an eine eigens zum Zwecke der Abwicklung des ABS-Geschäftes gegründete und konkursfest strukturierte Zweckgesellschaft. Dieser als Special Purpose Vehicle (SPV) bezeichnete Akteur hält dadurch einen gegenüber einer großen Anzahl von Schuldnern bestehenden Forderungspool, für den der Originator durch Credit Enhancements oft noch Sicherungszusagen gibt. Das kapitalmäßig vom Originator getrennte SPV finanziert über die Platzierung von ABS an den Märkten dann den Kauf des Pools, womit ABS-Titel einen Zahlungsanspruch gegen das SPV verbriefen.

Die an das SPV veräußerten Assets werden durch die Verbriefung zu neu strukturierten, handelbaren Ansprüchen an den ein ABS-Geschäft unterlegenden Pool. Dabei ist im ABS-Produktionsprozess eine Vielzahl von Faktoren zu handhaben, durch die sich die Komplexität des ABS-Geschäftes erhöht. Zu nennen sind hier:

▶ Mit dem Ausfallrisiko hängen die rein statistisch messbaren Risiken (Probability of Default) nur von der Qualität des vom Originator verkauften Portfolios ab.

▶ Der Originator, der als Kaufpreis den Barwert der im Pool gebündelten Forderungen erhält, gibt das Kreditrisiko über das SPV vollständig an Dritte (Investoren) weiter.

▶ Investoren können nur das Poolrisiko dadurch prüfen, weil an die Stelle der Einzelprüfung die Analyse des statistischen Risikos Forderungspools als Ganzes tritt.

▶ Dem SPV als Gläubiger der im Pool gebündelten Forderungen fließen die Cashflows des Pools zu, aus denen das SPV wieder die emittierten Wertpapiere bedient.

▶ Mit dem Sponsor tritt oft ein spezialisierter Akteur auf, der für den Originator die ABS-Transaktion konzipiert, die SPV Gründung organisiert und die ABS-Emission durchführt.

▶ Bei beschränkten Ressourcen des SPV übernimmt ein Service Agent die Verwaltung des Pools durch Kreditüberwachung, Inkasso, und Weiterleitung der eingegangen Zahlungen an die Investoren.

▶ Bei der Verwaltung der SPV-Sicherheiten durch einen Treuhänder wahrt dieser auch die Interessen der Investoren.

Schon die grobe Skizze eines ABS-Geschäftes zeigt, dass ein ABS-Produktionsprozess ein flexibles Spielregelsystem erfordert. Einerseits bestimmt die Fähigkeit des Zusammenfügens einer Vielzahl sich wechselseitig bedingender Einzelschritte mit dem Grad der Zielerreichung die Performance des Risikomanagements. Andererseits bedingt Letzteres als Unsicherheitsfaktor aber das Moment, dass im Prozessmanagement die Akteure oft Absprachen treffen müssen, ohne dass die Spielregeln deren Einhaltung zwingend garantieren.

Vor dem Hintergrund, dass sich bei der Organisation des (ABS)Prozessmanagements grundsätzlich die Frage stellt, wann es sich für Akteure lohnt, zur Verbesserung der eigenen Position Absprachen zu brechen, sind dabei zumindest zwei sich einander bedingende (komplexe) Aufgaben zu bewältigen:

▶ Es ist eine methodische Bewertungsaufgabe zu lösen. Hier ist das Problem, dass ein Pool als Ganzes zu bewerten ist, obwohl mit statistischen Methoden nur aus der Entwicklung der Vergangenheit auf die Entwicklung in der Zukunft geschlossen werden kann.

▶ Es ist eine konzeptionelle Koordinierungsaufgabe zu lösen. Hier ist das Problem, dass widergelagerte Interessen für eine Vielzahl möglicher Konfliktlinien stehen, wenn die Interessen von potenziell sechs Hauptakteuren geeignet auszubalancieren sind.

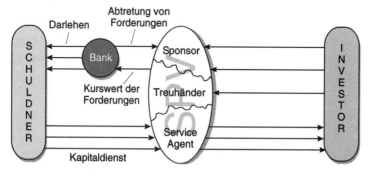

Abbildung 15.13 Der ABS-Produktionsprozess

(Un)Vollständige Information: Chance oder Risiko?

Einen ABS-Produktionsprozess differenziert abzubilden, ist oft eine »Kunst«. Es ist schwierig, den geeigneten Detaillierungsgrad des Modells zu finden, der (ohne relevanten Informationsverlust) die Komplexität soweit wie nötig reduziert.

Wir nennen hier nur zwei Gründe: Zum einen kann die traditionelles Risikomanagement dominierende Leitidee »What gets measured gets managed« (zu) schnell mit dem innovativen Kern eines ABS-Geschäftes kollidieren. Messbarkeitslogik erfordert ein gewisses Maß an Klarheit, Eindeutigkeit und Objektivierbarkeit, wohingegen innovatives Produktdesign unter dem Motto »Jede Innovation ist ein Unikat« eine im Ergebnis offene Kreativität voraussetzt. Zum anderen ist es für Researcher einfach ungewohnt anzuerkennen, dass der Ad-hoc-Fokus auf Messbarkeiten für einen Blickwinkel steht, der mit seiner Verengung Werte vernichtet. Wird zu früh über Messbarkeiten nachgedacht, wird der Blick auf Werte erst schaffende Potenziale durch die wenig differenzierte Selektion und Verdichtung von Information systematisch (zu) schnell verstellt.

Es überrascht also Folgendes nicht: Auch bei einem ABS-Geschäft, das im flüchtigen Jetzt der von Nachrichtenlagen getriebenen Finanznetzen abzuwickeln ist, ist die zentrale Frage: Wie ist Information qualitativ und quantitativ zu messen? Wieder kommt die Spieltheorie auf natürliche Weise ins Spiel. Mit dem Analysegegenstand der Spiele stellt sie das Entscheidungsfeld und das Zielsystem widerspruchsfrei in ihren Zusammenhang.

▶ Spiele sind die »Metrik« für das Messen interdependenter Tätigkeitssequenzen durch die Spieltheorie, weil Spiele Ursachen und Zusammenhänge identifizieren.

▶ Spiele, die durch die Strukturierung von Informationszusammenhängen gewonnene Wissensbasen von einer Situation sind, geben den durch interdependente Tätigkeitssequenzen generierten Wissenskontexten dadurch eine rechenbare »Geometrie«, weil Spiele bereichsübergreifend die Vielzahl und die Vielfalt der Situationskomplexität erzeugenden Faktoren auf dem kleinst möglichen durch die Spieltheorie noch mathematisierbaren Nenner einfangen.

▶ Bei einem ABS-Geschäft kommt die spieltheoretische Sicht dem Phänomen spontan eigenständig auftretender Störungen im Produktionsprozess damit näher (ohne diese aber verhindern zu können), weil die Gründe für Störungen (Risiken) durch Informationsasymmetrie an Gestalt gewinnen.

Dass die Spieltheorie Risiken, die mit Entscheidungen verbunden sind, auch in der Tat im Entscheidungszusammenhang begegnet (man könnte sagen: die Identität von Entscheidung und Risikohandhabung herstellt), begründet letztendlich die folgende Sicht der Dinge.

In der Lesart der Spieltheorie ist ein ABS-Geschäft zunächst einmal nur eine Folge komplex verzahnter »Spiele um Information«. Wesentlich ist hierbei, dass durch die Triade Spieldesign, Spielanalyse und Spielsimulation das Risikomanagement dadurch nicht eine routinemäßig zu handhabende Abfolge, sondern ein sich mit dem Kontext verändernder Kreisprozess ist.

In diesen Kreisprozess kann einerseits bei Bedarf auf vorgelagerte Schritte wieder zugegriffen werden, wenn es etwa gilt, den Beitrag risikosteuernder Maßnahmen zu überprüfen. Durch diesen Kreisprozess verlängern sich andererseits aber auch die Reaktionszeiten des Managements durch das frühzeitige Erkennen von Veränderungen der Umwelt.

Damit sich der Handlungsspielraum des Managements nicht dadurch verkürzt, dass schwache Signale erst dann erfasst werden, wenn sie durch ihre statistische Messbarkeit schon in Zahlenwerke eingeflossene harte Daten sind, wird durch Scanning die Umwelt abgetastet und durch ein sich daran anschließendes Monitoring werden die so identifizierten Risikotreiber schärfer beobachtet. Dazu wird der amorphen Größe »Informationsasymmetrie« ein spezielles Filtersystem aufgesetzt.

Hier sind wichtige Suchfilter, die je nach Situation, geforderter Analysetiefe und intendiertem Ziel zum Ansatz gebracht werden können:

▶ *Adverse-Selection-Risiken:* Diese liegen vor, wenn ein Beobachter die Eigenschaften von Akteuren (Risikobewusstsein, Risikobereitschaft, Risikotragfähigkeit) nicht kennt.

▶ *Moral-Hazard-Risiken:* Diese liegen vor, wenn ein Akteur einen Beobachter durch opportunistisches Verhalten bewusst täuscht.

▶ *Hidden-Information-Risiken:* Diese liegen vor, wenn Handlungen von Akteuren zwar beobachtbar sind, die Akteure aber mehr Informationen haben als ein Beobachter.

▶ *Hidden-Action-Risiken:* Diese liegen vor, wenn Akteure zwischen mehreren Handlungsalternativen auswählen können, die ein Beobachter nicht kennt.

▶ *Hold-up-Risiken:* Diese liegen vor, wenn ein Beobachter ein nicht vereinbartes Verhalten eines Akteurs zwar beobachten, es aber dennoch nicht verhindern kann.

Das Problem

Betrachtet man den ABS-Produktionsprozess unter dem Bild der Organisation von Delegationsbeziehungen, liegen in den obigen von Interessenlagen bestimmten Risikoklassen die Ursachen dafür, dass es durch Informationsvorsprünge und

unkontrollierbare Handlungen (also Informationsasymmetrie) zu Werte vernichtenden Konflikten zwischen den Akteuren kommen kann. Sich im Verhalten der
Akteure bei der Beschaffung, Verarbeitung und Weitergabe von Information zei-
gend, konturieren diese Risikoklassen in einem ABS-Produktionsprozess mögliche
Konfliktlinien, die vom Management durch geeignete Gestaltung adäquat zu
beeinflussen sind.

In dieser Situation das Handeln für bestimmte Problemfälle und Problemklassen
»vor«zustrukturieren und effizientes Handeln in wiederkehrenden Entscheidungssituationen zu ermöglichen, beschreibt mit der Aufgabe das Problem des Managements. Dass diese Sicht nicht im Speziellen nur auf ABS-Geschäfte beschränkt ist,
liegt auf der Hand. Man bedenke nur: Bei innovativen Finanzprodukten gilt im
Regelfall ein Szenario, in dem eine große Anzahl von Akteuren bei oft geringer
Regelmäßigkeit in ihren Beziehungen an hoch komplexen regelungsbedürftigen
Sachverhalten arbeiten.

Wege zu einer Problemlösung

Im ABS-Produktionsprozess sind verhaltenssteuernde Strategien zu entwickeln,
die durch ihre Konsistenz in der Zeitdimension wertschöpfend sind. Dabei entsteht Wertschöpfung, wenn diese Strategien einerseits als hinreichend dehnbare
Regeln des Zusammenspiels das Verhalten der Akteure konfliktminimal koordinieren und andererseits diese Regeln aber auch unter möglichst vielen denkbaren
und sich wandelnden Zuständen noch hinreichend robust sind.

Mit den oben skizzierten Risikoklassen stehen dafür interpretationsfähige Begrifflichkeiten bereit. Dabei können diese Risikoklassen durchaus als die Hauptzielob-
jekte strategischer Frühaufklärung bezeichnet werden. Sei es darum, dass sie trotz
zu schwacher Signalgebung im Sinne statistischer Messbarkeit mit der Bündelung
verhaltensbedingter Informationsrisiken im Speziellen die Risiken im Generellen
verursachungsgerecht aufspalten. Oder sei es darum, dass unter dem Stichwort
»Strategisches Radar« durch dieses Mehr an Risikoklassifizierungspotenzial Risikomanagement den Fokus erst zielorientiert auf die »Blackbox« statistischer Messbarkeiten richten kann.

Letzteres steht für ganzheitliches Risikomanagement. Sei es darum, dass der
Umgang mit Informationsasymmetrie darüber entscheidet, ob ein Spielregelsystem überhaupt integrierend und identitätsstiftend ist. Oder sei es darum, dass
erst unter einem strategischen Filtersystem Regeln keine gegebenen Größen mehr
sind, die einfach in den Datenkranz des Prozessgeschehens verbannt werden können. Ganzheitlichkeit bedeutet anzuerkennen, dass auch das Entstehen von
Regeln selbst ein risikobewehrtes Beiprodukt der Prozessdynamik ist.

Um in dieser Situation im Sinne praktischen Handelns auch (oder gerade) durch die Verbesserung des Problembewusstseins für Risiken einen Schritt weiterzukommen, ist der Zugriff auf die Klassen verhaltensbedingter Risiken in einer geeigneten Modellstruktur zu operationalisieren.

Dies leistet die Spieltheorie mit dem so genannten Principal-Agent-Ansatz durch eine zwar vergleichsweise einfache, aber dennoch hinreichend differenzierbare Denkfigur. Mit einem so genannten Agency-Modell wird dabei ein Spielmodell betrachtet, das den Schritt weg von der Anonymität des Marktes hin zu Kooperationsbeziehungen zwischen einzelnen Akteuren dadurch leistet, dass jedem Agency-Modell mit spezifischen Problemen asymmetrischer Information die verschiedensten verhaltensbedingten Risikoklassen zugrunde liegen können.

Die Agency-Sicht

Im Agency-Grundmodell in seiner einfachsten Ausprägung treten zunächst einmal nur zwei Typen von Akteuren auf, die in einer Beziehung zueinander stehen. Dabei ist die Struktur die folgende:

▶ Es tritt ein durch seinen niedrigen Informationsstand schlechter uniformierter Akteur auf, der Prinzipal genannt wird.

▶ Es tritt ein durch seinen hohem Informationsstand besser informierter Akteur auf, der Agent genannt wird.

▶ Dann stehen die Akteure in einer Beziehung in dem Sinne, dass der Prinzipal dem Agenten Entscheidungsautonomie gewährt und diesen über das Design von Kompensationsmechanismen wie Regeln und Kontrakten so zu motivieren versucht, dass der Agent im Interesse des Prinzipals handelt.

Im ABS-Produktionsprozess liegt es auf der Hand, diesen durch Agency-Beziehungen als ein Geflecht vertraglicher Koordination von Entscheidungen zwischen Akteuren darzustellen, die relativ gut und relativ schlecht informiert sind. Sei es darum, dass der Agent aufgrund seiner größeren Problemnähe die Risikopotenziale einer Situation schlicht besser ausdifferenziert als der Prinzipal. Oder sei es darum, dass der Agent aus demselben Grund gerade auch die Wirksamkeit risikopolitischer Maßnahmen besser einschätzen kann.

Dabei erweist sich die denkbar einfachste Agency-Spielsituation schon als differenziert zur Darstellung und zur Quantifizierung von quantitativen und qualitativen Risiken entlang der Wertschöpfungsketten eines in das Zahlenwerk der Bank einzubettenden ABS-Produktionsprozesses. Denn:

▶ Der Agent verfügt zwar über Entscheidungsfreiheit, seine Aktionen jedoch interdependent mit der Wertschöpfung des Prinzipals verknüpft sind.

▶ Es gibt eine Vielzahl von Konfliktlinien zwischen Agent und Prinzipal, da die Wertschöpfung aus der Agency-Beziehung neben dem Umweltzustand noch von der Qualität der Aktivitäten des Agenten abhängt: Arbeitseinsatz geht in die Wertschöpfung des Agenten, nicht aber in die Wertschöpfung des Prinzipals ein.

▶ Ein Agreement zwischen Agent und Prinzipal mit monetären Verpflichtungen des Prinzipals stellt eine Ex-ante-Leistung des Prinzipals dar, der mit dem nicht beobachtbaren Engagement des Agenten eine Ex-post-Gegenleistung nachgelagert ist.

▶ Selbst in einfachen Agency-Beziehungen entsteht ein vielschichtiges Moral-Hazard-Risiko, weil auf Grund der differierenden Wertschöpfung von Prinzipal und Agent sich der Agent nicht genauso verhalten würde, als wenn der Prinzipal vollständige Informationen über den Agenten hätte: Versucht der Prinzipal aus seinem Informationsstand auf die Qualität (das Risiko) der Aktivitäten des Agenten zu schließen, wüsste er so lange nichts über das darin liegende Risikopotenzial, solange ihm der alles bedingende Umweltzustand unbekannt ist.

Greifen wir unter dem Stichwort »People Risk« den Umgang mit dem Moral-Hazard-Risiko einmal auf, stellt der ABS-Kontext im Speziellen das modernes Risikomanagement im Generellen Wandelnde prominent. Risiko macht »Sprünge«, weil Agenten (Risikomanager) durch Prinzipale (Management) nicht (oder jedenfalls nicht kostenlos) daran gehindert werden können, Aktionen zu wählen, die zwar ihren eigenen Vorteilen, nicht aber dem gemeinsamen Interesse aller Akteure (Projektziel) dienen.

Natürlich können (müssen) auch in einem Agency-Kontext verformbare Kugeln aus Lehm oder Ton zu Scheiben geplättet oder zu Zylindern gerollt werden können, um ein Bild zu gebrauchen. Natürlich werden auch in einem Agency-Kontext (nimmt man es mit dem Volumen genau) aus einem Liter Wermut und einem Liter Gin stets weniger als zwei Liter Martini. So wie sich Volumen (durch das Verbinden der unsichtbaren Moleküle der beteiligten Stoffe) nicht einfach addieren lassen, lassen sich auch Risiken durch ihre letztendlich unergründbaren Wirkungskräfte nicht einfach addieren.

Warum? Jeder Agent und jeder Prinzipal ist anders. Es gibt nicht *den* Agenten und es gibt nicht *den* Prinzipal. Es gibt aber mit dem Agency-Kontext einen Rahmen, um die Interessen von Agent und Prinzipal durch effiziente Vertragsgestaltung zu harmonisieren. Letzteres ist das Entscheidende. Hier zeigen sich Wege, um (möglicherweise auch nur tastend und entdeckend) die Performance von Risikomanagement ganzheitlich zu verbessern.

Die unanschauliche Grenze

In moderner ganzheitlicher Lesart kann man sagen, dass das Begreifen der »Natur von Risiko« durch das Eingreifen in die »Natur von Risiko« voranschreitet. Sich mit dem (Denk)Modell von Prinzipal und Agent auf der einen Seite den wahren Ursachen für Risiken in Finanznetzen zu nähern, hat selbstverständlich auf der anderen seinen »Preis«.

Der kurze Abriss von ABS zeigt: Kommt Risiko nicht mehr aus der Maschine, sind Analysemodelle nicht mehr notwendigerweise schlank, elegant und performant. Mögliche Resultate sind als die Komplexität angemessen und adäquat reduzierende Problemlösungen nicht mehr unbedingt numerisch exakte Punktlösungen: Es werden nur die Informationsasymmetrie reduzierende Lösungswege abgesteckt. Beispiele dafür sind:

▶ Signalling: Hier handelt es sich um ein Instrument, durch das der Agent die Qualität seiner Leistungen durch Garantien oder Reputation signalisieren kann.

▶ Screening: Hier handelt es sich um ein Instrument, durch das der Prinzipal Informationen über den Agenten durch Due Diligence und Assessmentcenter einholt.

▶ Self Selection: ein Instrument, weil der Agent durch das Angebot von mehreren Aktionen dem Prinzipal mit dem Inhalt des Angebots Informationen über die Qualität seiner Leistungen liefert.

▶ Interessen angleichen: Hier handelt es sich um ein ganzes Bündel von Instrumenten, durch die wie Aktienpläne, Stock Options Plans und Erfolgsprämien die Performance des Risikomanagements durch leistungsorientierte Mechanismen gesteigert werden soll.

Hier ist nicht der Ort für die jetzt notwendigerweise einsetzenden Analysen, die unter Stichworten wie »Finde das Spiel«, »Löse das Spiel« und »Teste das Spiel« den ABS-Produktionsprozess als Agency-Szenario differenziert darstellen. Es geht in Szenario IV um etwas anderes.

Szenario IV verfolgt ein doppeltes Ziel. Einerseits geht es darum, mit der Spieltheorie eine allgemeine Vorgehensweise dergestalt zu präsentieren, dass mit dem besseren Verständnis der Strategiedimension auch das Verständnis über die Ursachen von Risiken verbessert wird. Andererseits geht es aber auch darum, mit Spieltheorie eine Alternative prominent zu stellen, die dringend benötigt wird, weil Spieltheorie nicht zwangsläufig kurzfristige Lösungen oder gar Patentrezepte anbieten muss. Wenn das KonTraG verlangt, im Lagebericht explizit auf Risiken einzugehen, die gefährliche Entwicklungspotenziale bergen, ist das Stichwort »wahre Berichterstattung« ein Synonym für die »Gestaltung von Agency-Beziehungen«.

Das Grundmodell für das Szenario »Interessenausgleich durch Erfolgsprämien« beziehungsweise »Gestaltung von Agency-Beziehungen« skizziert Abbildung 15.14. Wir wollen dieses Modell hier nicht referieren. Mit Hinweis auf das Urteil von Antoine de Saint-Exupéry »Um klar zu sehen, genügt oft schon ein Wechsel der Blickrichtung« gebrauchen wir ein (letztes) die Komplexität erklärendes Bild.

Man stelle sich vor, dass auf einer neu zu besiedelnden Insel die Frage »Rechtsverkehr oder Linksverkehr« zu entscheiden ist. Dabei bevorzugen Akteure, die aus den Ländern mit Rechtsverkehr kommen, das Rechtsfahren, und Akteure, die aus den Ländern mit Linksverkehr kommen, das Linksfahren. Dass in diesem Koordinationsspiel die Bestimmung des Nash-Gleichgewichtes (es gibt zwei) die folgenden differenzierteren »(Nash)Verhandlungen« zwischen Rechtsfahrern und Linksfahrern schon grob vorstrukturieren, liegt auf der Hand.

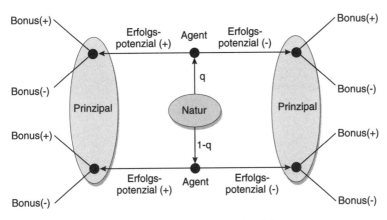

Abbildung 15.14 *Abbildung 15.14: Das Agency-Grundmodell*

Quintessenz

»Erkenne dich selbst.«
(Orakel von Delphi)

Strategie fundiert Risikomanagement. Risikomanagement nach Datenlage steht für Inseln der Berechenbarkeit. Spieltheorie steht für ganzheitliches Risikomanagement: Ursachen für Risiko können in den Vordergrund, die Mathematik rund um Risiko kann in den Hintergrund treten.

16 Nachhaltigkeit: (Ein) Wert der Spieltheorie

Die Fähigkeit vorauszudenken, dass gewisse Dinge nicht voraussehbar sind, ist von entscheidender Bedeutung

Jean-Jacques Rousseau

Investoren sind Unikate. Sie leben in zwei verschiedenen Welten. In Welt I analysieren sie mit modernster Informations- und Kommunikationstechnologie Fakten und Daten. In Welt II bestimmen jedoch Wahrnehmungen, Motive und Erfahrungshintergründe über den »Wert« des Tuns in Welt I. Dass in Welt I anders als in Welt II sich Fragen eindeutig beantworten und abschließend klären lassen und dass Investoren zwischen beiden Welten problemlos pendeln können, umschreibt recht gut die Komplexität und die Konsequenzen, die sich für modernes Risikomanagement hinter KonTraG und Basel II verbergen.

Ein Beweis für die Komplexität liefert die für KonTraG und Basel II oft gebrauchte Lesart. In Banken sind nur durch bessere Abstimmung der Anreize und der Aktivitäten die Risiken durch umsichtigere Allokation der knappen Mittel zu bewältigen. Moderne Prüfungspraxis steht auch (oder gerade) für das kritische Hinterfragen von Information durch Lernprozesse.

Ein Beweis für die Konsequenz liefern untrennbar mit KonTraG und Basel II verbundene Rubra wie »Gesamtbanksteuerung« und »Risikomanagementsystem als Frühwarn- und Früherkennungssystem«. Sie stehen für einen Paradigmenwechsel im Risikomanagement. Durch eine Prüfungspraxis, die sich »weg von Strukturen hin zu Prozessen« orientiert, wird die Welt I der geschlossenen Fragen in die Welt II der offenen Fragen quasi hineingesogen. Dass offene Fragen im Gebäude der Finanzmathematik sperrige Hindernisse aufbauen, liegt auf der Hand. Offene Fragen sind mit methodischen Standards nicht zu beantworten. Offene Fragen müssen nicht im mathematisch-statistischen Gewande einherschreiten. Offene Fragen richten sich nicht nach der Methode, mit der man sie angeht, es ist vielmehr die Methode, die sich nach offenen Fragen richten muss.

Strategisches Risikomanagement: Breitschwert und Florett

Moderne Prüfungspraxis hat Steuerungsimplikationen. Diese sind im Risikomanagement umzusetzen. Die Kongressfrage liegt auf der Hand. Sie lautet »Wie?«. Ihre Beantwortung setzt ganzheitliche Betrachtungsweisen voraus. Zur Verbesserung des Managementfit ist Risikomanagement als eine Querschnittsfunktion zu begreifen. Dazu ist die Produkt- und die Organisationsebene der Bank als Ganzes zu erfassen. Zwei vorrangig zu bewältigende Aufgaben liegen auf der Hand: Zum einen haben Risikoanalysen die Einzelrisiken und ihre Zusammenhänge zu identifizieren. Zum anderen haben sich im Rahmen der Geschäftspolitik der Bank die Risikopolitiken durch gestalterische Steuerung risikopolitischer Maßnahmen und die Entscheidungen für oder gegen Handlungsoptionen an der Risiko-Ertrags-Relation der Bank zu orientieren.

Um darzustellen, dass bei einer Gesamtbanksteuerung die Entscheidungen einerseits nicht isoliert im interaktionsfreien Vakuum getroffen werden und andererseits Risikomanagementprozesse nicht isoliert vom Geschehen in den Bereichen der Bank ablaufen, sind der Finanzmarkt und die Bank selbst als eine organisierte Veranstaltung für den Austausch von Information zu begreifen. Gehen Risiken bei einer Bank, ist sie als ein sich selbst organisierendes Informationsportfolio zu begreifen, aber wegen des Nadelöhrs des Ereignisses spezifisch verhaltensbedingter Störungen ist das Bild der Musterbank falsch: Eine Bank ist nicht mehr im Detail nur durchzurechnen. Damit muss Risikomanagement nicht nur routinemäßig messend, sondern auch nach Zusammenhängen fragend und Zusammenhänge hinterfragend in die Zukunft blicken können: Antworten auf die Frage, wie Risiko die Prozesse trägt, in die es eingebettet ist, sind Antworten, die nur in ihrem Kontext gelten.

Ist eine Bank nicht nur Musterbank, die einen speziellen Kontext anbietet, sondern unter Rubra wie »integrative Refinanzierungslösung« und »Bank als Beratungsportfolio« auch Kontextanbieter im weitesten Sinne, ist im Risikomanagement nach neuen Wegen zu suchen. Man könnte sagen, es gilt Wege zu finden, um »das Fremde als fremd zu erkennen«. Dazu ist das Handeln der Akteure von den Denkweisen und den Motiven her besser zu verstehen. Damit braucht ein Risikomanagementsystem zur Gesamtbanksteuerung aber einen erweiterten Risikobegriff. Dieser muss integrative Einblicke liefern, um Komplexität handhaben zu können. Dies erfordert ein Risikokalkül, das den Wert unterschiedlicher Perspektiven genauso anerkennt wie die Notwendigkeit, diese Perspektiven in ein kohärentes Ganzes zu bringen.

Muss ein in diesem Sinne prozessorientiertes Risikomanagementsystem aber statistisch messbare und durch Verhaltens- und Qualitätsunsicherheiten auch statistisch nicht messbare Risiken handhaben, muss es transparent und rechenbar strategische Risiken abbilden können. Dabei steht Strategie für ein dehnbares Aktions-Reaktions-Muster. Es handhabt zum einen, dass sich Risiken in komplexen Beziehungsgeflechten durch äußere Störungen wie Naturkatastrophen und durch emotionale und soziodynamische Einflussfaktoren graduell und kontextsensibel entwickeln. Es handhabt zum anderen Komplexität dadurch, dass es Veränderungen über die Zeit hinweg antizipiert, sich darauf einstellt und kompetent auf Veränderungen reagiert. Eine qualitätsgesicherte Strategie ist dann eine in dem Sinne robuste Strategie, dass sie sich im Strategienwettbewerb der Märkte behauptet.

Hier ist der zentrale Punkt des Wesens von Strategie dann nicht zu verkennen. Nach Paul Watzlawiks Axiom: »Man kann nicht nicht-kommunizieren« ist eine Strategie nicht Spiegel, sondern Fenster. Das Moment ihrer Berechenbarkeit löscht nicht das Moment ihrer Generierung durch Entscheider aus. In der Strategie verschmelzen mathematische Analyse, die Orderly Market Conditions, der Sinn für historische Zusammenhänge und das Wissen über die aktuelle Situation in einer umfassenden Darstellung von Zusammenhängen durch strategisches Denken und darauf basierendem strategischen Verhalten. Da unter der strategischen Perspektive Unsicherheit keine exogene Störung ist, weil Unsicherheit als Treibsatz für Strategie ein notwendiger Bestandteil einer jeden Strategie ist, sind in strategischen Kontexten Prozesse, die oft selbst geschaffene Strukturen sind, »das«, was sie sind: flexible Spielregelsysteme, in denen Akteure oft Absprachen treffen, ohne dass die Spielregeln deren Einhaltung zwingend garantieren. Ein strategisches Umfeld steht für ein organisatorisches Umfeld, in dem informierte Entscheidungsfindung und systematische Steuerung von Risiken im Sinne einer unternehmensweit flexiblen Risikokultur erfolgt.

Damit ist klar: Wer in einem strategischen Kontext nach der »goldenen Regel« der Strategie sucht, wird dies schnell als Nachteil effizienter Risikosteuerung empfinden. Das für einen Strategen (Entscheider/Wertetreiber) typische facettenreiche und nuancierte Denken lässt sich nicht begrenzen. Sich auf Theorien zu verlassen, die bequeme Handlungsanweisungen geben, kann der richtige Weg sein – muss es aber nicht. In diesem Sinne ist das Beherrschen der Strategiedimension als moderner finanzmathematischer Stand aber Qualitätsmerkmal einer Bank. Dies verwundert nicht: Eine Strategie erfasst mit den Treibern von Interaktionsprozessen stets die Ursachen von risikoträchtigen Informationsstörungen – so wie sie wahrgenommen werden. Sind die Ursachen von Informationsstörungen mit der Strategie aber wieder ein Teil des dadurch quasi »lebenden« Risikomanagementsystems, regelt sich in diesem strategischen Vorgehensmodell dann die Risikofrüherkennung und die Risikofrühwarnung durch Antizipation und Prognose auf natürliche Weise. Die Unabhängigkeit und die Performance der Risikosteuerung werden durch den sie umschließenden Bedingungskontext bestimmt.

Natürlich hat nachhaltiges Ausleuchten der Strategiedimension viele »Preise«. So sind beim Schritt zur operationalen Gesamtbanksteuerung die Probleme in Angriff zu nehmen, die nicht in den Konzepten und Methoden selbst, sondern die in der zur Verfügung zu stellenden technischen Infrastruktur liegen. Zu nennen sind hier Fragen zur Ablaufsicherheit, Abstimmbarkeit, Nachvollziehbarkeit und

Erweiterbarkeit, aber auch die Neuverteilung von Durchgriffsrechten entlang der Wertschöpfungsketten. Es ist müßig zu erwähnen: Weil Menschen im Spiel sind, haben auch die hier auftretenden Fragen ihre Antworten letztendlich wieder in der Strategiedimension.

Greifen wir dem Folgenden vor. Der Wert der Spieltheorie liegt darin, dass sie disziplinübergreifend die oben konturierten Schritte in Richtung einer Gesamtbanksteuerung in einem holistischen, mathematischen Modell ausführen kann. Hier ist die Bedeutung des Moments nicht zu verkennen: Mit dem »wirklichen« Verständnis von Strategie wird erst Erkenntnis zum Bestandteil des Risikomanagements, dass es in komplexen Umfeldern keine kurzfristigen Lösungen oder gar Patentrezepte geben kann. Dies ist ein wichtiger Punkt. Nicht bis ins Letzte analytisch auflösbare Komplexität lässt sich nur in offene Fragen auflösen wie: Was ist noch machbar? Was ist erforderlich?

Dass die Struktur entdeckende Spieltheorie gerade in solchen Szenarien noch hilft, unproduktive Konflikte oder einseitige Fehlentwicklungen zu vermeiden, weil sie wichtige Erkenntnisse durch ein verbessertes Problembewusstsein liefert, erklärt ihre praktische Relevanz aus sich heraus. Die Spieltheorie ist ein Denkmodell, das geeignet mathematisierbar ist. Diese Schrittfolge (erst Denkmodell, dann Risikomodell) ist im Risikomanagement am Wendepunkt in der Tat stärker zu beachten – selbst wenn der »Preis« dafür hoch ist.

Wir nennen zwei Gründe: Zum einen muss sich am Shareholder-Value orientiertes Risikomanagement intensiver (und differenzierter) denn je mit dem schon vor KonTraG und Basel II nachdenklich stimmenden Moment auseinander setzen können, dass die Finanzmathematik möglicherweise deshalb so wenig von denjenigen akzeptiert (geschweige denn befolgt) wird, deren Verhalten sie ja gerade erklären will, weil sie keine Plattform hat, um die Ansätze der Disziplinen unter einem Modelldach zunächst einmal unvoreingenommen zu diskutieren, um sie dann zu einem neuen Bild der Finanzmärkte zu integrieren. Zum anderen ist in einen Kontext, in dem auch unscharfe Bilder ihren Platz haben müssen, John Maynard Keynes Urteil »Es gibt nichts, was so verheerend ist wie ein rationales Anlageverhalten in einer irrationalen Welt« in eine ganzheitliche Messbarkeitslogik zu integrieren, obwohl Gilbert Keith Chesterton schon im 19. Jahrhundert das Leben (Risiko) als eine »Falle für Logiker« sah, als er schrieb: »Es sieht ein kleines bisschen mathematischer und regelmäßiger aus, als es eigentlich ist, seine Genauigkeit ist offensichtlich, seine Ungenauigkeit bleibt jedoch verborgen; sein Ungestüm liegt auf der Lauer.«

Noch einmal zurück zum Wert der Spieltheorie. Nach dem oben Gesagten, ist Spieltheorie eine mathematisierbare Philosophie: Auf alle Teilgebiete der Mathematik zugreifend, ist sie eine Problemlösungsmethodik, mit der im oben angesprochenen Bild der Welten die Welt II wieder in die Welt I zurückgesogen wird. Durch ihr strategisches Risikokalkül schafft sie Raum, um in der Finanzmathematik Verhaltensrisiken als ganzheitlichen Zufall zu analysieren. Dass die Spieltheorie mit den »Spielen gegen die Natur« die routinemäßig messende Finanzmathematik als nicht strategischen Spezialfall abdeckt, begründet zweierlei. Zum einen ist es müßig, Datenberge zu besteigen, auf deren Gipfeln Hypothesen zu schmieden und mit einer kontextfixen Kennzahl im Gepäck wieder abzusteigen. Zum anderen ist es müßig, sich mit Geschichten besonders erfolgreicher Finanzinstrumente über Gebühr auseinander zu setzen. Der Grund liegt auf der Hand, in beiden Fällen ist Strategie nicht länger im Spiel. Hier sind die Dinge schon abgeschlossen. Beides ist aber in einem spieltheoretischen Kontext möglich und auch notwendig, wenn es gilt, Fehler in einem Szenario zu identifizieren, das trotz seiner guten Rechenbarkeit in seiner innersten Struktur möglicherweise falsch angelegt ist.

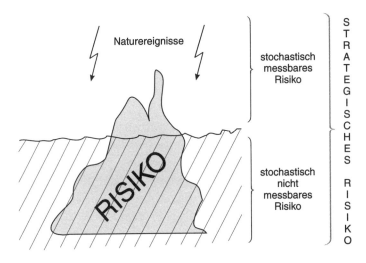

Abbildung 16.1 Das Risikospektrum

Verstricken wir uns nicht zu tief im Dickicht theoretischer Überlegungen, unser Ziel ist ein anderes. Wir haben bewusst keine Mathematik in einem strategischen Kontext betrieben. Unter der Annahme »Gegeben das Spiel« wären im Grunde genommen auch nur die bekannten stochastischen Routinen abzufragen. Wir wollen das Moment nachhaltiger Entwicklung durch strategisches Risikomanagement prominent stellen. Sein Kern ist auf das Wesentliche reduziert in Teil 4 skizziert. Dort wird ein operationalisierbares Beratungskonzept als Praktik gemeinsamen strategischen Denkens und Handelns präsentiert. Es ist auf der Grundlage spieltheoretischer Überlegungen entwickelt. Hier muss sich Strategie dann auch bewähren. Benutzerdefiniert muss sich Strategie in einer konkreten Situation der Messlatte stellen, die das Gericht der Praxis einhängt. Auch für Strategie gilt: Was überzeugt, ist praktischer Erfolg. Es ist wie in der Meteorologie, wie eine Theorie ist auch eine theoretisch fundierte Strategie so glaubwürdig wie ihre Vorhersagekraft. Letztere ist bei spieltheoretisch fundierten Strategien durch: »Antizipation + Prognostik« allerdings höher als bei Prognostik allein.

Im Buch können wir den Wert der Spieltheorie anhand ihres Strukturierungspotenzials nur grob beschreiben. Der Leser ist der Richter. Er muss entscheiden, inwieweit es uns gelungen ist, auch den Wert von Spieltheorie (Strategie) darzustellen, wenn das Gewand der Spieltheorie etwas weniger blickdicht ist als das Gewand, das Spieltheorie sonst mit der Mathematik zu tragen pflegt. In der Tat, nur der strategische Entscheider, der zu einfache Auffassungen über die Situation X aufbrechen muss, ist kompetent, den Wert von dehnbaren Schemata für Strategie zu beurteilen. Wir erwarten ein positives Urteil, unwahrscheinlich ist es nicht. Beschrieb doch schon Victor Hugo durch »Nichts in der Welt ist so mitreißend wie eine Idee, deren Zeit gekommen ist« den zentralen Aspekt, der unter dem Stichwort »Alternative Risk Transfer« den Innovationsmotor der Risk Community antreibt. Dies ist damit auch für strukturierte Strategiefindung zu reklamieren, also für den Gegenstand der Spieltheorie.

Die Zwickmühle ist gestellt

Eine Bank als Wertschöpfungsnetz zu begreifen und darzustellen, ist nicht trivial. Sei es darum, dass Wertschöpfungsnetze von Prozessverantwortlichen durch Selbstmanagement koordiniert werden, die untereinander höchst komplexe Informations- und Berichtswege unterhalten. Oder sei es darum, dass Finanzmarkttitel, die in keinem Verhältnis zueinander stehen, gehören sie ein und demselben Investor, in einer Weise aufeinander bezogen werden, die nicht die Bank, sondern nur der Investor kennt.

Erzeugen Risiken so nicht (oder doch nicht immer) exakt ihresgleichen beziehungsweise entstehen so Risiken, die immer differenzierter sind, ist die für Standardansätze typische Reduktionsproblematik zu entschärfen. Auf die Zeitschlagkapazität mit der Brownschen Bewegung »nur« stereotyp reagieren zu können, reicht nicht mehr aus. Modellbauer können nicht mehr ohne weiteres ein quantitatives Kausalmodell konstruieren, weil sie nicht mehr so einfach davon ausgehen können, dass das zu modellierende Phänomen ein Produkt aus einer endlichen Anzahl von letzten Ursachen und konstanten Gewichtungen dieser Ursachen ist, die als Strukturparameter zu schätzen sind. Den Sachverhalt verkürzend, kann man sagen: Durch Netzwerkrisiken verliert traditionelles Risikomanagement die Simplizität seiner Glaubwürdigkeit dadurch, dass seine mit der Brownschen Bewegung mechanistische Denklogik nicht aus sich heraus an die neuen Erfordernisse zu adaptieren ist, die Basel II und KonTraG mit dem ganzheitlichen Erfassen der Risiken des Zusammenwirkens von Mensch, Organisation und Technik stellt.

Hierfür Gründe zu nennen, fällt nicht schwer. Naturgesetze sind jetzt und in zehn Minuten noch dieselben. Durch Experimente werden Fragen an die Natur gestellt, die im Risikomanagement nur im Speziellen die Risiken erzeugt, die es abzusichern gilt. Zu nennen sind hier Naturkatastrophen wie Vulkanausbrüche, Erdbeben und Überschwemmungen. Im Generellen trägt der Mensch als launischer Risikoträger aber alles Risikopotenzial in sich. Die Entladung dieser Potenziale ist nicht vollends erklärbar. Aufgrund seiner sozio-kulturellen Besonderheiten ist der Mensch kein Spezialfall der Physik. Er greift in das ewige Räderwerk von Ursache und Wirkung ein, wenn er im Strom ständiger Veränderungen (Nachrichtenlagen) seine für ihn wichtigen Zusammenhänge (Nachrichten) erkennt.

Machen aber gegenseitige Abhängigkeiten die Ursachen von Risiken unscharf, ist Risikomanagement mehr als eine schwierig zu lösende Rechenaufgabe wie etwa die exakte Lösung der Schrödinger-Gleichung für ein Eisenatom. Wertschöpfungsketten, entlang derer im Regelfall keine physischen Assets, sondern Informationen ohne Wahrheitsgarantie gehandelt werden, sind aufgrund ihrer inneren Freiheitsgrade und ihrer nichtlinearen Dynamik in den Wechselwirkungen eigene komplexe Systeme, die selbst wieder komplex vernetzt sind. Gibt es kein Ende in dem Spiel zur Veränderung der Spiele, braucht Risikomanagement neue Konzepte. Neu müssen die Konzepte deshalb sein, weil sie die Denklogik der klassischen Physik überschreiten müssen. Auf Schwankungen, Instabilitäten, Verzweigungen und Kooperationen (kurz: auf das Zusammenwirken von Faktoren) zugreifen zu können, erfordert einen methodischen Ansatz, der einerseits zwecks Rechenbarkeit geschlossen ist, andererseits in seinem Analysepotenzial aber dennoch offen ist.

Der gerade referierte Zusammenhang, der auf den ersten Blick wie ein Widerspruch in sich erscheint, ist der Finanzmathematik keineswegs neu. In der Ökonomie ist er als »Lucas-Kritik« schon lange bekannt. In einer Welt, in der alles voneinander abhängt, gibt es keine festen Strukturen und daher nichts zu modellieren. Wählen wir für die Kritik von Robert Lucas einmal die wesentlich freundlichere Lesart, dass Modelle, sollen sie Werte generieren, möglichst ereignisgenau sein müssen, ist vor der praktischen Realität der Übergang zu hinreichend dehnbaren Modellen das Stichwort. Die Notwendigkeit dieses Übergangs ist spätestens mit KonTraG und Basel II aus dem Schatten wissenschaftlicher Diskussionszirkel herausgetreten. Es gilt, sich mit dem Sachverhalt der Grenzen von Modellen vor der breiteren Öffentlichkeit der am Shareholder-Value orientierten Investoren auseinander zu setzen.

Bezieht man die theoretische Perspektive, liegen die Gründe auch offen. Einerseits sind im Rahmen der instituitionell fixierten Spielregeln die Wertschöpfungsketten selbst ein dehnbares und flexibles Spielregelsystem, das immer wieder auf seine Zweckmäßigkeit überprüft werden muss. Andererseits sind Informationsprozesse offene Prozesse, die Werte oft nur dadurch schaffen, dass sie neue Problemlösungen hervorbringen. Sind aber

▶ Strukturen aufzubrechen

▶ Regelwerke zu hinterfragen

▶ Zusammenhänge disziplinübergreifend zu erkennen

um ganzheitlich handeln zu können, bestimmen damit zumindest zwei ineinander verschachtelte Probleme die Komplexität der mathematischen Probleme, die eine moderne Prüfungspraxis in das Risikomanagement trägt:

▶ Das Problem der Messbarkeit: Durch stochastisch nicht messbare Verhaltens- und Qualitätsunsicherheiten (Informationsasymmetrie) und stochastisch messbare Risikofaktoren (Informationssymmetrie) konfigurierte Wertschöpfungsketten in ihren Risikopotenzialen abzusichern heißt, durch höchst kontextsensible Störungsquellen oft nur locker verknüpfte Gebilde in ihren Risikopotenzialen abzusichern.

▶ Das Problem des Umgangs mit dem Problem der Messbarkeit: Im Prozessmanagement ist der Risikofaktor »Mensch« den zu analysierenden Objekten einfach zu nahe, wenn zum einen das Management von Risiken für das Denken unter sich schnell wandelnden Umständen steht und zum anderen die Werte schöpfenden Fenster nur für begrenzte Zeiträume offen stehen, wenn Prozessverantwortliche wechselseitig in der Rolle von Moderatoren stehen.

Bildlich gesprochen ist das Management von (Prozess)Risiken wie ein Muskel, den man entweder trainiert oder aber verliert. Hat man dieses Bild vor Augen und das Urteil von Harold Macmillan im Gedächtnis »Vergangenheit sollte ein Sprungbrett sein, nicht ein Sofa«, wird modernes Risikomanagement durch das Moment komplexer, dass aus prinzipiellen Gründen die Gesetze der Physik des Münzwurfs dann nicht mit der Finanzmarktrealität in Einklang zu bringen sind, wenn neben das analytische auf das Detail ausgerichtete Denken ein auf das größere Ganze gerichtetes integrierendes Denken treten muss. Bestimmt im Regelfall aber nicht die Analyse das, was Risiko ist, sondern muss das, was Risiko ist, die Analyse bestimmen, ist die Zwickmühle für das traditionelle Risikomanagement gestellt.

Es ist das Dilemma traditionellen Risikomanagements, dass Begrifflichkeiten und Denkschablonen der messbaren Makrowelt in der Mikrowelt der Akteure zu kurz greifen, weil auf der Ebene der Risiken erzeugenden Akteure Folgendes gilt:

▶ Das Prinzip der Kausalität gilt nicht uneingeschränkt: Gleiche Ursachen erzeugen nicht immer gleiche Wirkungen.

- Das Prinzip der Objektivierbarkeit gilt nicht uneingeschränkt: Der Verlauf der Spiele am Finanzmarkt hängt sehr wohl davon ab, ob jemand die Spiele beobachtet.

- Das Prinzip der Stetigkeit gilt nicht uneingeschränkt: Jeder Akteur ist in mehrere Spiele involviert, zwischen denen er unberechenbar hin und her springen kann.

- Das Prinzip der Prognostik gilt nicht uneingeschränkt: Zum einen sind nicht sehr viele gleiche Objekte im Spiel, damit aus den vielen Einzelwahrscheinlichkeiten berechenbare Gewissheit wird. Zum anderen lassen sich bei Spielen, die nicht nach einem Uhrwerk ablaufen, Wahrscheinlichkeiten nicht vorhersagen, weil diese Vorhersagen nur nachprüfbar sind, wenn Experimente viele Male durchgeführt werden können.

Durch Perspektivenwechsel in der Zwickmühle (mit)spielen

Wie so oft, lässt sich auch der Kern der Zwickmühle traditionellen Risikomanagements wieder durch ein Bild aus der Physik gut illustrieren. Dabei ist das folgende Bild richtungsweisend, weil es die Bedeutung und die Vorläufigkeit von Perspektiven zeigt: In der Astrophysik ist es kein Problem, die Spiralstruktur des Andromedanebels anhand einer guten Fotografie abzulesen. Der Andromedanebel, der außerhalb unserer eigenen Galaxie liegt, ist aus der Perspektive der Milchstraße heraus gut beobachtbar. Bis vor kurzem war es aber ein Problem für die Astrophysik, die wahre Struktur der Milchstraße selbst zu erkennen, weil wir uns als Beobachter selbst inmitten dieser Galaxie befinden.

Die Parallele zu den Problemen im Risikomanagement liegt auf der Hand. Die sich verändernde Prüfungspraxis der Aufsichtsinstanzen stellt dem Risikomanagement auch eine zum Problem der Astrophysik vergleichsweise ähnliche Aufgabe. Durch den Umgang mit offenen Fragen ist auch in der Finanzmathematik die Fähigkeit zum Perspektivenwechsel zu entwickeln. Im Gegensatz zur Astrophysik kann die Finanzmathematik aber keine Satellitentechnik zur Lösung dieser Aufgabe einsetzen. Die Mathematik des Risikos ist im Vergleich zur Mathematik der Sterne ständig mit dem Problem konfrontiert, dass sich die Analyseobjekte (die Investoren) modellendogen verhalten können. Nutzen wir die Gunst des Bildes zum qualitativen Unterschied zwischen komplexer Risikomathematik und komplizierter Sternenmathematik, steht Goethes Urteil für die (imaginäre) Grenze: »Die Sterne, die begehrt man nicht.«

Mechanistisches Risikomanagement kann aus prinzipiellen Gründen nicht die Perspektive wechseln. Es muss nach einem immer gleichen Muster die Probleme aus der Mikrowelt in der Makrowelt orten und fragen: Welche Auswirkungen haben sie dort? Mit anderen Worten: Traditionelles Risikomanagement steht sich beim

Beobachten von Risiken quasi wie ehemals die Astrophysik auch selbst im Weg. Es kann nicht differenziert auf die Ursachen von Risiken zugreifen, wenn die Dämonen von Maxwell und Laplace, die unsichtbaren Hände von Smith und die Auktionatoren von Walras im Grunde genommen nichts anderes tun, als in einem apriorisch vorgegebenem und unveränderlichem Raum mit atemberaubender Geschwindigkeit Münzwurfexperimente durchzuführen, um die eigenartige Fremdheit von »People Risk« (also Investoren) aus dem Risikomanagement gerade herauszuhalten.

Den Umgang mit den »flinken Rechnern« zu verbessern – dafür steht Perspektive: Perspektiven nicht rigoros linearisieren zu müssen, sondern (erfordert es die Situation) das in der Linearisierung liegende Problem des Zusammenfaltens von Vielfalt auch angehen zu können, ist das optionale Moment, das in der Fähigkeit zum Perspektivenwechsel verborgen liegt. In der zähen Masse der Prozessabläufe steckende Risikomanager müssen in der Lage sein, neu lernend, mit Risiken umzugehen, wenn qualitätsgesicherter Wertschöpfung die Performance von Risikomanagement bestimmt.

Gerade unter dem Stichwort »interne Modelle« muss das Risikomanagement seine Bodenhaftung durch die Fähigkeit des Nachführens von Kontext verbessern. Auf der einen Seite ist mit hoher theoretischer Abstraktion und auf der anderen Seite ist mit direkter und indirekter Messmethodik das komplexe Problem ganzheitlich anzugehen, dass Risikostrategien als Problemlösungsprozesse eine vernetzte, dynamische Ganzheit sind, die mit ihrer Umwelt in Wechselbeziehung steht. In dieser Lesart kann man sagen: KonTraG und Basel II erfordern mit der Abkehr vom »letzten stochastisch messbaren Grund« einen multiplen Steuerungsansatz. Dazu ist hinter explizite Regeln zu schauen, um implizite Regeln zu erkennen. Es ist der weiche Kern aus harten Faktoren herauszuschälen. Dabei heißt es, Zusammenhänge differenziert zu handhaben. Das »alte«, gut Verstandene ist zu nutzen, um zu sehen, wie daraus das »neue«, noch nicht gut Verstandene entsteht.

So seltsam es klingt – der letzte Satz ist kein Widerspruch. Weil Risiken einerseits nur unter der Münzwurfanalogie überhaupt quantifizierbar sind und andererseits Risiken aber dem Prinzip der Evolution in dem Sinne folgen, dass sie sich in Wechselwirkung mit dem Risikomix zeitlich verändern, kommt im Risikomanagement der Perspektivenwechsel auf eine ganz natürliche Weise ins Spiel. Dabei ist das interessante Moment, dass Perspektivenwechsel als solcher zunächst einmal gar nichts mit Mathematik zu tun hat; er steht nur dafür, im Vorfeld des Zugriffs des Münzwurfs besser zu erkennen, wie Akteure aus ihrer Sicht und nicht aus der Sicht des die Münze werfenden Risikomanagements ihre Spiele analysieren. Mit anderen Worten: Ist der Perspektivenwechsel im Spiel, reicht es zum Erfassen einer Situation nicht mehr aus nur zu wissen, wie die Mathematik rund um Modelle funktioniert.

Ist Perspektivenwechsel angesagt, sind die Standardszenarien der Finanzmathematik schlicht die Inseln der Berechenbarkeit im Meer der Nichtberechenbarkeit. Um im Bild zu bleiben: Hat man die Inseln erst einmal erreicht ist man in den Black-Scholes-Welten. Man ist (wie in »The Old View« skizziert) auf den Inseln der Seligen. Hier ist alles geregelt, weil es nichts zu regeln gibt. Hier herrscht das straffe Zeremoniell des Münzwurfs. Durch Ausklammerung der Erfahrungsebene braucht man sich als gedächtnisloser Inselbewohner keine Gedanken um die Zukunft zu machen. Man muss nur wenig und immer gleiche Informationen als Anfangsbedingungen in die mit atemberaubender Geschwindigkeit Münzen werfenden Computersysteme einzugeben, um durch die Rechenkunst flinker Dämonen viel Information in Form von immer gleicher zeitlicher Entwicklung zu erhalten. So wie ein Vulkan oder ein Kraftwerk stets (für die Anwohner nicht überraschend) ihr eigenes Wetter erzeugen, gibt es auch auf unserer Insel in diesem Sinne keine Überraschungen.

Die für Black-Scholes-Welten typische Hinwendung auf das Feld des spezifischen Eingriffs durch die Ausklammerung der Erfahrungsebene hat in der Tat etwas Verlockendes. Eine solche Vorgehensweise sichert, dass der seine Uhr auf das Jahr 2006 einstellende Dämon so sicher wie ein Astronom eine Sonnenfinsternis vorhersagt und auch vorhersagen kann, wer Fußballweltmeister in Deutschland wird. Um im Bild zu bleiben: Dass der Dämon in der Physik mit dem Auftritt der Quantenphysik zwar gestorben ist, weil die Quantenphysik mit der Kausalität, Stetigkeit und Objektivierbarkeit die Grundpfeiler der klassischen Physik neu bewertet, der Dämon aber weiterhin die Risk Community durch seine nur in interaktionsfreien Kausalmodellen entfesselbare schier unerschöpfliche Produktivität geradezu antreibt, schließt wieder den Kreis zur aktuellen Diskussion im Risikomanagement.

Warum? Durch moderne Prüfungspraxis, ganzheitliche Managementansätze und durch ein Ereignis wie das WTC-Desaster beginnt auch im Risikomanagement die Alleinherrschaft des Dämons zu schwinden. Das Einzige, was zählt, ist der Erfolg von Risikostrategien bei der Auslese durch den Finanzmarkt. Sind Konzepte aber nicht mehr nur schablonenhaft, sondern auch schöpferisch auf die Vielfalt von Situationen anzuwenden, sind sie unter zumindest zwei Kriterien zu bewerten: einerseits unter dem Aspekt ihrer Effektivität; andererseits unter Bezug auf die Eigenart, Eindeutigkeit herzustellen, wo Mehrdeutigkeit vorherrscht. Hier erweist sich der Dämon als zu einfach gestrickt. Sei es darum, dass ein Konzept den Schritt des Übergangs von der geschlossenen Lösung zur offenen Strategie als Teil der Analyse nur tun kann, wenn es nicht nur gegen »sich selbst« optimiert. Oder sei es darum, dass zu schnell die Grenzen für »Modellbau« erreicht werden, die in den klassisch philosophischen Fragestellungen von Immanuel Kant liegen: »Alles Interesse meiner Vernunft (....) vereinigt sich in den folgenden drei Fragen: 1. Was kann ich wissen? 2. Was soll ich tun? 3. Was darf ich hoffen?«

Schritte bewusst tun können

Anders als Managementressourcen und Rechnerkapazitäten sind Informationen nicht knapp. Es sorgt dann auch eine Vielzahl von Faktoren dafür, dass Banken als Kontextanbieter im Overload von Information den Kontakt mit sich ändernden Umwelten (Kontext) nicht zu schnell verlieren. Wissen und Kreativität sind solche Faktoren. Sie sind Komponenten des unsichtbaren Kitts, mit dem auf dem Tisch der »Orderly Market Conditions« für relevant erachtete Informationsszenarien immer wieder neu zusammengesetzt werden. Dabei steht handlungsorientiertes Wissen für die Vernetzung von Daten und Information in einem Kontext. Dabei steht im Ergebnis offene Kreativität für das Denken ohne Schablone und das Handeln ohne Vorlage.

Auf der Insel der Seligen, wo nach antiker Mythologie die Götterlieblinge wohnen, stehen Wissen und Kreativität (gäbe es sie dort) aufgrund ihrer Konturlosigkeit für Unordnung. Es ist müßig zu erwähnen, dass diese Faktoren auch wieder die Schlupflöcher für den alles wissenden Dämon sind. Sie sichern seine Existenz. Er braucht seine plötzlich selbst entscheidenden Anhänger nicht an seinem allumfassenden Wissen teilhaben zu lassen. Sein Wirken bleibt weiter geheimnisvoll. Dabei fällt dem Dämon die Flucht aus der Verantwortung für sein Tun in die Anonymität nicht einmal besonders schwer. Er muss nur behaupten, seine alles perfekt einstellenden Signale werden vom staunenden Volk falsch interpretiert. Ein einfaches Beispiel dafür ist schnell gefunden. Angenommen, der Dämon sendet zwei Akteuren als Signal den Buchstaben A. Ist dieses Signal für Akteur 1 der erste Buchstabe des Alphabets, für Akteur 2 aber der unbestimmte Artikel der englischen Sprache, entsteht die oben angesprochene Unordnung. Jeder Akteur muss zur Gewichtung der Information eine Münze werfen. Das heißt aber: Der Dämon ist wieder im Spiel, obwohl er die Komplexität und die Mehrdeutigkeit des von ihm erzeugten Problems gar nicht verarbeiten kann.

Kann der Umgang mit Information nicht in eine Richtung gezwungen werden, ist in Banken das Erfassen von Informationsrisiken mit dem vorgehaltenen intellektuellen Kapital verknüpft. Mit den »Köpfen« sind wir beim Nährboden für Strategiebildung. Hier ist ein dorniges Terrain zu beackern. Strategiebildung einer alles glättenden Messbarkeitslogik zu unterwerfen, um es mit den Methoden der Stochastik routinemäßig bearbeiten zu können, ist nur in einem voll ausgeleuchteten

Szenario ohne relevanten Informationsverlust möglich. In einem diffusen Szenario führt ein solches Prozedere aufgrund der oft fehlenden Kenntnis von Bindungsgliedern auf falsche Fährten. Diese Fährten sind risikoträchtig: Strategie entzieht sich mit seinem offenen Charakter aus prinzipiellen Gründen harten Kennzahlen und harten Messverfahren. An seine Träger und an den Entscheidungskontext gebunden, entsteht Strategie aus der Situation heraus.

Ist in diesem Sinne der Umgang mit Information im Risikomanagement als Problem zu begreifen, liegt ein ganzes Spektrum möglicher Konsequenzen auf der Hand. Die wichtigste davon ist: Eine für ein strategisches Risikomanagementsystem neu zu entwickelnde Metrik muss von einem hohen Individualisierungsgrad geprägt sein und Unschärfen im Sinne der Stochastik zulassen.

Der Umgang mit in diesem Sinne Neuem verändert die Finanzmathematik. Da in der Strategiedimension durch unterschiedlichste Bezüge in Veränderungsprozessen ohne weiteres die Vergangenheit von der jeweiligen Gegenwart ausgelöscht werden kann, müssen Banken lernen, ihre bisherigen (Lern)Mechanismen zu beobachten und weiterzuentwickeln. Durch offene Fragen zur Verfügbarkeit und zur Qualität des Datenmaterials, zur Modellspezifikation und zum Umgang mit Modellen in der Praxis ist es die Realität, die Risikomanagement immer öfter zeigt: Es verstrickt sich umso schneller in Paradoxa, je mehr es glaubt, den Anforderungen nur mit routinemäßigen Mustern begegnen zu können.

In diesem Sinne entsteht einerseits Zwang zur Erneuerung. In diesem Sinne wird andererseits Finanzmathematik aber komplexer (nicht unbedingt komplizierter). Das Bild vom Backen eines Kuchens illustriert den Grund: Das Kneten des Kuchenteigs ist ein Vorgang, der in dem Sinne komplex ist, dass die Anfangsverteilung der Zutaten immer stärker vermischt wird. Finanzmathematik, die mit dem Perspektivenwechsel das Ausleuchten der Strategiedimension als zusätzliche Analysevariable nutzt, ist in einer vergleichbaren Situation. Perspektivenwechsel ist das Synonym für den Wandel der Finanzmärkte, der Anfangsverteilungen von Risiken immer stärker vermischt.

In Finanznetzen ereignet sich vieles in Grauzonen. Der Übergang vom nicht beobachtbaren Kleinen zum beobachtbaren Großen ist nicht vollumfänglich erklärbar. Louis Pasteurs Urteil über die Natur: »Die Rolle des unendlich Kleinen scheint unendlich groß zu sein«, gilt, wenn man das Wort »scheint« durch das Wort »ist« ersetzt. Strategisches Verhalten im Informationsmanagement ist dafür der Grund. Dass strategisches Verhalten ein Vorgang ist, der in der klassischen Physik, wo traditionelle Finanzmathematik ihre Wurzeln hat, so kein Pendant hat, ist nicht zu bestreiten. Unter dem Stichwort »integrative Refinanzierungslösung« ist wider das Bild der traditionellen Physik (nicht Quantenphysik) eine Vielzahl von Teilen zu einem Puzzle zusammenzufügen, die nicht immer so recht zueinander passen wollen. Fragen zu den Details eines sich mit dem Zusammenfügen oft erst entwickelnden Bildes sind nicht immer sofort zu beantworten. Es sei denn, ein wohlbekanntes Bild wird mit wohlbekannten Teilen zusammengesetzt.

Da bei Finanzinnovationen das Letztere die Ausnahme und das Erstere die Regel ist, ist zur adäquaten Beantwortung der Frage, wie die Zukunft aussieht, im Voraus eine Vielzahl möglicher Details zu denken. Es geht darum, frühzeitig zu erkennen, wie die Details aussehen müssten, die zur Verwirklichung von gewünschten Bildern führen könnten. Muss man sich der Beantwortung der Frage, was die Ursache von Risiken und was seine Natur ist, über die Beantwortung von Teilfragen wie, was zu erwarten ist und was zu tun ist, in der Tat aber fragend nähern, ist zu akzeptieren, dass sich in der Komplexität der Zusammenhänge Eindeutigkeiten immer wieder aufheben können. Hier, wo zunächst einmal nichts wirklich planbar ist, wird durch strategisches Denken die Schrittfolge festgelegt, die nicht sofort, sondern erst ab dem Schritt X in mathematische Routine mündet. In diesem Sinne ist modernes Risikomanagement unfertig. Es ist ständig fortschreitend, wenn es durch strategisches Denken (oft auch gegen den Augenschein) das Begreifen der Perspektive nicht ignoriert. (Standard)Risikomanagement ist in diesem Sinne dagegen abgeschlossen. Mit dem keinen Situationszusammenhängen unterliegendem Münzwurf als zentraler Denkfigur werden nur Facetten einer bodenloser und zerrissener gewordenen Wirklichkeit erfasst.

Robert Musil bringt auf den Punkt, was modernes Risikomanagement komplex macht, wenn er sagt: »Ich bin nicht nur überzeugt, dass das, was ich sage, falsch ist, sondern auch das, was man dagegen sagen wird. Die Wahrheit liegt bei einem solchen Gegenstand nicht in der Mitte, sondern rund herum wie ein Sack, der mit jeder neuen Meinung, die man hineinstopft, seine Form ändert, aber immer fester wird.« Karl Popper bringt durch seine Interpretation zum Ödipus-Phänomen auf den Punkt, was modernes Risikomanagement in seiner Umsetzung kompliziert macht. In seiner Lesart erfüllte sich für Ödipus die schreckliche Prophezeiung des Orakels nämlich nur deshalb, weil er davon wusste und ihr zu entgehen versuchte. Gerade aber das, was er zur Vermeidung tat, führte erst zur Erfüllung des Orakelspruches.

In dieser Lesart stehen KonTraG und Basel II für tiefe strukturelle Eingriffe in das Risikomanagement. Hinter moderner Prüfungspraxis steht eine Philosophie, nach der sich kritische Einstellungen zu den eigenen Fähigkeiten als Beiprodukt des Risikomanagement mit entwickeln müssen. Damit ist klar: Der Übergang zu in ihren Wertschöpfungsbeiträgen messbaren »Manager-Researchern« ist ein Balanceakt. Ungewohnt ist der Umgang mit dem Phänomen. Gibt es nicht das neutrale, alles Risiko essenzialisierende Bild, gibt es nicht den alles Risiko quantifizierenden methodischen Zugang.

Nicht nur weil Aristoteles sagt: »Philosophie beginnt damit, dass wir staunen« oder weil es nach Artur Schopenhauer insbesondere gerade dieses Staunen ist, das die niemals zum Stillstand kommende Uhr der Metaphysik überhaupt erst in Gang hält, ist im Risikomanagement die kritische Auseinandersetzung mit »Soll« und »Ist« nicht mit wenigen Sätzen und auch nicht durch kompliziertes Formelwerk beschreibbar. Staunen zu können, ohne dabei aus prinzipiellen Gründen Werte vernichtende unkalkulierbare Risiken als Bestandteil einer Risikostrategie eingehen zu müssen, widerspricht der gewohnten mechanistischen Fehlerfreiheit als Kriterium der nach rückwärts gewandten, Ergebnisse nur prüfende Qualitätssicherung.

Letzteres ist das Entscheidende: Unter dem Primat der Rechenbarkeit und Überprüfbarkeit stehend, muss modernes Risikomanagement die scheinbar paradoxe Herausforderung annehmen (»können«), dass unter dem Rubrum »Risikofrüherkennung« (nicht Risikofrühwarnung) Spielräume auszumessen sind, obwohl Spielräume als Handlungsfelder aus prinzipiellen Gründen nicht ausmessbar sind. Damit dies bestmöglich gelingt, ist der Situationskomplexität nicht routinemäßig ihre Spitze zu nehmen. Risikomanagement muss bewusst Situationen wahrnehmen (und bei Bedarf auch herbeiführen können), aus der sich Situationszusammenhänge dadurch ergeben, dass sie aus sich heraus hervorgehen. Hier gilt es, Einsichten in letztendlich unerklärbare Eigenlandschaften durch wohl strukturierte Gedankenexperimente zu gewinnen. Hier gilt es durch ein besseres Verständnis der Strategiedimension das Risikopotenzial des Punktes zu bewerten, an dem einfach gesagt werden muss: »So ist es eben: Das ist die Natur der Dinge.«

Um ein Bild zu gebrauchen: Durch ein strategisches Risikomanagementsystem, das auch auf Verhaltens- und Qualitätsunsicherheiten zugreift, hat modernes Risikomanagement seine Parallele zur Landung eines Jets auf einem Flugzeugträger: Sie gelingt dem Piloten paradoxerweise gerade nur dadurch (fast sicher), weil eine Landung auf einem Flugzeugträger stets ein kontrollierter Absturz ist. In der Genealogie des Risikomanagements kann man auch sagen: Seit KonTraG und Basel II gilt im Risikomanagement auch offiziell das, was die moderne Physik lehrt. Sie hat das klassische wissenschaftliche Weltbild erschüttert (nicht zum Absturz gebracht) und eine neue Bescheidenheit gelehrt. Denn sie beweist, dass die Teilchen der atomaren und subatomaren Welt den groben und gut verstandenen physikalischen Regeln trotzen, mit denen man es im Alltag zu tun hat.

Was ist der Wert der Spieltheorie?

Wechselnde Nachrichtenlagen und die Bewirtschaftung von Information zum optimalen Kapitaleinsatz verändern zwar den Verlauf der Börse, nicht aber die zeitlosen Verhaltensprinzipien, die Investoren bei ihren Engagements koordinieren. Auf diese Verhaltensprinzipien greift Spieltheorie zu. Dabei steht Spieltheorie für eine differenzierte Prozesssicht von Risiko auf der konzeptionellen Denk- und der praktischen Umsetzungsebene. In Spielmodellen

▶ ist Unsicherheit ein konstitutives und kein stochastisch prä-fixiertes Merkmal

▶ wird Risikovielfalt durch einen die unendlichen Verweisungszusammenhänge in Informationsnetzen integrierenden Wahrscheinlichkeitsbegriff in strategische Risiken transformiert

▶ werden strategische Risiken durch ein interaktives (strategisches) Risikokalkül quantifiziert

Dass Risikomanagement durch dieses Prozedere nicht den Kontakt zu einer sich verändernden Realität verliert, ist das Entscheidende. Strategisches Risikomanagement greift auf die Ebene der Treiber von Informationsrisiken zu, die unterhalb der Ebene liegt, auf der die Gesetze der Stochastik greifen. Die Krux finanzmathematischer Standardansätze bestimmt den Wert der Spieltheorie. Es ist das Credo von Spieltheorie unter dem Stichwort Perspektivenwechsel (je nach dem Erfordernis der Situation), den für die Physik typischen objektiven Standpunkt des unbeteiligten Beobachters oder den subjektiven Standpunkt agierender Akteure beziehen zu können beziehungsweise zwischen nichtstrategischen Spiele (die unter dem Diktat des Münzwurfs stehen) und strategischen Spielen (die unter dem Diktat der Investoren stehen) in einer hinreichend dehnbaren Modellstruktur hin und her schalten zu können.

Spieltheorie schafft Analysepotenziale. Spieltheorie ist keine »Theorie für alles«. Im Gebäude der Finanzmathematik steht Spieltheorie »nur« für das Neue im Sinne von »It's the difference that makes the difference«. Dies ist nicht wenig. Daran ändert auch nichts der De-facto-Sachverhalt, dass es kein Privileg von Spieltheorie ist, sich allein mit komplexen Fragen auseinander setzen zu können, die moderne Prüfungspraxis stellt. Entscheidend ist gerade der Unterschied. Spieltheorie muss später die prinzipielle Unbestimmbarkeit von Risiko in das Laufrad von Theorie sperren, als es aus verschiedensten Gründen andere auf Komplexität zugreifende Theorien tun müssen. Natürlich greifen im modernen Risikomanagement innovative mathematische Ansätze wie Neuronale Netze, Fuzzy Logic und Chaostheorie. Aus spieltheoretischer (strategischer) Sicht stehen diese Ansätze aber als »Spiele gegen die Natur« (nichtstrategische Spiele), letztendlich für degenerierte Spezialfälle allgemeinerer strategischer Spiele.

Dieser Facette von Spieltheorie gebührt Aufmerksamkeit: Neuronale Netze, Fuzzy Logic und Chaostheorie verbessern zweifelsohne die Risikofrühwarnung (Prognostik). Neuronale Netze, Fuzzy Logic und Chaostheorie verbessern jedoch nicht die Risikofrüherkennung (Verbesserung der Antizipation von Risiken durch

Vorausdenken von Risiken). Neuronale Netze, Fuzzy Logic und Chaostheorie greifen anders ausgedrückt nur partiell an den von moderner Prüfungspraxis aufgeworfenen strategischen Fragen. Sie verbessern das Verständnis über interaktive Informationsrisiken nicht wirklich ganzheitlich. Sie müssen die Vielfalt der auf der menschlichen Ebene liegenden Fettnäpfchen (Risikotreiber) ausblenden, weil sie komplexe Zusammenhänge zwar dynamisch, aber dennoch stets nichtstrategisch aus der Perspektive der Stochastik analysieren.

Moderne Prüfungspraxis steht für Risikomanagement im Grenzbereich von Messbarkeiten. Es geht um die adäquate (verursachungsgerechte/qualitative) Quantifizierung von Prozessrisiken. Hier führt Spieltheorie durch die »strategische Sicht der Dinge« weiter. Nur in Spielkontexten wird der Grad an mathematischer Kompliziertheit (Spielanalysen) und der Grad an Realitätsbezug (Finden der »richtigen« Spiele) transparent mit der Fähigkeit der Spieler zum im Ergebnis offenen strategischen Denken durch ganzheitliche Momente (prinzipielle Unbestimmtheit von Risiken) bestimmt. Wenn Seneca sagt »Ein Bogenschütze soll nicht hin und wieder treffen, sondern hin und wieder danebenschießen«, sorgt im übertragenen Sinne Spieltheorie durch die »strategische Sicht der Dinge« dafür, dass der Bogenschütze seine Performance verbessern kann, wenn er seine Performance verbessern muss.

Letzters überrascht nicht. Man beachte das »Prae« der Spielphilosophie: Strategisches Durchdenken einer Situation X steht mit der Entscheidung Y für einen Konsens in der Wahrnehmung von der Situation X. Hier ist das Merkmal wichtig, dass Konsens auch aus nicht überbrückbaren Differenzen bestehen kann. Ein nicht als falsch erkannter Konsens führt dazu, dass Störungen im Nachhinein überraschend sind. Wird im Sinne von »falschem Konsens« mit der »richtigen Strategie« aber das »falsche Spiel« gespielt, hat die offene Flanke im (Standard)Risikomanagement aus spieltheoretischer Sicht eine Ursache. Sie heißt »Kontrollillusion (falscher Konsens) durch routinemäßigen Einsatz des Computers«.

Um im Bild zu bleiben: Auch in einem Spielkontext ist mit dem Computer der Bundesgenosse (nicht der Widersacher) für Fehler stets im Spiel. Man muss nur so mit dem »Mitspieler Computer« umgehen können, dass er nicht routinemäßig Sand in das Getriebe streut. Immunität gegen Kontextwandel durch hoch automatisiertes Risikomanagement ist ein Beiprodukt. Mit diesem Beiprodukt ist umzugehen: Geht es um Performance, muss der Risikomanager selbst entscheiden, ob er in einer strategischen oder nichtstrategischen Entscheidungssituation steht. Ist Letzteres der Fall, ist unbestritten der Computer der Spielgestalter.

Führen wir den Gedanken noch etwas weiter In Spielkontexten werden dynamische Prozesse durch das nicht mehr automatische Delegieren der Entscheidung an Computer nicht mehr automatisch als langsame Prozesse wahrgenommen. Gemessen am Numeraire »Bequemlichkeit« kann der »Preis« dafür hoch sein. Man wird in einem Strategieteam keinem »launischen« Computer, wohl aber launischen Entscheidern begegnen, die aufgrund verschiedenster Erfahrungshintergründe verschiedenste Sichtweisen über Risiken mehr oder weniger konflikär einbringen. Hier gilt es Konsens einzustellen. Und hier liegen die Grenzen für die Qualität von Strategie durch Bertrand Russells Urteil fest: »Die Menschen fürchten das Denken wie nichts anderes in der Welt. Denken ist umstürzlerisch und revolutionär, zerstörend und erschreckend, erbarmungslos gegen Privilegien festgesetzter Institutionen und bequeme Gebräuche.«

Russells Urteil ist wie eine »Benchmark»: Mit der Fähigkeit zum Aufbrechen von allzu einfachen Auffassungen über Risiko wird mit der Qualität einer Risikostrategie (Robustheit gegen Störungen) letztendlich auch der Wert von Spieltheorie bestimmt. Dabei ist der Wert von Spieltheorie eher bescheiden, wenn Spieltheorie bei nichtstrategischen Spielen (Standard-Risikomanagement) mit der Stochastik zusammenfällt. Bei strategischen Spielen kann der Wert von Spieltheorie dagegen sehr hoch sein. Spieltheorie kann im Sinne der Stochastik zu schwache Signale noch wertschöpfend identifizieren:

▶ Sie hält die Vielfalt sich verändernder Umwelten so lange wie möglich im Spiel.

▶ Sie schafft die Basis, dass Risikofrüherkennung finanzmathematisch überhaupt operationalisiert und durch ein strategisches Risikomanagementsystem auch umgesetzt werden kann.

▶ Sie verknüpft das Verständnis von Risiko mit dem Willen und den Möglichkeiten seiner Steuerung.

Das Wort »kann« ist hier entscheidend. Mit dem Einbinden von Entscheidern in den Strategieprozess liegt das kritische Moment für den Wert von Spieltheorie natürlich auf der Hand: Das Spieldesign (finde das Spiel) ist der Quell für den Wert von Strategie (Spieltheorie). Nur von Entscheidern als relevant anerkannte Szenarien werden auch die tatsächlich relevanten Informationen für Risikostrategien liefern. Hier sind die in Organizational Distress und Organizational Freeze liegenden Gründe vielfältig, die einem informationsehrlichen Verhalten im Wege stehen können. Hier lässt sich nichts erzwingen. Die »Köpfe« von Entscheidern entziehen sich ab dem »Punkt X« einfach dem analysierenden Zugriff.

Es gibt beim Spieldesign eine »outside option«. An diesem Punkt muss Analyse enden, will sie noch ernst genommen werden. Hier ist aber dennoch nicht zu verkennen, dass allen involvierten Spielern dieser Punkt bekannt ist. Sie haben darin liegendes Risiko zu verantworten. Man kann diesen Punkt wohl hinausschieben – überwinden kann man den Punkt allerdings nicht.

An einen untauglichen Versuch unnötig Ressourcen zu binden, muss auch nicht sein: Hängt einerseits die Antwort auf die Frage, was Risiko ist, von der Person ab, die man fragt, und ist andererseits Informationsehrlichkeit untrennbar mit den Optionen verknüpft, die eine Person gerade zu erkennen glaubt, sind Wege zu suchen, um neue Optionen aufzuzeigen, die von Entscheidern (im Umfeld der »outside option«) sonst so nicht erwogen worden wären. Sollen diese Wege erfolgreich beschritten werden, müssen Vorgehensweisen transparent und begründbar sein. Wieder sind Spiele das probate Mittel: »One picture is worth a thousand words«, lautet ein englisches Sprichwort. Oft lassen sich Probleme (Risiken), die im Spiel X für unvorhersagbar gehalten werden, in der Tat aus anderen Verknüpfungsstrukturen in Spielen Y, Z erklären.

Das niemand seine Begeisterung für die Fuge von Bach verlieren muss, wenn er besser versteht, wie sie aufgebaut ist, erklärt durch ein Beispiel aus der Musik recht gut, wie sich Spieltheorie dem Analyseobjekt »Spieler« nähert, um seine Risikopotenziale besser auszuleuchten. Wie bei der Fuge von Bach das Faszinierende nicht dadurch verloren geht, wenn man sie besser versteht, wird auch die Eigengesetzlichkeit von Spielen (Risikopotenzial) nicht rigoros verkleinert, wenn beim Spieldesign Fragen zu beantworten sind wie: Wer sind die Spieler? Was sind die Spiele? Was sind die Spiellösungen? Es liegt auf der Hand, dass hinter Fragen zu Spielen so relevante Fragen stehen wie: Welche Risikokategorien sind betroffen? Welche Produkte erzeugen welche Risiken? Wie werden aufsichtsrechtliche Anforderungen erfüllt? Diese Fragen in einer holistischen, ausgereiften mathematischen Modellstruktur stellen und beantworten zu können, soll hier als eine letzte Facette für den Wert von Spieltheorie stehen.

Ist die Antwort auf die Frage nach dem Wert der Spieltheorie damit gegeben? Die Antwort auf diese Frage ist ein klares Ja. Mindestens drei Argumente sprechen dafür:

▶ Spieltheorie greift differenziert (adäquat) am Dreh- und Angelpunkt strategischen Risikomanagements: Managementressourcen werden nur auf so zentrale Fragen gelenkt wie: Wie sind richtige Spiele und richtige Strategien zu finden? Wie sind richtige Entscheidungen zu treffen? Es ist die Qualität der Beantwortung der Fragen, die bestimmt, ob Risiken durch Spiele mit der notwendigen Konfidenz auch abgebildet werden.

- Die Eingrenzbarkeit der Pluralität von Risiko auf die finanzmathematisch noch handhabbare Größe des Spiels und Risiko(Spiel)Strategien als bestmögliche Problemlösungen stehen aus sich heraus für modernen finanzmathematischen Standard. Der offene Systemcharakter von Risikomanagement ist als bewegliche Grenze der Vorhersagbarkeit problemadäquat integriert, weil der Analyse ein für die Wahl der Methoden zielführendes Denkmodell der strategischen Situation vorgeschaltet ist.

- Richard Bookstaber essenzialisiert durch seine für modernes Risikomanagement generell gültige Problembeschreibung auch den Wert von Spieltheorie, wenn er schreibt: »How we can manage a risk we do not know exists? The answer is that we cannot manage these risk directly, but we can identify characteristics of risk management that will increase our ability to react to the risks.«

Grenzen der Spieltheorie – Grenzen des Risikomanagements?

Die Schlauheit der Füchse liegt in der Dummheit der Gänse. In Spielen ist frühzeitig zu erkennen, ob man ein Fuchs oder eine Gans ist. Denn in Spielen ist das Ziel einer jeden Tätigkeit ihre bestmögliche Erfüllung.

Es ist oft leichter gesagt als getan, in einer strategischen Situation die Wertigkeit der eigenen Position zu erkennen. Oft glaubt man noch zu schieben, wenn man selbst schon geschoben wird. Das Ziel, bestmögliche (Spiel)Ergebnisse zu erzielen, ist daher auch selbst ein bewegliches Ziel. Es entwickelt sich in der Zeitdimension eigengesetzlich (kontextsensibel), weil Akteure bei ihren Entscheidungen mit den Elementen »Alternativen«, »Situation« und »Ergebnis« eigenverantwortlich jonglieren müssen. Hier steht unterkomplexe Konzeptualisierung von Strategie stets für heute vergebene oder zukünftig entgehende Chancen, die sich als Wertschöpfungsverluste materialisieren. Hier mahnt Ernst Blochs Urteil: »Die Gewohnheiten kolonialisieren die Zukunft.«

Im am Shareholder Value orientierten Risikomanagement ist daher die generelle Frage, wie Strategien identifiziert, formuliert, kommuniziert und realisiert werden können, durch ihre Aufspaltung in folgende Teilfragen »Step by Step« zu beantworten:

- Welche Faktoren bedrohen Erfolg und Erfolgspotenziale?
- Welche Risiken soll die Bank selbst tragen?
- Welche Performancemaße sind zur Risikosteuerung auszuwählen?
- Welche Eigenkapitalausstattung ist zur Risikodeckung notwendig?

An diesem komplexen Setting setzt auch moderne Prüfungspraxis an. Durch Risikofrüherkennung und Risikofrühwarnung ist neues Licht auf alte Bilder zu werfen.

Eine Strategie, die in der Vergangenheit gut funktionierte, muss nicht für die Zukunft richtungsweisend sein. Verbessertes Risikobewusstsein muss die Voraussetzungen für ein pro-aktives Risikomanagement schaffen, wenn Risikopolitiken durch bereichsübergreifende Vorgaben zur Risikobewältigung, dem Risikocontrolling und zum Risikomanagementprozess selbst zu entwickeln sind. Hier reichen Bekenntnisse zur Flexibilität nicht mehr aus. Hier sind an »die« Kontexte und nicht an »den« Kontext gebundene verfahrensorientierte Methoden (Schemata) zur Risikoanalyse herauszubilden. Hier zeigt sich in der Originalität der Spieltheorie noch einmal mit Nachdruck ihr Wert, vorausgesetzt, Spieltheorie wird nicht routinemäßig auf Spielanalyse reduziert.

Ist Spieltheorie mehr als Mathematik rund um ihr berühmtes Nash-Gleichgewicht, ist Spieltheorie in der Tat ein als nicht alles im Detail festhaltende Ad-hoc-Fotografie zu begreifendes Managementkonzept. Bildlich gesprochen ist Spieltheorie dann mit einem Gemälde vergleichbar, das mit malendem Schauen beginnt, um erst später in einem Bild zu enden. Spieltheorie so angewandt, verliert nicht den Kontakt zur sich verändernden Realität: Mit dem Nash-Gleichgewicht wird nur im Speziellen ein vollständiges Bild in einem starren Rahmen geliefert. Im Generellen ist Spieltheorie mehr als mathematische Routine. Um im obigen Bild zu bleiben: Mit dem Werkzeugkasten der Spieltheorie kann sich der Künstler quasi selbst überraschen. In einem dehnbaren Rahmen für Bilder werden seine Wahrnehmungen mit seinen Prinzipien unter seinen Perspektiven mit dem fertigen Bild zu einem nur für ihn erklärbaren Ganzen. Nicht (zu) rigoros auf das Nash-Gleichgewicht fokussierte Spieltheorie ist eine Methode, wo Wandel noch ablaufen muss, wenn sich mit der Mathematik mit mehr oder weniger Raffinement an das bessere Verstehen von Wandel herangetastet wird.

Selbst wenn das obige Bild überzeichnet: So wie es einerseits den Unterschied zwischen qualitativem Spieldesign und quantitativer Spielanalyse kontrastiert, steht es andererseits für das Schließen der Kreise. Struktur entdeckende Fragen wie »Was müsste sein, damit (....)?« und »Was wäre, wenn (....)?«, die für Risikofrüherkennung (Antizipation) und Risikofrühwarnung (Prognose) stehen, werden durch Spieltheorie durch die Frage, was strategisches Risiko ist, in einem ganzheitlichen Risikobegriff gebündelt. Dabei steht Analyse nach der Triade Spieldesign, Spielanalyse und Spielsimulation dann für Verbesserung durch Strategie im Vergleich zu vorgefertigter Lösung.

Hier lässt sich Wert von Spieltheorie als grobe Pro-und-Kontra-Argumentation noch einmal etwas schärfer fassen.

- Nur bei einem »Spiel gegen die Natur« ist Spieltheorie wie jedes Standardmo-dell vor großen Datenmassen routinemäßig testbar und empirisch nicht leer.

- Wird der nichtstrategische Fall verlassen (also erst auf Probleme zugegriffen), gibt es die Kritik, dass Spieltheorie eine Technik des »Modelling by Example« ist, weil eine Spiellösung nur Gültigkeit für exakt das gerade analysierte Spiel-modell hat.

- Dass für Spieler nur das Spiel existiert, über dessen Regeln sie sich nicht hin-wegsetzen können, ist nicht Schwäche, sondern Stärke der Spieltheorie. So muss Spieltheorie nicht bei qualitativen Aussagen stehen bleiben. So kann Spieltheorie ganzheitlich zu quantitativen Modellen vordringen.

- Ein strategisches Risikomanagementsystem muss quantitative Modellierung auf qualitative Fundierung stützen. Dafür sorgt die spieltheoretische Analyse. In praxisbezogener Anwendung sind mittlerweile DV-Systeme verfügbar, deren Kern Systeme von Entscheidungsbäumen bilden, in denen die Regeln der Risi-kosteuerung abgebildet werden.

Die Kritik an der Spieltheorie, dass die Spiele in der Realität nicht den Lehrbü-chern der Spieltheorie folgen, ist als relevantes Detail aus den verschiedensten Gründen sicher nicht zu ignorieren. Wie immer kommt es jedoch auf den Stand-punkt an, wenn es um die Bewertung einer unbequemen Botschaft für das Risi-komanagement geht, das in seinen Standardmethoden gut eingerichtet ist.

Die Kritik an der Spieltheorie relativiert sich nämlich in zumindest zweierlei Hin-sicht:

- wenn in der Spieltheorie zunächst einmal nur ein Sprachkanon gesehen wird, dessen begriffliche Exaktheit eine präzise Beschreibung einer Situation oft überhaupt erst dadurch erlaubt, dass sie als eine strategische Situation betrach-tet wird

- wenn einfach respektiert wird, dass Entscheider, die strategisch handeln müs-sen, Spieltheorie gerade nicht nach dem Lehrbuch lernen können, weil für sie Feinheiten des Nash-Gleichgewichts in der Tat nur mehr oder weniger interes-sante Beiprodukte detaillierter Analyse sind, wenn sie frühzeitig durch die Spieltheorie besser verstehen können, wie Risikostrategien in einer konkreten Situation überhaupt zuzuschneiden sind

Wir nennen zwei Gründe dafür, wodurch Spieltheorie schon als strukturiertes strategisches Denkmodell zu einem ganzheitlich verbesserten Verständnis von Risiken führt:

- Zum einen ist das Moment zu nutzen, dass scheinbar auf den ersten Blick als bedeutungslos erscheinende Modifikationen der Konstituenten eines Spielmodells schon zu gravierenden Veränderungen der Spielergebnisse führen können. Damit fokussiert die Spieltheorie über das bessere »Verständnis von Annahmen« die für integrative Finanzierungslösungen generelle Problematik der Suche nach Minimalanforderungen an Modelle aber gerade als direkte Implikation des »Modelling by Example«.

▶ Zum anderen ist das Moment zu nutzen, dass es aus spieltheoretischer Sicht nicht überrascht, dass es in einem Spielmodell mehr als eine Lösung geben kann. Dass die Spieltheorie nur beschreiben kann, »wie« Lösungen erreicht werden, es aber in der Tat zu entscheiden ist, »welche« Lösung es letztendlich sein wird, quantifiziert die Wertschöpfung der Spieler.

Es ist das Ziel moderner Prüfungspraxis, dass Banken per Strategiefokus das Risiko so gering wie möglich halten, auf den Fährten oft dunkler Informationsquellen an Zielen vorbeizulaufen, um später nur davon zu erfahren. In diesem Sinne kann kein mathematisches Modell vorhersagen, ob Investoren in einer Situation X nach Ad-hoc-Punktlösungen oder nach neuen Spielen um Chancen und Risiken suchen. Man weiß nicht, ob Investoren an guten approximativen Lösungen mehr interessiert sind als an numerisch exakten Lösungen, die Probleme unter Umständen zu ungenau abbilden. Sich mit diesem Phänomen finanzmathematisch adäquat auseinander setzen zu können, dafür steht Spieltheorie, für nicht mehr; aber auch nicht für weniger.

Ein Letztes: Mit der Offenheit von Spielanalysen steht die Spieltheorie für die Auseinandersetzung mit den Erkenntnis- und Erklärungsgrenzen von Risikomanagement im Generellen. Bringen wir die Kapriolen ins Spiel, die Erwin Schrödingers Katze in der Messbarkeitslogik schlagen kann, bringt Werner Heisenberg auch das Neue durch strategisches Risikomanagement im übertragenen Sinne auf den Punkt, indem er sagt: »Ich erinnere mich an viele Diskussionen mit Bohr, die bis spät in die Nacht dauerten und fast in Verzweiflung endeten (....) Ich wiederholte mir immer und immer wieder die Frage, ob die Natur wirklich so absurd sein könne, wie sie uns in diesen Atomexperimenten erschien.«

Die letzten Sätze sind entscheidend. Sich Risiken bewusster zu werden heißt nämlich auch, mit dem geschärften Blick für die eigene Position auch die Grenzen des noch Ergründbaren zu erkennen.

Statt einer Quintessenz

Protagoras' Schrift »Von den Göttern« beginnt mit dem Satz:

Von den Göttern vermag ich nichts festzustellen, weder, dass es sie gibt, noch, dass es sie nicht gibt, noch, was für eine Gestalt sie haben; denn vieles hindert ein Wissen darüber: die Dunkelheit der Sache und die Kürze des menschlichen Lebens.

17   Reprise: Risikomanagement – quo vadis?

Wovon man nicht sprechen kann, darüber muss man schweigen.

Ludwig Wittgenstein

Die Erfolgsgeschichte von Finanzprodukten ist wenig geheimnisvoll. Bei für Investoren maßgeschneiderten Problemlösungen werden die Erklärungsschlüssel den Schlüssellöchern angepasst. Die Erfolgsgeschichte von Risikomanagement ist ebenso wenig geheimnisvoll. Bei der berühmten Black-Scholes-Formel werden die Schlüssellöcher einem Erklärungsschlüssel anpasst. Höchst geheimnisvoll dagegen ist, dass an Finanzmärkten eine Erfolgsgeschichte die andere jagt, obwohl die Bausteine für den Stoff der Geschichten so gar nicht zusammenpassen wollen.

»What you see is what you get« ist bei im flüchtigen Jetzt von trüben Nachrichtenlagen operierenden Finanzmärkten zwar eine einfache aber scheinbar dennoch differenzierte Erklärung dafür, dass sich Finanzmärkte so dynamisch entwickeln. Derivate schaffen Werte durch die Fähigkeit, Wissen/Information generieren und nutzen zu können. Die Entwicklung physische Assets tritt in den Hintergrund. Die unsichtbare Hand ist nicht zu sehen, macht aber scheinbar (gerade deshalb) alles richtig. Unter dem Motto »The future is merely the statistical reflection of the past« werden bei sich dramatisch verkürzenden Aktions-/Reaktionszeiten Fragen zur Tiefe methodischer Konzept und zur Tiefe instrumenteller Detaillösungen einfach nicht gestellt. Etwas, was kompliziert ist, ist auch komplex. Wesensfragen zum Risiko werden nicht gestellt.

Dass traditionelle Finanzmathematik, die Risiko im Münzwurf klinisch rein essenzialisieren muss, Risiko nicht ursächlich erklären kann, erkauft den Erfolg exakter Finanzmarktlösungen auf Punkt und Komma durch die Bescheidenheit des Anspruchs. Risiko unreflektiert voraussetzen zu müssen, steht für ein zwar schlankes, performantes und bequem umsetzbares, aber dennoch zu wenig differenziertes Risikomanagement.

Zu sperrig sind dann auch die Hürden, die prozessorientierte Prüfungspraxis im Gebäude der Finanzmathematik aufstellt. Etwas, was komplex ist, ist nicht mehr unbedingt auch kompliziert: Hinter KonTraG und Basel II steht mit der folgenden Frage die Wesensfrage zum Risiko: Was ist die Ursache von Risiko und was ist seine Natur? Seit dem 11. September 2001 ist sowieso vieles anders. Für jedermann erkennbar stehen plötzlich Probleme im Raum, die in ihrer Tragweite weder zu erkennen noch abzuschätzen sind. Im klinisch reinen Risikomanagement der

Global Player treibt ein Bazillus sein Unwesen. Sein Name ist Informationsdiffusion, das heißt: Realität. Sein umtriebiges Wirken beschreibt Lee Iacocca: Der Schlüssel zum Erfolg sind nicht Informationen – das sind Menschen.«

Warum sind Wertfragen für (Standard)Risikomanagement nicht beantwortbar? Um der einfachsten Argumentation willen kann man sagen, dass hinter Fragen zum Wesen von Risiko der Übergang von der im Ergebnis geschlossenen Optimierung zum im Ergebnis offenen Kalkül steht. Hinter Fragen zum Wesen von Risiko steht für hoch automatisiertes und routinemäßig betriebenes (Standard)Risikomanagement der schwierige Umgang mit William Shakespeares warnendem Urteil: »Wie ihr wisst, war Sicherheit des Menschen Erbfeind jederzeit.«

Dass hinter dem untrennbar mit dem Namen »Basel II« verbundenen Paradigmenwechsel im Risikomanagement somit ein (Um)Bruch steht, verwundert nicht. Wird zum optimalen Kapitaleinsatz Information wie ein Gut bewirtschaftet, ist Risiko durch die asymmetrische Verteilung von Information und die Unverwechselbarkeit von Einzelereignissen eine durch Qualitäts- und Verhaltensunsicherheiten spezifisch ausgeprägte Informationsstruktur. Sie quillt durch Interaktion und Interdependenz in der Zeitdimension auf. Sie ist nicht durch die Physik rund um den Münzwurf prä-determiniert. Als Informationsbroker entscheidet kein Investor, ohne das Verhalten anderer Investoren mit ins Kalkül zu ziehen – er entscheidet strategisch.

Bildlich gesprochen sind Risikolandschaften komplex, weil (wider die Gesetzen der Natur) im Spiegel nicht nur links und rechts, sondern zusätzlich auch noch oben und unten vertauscht sein kann. Verantwortlich dafür ist das Moment, dass Investoren problemlos zwischen strategischem und nicht-strategischem Verhalten hin- und herspringen können. Hier sind neue Anwendungen für das strategische Kalkül zu entdecken. Hier ist mit dem Erfassen der Realität jenseits des Münzwurfs die Vielfalt von Risiko besser zu erfassen. Und hier ist es für Unternehmensführung wichtig zu verstehen, dass das Risikoprofil der Aktionäre, die Unternehmensstrategie und die Risikomanagementstrategie ganz direkt zusammenhängen. Es ist eine sich stark verändernde Risikolandschaft erst einmal zu verstehen, bevor sie effizient bewirtschaftet werden kann.

Unter Stichworten wie: »Risikofrüherkennung (das heißt Antizipation)« und »Risikofrühwarnung (das heißt Prognose)« steht moderne Prüfungspraxis dann auch für den Übergang zu Risikomanagement durch ein strategisches Risikomanagementsystem. Hier kommt mit dem Wort »Strategie« der wohl am meisten strapazierte und missbrauchte Begriff der Gegenwart ins Spiel, wenn es darum geht, sich mit Fragen der Globalisierung der (Finanz)Märkte auseinander zu setzen. Hier sind im (Irr)Garten von Begrifflichkeiten allzu einfache Auffassungen über Kooperation und Nicht-Kooperation im Informationstransfer aufzubrechen, um die Muster (das heißt Strategien) von über die Zeit hinweg konsistentem Verhalten zu finden und managen.

Die Zeit drängt. Die Realität der Märkte und Basel II stehen für höchsten Beantwortungsdruck: Für Strategie sind die konsensfähigen Bausteine zu finden. Hier greift die Spieltheorie ein. Weil Spieltheorie Friedrich Schillers Urteil »Der Mensch spielt nur, wo er in voller Bedeutung des Wortes Mensch ist, und er ist nur da Mensch, wo er spielt« operationalisiert, strukturiert und organisiert Spieltheorie strategisches Denken und Handeln. Als Disziplin, die in allgemeiner Form Konfliktsituationen behandelt, ist Spieltheorie geeignet, jede Art von Konfliktsituation zu analysieren. Bei einer Bank als zu konfigurierendem konfliktärem Informationsportfolio ist Spieltheorie als Konfliktlösungsmechanismus integrativer Ansatz zur Gesamtbanksteuerung: Als mathematisch ausgereifte holistische Theorie (in der Standardrisikomodelle als nichtstrategische Spiele ein wichtiger Spezialfall sind) liefert Spieltheorie mit präzisen Begrifflichkeiten zur Strategieentwicklung die Plattform, um Fragenkataloge zur Strategiedimension zu entwickeln, die in die durch Basel II vorgezeichnete Richtung führen.

Entscheidend ist, »wie« Spieltheorie mit dem Überschreiten der Erkenntnis- und Erklärungsgrenzen traditionellen Risikomanagements mit dem Wesen von Strategie das »Neue« des Paradigmenwechsels im Risikomanagement durch konsistente Szenarienbildung operationalisiert. Spieltheorie steht nur im Speziellen für routinemäßiges Risikomanagement per Optimierungskalkül. Mit dem Spiel (dessen Ziel die Erfüllung von Tätigkeit ist) und mit Strategieentwicklung zum bestmöglichen Spielen von Spielen (was für kritische Auseinandersetzung mit der Praktikabilität von Lösungen steht) greift Spieltheorie differenziert am methodischen Dreh- und Angelpunkt von Risikomanagement im Wandel. Als Strategiepraktik hilft Spieltheorie, die Risiken, denen man ausgesetzt ist, neu zu begreifen und sich ihnen in neuer Weise zu stellen.

Dies ist nicht wenig, wird Praxis immer mehr zum Ernstfall (Lackmustest) für Theorie. Im Generellen verknüpft Spieltheorie Risikomanagement adäquat mit dem Problem »wie« genau, »was« zu messen ist und »wie« Messungen exakt erfolgen müssen. Spielmodelle sind der Komplexität der Situation angepasste Modelle. Der Abstraktionsgrad von Spielmodellen ist benutzerdefiniert frei wählbar. Unter den Spielregeln der Spieltheorie steht Risikomanagement in der Tat für »a clear sense of dynamics« durch »(re)thinking« in Form eines wohl organisierten »creating and changing of games«.

Dass Spielmodelle Komplexität in der Sprache des Research durch ein Mehr an ganzheitlicher Performance entkoppeln, steht für Wertschöpfung durch zusätzliche Optionen, die sonst so nicht erkannt worden wären. Mit anderen Worten:

Möglicherweise weniger »highly sophisticated« als es unter dem Stichwort »interne Modelle« gegenwärtig diskutiert wird, erhalten in einem Spielmodell per strategischem Risikokalkül Risikofrüherkennung und Risikofrühwarnung überhaupt erst rechenbar ihre Sinngebung beziehungsweise sind die Steuerungsimplikationen von Basel II überhaupt erst mit der notwendigen Transparenz adäquat darstellbar.

Um fruchtlose Diskussionen um die Frage nach dem »richtigen« Konzept für Risikomanagement zu vermeiden, ist an William Shakespeares Urteil zu erinnern: »Die ganze Welt ist eine Bühne, und alle Frau'n und Männer sind nur Spieler. Sie haben ihre Auftritte und Abgänge; und jeder spielt zu seiner Zeit gar viele Rollen.« Es steht dafür, dass strategisches Risikomanagement zum einen nicht auf Anhieb gelingen kann und zum anderen als ein offener Ansatz auch nie bis ins letzte Detail auszuformulieren ist. Es gibt nicht *das* Modell. Es gibt bestenfalls das bestmögliche Modelle generierende Konzept. Für Letzteres steht Spieltheorie als Interpretationshilfe, um besser zu verstehen, wie die Spieler ihre Spiele spielen. In diesem Sinne muss sich Spieltheorie als Strategiepraktik in der Praxis dann auch stets bewähren. Etwa dadurch, dass sich mit der Veränderung des Stellenwertes von Risiko auch Risikomanagement verändern kann.

Dazu ist der schrittweise Aufbau von strategischem Risikomanagement notwendig. Hier sind Lerneffekte beim sukzessiven Aufbau unverzichtbar. Diese Lerneffekte brauchen als Träger einen aufsichtsrechtliche Anforderungen und Offenheit zwar respektierenden, aber dennoch beherrschbaren Kontext. Dafür stehen Spielmodelle. Hier Denkanstöße zu geben und allgemeine Vorgehensweisen dergestalt zu präsentieren, dass das Verständnis von Strategie gefördert und benötigte Techniken zur Strategieentwicklung auch vermittelt werden, dafür steht Spieltheorie.

In einem mit der Spielphilosophie durch seine Aktualität (seinen Kontextbezug) lebenden Risikomanagement muss die Frage »Risikomanagement – quo vadis?« selbst fester Bestandteil von Überlegungen zum Risikomanagement sein. Anders ausgedrückt: Ist Risikomanagement eine offene Veranstaltung, muss es in das Bewusstsein rücken, dass es im Risikomanagement heute keine einfachen Rezepte, sondern nur noch bestmögliche Problemlösungen gibt. Dies als Problem ernst zu nehmen und zu berücksichtigen ist die entscheidende Stellgröße für die Entwicklung von robusten Strategien durch Problembewusstsein. Hier ist das Anerkennen, dass der Computer der Bundesgenosse und nicht der Widersacher für Fehler ist, eine (von vielen) Sollbruchstellen, wenn es bei strategischem Risikomanagement um die notwendige Einbindung des im Optimierungskalkül gut eingerichteten (und auch erfolgreich arbeitenden) Research in das alles bedingende größere Ganze geht.

Dass hier keine trivialen Fragen aufgeworfen werden, ist offensichtlich. Neben der Komplexität von Details geht es bei Strategie stets um die Frage: Was ist machbar und was ist erforderlich? Goethes Urteil »Nur der Mensch vermag das Unmögliche: Er nur bescheidet, wählt und richtet; er kann dem Augenblick Dauer verleihen« und Bernhard Lichtenbergs Urteil »Es ist unmöglich, die Fackel der Wahrheit durch ein Gedränge zu tragen, ohne jemandem den Bart zu sengen« sprechen für sich selbst, wenn es um das Beackern des schwierigen Feldes geht, tastend den dornigen Weg zu beschreiten, der bei strategischem Risikomanagement als ständigem Arbeiten am System quasi vorgezeichnet ist.

Sei es darum, dass die Auffassungen über Risikostrategien oft zu unterschiedlich oder Situationen einfach zu komplex sind, um Risikostrategien überhaupt zu bestimmen. Oder sei es darum, dass unter dem Stichwort: »Kontrollillusion« der für hoch automatisiertes Risikomanagement typische (Irr)Glauben, riskante Situationen im Griff zu haben für einen (zu) weit fortgeschrittenen Verlust an Fähigkeit steht, über Risiken überhaupt noch nachdenken zu können. Die These ist nicht gewagt: Im strategischen Risikomanagement ist es oft eine Kunst, die richtige Flughöhe zu finden. Die Flughöhe ist mit Sicherheit die falsche, wenn man sich in einer nervöser werdenden Risk Community dabei auf (normalverteilte) Navigationstabellen verlässt, die für den Blick in die Vergangenheit stehen, wenn man in die Zukunft schauen will.

Risikomanagement heute sitzt in einer Zwickmühle. Auf der einen Seite muss länger und gründlicher und vor allem auch mehr nachgedacht werden. Auf der anderen Seite ist an einen Briefwechsel zu erinnern, den Gottfried Wilhelm Leibniz und Jakob Bernoulli Anfang des 18. Jahrhunderts führten. Dort schrieb Leibniz den aus heutiger Sicht schon fast als prophetisch zu bezeichnenden Satz: »Die Natur hat Muster etabliert, die zur Wiederholung von Ereignissen führen, aber nur in den meisten Fällen.«

Nicht nur durch moderne Prüfungspraxis, sondern auch weil Risiko beim WTC-Debakel durch ein »Man-made«-Ereignis per Strategiekalkül seinen nur bisher dramatischsten Träger fand: Der Nachsatz ist entscheidend, wenn Risikomanagement zum Balanceakt des Erkennens der falschen Optimierung des Normalfalls wird. In moderner Lesart steht Leibniz' Erkenntnis mit dem Hinweis auf die prinzipiellen Grenzen der Messbarkeit von Risiko dafür, dass Risikomanagement unter dem Motto: »Finde das Spiel« eine offene Dialektik von Risiko braucht. Nur dann können auch Financial Engineers problemadäquat und problembewusst mit der Vielfalt alter und neuer Risikoqualitäten umgehen.

Euklid soll einem König, der bei ihm die Geometrie erlernen wollte und sich beklagte, dass es so schwer sei, gesagt haben: »Zur Geometrie gibt es keinen Königsweg.« Dies gilt auch für Risikomanagement. Es muss mit neuen Verwundbarkeiten umgehen können, wenn bewegliche Balancen und nicht End-of-the-Pipe-Lösungen das Funktionieren und den Operationsstil der Network Community bestimmen. Hier ist eine gewisse Distanz zu eingespielten und routinemäßig abzurufenden Deutungsmustern zu entwickeln. Das Moment zu operationalisieren, dass es dabei keine »goldene Regel« für Strategie gibt, auch dafür steht Spieltheorie – für nicht mehr, weil Spieltheorie keine Theorie für alles ist, und für nicht weniger, weil Spieltheorie für die Entwicklung realistischer Modelle steht.

Letzteres ist ein fortlaufender Prozess, den Ludwig Boltzmanns Erkenntnis beschreibt: »Solange die Alchemisten nur den Stein der Weisen suchten, war all ihr Bemühen vergeblich; erst die Beschränkung auf scheinbar weniger wichtige Fragen schuf die Chemie.« In diesem Sinne ist »Finde das Spiel« durchaus oft eine Kunst und nur »Löse das Spiel« ist (fast sicher) Wissenschaft.

Teil 3
The New View –
Wie ist Risikomanagement
strategisch auszurichten?

18   Risiko: Ein tägliches Geschäft

Et kütt, wie et kütt.

Kölsches Sprichwort

Der 11. September 2001 zeigte uns, dass das Undenkbare geschieht. Unsere Welt ist aus den Fugen. Was Not tut, sind ein neues Denken, neue Instrumente und neue Perspektiven. (Risiko)Management hat Priorität. Mit der Veränderung des Stellenwertes von Risiko hat sich auch die Bedeutung von Risikomanagement verändert. Mit den Risiken, die uns täglich treffen, offensiv umgehen, ohne dass sie uns existenziell gefährden, ist als neue Realität des Faktischen die neue Herausforderung. Spätestens seit den Ereignissen in den USA müssen wir mit dieser Herausforderung auch im Management täglich bewusster umgehen. In der Risk Community als Ganzes wird einfach bewusster wahrgenommen, dass vertraute Ordnungen immer weniger Hintergrund und Orientierung liefern, wenn Regeln, die einst klar waren, plötzlich unklar sind und Strukturen, die einst akzeptiert waren, so nicht mehr zu akzeptieren sind. Dabei ist die alles entscheidende Frage: Wie soll das Annehmen neuer Herausforderungen geschehen, damit nicht Strukturbrüche Wertschöpfung vernichten, sondern praktikable Problemlösungen Wertschöpfung dadurch liefern, dass sie ausbalanciert und wohl dosiert sind?

Traditionelle Planungs- und Risikobeurteilungsverfahren basieren auf historischen Daten. In Zeiten sprunghafter Entwicklungen ist das ein Anachronismus. Heute gilt es, Entwicklungen, die existenzielle Bedeutung haben, frühzeitig zu erkennen, um rechtzeitig reagieren zu können. Das impliziert die Fähigkeit, dynamische Szenarien aufzubauen, auf dem Unternehmensumfeld zu entwickeln und sie entsprechend der realen Entwicklung auch umzusetzen. Dabei muss Szenarienentwicklung alle Unternehmensebenen einbeziehen. Beginnend mit der strategischen Ebene bis ins operative Umfeld hinein sind schlüssige Szenarien und Handlungsalternativen zu entwickeln. In solchen Szenarien gibt es keine einfachen »Kochrezepte«. Operatives »Klein-klein« ist hier schlicht kontraproduktiv. Man kann nicht erst dann aktiv werden, wenn die Dinge passiert sind, wenn das, was heute noch als ungefährlich erscheint, schon morgen möglicherweise als eine reale Gefahr einzustufen ist. Im Risikomanagement drängt sich das Leitmotiv des Kubismus auf: Die Fiktion des Gegenstandes löst sich in der Vielfalt und der Mehrdeutigkeit von Perspektiven auf.

Wir präsentieren in dem Buch einen ausgereiften strategischen Beratungsansatz, den RiskVision aus der Spieltheorie entwickelt hat. Die Spieltheorie wurde in Teil 2 des Buches grob skizziert, der Kern des Beratungsansatzes wird in Teil 4 des Buches knapp visualisiert. Im folgenden Teil 3 des Buches wird aus Sicht des Beraters aufgegriffen, wie mit Strategie als offener Problemlösungsmethode im täglichen Beratungsgeschäft wertschöpfend umzugehen ist. Wir müssen den Leser daher um Nachsicht bitten, dass es deshalb nicht *den* Maßnahmekatalog und *die* Kennzahl geben kann, der auf jedes Szenario XY passt. In der Strategiedimension steht Bodenhaftung, Augenmaß und gesunder Menschenverstand für den Umgang mit Perspektive. Nur dann kann der Wandel rechtzeitig erkannt werden, nur so können verbleibende Zeiträume für erforderliche Anpassungen genutzt werden.

Ob dabei als neue Best-Practice-Strategie die Synthese aus strategischer und operativer Performance gelingt, entscheidet mit dem »Auge des Betrachters« per Marktfähigkeit des Produktes letztendlich der Markt: Es gibt nicht *den* Königsweg zur Strategie: Modernes Management, das im Informationsgestrüpp der Network Community in der Strategiedimension operieren muss, ist das Spielen mit »Spielen auf Zeit«. Hier ist das Entscheidende, dass nicht strategische Provisorien zu entwickeln, sondern nachhaltige Wege zu dauerhaft verbessertem Handeln zu finden sind. Teil 3 leuchtet in auf das Wesentliche entkernten Szenarien einige wenige Facetten dieser Problematik aus, für die sich mittlerweile die Worthülse »Paralyse-durch-Analyse«-Syndrom als feste Begrifflichkeit eingebürgert hat.

Charles Darwin formulierte durch »Survival of the Fittest« das Überlebensprinzip der Evolution dadurch, dass nicht der stärkste Spieler, sondern der am besten angepassteste Spieler überlebt. Bei der »Operation Risiko« ist es nicht anders. Das Leitprinzip der Evolution steht für Managementfit. Diese Begrifflichkeit muss entwickelt und gelebt werden. Nicht blind zu sein und nicht unbeweglich zu bleiben gegenüber der Verarbeitung des Moments, dass (Prozess)Management Koalitionen heterogener Spieler mit oft stark divergierenden Interessen zu koordinieren und nicht »holzschnittartig« zu justieren hat, dafür steht Teil 3.

Risiko als strategisches Kalkül

»Aus der Geschichte lernen« ist das Motto des Szenarienmanagements, wenn passende Bühnenbilder für die Zukunft zu entwickeln sind. Dies ist leichter gesagt, als es getan ist. Die Entwicklung von Szenarien auf der strategischen Ebene, die existenzielle Risiken einbeziehen, ist einerseits einfach, da auf dieser Ebene relativ wenige Entscheidungsparameter für die Entwicklung des Unternehmens bestimmend sind. Andererseits ist die Entwicklung von differenzierten Szenarien schwierig, da diese wenigen die »Daseinsberechtigung« des Unternehmens fokussiert spiegelnden Entscheidungs- und Handlungsparameter oft mit falscher Pietät behandelt werden.

Im Szenariomanagement liegt der häufigste Fehler nicht im Verborgenen. Ein bestehendes Leistungsportfolio, ausgehend von historischen Daten, in die Zukunft zu projizieren, ist die Ursache vieler Unternehmenszusammenbrüche. In meiner Beratungspraxis musste ich es oft miterleben: Erhebliche Schieflagen sind durch eine konsequente Fortschreibung althergebrachter Produkt- oder Leistungsportfolios entstanden. Dabei gibt es schon seit einigen Jahren fundierte Aussagen zu Produkt- oder Leistungszyklen, die man (so sagt zumindest die Theorie) nur auf das eigene Unternehmen adaptieren muss. Im Projektmanagement gilt heute mehr denn je das schwedische Sprichwort: »Der Teufel hat mehr als zwölf Apostel.« Wie immer liegt dabei der Teufel im Schattenreich der Details: Es sind eigene Leistungen kritisch an der Umwelt zu messen beziehungsweise werden eigene Leistungen kritisch von der Umwelt gemessen. Es sind Spiele zwischen Unternehmen und Kunden zu spielen. Spielen die Kunden nicht mehr mit oder werden wesentliche Risiken des Spiels nicht erkannt, ist das Spiel oft eher beendet beziehungsweise endet anders, als uns das lieb ist.

Risiko im organisatorischen Ablauf

Globaler Wettbewerb, der mehr durch den Kampf um Differenzierung und weniger um den Kampf um einzelne Abschlüsse bestimmt wird, hat seine Tücken. Sei es darum, dass ein Unternehmen nach moderner Managementphilosophie als Organismus zu begreifen ist, der eine ganzheitliche und vernetzte Betrachtung erfordert, wenn es um die Beurteilung seiner Verletzbarkeit geht. Oder sei es darum, dass es in der Network Community immer schwieriger wird, ein ganzheitliches, in seiner analytischen Tiefe und Breite abgestuftes Konzept zu finden, das hilft, Netzwerkpartner gezielt auszuwählen.

Konsuke Matsushitas Urteil bringt die Probleme von (Risiko)Management hier rigoros auf den Punkt, wenn es um den wertschöpfenden Umgang mit den oft in Worthülsen wie Organizational Freeze und Organizational Distress verpackten Schwierigkeiten geht, Veränderungen frühzeitig wahrzunehmen und geeignete Maßnahmen konsequent umzusetzen. Er schreibt: »Für euch besteht Management darin, die Ideen aus den Köpfen der Manager in die Köpfe der Mitarbeiter zu bringen. Wir hingegen sind jenseits des Taylorismus. Wir wissen, dass das wirtschaftliche Umfeld heute so komplex und schwierig, zunehmend unvorhersagbar und gefährlich ist, dass das Überleben des Unternehmens letztendlich von der alltäglichen Aktivierung des letzten Gramms von Intelligenz abhängen wird. Nur unter Ausnutzung der kombinierten Denkleistung aller Mitarbeiter kann sich ein Unternehmen den Turbulenzen und Zwängen erfolgreich stellen und überleben. Für uns besteht Management exakt in der Kunst, das intellektuelle Potenzial aller Mitarbeiter des Unternehmens zu mobilisieren und zusammenzubringen.«

Gibt es viele Ideen, aber keine Rezepte, wenn Ideen durch die Linsen eigener und fremder Erfahrungen quasi immer weiter ausgefiltert werden, verwundert es daher nicht: Unter Stichworten wie Lean Management, Reengineering und Value-Based-Management hat das Verständnis von Aufbau- und Ablauforganisation in den letzten Jahren einen dramatischen Wandel erfahren. Die Zeiten des Taylorismus sind vorbei. Selbst früher relativ fixe Strukturen im Front Office und Back Office unterliegen heutzutage permanenten Veränderungen. Insbesondere bei den Finanzdienstleistern steigt seit KonTraG und Basel II mit höchstem Beantwortungsdruck der Anpassungsdruck, hervorgerufen durch Entwicklungsschübe in der Informations- und Kommunikationstechnologie, den europäischen Binnenmarkt und die globale Vernetzung. Hier schließt sich der Kreis. Zur Durchsetzung der strategischen Ziele müssen Aufbau- und Ablauforganisation in immer kürzeren Abständen den strategischen Erfordernissen angepasst werden (können).

Ist das Entscheidende, strategische Positionen schneller als die Konkurrenz zu besetzen, und stehen »strategische Fenster« nur für begrenzte Zeiträume offen, können im Wortgeklingel, das Veränderungsprozesse üblicherweise begleitet, für Mitarbeiter schnell unüberschaubare Veränderungsszenarien entstehen. Es gilt die bekannten psychologischen Barrieren gegenüber den Mitarbeitern zu überwinden. Ist Veränderung ernst gemeint, bleiben Beschwerden nicht aus. Milde ausgedrückt ist es für Mitarbeiter ein schwieriges Unterfangen, sich in dynamischen Strukturen zu orientieren, die scheinbar plötzlich (und regellos) die Grenzen wohl etablierter Geschäftsprozesse verändern können. Der Grund liegt auf der Hand: In dynamischen Strukturen können sich Mitarbeiter nicht mehr durch Selbstmanagement in dem Sinne routinemäßig steuern, dass sie nur untereinander höchst komplexe Informations- und Berichtswege unterhalten, die über lange Zeiträume hinweg als mehr oder weniger offenes oder verdecktes Spielregelsystem von formalen und informalen Vollmachten und Verantwortlichkeiten natürlich gewachsen sind.

Veränderung im Sinne eines ganzheitlichen Zusammenwirkens der Faktoren Mensch, Technik und Organisation ist der natürliche Feind der Bewahrermentalität. Niccolò Machiavellis Urteil ist unter dem Primat des Ganzheitlichkeitsparadigmas wieder ernst zu nehmen: »Der größte Feind neuer Ordnung ist, wer aus der alten seine Vorteile bezog.« Sei es darum, dass im modernen (Prozess)Management Strukturen aufzubrechen, Regelwerke zu hinterfragen und Zusammenhänge abteilungs- und disziplinübergreifend zu erkennen sind, um ganzheitlich handeln zu können. Oder sei es darum, dass im modernen (Prozess)Management ein Team als Ganzes, Value Based, an seiner Wertschöpfung gemessen wird, wobei sich ein Team alles, was nicht zur Wertschöpfung beiträgt, aber nicht mehr leisten kann.

Management im Wandel (Change Management) sitzt bei der Entwicklung und Durchsetzung von für Veränderung stehenden strategischen Zielen in der Zwickmühle. Zu oft bleiben Autorität und Verantwortlichkeit einfach in der zähen Masse der Prozessabläufe stecken, obwohl gerade in den Phasen der Umstrukturierung nichts notwendiger ist, als die breite Unterstützung der Mitarbeiter selbst. In diesem Sinne ist eine integrative und disziplinübergreifende Sicht und nicht eindimensionale Betrachtung gefordert. In diesem Sinne ist die Performance von Management durch mehr als nur die Produktqualität bestimmt. Hier drängt sich ein Bild aus der Medizin geradezu auf: Modernes Management, das in der Strategiedimension operiert, ist als Muskel zu begreifen, den man entweder trainiert oder aber verliert.

Albert Einsteins Urteil zum Trotz »Alles hat sich geändert, nur das menschliche Denken nicht« müssen beim Management im Wandel *die* Mittel und Wege gefunden werden, um zwischen Unternehmen und Mitarbeitern eine Kooperation zu erreichen, die eine Umsetzung strategischer Ziele in kürzester Frist gewährleistet. Treffen oft unvereinbare Kräfte und Werte aufeinander, ist bewusst wahrzunehmen: Schwierige unternehmensweite Probleme entziehen sich ihrer perfekten Lösung. Um der einfachsten Argumentation willen könnte man sagen, dass die Spiele auf Risiko(Spiel)Feldern von Hard-, Soft- und Peopleware neue Spielregelsysteme brauchen. Die kontinuierliche Verbesserung der Fähigkeit zur Synthese oder Integration auch widersprüchlicher Kräfte wird zum wichtigen Bestandteil der Überlebensstrategie von Unternehmen in sich ständig verändernden Umfeldern. Ein Ansatz besteht darin, das strategische Szenario so weit aufzubereiten, dass die Konsequenzen kooperativen und nichtkooperativen Verhaltens individuell nachvollziehbar werden. Mit Hamlets Worten ausgedrückt muss gelten: »More matter, with less art.«

Die bisherige Praxis, entsprechend veränderter strategischer Anforderungen eine neue Organisationsstruktur nur zu definieren und diese dann dem Unternehmen in toto nur vom »grünen Tisch« aus überzustülpen, ist im Sinne eines kooperativen Einverständnisses der Mitarbeiter nicht weiter praktizierbar. Wir wissen: Mitarbeiter haben aus der Erfahrung bereits (durch)gemachter Revirements teilweise existenzielle Ängste bei bevorstehenden strukturellen und ablaufrelevanten Veränderungen. Wir wissen: Unverstandene Ängste führen dazu, dass qualifizierte und auf dem Arbeitsmarkt gefragte Mitarbeiter das Unternehmen verlassen. Wir wissen weiterhin: Mitarbeiter, die weniger Chancen für sich sehen, sprechen die »innere Kündigung« aus. Wir wissen nicht: Wann wird diese Form von People Risk zum risikobewehrten Faktor, wenn nur durch motivierte Mitarbeiter Risiken fundiert als Ganzes zu beurteilen sind und nur durch motivierte Mitarbeiter die geeigneten Maßnahmen zu treffen sind, um diese Risiken auch bezüglich ihrer Effizienz im Detail zu optimieren?

Abbildung 18.1 Wie handeln im Zeichen der Strategie?

Muss bei unternehmensweiten Veränderungsprozessen der richtige »Geist«, bevor er praktiziert wird, erst einmal geprägt werden, ist es besonders wichtig, die mit einer neuen strategischen Ausrichtung des Unternehmens verbunden Chancen und Risiken auch bis in die Ebene des operativen Unternehmensgeschehens tragen zu können. Im Sinne des Urteils von Herman Kahn: »Aus der Vergangenheit kann jeder lernen, heute kommt es darauf an, aus der Zukunft zu lernen« muss jedem Mitarbeiter damit klar sein, welche Anforderungen künftig an ihn gestellt werden, welche Chancen seine Einbindung in das Unternehmen ihm bietet und welche Risiken die geplanten Veränderungen bergen. Ausgehend von diesen Vorgaben folgt, »wie« ein geeignetes organisatorisches Umfeld zu schaffen ist.

Geeignete Organisationsformen sind alle Strukturen, die gewährleisten, das personenbasierte Regelkreise entstehen, die so ineinander greifen, dass einerseits die schnelle Umsetzung strategisch notwendiger Anpassungen gewährleistet ist, andererseits aus allen Kreisen das Feedback für die Prüfung der bereits erzielten Ergebnisse und Steuerung der weiteren Maßnahmen aber auch kurzfristig allen Ebenen zur Verfügung steht. Ist wohl organisierte Flexibilität entscheidend, muss das Ergebnis eine Organisationsform sein, die für alle Ebenen Ziele definiert, die an der Zielumsetzung beteiligten Mitarbeiter benennt, deren Aufgaben bestimmt und letztendlich sicherstellt, dass die erzielten Ergebnisse bewertet werden und als neue Vorgaben in die Regelkreise selbst wieder einfließen. Solche Organisationsformen und Organisationsregelungen sind sicher nicht der Standard. Es läuft meistens so, wie das folgende Beispiel verdeutlicht.

Negativbeispiel

Ein IT-Projekt sollte umgesetzt werden. Es war Ziel, das Inkasso für zwei bestehende Versicherungsbestandssysteme abzulösen und ein neues System auf der Basis einer modernen Standardlösung einzuführen. Das einzuführende System sollte zugleich Referenzcharakter für das gesamte Unternehmen haben. Ergebnis: Die Einführung der Lösung wurde verschoben. Das hatte folgende Ursachen:

Das Projekt wurde von Anfang an nur technisch definiert und auf dieser Ebene auch intensiv dokumentiert. Es wurden Projektgremien installiert, die wenig Einfluss auf die benachbarten organisatorischen Umfelder hatten und somit auch nicht gewährleisten konnten, dass die Ergebnisse der Umsysteme zeit- und lösungsgerecht zur Verfügung standen. Es kam also das, was kommen musste: Zu den ersten Tests standen die Daten nicht zur Verfügung oder waren so fehlerhaft, dass sie nicht verarbeitet werden konnten. Vorgaben für die technische Umsetzung wurden neu in den Raum geworfen, da die Lieferanten der Daten die vereinbarten Inhalte nicht liefern konnten, neue Anforderungen an das Endsystem wurden definiert. Hektische Aktivitäten mündeten im Chaos.

Dabei wäre es doch vergleichsweise einfach gewesen, von Beginn an ein organisatorisches Umfeld zu gestalten, das alle für die Umsetzung notwendigen organisatorischen Einheiten einschließt, keine Scheu vor Abteilungsgrenzen kennt und eine lösungsadäquate Umsetzungsstrategie entwickelt, die die Beteiligung der organisatorischen Umfelder einschließt und nichtkooperatives Verhalten mit Sanktionen versieht.

Es ist doch heute der Standard, dass komplexe Lösungen über die Grenzen organisatorischer Einheiten umgesetzt werden müssen. Man muss es nur wollen. Dazu muss man erkennen: In einer sich rasant verändernden Welt ist zu versuchen, im Großen und Ganzen richtig zu liegen und es ist zu vermeiden, exakt das Falsche zu tun. Also sind entsprechende Steuerungsmechanismen in der Organisation zu verankern, die das gewährleisten. Die Zeit zur Entwicklung flankierender Maßnahmen für Veränderungsprozesse, die viele Mitarbeiter an Entwurf und Realisierung beteiligen, wird allerdings immer knapper. Was soll erst passieren, wenn kurzfristige Anpassungsanforderungen, die der Markt oder sonstige Umstände erzwingen (Unternehmensfusionen) nicht umgesetzt werden können, weil sie im Organisationsmonolith »Unternehmen« im Informationsgestrüpp der Unternehmenskommunikation einfach aus systematischen Gründen an den (un)sichtbaren Grenzen von Abteilungen und Unternehmenseinheiten hängen bleiben? Das können wir uns heute nicht mehr leisten. Niemand kann die Zukunft eines Unternehmens wertschöpfend mitgestalten, wenn er sich über seine eigene Zukunft im Unternehmen nicht im Klaren ist.

Risiko im Unternehmensumfeld

Die Risiken, die aus den Unternehmensumfeldern auf Unternehmen einwirken, haben diverse Ursprünge. Die Komplexität der Folgewirkungen aus den Konsequenzen aus dem 11. September 2001 nicht verkennend, könnte man dabei die Risiken aus dem fiskalischen und politischen Umfeld in Deutschland »noch« als halbwegs kalkulierbar bezeichnen. Eine Anpassung auf diese Art von Veränderungen kann in Deutschland und Westeuropa noch durch mittelfristige Maßnahmen erfolgen. Langfristig wird die Sicht aber eine andere, es zeichnet sich auch in Westeuropa eine Wende ab. Da politische Institutionen bisher unzureichend auf die sich abzeichnenden neuen Anforderungen der Sozialsysteme, Arbeitsmärkte und innere Sicherheit reagiert haben, setzen sich zunehmend populistische Parteien durch, die den Wählern kurzfristige Veränderungen durch die Umsetzung drastischer Maßnahmen versprechen.

Mit dem Wahlerfolg von Jean-Marie Le Pen lieferte Frankreich im April 2002 das jüngste Beispiel dafür, dass solche Parteien auch tatsächlich an die Macht gelangen können. Es wird auf der Welt immer mehr Regionen geben, die bei weitem nicht die politische Stabilität haben, die in Westeuropa zurzeit noch gegeben ist. So ist es bereits heute in osteuropäischen Regionen wichtig, so etwas wie vorhandene Informationsasymmetrien strategisch für die Geschäftstätigkeit in diesen Ländern kurzfristig zu nutzen. Sind unbekannte Gewässer voraus, muss Management auch auf unbekannte Entwicklungen differenziert durch handhabbare und hinreichend flexible Strategien »well performed« reagieren können.

Wenn die Erwartungen im Management steigen, sollten wir uns bemühen, sie besser kennen zu lernen. Die Entwicklung der Märkte, insbesondere die Entwicklung der Finanzmärkte, ist ein Beispiel dafür, wie klassische Prognosemodelle scheitern können. Ein immer wieder sofort ins Auge springender Grund dafür ist: Die Zukunft lässt sich nicht mehr so zurechtbiegen, wie es der Blick in die Vergangenheit vermuten lässt. Hier wird blinder Glaube an Prognose sogar gefährlich, wenn die für Prognose grundlegende Annahme, dass die Welt von morgen im Wesentlichen genauso sein wird wie die Welt von heute (und von gestern), nicht vor dem sich verändernden Ganzen prospektiv reflektiert wird.

Ist viel Sand im gut geölten Getriebe hoch automatisierten (Risiko)Managements, ist ein tieferes Verständnis für den Wandel im Umfeld von Unternehmen zu entwickeln, als das mit traditioneller Prognose möglich ist. Hier geht es nicht darum, Prognose zu kritisieren. Prognose ist wichtig (und richtig), wo sie mit der notwendigen Konfidenz noch greift. Werden in Unternehmen Systeme, Strukturen und Abläufe komplexer, sind Synergien zu erkennen und zu erschließen. Hier kann es keine Ad-hoc-Lösungen, sondern nur noch Step-by-step-Schritte in Richtung richtiger (bestmöglicher) Lösungen geben.

Es ist die Bereitschaft zu fördern, sich der Ungewissheit zu stellen und die Treiber von Ungewissheit besser zu verstehen. Der Grund liegt auf der Hand: Ganze Strategien können in Sekundenschnelle veralten, wenn nicht erkannt wird, dass routinemäßig gefahrene Prognose nicht dafür steht, dass Ungewissheit akzeptiert, verstanden und in eigene Überlegungen mit einbezogen wird. Auch mit dem in der Vergangenheit erfolgreichsten Chartmodell, steht man mit tönernden Füßen auf schwankendem Boden, weil Ungewissheit heute nicht bloß eine gelegentliche und vorübergehende Abweichung von Vorhersagbarkeit, sondern ein grundlegendes Merkmal im Umfeld eines Unternehmens ist.

(K)Einen Plan haben

Am Beispiel der Sparten von Rückversicherungsgesellschaften wird dies evident. Elementarschäden nehmen zu, gleichzeitig steigen die Werte der in Retrozession gegebenen Risiken. Sollen wegen der im Jahr 2001 gehäuften Luftverkehrsschäden die Aviation Risks künftig vom Portfolio ausgeschlossen werden? Die Antwort lautet: Nein. Keine große Rückversicherungsgesellschaft wird künftig die Geschäftsfelder Elementary Risk und Aviation Risk aus dem Portfolio streichen. Rückversicherungsgesellschaften werden, wenn sie erfolgreich sein wollen, Instrumente der Gesamtrisikosteuerung entwickeln müssen, die Business- und Risikoverantwortung verknüpfen und Risikomanagement nicht auf den Abschluss von (Versicherungs)Verträgen reduzieren. Das Versicherungsgeschäft ist nicht mehr nur auf die finanzwirtschaftliche Perspektive zu beschränken. Es ist in diesem Sinne nicht mehr nur nachsorgend (reaktiv) zu betreiben. Der stetig steigende Wohlstand dieser Welt wird kompetente Problemlösungen in diese Richtung sogar erzwingen.

In letzten Jahren ist eine deutliche Konzentration des Erstversicherungsgeschäftes auf der Welt zu beobachten. Die AXA-Versicherung ist ein prominentes Beispiel. Noch vor ein paar Jahren nur ein Local Player in Frankreich, ist sie nun einer der erfolgreichsten weltweit agierenden Erstversicherer. Die Entwicklung der Konzentration von Erstversicherern ist dann auch wieder ein Ansatzpunkt für Rückversicherer, ein erweitertes Produktportfolio zu entwickeln, weil Erstversicherern, bei entsprechender Größe, dann komplette Rückversicherungslösungen über das gesamte Portfolio des Erstversicherers angeboten werden können.

Sind Versicherer also Global Player, geht es nicht um die Frage, ob ein Gebäudekomplex mit den Koordinaten 37,74993 N und 14,99451 E in das Rückversicherungsportfolio aufgenommen werden kann oder nicht. Eine marktfähige Gesamtrisikolösung als Problemlösung kann nicht aus der extrapolierten Summe aller Einzelrisiken bestehen. Ein möglicher Ansatz ist: Neben Quoten- und Poolverträgen sind Risikoszenarien und Risikoportfolios zu entwickeln, die die Risiken mehrerer Sparten des Erstversicherers einschließen. Dies bedingt natürlich neue Formen der Vertragsgestaltung zwischen Zedenten, Brokern und Rückversicherern sowie eine neue Art des Vertrauens zwischen den Beteiligten. Hier muss es das Ziel sein, neue kooperative Lösungen zu finden. Dazu sind Wege zu finden, die sonst so nicht für möglich gehalten wurden, gilt es eine sich stark verändernde Risikolandschaft zu verstehen und zu bewirtschaften.

Bei den an Raum gewinnenden Allfinanzkonzepten ist Veränderung selbstverständlich nicht auf Versicherer beschränkt. Alle Finanzdienstleister müssen Risiken, denen sie ausgesetzt sind, neu begreifen, um sich ihnen kompetent in neuer Weise stellen zu können. Die Vorgaben von Basel II für die Risikobeurteilung bei der Vergabe von Finanzmitteln hat bei den Kreditinstituten sicher auch einiges Kopfzerbrechen ausgelöst. Wichtigstes Instrument der Vergabe von Krediten durch Geschäftsbanken war bisher die Bilanzanalyse über eine Reihe von Abschlussperioden. Kann das so bleiben? Die Antwort ist ein Nein. Auch wenn die Bilanzen zur Risikobeurteilung nach den verschärften Bilanzierungsrichtlinien des IAS (International Accounting Standard) erstellt werden müssen, ist noch lange keine Gewähr dafür gegeben, dass künftige Entwicklungen im Unternehmen zu Teil- oder Totalverlust der vergebenen Kredite führen.

Bleiben wir im Bild: Es ist sicherlich notwendig, verbunden mit der Vergabe von Krediten nicht nur ein einmaliges Audit durchzuführen, sondern basierend auf der Geschäftsstrategie, die auslösend für die Vergabe des Kredites war, die Umsetzung der Strategie in der Zeitdimension zu kontrollieren. Dies muss im Sinne des Controllings und nicht nur aus der Sicht als Aufsichtsratmitglied geschehen. Nur dann können bei Veränderungen der Umfelder frühzeitig und zielgerichtet die notwendigen Korrekturen eingeleitet werden. In diesem Sinne wird das Kreditinstitut aber selbst zum aktiven Teilnehmer am Prozess der Risikosteuerung mit Gestaltungspotenzial.

Auf einen Nenner gebracht, sind es also nicht nur Planungs- und Kontrollsysteme, die ihre Berechtigung und Ergebnisse aus den Daten der Vergangenheit herleiten, die wir künftig für das Risikomanagement der Unternehmensumfelder benötigen. Gerade die letzten Jahre zeigen, dass wir Risikosteuerungsinstrumente benötigen, die, auch wenn sie nicht die Zukunft vollständig antizipieren können, zumindest sensibel für künftige Entwicklungen machen und das nötige Instrumentarien zu Verfügung stellen, um auch kritischen Situationen begegnen zu können. Die Richtung liegt fest: Unternehmen müssen sich über ihr eigenes Risikoprofil klar werden. Unternehmen müssen verstehen, ob ihre Aktionäre etwa erwarten, dass ein Risiko X abgesichert wird, oder ob Aktionäre davon ausgehen, ein Risiko X durch ihr eigenes Portfoliomanagement selbst zu managen. Unternehmen müssen somit auf die Gesamtstrategie abgestützte Risikostrategien entwickeln, die ein Bündel spezifischer Maßnahmen sind.

Planungsinstrument Projektmanagement

In der »Dreigroschenoper« textete Bertold Brecht die Zeilen: »Ja, mach nur einen Plan, sei nur ein großes Licht, und mach noch einen zweiten Plan, gehen tun sie beide nicht.« Aus heutiger Sicht stehen Brechts Zeilen für die Krux von Projektmanagement im Generellen. Projekte sind nichtsdestotrotz so alt wie unsere Welt. Für erfolgreiche Projekte aus der Vergangenheit stehen der Bau der chinesischen Mauer, der Bau der Pyramiden in Ägypten und Mittelamerika, der Aufbau der Kriegsflotten in England und Spanien, der Bau des Panamakanals und der Bau des Eiffelturms. Was ist heute anders, als es damals war? Chinesen, Maya, Ägypter und Europäer hatten doch auch ihre effizienten Organisationsformen, die durch das erfolgreiche Management unbekannter Risiken einmalige Leistungen neben den täglichen Routinen erlaubten.

Um der einfachsten Argumentation willen könnte man auf die obige Frage antworten, dass die instabilen Umfelder von heute nicht mehr mit den stabilen Umfeldern von gestern oder gar von vorgestern zu vergleichen sind. In der Antike tickte das Informationsnetz der Orakel langsam. In der Network Community von heute ist die Halbwertzeit von Information eine Größe, die schlicht unbekannt ist. In den vergleichsweise zu heute stabilen Umfeldern liegen die historischen Wurzeln von modernem Projektmanagement, zu dem es auch heute (und wohl auch in der Zukunft) keine Alternative gibt. Als Teil kalkulierenden Risikomanagements entstand Projektmanagement als Planungs- und Steuerungsmethode im Zweiten Weltkrieg. Seine Erfolgsgeschichte beginnt mit den bekannten gigantischen logistischen Leistungen im Vorfeld der Landung der Alliierten in der Normandie.

Nach dem Zweiten Weltkrieg wurde Projektmanagement dann zunächst bei der technischen Leistungserstellung, wie beispielsweise im Bauleistungsbereich, eingesetzt. Hier kamen die besonderen Planungsmerkmale des Projektmanagements zum Tragen: Planung von Aufgaben und Leistungen, die einen einmaligen, nicht dauerhaften Charakter haben und sich trotzdem über einen längeren Zeitraum erstrecken. Der Ansatzpunkt von Projektmanagement zog. Eine komplexe Aufgabe ist so in ihre Einzelbestandteile zu zerlegen, dass sich auf der Grundlage einer Gliederungseinheit Aussagen zu Zeitdauer und Aufwand in Material und Personen für die Erfüllung dieser Teilaufgabe erstellen lassen. Das Ergebnis ist ein Baukasten aus nahezu bekannten Aufgaben, die sich über eine sinnvolle Synthese der Teilaufgaben zum Projekt konfigurieren lassen.

Das Ergebnis der Projektplanung muss eine zumindest hinreichend genaue Aussage über vermutete Aufwände für Material, Arbeitskraft, Teilrealisierungen (Milestones) und Gesamtrealisierungszeit liefern. Hier liegt der Sinn gebende Kern von Projektmanagement. Ist die Konfiguration der einzelnen Bausteine des Projektes bekannt, besteht die Möglichkeit, korrigierend in Abläufe einzugreifen. Durch die Darstellung des kritischen Pfades (Critical Path), der die kritischen Teilaufgaben während der Realisierung kennzeichnet, wird dabei sofort evident: Ein Projekt ist gefährdet, wenn es durch Überschreitung der vorgegebenen Schwankungsgrenze von frühestem und spätesten Anfangstermin bei einer Teilaufgabe zu gravierenden Abweichungen bei allen anderen Teilaufgaben zu kommen droht.

Dass es trotz sorgfältiger Planung immer wieder zu Projektverzögerungen im erheblichen Ausmaß kommt oder während der Realisierungsphase ganze Projekte gestoppt werden, ist Projektalltag. Dass im Bauleistungsbereich die Ergebnisse gescheiterter Projekte weniger zu beobachten sind (Wohin sonst mit den ganzen Ruinen?) als bei IT-Projekten, schließt den Kreis zur Krux von Projektmanagement, so wie sie Brecht in der »Dreigroschenoper« hätte ganz richtig umschreiben können: Projekte sind nicht gleich Projekte. Bauprojekte haben stabilere Projektumfelder als IT-Projekte. Im IT-Bereich, in dem man sich im Projektmanagement von heute meistens zu bewegen hat, liegt die Zahl der gescheiterten Projekte laut IDC bei 40 bis 50 Prozent.

Dies ist ein erstaunlich schlechtes Ergebnis, wenn man bedenkt, dass alles doch gut geplant war. Aber auch hier liegt der Teufel wieder im Detail. Das Problem ist bekannt: Projekte werden abgeleitet aus dem strategischen Bedarf (so sollte es auf jeden Fall sein) und einfach nur aufgesetzt (so sollte es auf keinen Fall sein). Letzteres ist das entscheidende Moment, das den Projekterfolg letztendlich gefährdet. Oft erkennen diejenigen, die mit dem Projekt beglückt werden sollen, nicht den Nutzen, der für sie aus der Projektumsetzung resultieren könnte. Als es im Juni 1944 um die Landung in der Normandie ging, konnte man auf alliierter Seite davon ausgehen, dass jeder, selbst unter Einsatz seines Lebens, die Umsetzung des »Projektes« wollte. Heute ist (zu) oft das Gegenteil der Fall. Wichtige Teilnehmer am Projekt werden nicht in dem Maße in die Projektplanung und Projektumsetzung einbezogen, so wie es für die erfolgreiche Umsetzung des Projektes notwendig ist.

Wann werden im großen Spiel »Projekt« die Spiele der vom Projekt betroffenen Spieler zu Koordinations- oder aber zu Diskoordinationsspielen? Man könnte bei der Suche nach der Antwort auf diese Frage viele Seiten schreiben, ohne den Gegenstand zu erschöpfen. Dies wollen wir natürlich hier nicht tun. Ein einfaches Beispiel mag deshalb genügen: Den beteiligten Fachbereichen wird das Projekt »verkauft«, die Planung und die Umsetzung beginnt und am Ende ist das Projekt gescheitert. Weshalb? Mitarbeiter des Fachbereiches wurden nicht in die Projektplanung und Projektumsetzung einbezogen. Projektmanagement wurde fernab vom Projektgeschehen am »grünen Tisch« betrieben. So liegt ein beträchtlicher Teil des Wissens für eine erfolgreiche Projektumsetzung brach. Im »lernenden« Projektmanagement müssen mitdenkendes Tun und mitdenkendes Handeln sowie das Entdecken von Problemlösungen und nicht die konfliktfreie, störungssichere Programmierung routinierter Handlungsabläufe im Hinblick auf den Organisationszweck im Vordergrund stehen. Latente Kreativitätspotenziale müssen mobilisiert und nicht unterdrückt werden.

Was wäre wesentlich für den Erfolg gewesen? Einschalten des Fachbereiches sofort nach der Projektentscheidung, verbunden mit der Zusage des Fachbereichs, das Projekt auch mittragen zu wollen, sind die Antworten. Einbinden des Fachbereiches in die Projektplanung, bei der Definition der Pflichtenhefte und bei der Projektumsetzung. Anders gewendet: Das Hauptargument, weshalb die Fachbereiche häufig nicht in Projekte einbezogen werden, muss selbst Teil von Projektmanagement werden. Es lautet: Der Fachbereich ist operativ so in das tägliche Geschäft einzubinden, dass sich der Fachbereich auch als Teil eines mit dem Projekt verändernden Ganzen begreift. Macht man sich in diesem Sinne Projektmanagement nicht mehr so einfach, weil der Muskel »Management« trainiert wird, werden mit Projekten in der Tat neue Standards gesetzt.

Ist der Mensch nicht mehr »Missing Link«, ist Projektmanagement als offene Methodik für Problemlösungen strategisch. Für die Performance wesentliche Promotoren für die Projektumsetzung werden nicht von vornherein ausgeklammert. Das Moment, dass entlang der Wertschöpfungsketten des Projekts Informationen ohne Wahrheitsgarantie gehandelt werden, wird zum Thema. Die Antwort auf die letztendlich entscheidende Frage »Verbraucht die Integration der Projektergebnisse in die Fachbereiche und verbrauchen die allfälligen Anpassungen nicht mehr Ressourcen als eine Einbindung der Fachbereiche vom Projektstart an?« wird erst in der Strategiedimension nicht mehr zur Sollbruchstelle des Projektes. Letzteres deshalb, weil bei der Projektplanung und Projektumsetzung alle Betroffenen so eingebunden sind, dass Konsens der Träger für die Umsetzung der Projektziele ist, weil die Beteiligten aktiv an der Umsetzung teilnehmen und das Projektgeschehen jedem transparent ist. Brechts Zeilen aus der »Dreigroschenoper« sind nicht obsolet. Sie haben aber eine neue Lesart. Bei strategischem Projektmanagement fokussiert Antoine de Saint-Exupéry den Fokus, wenn er in »Der kleine Prinz« die Zeilen schreibt: »Die Leute haben Sterne, aber es sind nicht die gleichen. Für die einen, die reisen, sind die Sterne Führer. Für andere sind sie nichts als kleine Lichter.«

Szenarien: Fokus auf Risiken zwecks Steuerung des Unternehmens

Wie lässt sich ein Umfeld gestalten, in dem schnell und gezielt auf Veränderungen der Umwelt reagiert werden kann, gleichzeitig aber auch sichergestellt ist, dass alle Beteiligten weitgehend an Veränderungsprozessen kooperativ mitwirken? Voraussetzung ist eine erkenntnistheoretische Plattform, die es ermöglicht, nahezu alle Facetten relevanter Entwicklungen der Umwelt wahrzunehmen. Die Schaffung von Szenarien, die das breite Spektrum der möglichen Veränderungen der Umwelt erfassen, ist der erste Ansatz. Hierdurch ist sichergestellt, dass eine möglichst große Bandbreite denkbarer Umwelteinflüsse erfasst wird, auf die zu reagieren ist. In das weitere Kalkül sind dann diejenigen Szenarien einzubeziehen, für die höchste Eintrittswahrscheinlichkeit besteht. Der Rest bildet das strategische Ersatzteillager.

Was sind Kernbausteine der Szenarien? Ein Berater hat sich auf das Wesentliche zu beschränken: Ein in sich konsistent erklärbares Bündel möglicher Umweltveränderungen, die auf das Unternehmen einwirken, ist zu entwickeln, das durch ein strategisches Handlungsmodell auf allen Ebenen des Unternehmens umsetzbar ist. Das für die Arbeit relevante Szenario, das den roten Faden für das spätere Handeln darstellt, ist aus dem Sample wahrscheinlicher Szenarien dann auf Basis einer konsensfähigen Vereinbarung der strategischen Entscheider des Unternehmens auszuwählen. Dieser Schritt ist begleitend zu moderieren.

Hier ist Gespür für die damit verbundenen Chancen und Risiken in ökonomischen Größenordnungen gefragt. Hier wird der Ausgangsplan für alles Folgende konfiguriert: Nach außen sind die Partner der Umsetzung zu bestimmen, die Form der Zusammenarbeit ist zu definieren (Kooperationsstrategie), erwartete Beiträge der Partner beziehungsweise eigene Aufwände sind zu bestimmen. Zusätzlich sind Alternativstrategien für den Fall zu entwickeln, dass Partner von der ursprünglich geplanten Kooperationsform abweichen, die Entwicklung der nach innen gerichteten Strukturen ist entsprechend dem gewählten Szenario voranzutreiben, Modelle für die geplante Aufbau- und Ablauforganisation sind zu entwickeln, zum Vorantreiben notwendiger Restrukturierungen sind Mitarbeiter als Key Player zu bestimmen, die Einbindung der Mitarbeiter in die Ziele der Strategieumsetzung ist zu forcieren und einzelne (Teil)Projekte müssen definiert werden und so weiter. Das ganze Konfigurationsmanagement verlangt Organisations- und Darstellungsformen, die es erlauben, Abweichungen vom definierten Ziel frühzeitig zu erkennen. Mit behavoristischen Elementen (Spielern) sind jetzt die Faktoren im Spiel, die in der Praxis die höchsten Umsetzungsbarrieren aufstellen.

Wir sind am methodischen Dreh- und Angelpunkt von Projektmanagement (Strategieumsetzung). Spätestens jetzt ist zu erkennen: Projektmanagement ist als Sample sich phasisch überlappender Prozesse nicht nur eine Funktion technischer Kennzahlen, soll es organisatorische Plattform zur Erschließung attraktiver Geschäftsfelder sein. Es ist zu prüfen, ob die Motivation und Einbindung der Partner und Mitarbeiter den erwarteten Vorstellungen entspricht. Jede Abweichung ist als ökonomisches Risiko messbar. Durch geeignete Formen der Motivation und gegebenenfalls auch durch Disziplinierung ist sicherzustellen, dass durch ein geeignetes Anreiz- und Sanktionssystem die geplante Form der Einbindung realisiert wird.

Hier zeigen sich die Klippen im alltäglichen Beratergeschäft. Werden Projekte (zu) mechanistisch gesteuert, müssen sie fast zwangsläufig auf das Riff der Realität auflaufen. Hier wird Projektmanagement oft schnell entmystifiziert. Korrekte (und notwendige) Maßnahmen können schnell im Dickicht opportunistisch handelnder Interessengruppen verwässern, wird durch Machtspiele das freundliche Erscheinungsbild »Projekt« zum unfreundlichen Lächeln der Medusa verkehrt. Versteinerung durch stark übersteuernde Entscheidungsmethoden hat ihren Preis. Wird im Projekt »Veränderung« passiv als Bedrohung interpretiert, entwickeln sich Defensivstrategien, die mit dem Verschütten von neuen Freiheitsgraden auch die Chancen zur innovativen Differenzierung verschütten. Hier darf das Suchen nach innovativen Wegen zur strategischen und operativen Alternative nicht im Streben nach Perfektion im Tagesgeschäft stecken bleiben, weil in der Strategiedimension »Beharrung« ein Synonym für inkrementalen Aktionismus ist.

Hier ist die Interpretation des Gesagten wichtig: Es wird hier nicht behauptet, dass irgendeine Form von Projektmanagement allen Ansprüchen gerecht werden kann und sich durch irgendeine Form von Projektmanagement alle Erwartungen an Projektmanagement erfüllen. Dies muss auch nicht sein. Es wird nur gesagt: Man kann auf einem tragfähigen Fundament aus vielen Steinen viele Arten von Gebäuden errichten, wenn mit dem Fundament die alles tragende Basis stimmt. Projektmanagement ist (k)ein Nullsummenspiel, wenn es (k)eine Entscheidung ohne die Betroffenen gibt. Für schnelle Anpassungsfähigkeit ist der Preis im Voraus zu zahlen. Er lautet: Es ist eine modulare Organisationsform zu schaffen, die sichert, dass neben den Aufgaben des Tagesgeschäftes auch auf die besten Köpfe zugegriffen werden kann.

Letzteres ist das Entscheidende: Modernes Projektmanagement, das Value schaffen muss, erfordert einen Prozess von iterativer Bewertung und individueller Einbindung, der sichert, dass Risiken, die als Ergebnis mangelnder Kooperation entstehen, rechtzeitig erkannt werden, um entsprechend schnell gegensteuern zu können. Ist das der Fall, ist das Resultat von Projektmanagement eine dynamische

Konfiguration: Sie besteht (1.) aus strategischen Handlungsparametern, die die Zielumsetzung leiten, (2.) aus Partnern, die in die strategische Umsetzung eingebunden sind und (3.) aus Informationen, die während der strategischen Umsetzung aufzunehmen sind und entsprechend ihrer Relevanz für die strategische Umsetzung verarbeitet werden müssen. Wir haben eine Konfiguration umfassender Verantwortlichkeiten. Hier ist die Wirksamkeit von (Planungs)Modellen unabdingbar mit den Fähigkeiten von guten Mitarbeitern und guten Governance-Prozessen verknüpft. Hier muss (und kann) sich Projektmanagement auch der Benchmark stellen: »Den guten Steuermann erkennt man erst im Sturm«, wie Seneca schon für das »Projektmanagement« der römischen Antike formulierte.

Permanente Herausforderung: Implementierung von (Risiko)Management

Ohne Risiko gibt es keinen Gewinn. In komplexen und dynamischen Aktivitätenumfeldern kann kein Unternehmen alle Risiken ausschalten, ohne gleichzeitig dabei alle Gewinnchancen zu verspielen. Jede Entscheidung birgt das Risiko des Erfolges oder des Scheiterns, mit allen dazwischen liegenden Nuancen: »Muddling through« (Durchwursteln) wird schwieriger. Sei es darum, dass im am Shareholder-Value orientierten Risikomanagement unter den kritischen Augen von Shareholdern und Stakeholdern nicht die mechanistische Minimierung des Risikos, sondern die Performance bei der Optimierung von Chancen-Risiko-Potentialen im Vordergrund steht. Oder sei es darum, dass mit der Implementierung prozessorientierten Risikomanagements die Value-Based-Philosophie schlicht gesetzliche Forderung ist (KonTraG, Basel II). Vorstände und Aufsichtsräte sollen für Fehlentscheidungen und mangelnde Aufsicht haften. Die Forderung besteht. Die Frage ist: Wie soll sie realisiert werden? Es gibt formale Mindestanforderungen und Dokumentationsrichtlinien. Es stellt sich die Frage nach deren inhaltlicher Ausgestaltung.

Auf rein historischer Faktenlage basierende Ansätze reichen hier nicht aus. Solange die Entwicklungen gradlinig ohne Veränderungen verlaufen, mag ein Ansatz, der künftige Risiken aus der Vergangenheit erklären will, hinreichend sein. Aber wehe, es kommt anders als erwartet. Handlungsalternativen stehen dann nicht rechtzeitig zur Verfügung: »Augen zu und durch« wird zur Handlungsmaxime. Die Realität lehrt: Die Anforderungen sind andere, werden berechenbare Zyklen immer kürzer. Was heute »top« ist, kann morgen schon »flop« sein. In diesem Sinne fehlt der Toolbox »Management« die exklusive Montageanleitung. In diesem Sinne ist die Toolbox »Management« eher Installations-, Wartungs- und Reparaturhilfe, als sie Navigationssystem ist für Managementarbeit im Rahmen kontinuierlicher und langfristig ausgerichteter Prozesse.

Im strategischen Feld der Unternehmensplanung sind viele Facetten der Zukunft zu erfassen. Ein Mittel sind Produkt- und Organisationsebene verflechtende Szenarien. Sie definieren die Spannbreite möglicher Entwicklungen, lassen aber auch Spielraum dafür, Entwicklungen später einzubeziehen. Sie bestimmen die Akteure, kalkulieren deren Handlungsweisen und bestimmen den Gewinn der Umsetzung. In einem »Top-down«-Ansatz sind konsistente Szenarien für die Umsetzung unternehmensstrategischer Ziele zu entwickeln, die regelmäßig auf ihre Konformität mit den Gesamtzielen des Unternehmens zu überprüfen sind.

Abbildung 18.2 Ebenen konsistenter Szenarienentwicklung

Typischerweise folgt Szenarien- und Strategieentwicklung zwecks Erstellung von Risikoprofilen dem Ablaufmuster: (1.) Formulierung künftig erwarteter Entwicklungen (global), (2.) Bestimmung der Wirkungen auf das Unternehmen, (3.) Ableitung damit verbundener Chancen und Risiken, (4.) Bewertung der Szenarien per Eintrittswahrscheinlichkeit (bereichsübergreifend), (5.) Auswahl der Szenarien mit hoher Eintrittswahrscheinlichkeit (redundante Szenarien sind nicht einzustampfen, denn manchmal kommt es anders), (6.) Ableitung und Entwicklung von Einzelszenarien aus den gewählten Globalszenarien, (7.) Identifizierung der Akteure in den Szenarien zwecks Bestimmung möglicher Handlungsmaximen, (8.) Bestimmung der Risiken, die aus erwarteten Handlungen der Akteure resultieren, (9.) permanente Überprüfung der Szenarien an der Realität und (10.) Korrektur gewählter Szenarien-/Handlungsmaximen entsprechend eingetretener Entwicklungen und Anpassung an künftige Entwicklungen (gegebenenfalls Auswahl neuer Szenarien).

Durch kontinuierlichen Know-how-Erwerb muss in diesem Ablauf von »Projekt-durch Szenarienmanagement« die Gestaltung von Wertschöpfungsprozessen als lernendes System erfolgen. Hier noch einmal die (Soll)Bruchstelle, kann sich Risiko-management nicht auf das Sammeln und Interpretieren von Zahlen beschränken und ist die Organisation selbst kein relativ unkritischer Faktor: Nicht konflikt-freie und störungssichere Programmierung routinierter Abläufe in Bezug auf den Organisationszweck, sondern mitdenkendes Tun und Handeln zum Entdecken von Problemlösungen muss im Mittelpunkt stehen. Von den »Köpfen« der Mitar-beiter hängt die Durchsetzungsfähigkeit (Überlebensfähigkeit) von Strategie im Wettbewerb ab.

Sind im szenarienbasierten Risikomanagement durch die integrierte Betrachtung der Potenzial-, Prozess- und Ergebnisebene bestehende Organisationsregelungen mit Blick auf die künftigen Anforderungen zu bewerten, müssen, aufbauend auf obigem Ablaufschema, folgende Prinzipien zur Anwendung kommen: (1.) Flexibi-lität der organisatorischen Regelungen, (2.) Durchdringungsfähigkeit zwischen organisatorischen Einheiten, (3.) Akzeptanz der Einheiten untereinander, (4.) Schaffung einer Kultur temporärer Einheiten (Projektteams, Task Forces) zwecks Einbindung dieser Einheiten in die Unternehmensabläufe und (5.) Kommunika-tions- und Gestaltungsfähigkeit der Einheiten.

Performance ist (k)ein Schicksal

Die »postmoderne« Wissensgesellschaft von heute treiben sich selbst steuernde Informations- und Kommunikationsprozesse an. Für Unternehmen, die in einem Servicekontinuum operieren müssen, ist die Generierung, Speicherung, Manipu-lation und Reproduktion erfolgskritischer Informationen die entscheidende Quelle für komparative Wettbewerbsvorteile. (Ein)Schätzungen sind gefragt, wenn (1.) der Mensch als Informationsbroker und Treiber von Risiko der zentrale Risikofaktor ist, (2.) Risiko eine spezifisch ausgeprägte Informationsstruktur ist und (3.) realisierte Teiloptima zu Schieflagen führen, weil ein potenziell realisier-bares Gesamtoptimum nur über eine Balance zwischen verschiedensten Pla-nungshorizonten, Managementperspektiven und Managementebenen umzuset-zen ist. Gerade im Projektmanagement ist diese Balance durch die Verzahnung von Strategie und Operation geeignet (das heißt wertschöpfend) zu organisieren.

Auf Unternehmen nimmt der Veränderungsdruck spürbar zu. Die wichtigste Managementaufgabe ist die Gestaltung (nicht Verwaltung) der Zukunft. Dazu sind isoliert nebeneinander stehende Managementansätze problemorientiert zu integ-rieren, um Entscheidern, der Situation angepasst, »maßgeschneiderte« Lösungen im Sinne bestmöglicher Lösungen anzubieten. Dazu ist zu erkennen, wann Pro-blemlösungsheuristiken, die gestern funktioniert haben, den heutigen Problemsituationen nicht mehr angemessen sind. Hier sind entscheidende Fragen: Wie können Unternehmen dem Mehr an Komplexität des Umfeldes und den sich verändernden Marktverhältnissen im Handeln gerecht werden? Und wie ist der Spagat zwischen zentralem Informationspooling auf der einen Seite und dezentraler Informationsverwertung auf der anderen Seite zu organisieren? Die Antwort lautet: Die Bewältigung komplexer Prozesse durch die Bewältigung der die Prozesse bedingenden Interaktionen erfordert den umfassend verantwortlichen Einsatz aller Beteiligter. Im Fadenkreuz oft stark divergierender Interessen nach innovativen Wegen zur strategischen und operativen Unternehmensführung zu suchen, ohne dabei psychologische Barrieren zu übersehen und ohne dabei im »Kleinklein« der Routinen des Tagesgeschäftes zu versinken, dafür steht ein konzeptioneller Rahmen, der sich nach spieltheoretischen Überlegungen mit Kontext entwickelt.

In diesem Rahmen operiert RiskVision: Mit Spieltheorie setzt das Beratungskonzept (Kurzdarstellung in Teil 4 dieses Buches) ganzheitlich auf einer logisch konsistenten Problemlösungsmethodik auf: Nicht ad hoc, sondern in Tiefe und Breite methodisch abgestuft wird durch nachvollziehbare und vor allem auch kommunizierbare »Szenario(Spiel)Entwicklung«-Strategie auf spezifische Problemfelder projiziert. Dabei wird immer gefragt: Stimmen die Voraussetzungen noch? Die auf den spezifischen Wertschöpfungssystemen vor Ort aufsetzenden Spielmodelle ebnen als korrespondierende Managementmodelle die Wege zur Beherrschung der Strategiedimension. Dabei wird der Übergang zu ausgewogenem und pragmatischem Management der Logik der Strategie entnommen, die Management ins Stammbuch schreibt, die Verzahnung von strategischem Denken und operativer Umsetzung über ein konsistentes Kennzahlensystem zu organisieren. Und dabei ist die Entwicklung eines strategischen Leitbildes, in das ein strategisches Zielsystem einzubetten ist, Voraussetzung dafür, dass sich zu definierende Zielindikatoren auf die operative Ebene herunterbrechen lassen.

Wir verschweigen nicht, dass strategisches (Risiko)Management, wird es ernsthaft betrieben, oft ein dorniges Sich-Herantasten an (Problem)Lösungen ist. Strategisches (Risiko)Management kann radikales Umdenken in Führung und Steuerung bedeuten; muss es aber nicht. Strategie ist kein Selbstläufer. Strategie ist nur dann wirksam, wenn sie von allen Beteiligten auch »gelebt« wird. Dazu sind möglicherweise beim Finden der Spiele, in denen sich Strategie entwickeln muss, ein Umdenken aller Beteiligten und der Wille zur Veränderung erforderlich. Ist die Strategiedimension im Spiel, müssen Manager verstehen lernen, wie Spiele mit neuen Strategien zu verändern sind, wie für gegebene Strategien neue Anwendungen zu finden sind und wie durch Maßnahmen zur Verhaltenssteuerungen den Spielen durch Regeln eine Ordnung zu geben ist. Im Spiel namens Management sind aufgrund evidenter Trägheitsmomente wertschöpfende Symmetrien nicht immer sofort zu erkennen. Management, das in einem Spielkontext strategische Vorausschau mit ergebnisorientierter strategischer Planung verknüpfen muss, ist zwangsläufig in Konfliktsituationen. Praktikable Zielindikatoren, die gleichermaßen valide, reliabel und zeitstabil sein sollen, lassen Wünsche einfach offen.

Hier muss der Begriff »Compliance«, also die Fähigkeit und die Bereitschaft, Regeln zu etablieren, zu befolgen und deren Einhaltung zu kontrollieren, »gelebt« werden. Hier muss auch der präsentierte strategische Beratungsansatz seine Grenzen finden. Denn ein strategischer Beratungsansatz kann die Zukunft nicht sicher voraussagen; er kann nur weniger blind gegenüber der Zukunft machen. Dies ist einerseits nicht wenig. Dies ist andererseits oft aber nicht genug. Die Forderung (und die Fähigkeit) nach (von) Messbarkeit ergibt sich aus der Situation, in der sich Entscheider befinden. Als Berater weiß man oft nicht genau, was an der Basis passiert. Man entscheidet über Maßnahmen und Projekte, über die keine nachvollziehbaren Informationen vorliegen, außer den Meinungen von Befürwortern und Gegnern: Messbarkeit muss durch das Schließen dieser Informationslücke hergestellt werden, so gut es eben geht.

Hier mündet das RiskVision-Beratungskonzept in Konfliktmanagement. Strategie wird in diesem Worst Case der Beratung vor der Umsetzungsphase ein Konfliktmodell aufgesetzt, das allgemeine Handlungsanweisungen für strategisches Konfliktmanagement liefert. Hier schaffen spieltheoretische Überlegungen Value, weil Spielmodelle genuin Denkmodelle sind, die ex ante gewünschte Ergebnisse konkret beschreiben und ex post per Führung durch Zielvereinbarung die Erhebung von relevanten Informationen durch mit dem Spielmodell zu entwickelnde und greifende Anreiz-Sanktions-Mechanismen auch sichern. Dies ist ein wichtiger Punkt: Auch an der Grenze von Projektmanagement erfolgt so noch Wertschöpfung. Ja, mehr noch: Auch dass »Warum«-Projekte gegebenenfalls scheitern, zerfließt nicht mehr in der Anonymität von diffusen Informationen. Ein strategischer Beratungsansatz identifiziert auch negative Wertschöpfung. In »Szenario(Spiel)Modellen« ist der Wertschöpfungsbeitrag von jedem Spieler in der Phase des Spieldesigns messbar. Im Team muss jeder Spieler die Form wählen, »wie« er Erfahrungs- und Wissenshintergründe offenbart. Dies schließt nicht aus, dass trotz des Aufzeigens eines größeren Vorrats an Alternativen und trotz des Aufzeigens von Wegen zur Veränderung des Spiels die Spieler partout nicht erkennen wollen, dass sie das falsche Spiel spielen. Dies schließt ebenso wenig aus, dass Antworten auf die Frage »Wie kann Strategie in Zeiten großer Unsicherheit gefunden, formuliert, kommuniziert und erfolgreich umgesetzt werden?« weiterhin routinemäßig durch das Entwerfen immer feinerer Portfolios gegeben werden müssen, wo tendenziell ungerichtete Prozesse rigoros auf die gerade präferierte Methode heruntergebrochen werden und sich weiter Planung von Entscheidung trennt.

Im Folgenden wird nicht mehr auf Spieltheorie eingegangen und es wird auch auf spieltheoretische Terminologie verzichtet. Es werden für den strategischen Beratungsansatz relevante Anwendungsfelder nur grob skizziert und in unterschiedlicher Tiefe und Breite auch nur ausgeleuchtet. In wechselndem Detaillierungsgrad sind die Szenarienfelder dabei ausgeprägt nach (1.) Entwicklungen: Prognose zukünftiger Tendenzen, die Überzeugungen, Konsum und Anlageverhalten betreffen; (2.) Märkten: Die lokale, kulturelle und saisonale Ausprägung der Gebiete für Absatz und Beschaffung; (3.) Mitbewerbern: (Mit)Konkurrenten auf den Märkten; (4.) Produkten: vermarktbare Leistungen; (5.) Key Playern: Meinungsführer auf der Absatz- und Konsumseite beziehungsweise Leader bei internen Prozessen; (6.) Gläubigern: Lieferanten, Kreditgeber, Eigentümer; (7.) Ressourcen: materieller, personeller, monetärer Einsatz für die Erbringung der Leistungen; (8.) Gewinn/Verlust: monetär gemessenes Ergebnis einer Wirtschaftsperiode.

Das Wichtigste zu Strategie und Spieltheorie ist in Teil 1 und Teil 2 des Buches theoretisch konturiert und hier in Teil 3 auch noch einmal aus der Perspektive des Beraters gesagt worden. (Prozess)Management ist Spiel: Der präsentierte spieltheoretisch fundierte Beratungskonzept liefert dafür eine praktikable Systematik zur Beschreibung und Vorhersage. Mit dem strategischen Beratungsansatz tut ein Berater das, was jeder Manager jederzeit tun sollte – er schaut in die Zukunft, macht sich klar, welche Folgen eine Entscheidung voraussichtlich haben könnte, und verwendet diese Erkenntnis, um die bestmögliche Entscheidung zu ermitteln.

Quintessenz

»Nur wer selbst Freund ist, kann auch erwarten, Freunde zu finden.«
(Ralph Waldo Emerson)

Wertschöpfendes Projektmanagement muss durch vorbeugendes (Nach)Denken Voraussetzungen für vorbeugendes Handeln schaffen. Dazu müssen interdisziplinäre Teams durch vernetztes Denken die Strategiedimension strukturieren und aus dem Pool bekannter Methoden relevante Einzelmodule zu integrativen Problemlösungen kombinieren.

19 Riester-Rente: Aus der Sicht der Finanzdienstleister

Wenn Sie etwas Neues tun wollen, müssen Sie aufhören, etwas Altes zu tun.

Peter Drucker

Umfeld: Die demographische Entwicklung und in deren Folge die Lage der Rentenkassen zwingen in Deutschland zur Entwicklung von neuen Modellen bei der Altersvorsorge. Das Gesetz »zur individuellen Altersvorsorge« ist »ein« Ergebnis dieser Entwicklung. Trotz des lokalen Kolorits der Riester-Rente und trotz der durch Wahlzyklen bedingten Flüchtigkeit politischer Aktivitäten sollen einige Implikationen und mögliche Strategien in Teilfeldern aufgezeigt werden. Man weiß ja nie im Voraus, wie der Wähler entscheiden wird.

Märkte: Die Riester-Rente ist nur auf dem deutschen Markt zu vermarkten. Sei es darum, dass sonst die Förderung für den Vertrag entfällt. Oder sei es darum, dass der spätere Leistungsbezug an das Gebiet Deutschlands gebunden ist, weil es sich um eine »schädliche Verwendung« handeln würde. Gewährte staatliche Zulagen wären rückerstattungspflichtig.

Es stellt sich die Frage: Sind Produkte ausländischer Mitbewerber, die eine Tradition auf dem Segment individueller Altersvorsorge haben (Schweiz, USA), nicht attraktiver auch für den deutschen Markt? Ein Vorteil wäre: Bei diesen Verträgen sind die Nachteile deutscher Gesetzgebung nicht in Kauf zu nehmen. Eine alternative Strategie für deutsche Banken und Versicherungen ist eine klare Hervorhebung der Nachteile der Riester-Rente (Anlageformbindung, keine Beleihung, geringe Renditen während der Ansparzeit, lokale Begrenzung) und Entwicklung alternativer Vorsorgeprodukte. Dieses Geschäftsfeld ist lukrativ. Die Bevölkerung ist für das Thema sensibilisiert. Ein ökonomischer Grund ist, dass Vorsorgeaufwendungen per se steuerlich absetzbar sind. Damit entfällt zwar der Anteil der Riester-Förderung, aber die Variabilität der Sparform und Verwendung steigt enorm.

Mitbewerber: Alle deutschen Versicherer und Finanzinstitute bieten Riester-Produkte an. Bei der vorherrschenden »Me-too«-Strategie handelt es sich um einen homogenen Anbietermarkt. Es sind lediglich marginale Leistungsunterschiede zwischen den Produkten beobachtbar. Das Strategiekonzept ist klar: Es geht zunächst einmal um die Aufteilung der Geschäftsanteile, die sich aus der Riester-Altersversorgung ergeben.

Das Risiko für Finanzdienstleister ist gering. Prämieneinnahmen stehen zunächst geringe Leistungen gegenüber. Das Risiko der »schädlichen« Verwendung trägt der Versicherungsnehmer. Weshalb soll sich Versicherer X gegenüber den Mitbewerbern absetzen? Eine Antwort ist: Versicherer X kann bessere Leistungen bieten. Die bessere Leistung kann in der Basisversorgung zwar an eine Riester-Rente gebunden sein, »on top« aber dennoch bessere Konditionen während der Ansparzeit (Beleihung) und während der Leistungszeit bieten. Die Vermarktungsstrategie firmiert dann kundenfreundlich als Riester-Rente mit variablem Anteil.

Produkte: Die Riester-Rente ist ein konservatives Produkt. Nur ausgewählte »sichere« Anlageformen (Sparverträge, Immobilienfonds, Lebensversicherungen mit Rückgewähr) sind während der Ansparzeit zugelassen. Die Rendite dieser Anlageformen ist bekannterweise gering. Dies führt während des Leistungszeitraumes zu sich möglicherweise verringernden Auszahlungen an Versicherungsnehmer. Produktkombinationen mit erweiterten Leistungsbestandteilen sind zwar erlaubt, aber sollten wegen möglicher Rückforderungen der Förderungsbestandteile auf den Bestandteil beschränkt werden, der nicht in die Riester-Förderung fällt. Ob eine Kompensation dieses Nachteils durch die staatliche Förderung, die den vollen Umfang von 154 Euro erst 2008 erreicht, erreicht wird, ist fraglich.

Key Player: Am Markt treten alle Finanzdienstleister – Banken, Versicherungen – mit eigenen Produkten an. Es gibt keine Meinungsführerschaft. Es gibt kein führendes Finanzinstitut. Eine erfolgreiche Strategie könnte also in der Tat darin bestehen, die Riester-Rente für die Grundversorgung zu propagieren und gleichzeitig variable Bestandteile für zusätzliche Leistungen anzubieten.

Entwicklungen: Wie immer sind die Idee und die Entwicklung einer Idee zur (Produkt)Reife zwei Paar Stiefel. Nicht anders ist es bei der Riester-Rente. Private Vorsorge muss als weiterer integraler Bestandteil zu den bisherigen Bestandteilen staatliche und betriebliche Altersvorsorge treten. Nur: In Deutschland zeichnet sich (wieder) die Tendenz zur staatlichen Regulierung der privaten Vorsorge ab, wenn das individuelle Vorsorgemodell durch den Staat gefördert werden soll. In der Schweiz und in den USA ist private Vorsorge Teil des Spielregelsystems zur Altersversorgung und weniger stark von staatlicher Reglementierung betroffen. Es kommt, wie es kommen muss. Hier sind Anlageformen Standard, die lukrativer als die in Deutschland reglementierten Anlageformen sind. Finanzdienstleister aus der Schweiz und den USA sind am deutschen Markt präsent. Bei der Riester-Rente wird der Wettbewerbsnachteil greifen. Es ist eine Frage der Zeit, wann Produkt dieser Unternehmen attraktiver sind als die Masse der auf Basis der Riester-Rente angebotenen Produkte.

Strategien: Vereinfacht darstellt zeigt Abbildung 19.1 das Spannungsfeld, in dem Strategien zum Design marktfähiger Vorsorgeprodukte zu entwickeln sind. Ausgehend von den ausgewählten Szenarien (S1, S2) ist das Produktdesign zu entwickeln, um (Risiko)Strategien zu platzieren. Dabei muss den Strategieerfolg die Kompetenz bestimmen, mit der sich »Strategie« den Veränderungen im Wettbewerbsumfeld stellt.

Dazu ist beim Produktdesign der Wert unterschiedlicher Perspektiven bei komplexen Problemstellungen zu erkennen. Dazu ist beim Produktdesign sicherzustellen, dass diese Perspektiven, Werte schöpfend und nicht Werte vernichtend, zu einem kohärenten Ganzen (Strategie) verdichtet werden. Dazu ist aber auch schon beim Produktdesign als Teil des Produktdesigns zu erkennen, dass die Effektivität (Durchsetzungsfähigkeit/Erfolg) einer Strategie nicht der erste Schritt, sondern die Fähigkeit bestimmt, die Marktentwicklung (Aktionen und Reaktionen der Mitbewerber) über die Zeit hinweg zu antizipieren und sich darauf einzustellen.

Reformuliert in Managementterminologie kann man sagen: In einem strategischen Szenario(Spiel)Modell erfolgt so mit der Netzwerklösung (Strategiefindung) auch die Verankerung eines integrativen Prozess- und Schnittstellenmanagements. Hier bezieht Managementagilität (strategische Fitness) durch Vermeidung von eindimensionalem Silodenken seine Effektivität durch ein funktionierendes (glaubwürdiges) Schnittstellenmanagement. Hier sichert eine versierte Kombination vordefinierter Strategiemodule (Spielbausteine) Wertschöpfung durch Akkumulation dynamischer Erfolgspotenziale, weil Steuerungsgrößen zunächst einmal mit einem Mindestmaß an Standardisierung auskommen.

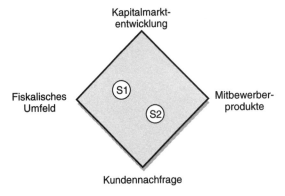

Abbildung 19.1 Bausteine des Produktdesign bei der Riester-Rente

Ressourcen sind einerseits Sachmittel, die zur Strategieumsetzung benötigt werden. Andererseits personelle Mittel, die zur Strategieumsetzung benötigt werden (intern: Produktdesigner, Betreuer und extern: Analysten, Marketing).

Gewinne/Verluste: Das den Szenarien (S1, S2) zugrunde liegende Produktdesign kann mit Standard-Ertragskennzahlen bewertet werden (ROI: Return on Investment).

Fazit: In Deutschland werden Spielregeln für private Altersvorsorge als Vorsorgemodell entwickelt. Die priorisierte Strategie ist kontraproduktiv. Es bestehen erkennbar Anreize, gezielt Produkte jenseits der Riester-Rente nachzufragen. Die Arena für diese (Riester)Spiele durch eine Systematik zur Beschreibung und Vorhersage von Wettbewerbsverhalten transparent abstecken zu können, ist nicht wenig. Man bedenke: Mit erweitertem Strategiefokus können so schon im Vorfeld kostspielige »Preiskriege« oder finanziell aufwändige (Fehl)Investitionen verhindert werden.

20 Basel II: Aus der Sicht des Mittelstands

Meiner Meinung nach ist es nicht eine Gleichung, sondern eine ganz einfache Idee, die allem zugrunde liegt

John Archibald Wheeler

Umfeld: Die Kernidee des Basel-II-Accord ist, die Höhe des Eigenkapitals, mit der jede Bank einen Kredit unterlegen muss, von der Zahlungsfähigkeit des Schuldners abhängig zu machen. Dies wird auch die Kreditvergabe an mittelständische Unternehmen erschweren. Dies wird die Risikomanagement-Praktiken im Mittelstand verändern. Ab dem Jahr 2005 (im Gespräch ist mittlerweile aber auch 2006 und 2007) sollen Ratings (Verfahren zur Abschätzung der Ausfallwahrscheinlichkeit eines gewährten Kredits) die Bonität aller Unternehmen, die einen Kredit bei einem Kreditinstitut aufnehmen, messen. Dass die bisherige fixe Eigenkapitalunterlegung von acht Prozent der Kreditsumme flexibel entsprechend des Kreditrisikos zu gestalten ist und dass je nach Ratingergebnis die Eigenkapitalunterlegung variiert, führt mit Risikoaufschlägen bei schlechten Ratings zu schlechteren Kreditkonditionen. Es ist nicht mehr davon auszugehen, dass die »schlechten« Kreditnehmer quasi auf Kosten der »Klassenbesten« subventioniert werden.

Der Ratingvorgang selbst, die gestiegenen Anforderungen der Banken an ein transparentes internes Berichtswesen und die steigenden formalen Anforderungen aus den sich weiterentwickelnden Gesetzesvorlagen werden in der erforderlichen Form von den meisten mittelständischen Unternehmen nicht zu leisten sein. Ab einem Datum X werden die Geschäftsbanken für die Kreditvergabe Risikoaufschläge verlangen, die ganz speziell dem Mittelstand die Aufnahme von Fremdkapital – wegen der damit verbundenen Kosten – erschweren. Der Mittelstand kann auf diesen Termin nicht warten. Er muss schon heute alternative Szenarien zur Fremdmittelbeschaffung entwickeln. Es ist zu erwarten, dass die Geschäftsbanken, entgegen anders lautender Beteuerungen, restriktiv bei der Vergabe von Neukrediten vorgehen werden.

Entwicklungen: Basel II verändert auch für mittelständische Unternehmen die Spielregeln an den Finanzmärkten gravierend. Denn Mittelständler tendieren (auch aus steuerlichen Gründen) dazu, ihren Finanzbedarf (insbesondere Investitionen) traditionell über den (Haus)Bankkredit zu finanzieren, weil am Finanzmarkt akquiriertes Eigenkapital, das stets mit hohen Renditeerwartungen belastet ist, teurer ist als der Bankkredit. Dies verändert Basel II: Vergleichsweise »schlechtere«

Kreditnehmer werden nicht mehr auf Kosten der »Klassenbesten« subventioniert. Der Mittelstand muss Szenarien zur alternativen Beschaffung von Fremdmitteln entwickeln. Risikokapital wird zu einem Thema mit wachsender Be-deutung.

Die Zeit drängt: Die Aufnahme von Krediten als Mittel der Fremdfinanzierung liegt in Deutschland bei 70 Prozent, wohingegen diese Rate in den USA bei »nur« 20 Prozent liegt. Die geringe Eigenkapitalquote deutet darauf hin: Künftig werden auf einem sensiblen und schwierigen Spielfeld Verschiebungen in erheblichem Ausmaß stattfinden. Laut *Wirtschaftswoche* ist für die meisten deutschen Mittel-ständler das Ratingergebnis (Notation) BB (Zins- und Tilgungsrückzahlungen bei negativer Entwicklung gefährdet nach Standard & Poor's) oder schlechter. Es ist mit Risikoaufschlägen durch die Banken zu rechnen. Mittelständler müssen nach anderen Mitteln der Fremdfinanzierung suchen.

Dabei ist ein nicht unwichtiges Problem »am Rande«, dass der sich selbst als eigenständiger »Mikrokosmos« begreifende Mittelstand mit dem Einfluss von Fremdkapitalgebern auch einen (mehr oder weniger spürbaren) Fremdeinfluss auf die eigene Unternehmensentwicklung wird zulassen müssen. Diese Entwicklung ist in ihren praktischen Konsequenzen noch nicht abzuschätzen. Nicht unwichtig ist ebenfalls die Basel-II-Konsequenz. Auch das (oft tabuisierte) Management der Mittelständler kommt auf den Prüfstand, weil Performance ein wichtiger Faktor bei der Bewertung von Bonität ist.

Märkte: Die Angebote der Finanzdienstleister jenseits der klassischen Kredit-finanzierung sind groß. Man muss sich wundern, dass im Mittelstand in Deutsch-land nicht andere Mittel der Fremdfinanzierung als der (Haus)Bankkredit intensi-ver genutzt wurden. Das findet sicherlich mit dem in Deutschland gepflegten »besonderen Verhältnis« zur Hausbank eine Erklärung.

Der künftige Finanzbedarf sollte entsprechend der geplanten Verwendung kate-gorisiert werden, zum Beispiel nach dem Finanzbedarf für den Wareneinsatz und nach dem Finanzbedarf für Investitionen. Die Warenkreditfinanzierung kann durch Factoring-Unternehmen (Forderungsabtritt) realisiert werden. Das trifft sicherlich nur für Unternehmen zu, die mit ausreichenden Margen operieren. Ist das nicht der Fall, müssen Maßnahmen ergriffen werden, die gewährleisten, dass Forderungen an Kunden zeitnah ausgeglichen werden oder die Lieferanten müs-sen entsprechend lange Zahlungsziele gewähren. Eine interne Liquiditätsplanung zum Überwachen der ein- und ausgehenden Zahlungsströme ist dabei unerläss-lich. Dies kann die Gefahr, von Überbrückungskrediten der Hausbank abhängig zu sein, erheblich vermindern.

Die Finanzierung von Investitionen kann ebenfalls über andere Mittel als Bankkredite erfolgen. Hinter »Asset Backet Securities« (durch Anlagevermögen gedeckte Sicherheiten) verbirgt sich ein Bündel möglicher Finanzierungsalternativen. Auch müssen Produktionsanlagen, Betriebs- und Geschäftsausstattung nicht unbedingt im bilanziellen Anlagevermögen erscheinen. Als geleaste Anlagen stehen sie dem Produktionsprozess oder den Mitarbeitern genauso zur Verfügung. Unter Umständen bietet das Leasing Vorteile, da der Werteverzehr auf die Leasinglaufzeit beschränkt ist (sowohl technologisch als auch steuerlich).

Da die Emission von Anleihen für mittelständische Unternehmen als Strategie für die Aufnahme vom Fremdmitteln nicht so ohne weiteres infrage kommen dürfte, kann über »Quasi Eigenkapitalaufnahme« der Finanzierungsbedarf gedeckt werden. Wie das geht? Ein Beispiel: Der Finanzbedarf besteht für Produktionsanlagen und Geschäftsgebäude. Es wird eine Kommanditgesellschaft gegründet; diese ist Eigentümerin der Anlage(n). Die Kommanditisten erhalten für ihre Einlage eine feste Verzinsungszusage und Anteile an der Verwertung der Anlage nach Ablauf der Betriebszeit.

Strategien: Auch für Mittelständler gibt es eine Spannbreite von Finanzierungsalternativen jenseits der üblichen (Haus)Bankkredite. Die gewählte Strategie muss sich am Bedarf für Finanzierung ausrichten. Dieser Bedarf ist kurzfristig für die Überbrückung von Liquiditätsengpässen und langfristig für die Finanzierung von Investitionen. Im ersten Falle bieten sich Strategien an wie: keine Aufnahme von Finanzmitteln, Intensivieren der internen Liquiditätsplanung, Verbessern der Zahlungskonditionen bei Lieferanten, Verkürzen der Zahlungsfristen bei Kunden. Sind ausreichende Margen vorhanden, können Verträge mit einer Factoring-Gesellschaft geschlossen werden.

Im zweiten Fall bieten sich Strategien wie: Leasing der Investitionsgüter bei einer Leasinggesellschaft, Verkauf vorhandener Betriebsmittel und Zurückleasen der Betriebsmittel. Die so bereitgestellten finanziellen Mittel können für Neuinvestitionen verwendet werden beziehungsweise die Gründung einer Gesellschaft, die die Finanzmittel für die Investitionen bereitstellt und das Eigentum an der Investition erhält. Mehr fokussiert ist im Generellen zu sagen: Durch Ausleuchtung der Strategiedimension gewonnene Erkenntnisse sind im Rahmen eines konsequent durchgeführten Shareholder-Value-Managements zu einer wertorientierten Risikosteuerung zu verdichten. Hier ist eine Alternative zur langfristigen Aufrechterhaltung der Unabhängigkeit und zur Sicherung der strategischen Handlungsfähigkeit. Es ist der risikoadjustierte Ertrag pro übernommener Risikoeinheit zu quantifizieren.

Ziel: Auch mittelständische Unternehmen werden aus den verschiedensten Gründen mit strategischen Fragen konfrontiert. Es reicht nicht mehr aus, Entscheidungen »aus dem Bauch heraus« zu treffen. Zukunftsfähig zu sein heißt, Informationen professionell aufzubereiten und dann mit Zahlen zu belegen. Hinter der Herausforderung, sich mit unübersichtlicher werdenden Aktivitätenumfeldern auseinander setzen zu können, steht der Übergang zu regelmäßiger strategischer Standortbestimmung.

Auch Mittelständler müssen formale Strategiemethoden und Strategieprozesse implementieren. Hier ist oft Neuland zu betreten. Es ist eine Lücke zu schließen. Dabei ist einem Mittelständler wider die Unternehmenskultur natürlich nicht ein wesensfremdes Strategiekonzept einfach nur überzustülpen. Das Ziel muss ein anderes sein: Eigenständige Formen der Auseinandersetzung mit Zukunftsfragen sind im Konsens der Betroffenen zu entwickeln, um die bestmögliche strategische Positionierung im Rahmen der spezifischen Entwicklungsdynamik der Branche zu sichern. Dies erfordert eine verbesserte Kenntnis der eigenen Chancen und Risiken. Dies zu organisieren, ist ein wichtiger Schritt: Durch ein Mehr an strategischem Managementfit den Banken (Kreditgebern) glaubwürdig und transparent zukünftige Potenziale zu kommunizieren, ist eine der wichtigen Stellgrößen, an der sich ein bankinternes Rating im Wesentlichen orientieren wird.

Fazit: Basel II verschärft für Mittelständler die Konditionen für Kredite. Mittelständler müssen durch ein Mehr an strategischem Managementfit ihre Potenziale ausschöpfen. Noch ist Zeit, bevor die Richtlinie greift. Alternative Strategien sind zu entwickeln und zu testen.

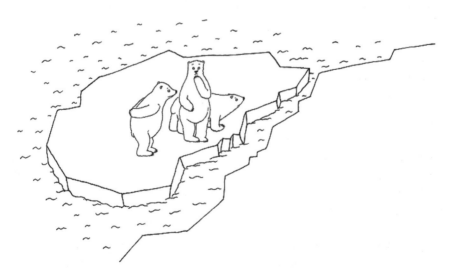

Abbildung 20.1 Rechtzeitig ist zu springen …

21 Fusionsrisiko – aus der Sicht von Global Playern

(....) ein steuerloses Schiff im Sturm bewegt sich nur noch im Kreis. Auch ist es nicht genug, sich auf eine abwartende Haltung zu verlegen. Ein Unternehmen, das die Segel einholt und darauf wartet, dass sich die See beruhigt, wird seine Ruhe im Kielwasser der Konkurrenten finden.

Hamel/Prahalad

Panta rhei: Heraklits antike Weisheit hat in den fluiden Märkten von heute ihre Renaissance. Informationsnetze entwickeln sich nicht stetig (kontinuierlich), sondern sprunghaft (diskontinuierlich). Damit müssen traditionelle Modelle der Prognose immer öfter versagen. Dies obwohl Informationsverarbeitung die Basis und das Rückgrat zeitnaher Informationsgewinnung sein und die Reaktionen auf Veränderung der Märkte steuern soll. Heute gibt es für die Gewinnung von Information keine zeitlichen und lokalen Schranken mehr. Heute nur noch global agierende Banken und Versicherungen sind im Besonderen den Veränderungs- und Anpassungsprozessen (Unpässlichkeiten) der Informationsverarbeitung unterworfen.

Die Grenzen der Steuerung sind zu erkennen. Die Desaster von Barings Bank und LMTC-Fund verdeutlichen: Praktizierte Methoden der Risikosteuerung sind blind gegen Ereignisse wider die Routine durch mathematisch gedachtes Risiko, reagieren aber dann umso heftiger beim Eintritt eines Ereignisses, das so nicht kalkuliert ist. Sieht man die Dinge weniger freundlich, ist an das Urteil von Benjamin Disraeli zu erinnern: »There are three kind of lies: lies, damned lies, and statistics.« Hier ist zu betonen, dass Instrumente der Risikosteuerung die Wahlentscheidungen des Managements in Bezug auf strategische Ziele und geschäftspolitischer Ausrichtung fundieren – sie aber nicht ersetzen.

Umfeld: Eine Überlebensstrategie der Global Player heißt »Fusion«. Hier wird ein zweischneidiges Schwert oft mehr oder weniger professionell geführt. Das Urteil von Friedrich dem Großen: »Dieu est pour les gros escadrons« ist hier nicht immer richtig. Der Markt ist nicht immer mit den starken Schwadronen. Das Urteil von Jean Racine »J'embrasse mon rival, mais c'est pour l'étouffer« (Ich umarme meinen Feind, aber um ihn zu ersticken) ist hier eine zwar oft präferierte, aber dennoch falsche Strategie. Dies zeigen auch die bisherigen Ergebnisse der Fusionen. Sie sind wenig ermutigend. Sie zeigen, dass das reine Kapitalmerging nicht reicht. Produktergänzungen auf heterogenen Märkten sind nicht alles, wenn keine eindeutige strategische Ausrichtung hinter der Expansion steht. Die Vergangenheit verdeutlicht: Märkte reagieren auf inkompatible Konzeptionen außergewöhnlich kritisch. In einer Zeit, wo der Marktwert eines Unternehmens ganz wesentlich durch immaterielle Faktoren bestimmt wird, sind Schwächen der Risikosteuerung wenn nicht tödlich, mindestens fatal (Daimler-Benz/Chrysler).

Die Annahme »1 + 1 = 2 + X« führt in der Realität zu oft zu dem Ergebnis »1 + 1 = 2 - X«. Ursache sind fehlende oder mangelhafte strategische Ansätze. Dabei ist der häufigste Fehler der obsessive Gebrauch des Wortes »Strategie«. Hier verwundern Misserfolge nicht: Im Unternehmensalltag wird eine Entscheidung auch dann schon als strategisch deklariert, wenn nicht einmal die Ziele exakt definiert sind, obwohl Strategie konkrete Aufgaben und Maßnahmen zur Umsetzung der Jahresziele beschreibt. Damit ist klar, dass informierte Entscheidungsfindung organisatorische Umfelder zur informierten Entscheidungsfindung zwecks Durchführung und Kommunikation eines zeitnahen und entschiedenen Risikomanagements benötigt.

Zurück zum Kontext der Fusion: Unbedingte Voraussetzung sind hier Antworten auf die Frage: Was wollen wir nach der Fusion gemeinsam erreichen? Mit operational heruntergebrochen Szenarien, die Teilaspekte, Märkte, Produkte, Organisation und Entscheidungsebenen einbeziehen, muss die Zielrichtung der Fusion deutlich formuliert werden. Dabei ist ein weiterer Aspekt, der gerne übersehen wird, die Integration der Unternehmenskulturen. Es ist kein immer wieder für Überraschungen sorgendes Geheimnis, dass bei Fusionen oft unterschiedliche Welten aufeinander treffen. Im Konfliktfall entstehen Außenwirkungen, die verheerende Effekte auf den Unternehmenswert haben. Hier sind im Vorfeld der Fusion bereits Szenarien für die Umsetzung integrativer Maßnahmen zu entwickeln, die das Umfeld der künftigen Administration, Transparenz der strategischen Umsetzungsmaßnahmen und künftige Zielsetzung beschreiben. Hier ist besonderes Gewicht auf die Phasen der Umsetzung der Fusion und die Entwicklung und Umsetzung integrierender Strategien bei und nach der »Übernahme« zu legen.

Vorfeld: Frei nach Jean de la Fontaine: Das Huhn parliert mit dem Schwein. Wir sollten eigentlich fusionieren. Du lieferst den Schinken, ich das Ei. Schinken mit Ei ist der Renner in jedem Restaurant. – Da gehe ich doch drauf! gibt das Schwein zu bedenken. Das Huhn zeigt sich unbeeindruckt: Bei einer Fusion geht immer einer drauf! Was ist die Quintessenz? Die Durchführung von Unternehmensfusionen scheint das letzte große Abenteuer von international agierenden Unternehmen zu sein. Großfusionen in den letzten Jahren sind, wenn nicht gescheitert, so doch weit hinter den gesetzten Zielen zurückgeblieben.

Die Praxis ist der beste Zeuge. Gehen wir davon aus, dass der Wert einer Gruppe oder eines Unternehmens sich heute zu 85 Prozent aus immateriellen Werten herleitet (Unternehmenskultur, Ansehen bei den Konsumenten, weltweiter Bekanntheitsgrad), besteht bei Unternehmensfusion die Gefahr der Kapitalvernichtung im großem Stil. Die Fusion DaimlerChrysler hat zunächst dazu geführt, dass der gesamte Börsenwert unter den Ursprungswert der Daimler-Benz AG gesunken ist.

Man braucht nicht weiter ins Detail zu gehen, um zu sagen, dass die Durchführung einer gelungenen Unternehmensfusion die hohe Schule des Managements ist. Dabei sind die Risiken, die eine erfolgreiche Fusion verhindern können, vielfältig. Minenfelder sind auf allen Ebenen vorhanden. Zu nennen sind Reaktionen, der Marktteilnehmer, die Produkte beider Akteure nicht mehr akzeptieren wollen (Boykottaufrufe in den USA bei der DaimlerChrysler-Fusion), dass sich politische Instanzen in das Geschehen einmischen und die Mitarbeiter beider Unternehmen auf eine gemeinsame Linie eingeschworen werden müssen. Hier prallen Kulturen aufeinander. Obwohl es um das gemeinsame Überleben geht, wird die Umsetzung der Fusion oft auf breiter Front von Mitarbeiter torpediert. So passiert es nur in den seltensten Fällen, dass das Gesetz fallender Skalenerträge durch eine Fusion durchbrochen wird. Die prognostizierten Kostenvorteile lassen sich nicht realisieren.

Hier ist mit Szenarien die Zukunft zu planen. Hier müssen Szenarien aber auch ein Instrument der Zukunftsplanung sein. Voraussetzung dafür ist das Verständnis, dass die Zukunft nicht durch ein einziges Szenario antizipiert werden kann. Notwendiger Planungsschritt ist die Entwicklung von Szenarienbündeln über die Spannbreite möglicher künftiger Ereignisse. Die einzelnen Facetten der Szenarien (Produkte, Märkte, Mitarbeiter, Gläubiger) sind entsprechend der strategischen Zielrichtung zu positionieren und die Risiken der strategischen Umsetzung sind klar zu benennen.

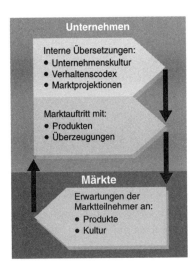

Abbildung 21.1 (Wie) Die Bausteine des Fusionskalküls finden(?)

Märkte: Die Marktteilnehmer beurteilen ein Unternehmen nicht oder immer weniger nach den Produkten. Es ist vielmehr so: Mit den Produkten wird im Allgemeinen Lifestyle und Überzeugungen transportiert. Das gilt sowohl für das klassische Konsumprodukt wie Hifi-Anlage oder Auto, aber auch für Finanzdienstleistungen wie Versicherer und Kreditinstitute. Denkt man an bestimmte Unternehmen, werden fast automatisch fest eingeprägte Bilder assoziiert. »Marketingstrategen« arbeiten über Jahre, um ein Unternehmen in einer definierten kulturellen Region des Marktes zu platzieren. Dies ist eine der Gefahren, die von einer Fusion ausgehen kann: Entweder einer oder gar alle Partner einer Fusion verlieren das Profil und damit die eindeutige Identität am Markt. Die Kunden spielen nicht mehr mit. Die Produkte werden zum »Ladenhüter«.

Die Märkte sind auch aus vielen anderen Gründen für Fusionen oft ein schwieriges Pflaster, weil (1.) Fusionen gerade an den Finanzmärkten auch im Voraus Schatten werfen. Dies lässt Spielraum für Spekulationen. Deshalb werden im Vorfeld einer Fusion möglichst wenig kursrelevante Informationen nach außen gegeben; (2.) ab einer gewissen Größenordnung bei einer Fusionsumsetzung auch ordnungspolitische Erwägungen einbezogen werden müssen; (3.) für die Entwicklung einer kulturellen Identität für den gemeinsamen Marktauftritt oft keine Zeit bleibt beziehungsweise das Umfeld schlicht ignoriert wird. Spätere Versuche, mit schnell nachgezogenen Marketingkampagnen verlorene Kunden wiederzugewinnen, schlagen fehl. Der Kunde ist Kooperationspartner: Wie er aus einer Fusion profitieren kann, diese Botschaft gilt es schnellstmöglichst zu transportieren. Sonst droht das »Aus«.

Mitbewerber: Mitbewerber sind entweder die »lachenden« Dritten oder die Verlierer einer Fusion. Fusionen haben immer Wirkungen auf Marktanteile: Entweder werden Mitbewerber verdrängt oder Mitbewerber profitieren von der Schwäche des Marktauftrittes des fusionierten Unternehmens und dringen in dessen originäre Marktsegmente ein. Hier ist für das »Innenverhältnis« und das »Außenverhältnis« der Fusion zu sehen: Unternehmen haben nur Erfolg, wenn auch andere erfolgreich sind. Geschäft ist Zusammenarbeit (Kooperation), wenn es um das Backen des Kuchens geht. Geschäft ist Wettbewerb, wenn es um das Verteilen des Kuchens geht. Hier ist das Ziel nicht aus den Augen zu verlieren: selbst gut abzuschneiden.

Produkte: Produkte altern, müssen in der Angebotspalette neu entwickelt oder ergänzt werden. In diesem Bild haben Fusionen das Ziel, in Produkt- und Marktsegmente vorzudringen, die bisher vom eigenen Unternehmen nicht oder nur rudimentär bedient wurden. Wie gesagt: Über den Erfolg entscheidet der Kunde. Eine erfolgreiche Produktstrategie muss sich immer an einer erfolgreichen Marktstrategie ausrichten. Hier ist es wichtig, über exakte Schemata zu verfügen, um frühzeitig Alternativen qualitativ zu quantifizieren, die Konsequenzen von Wettbewerb zu (durch)denken. Hier ist es ebenso wichtig, über Strategiepraktiken zu verfügen, die auch (oder gerade) Optionen aufzeigen, die sonst so nicht erwogen worden wären.

Key Player: Key Player sind während der Umsetzung der Fusion nicht nur die beteiligten Finanzinstitute. Insbesondere die Vorstände müssen die kulturelle Integration und die Etablierung am Markt moderierend begleiten (Commerzbank und Dresdner Bank liefern hierfür das wenig gelungene Beispiel). Es reicht nicht, wenn die Vorstände der beteiligten Unternehmen »besonders gut können«. Wenn die Fusionspartner beschließen, dass in Zukunft eine gemeinsame Markt- und Produktstrategie kennzeichnend für das Unternehmen sein soll, muss die Identität mit dem neuen Unternehmen auf allen Ebenen erzielt werden. Die kulturellen Unterschiede zwischen den Beteiligten sind oft gravierend. Das trifft sowohl für die Überzeugungen zu, die Resultat des nationalen Umfeldes sind, als auch für die Prägungen, aus der Unternehmenszugehörigkeit.

Hier prallen oft Kulturen aufeinander. Hier sind die Auffassungen über Konkurrenz und Kooperation oft einfach zu schlicht. In heterogenem Umfeld ist es wichtig, mit dem Aufbrechen der oft zu schlichten Auffassungen von Konkurrenz und Kooperation eine klare Zieldefinition für alle Beteiligten aus den Unternehmen zu entwickeln. Nur so lässt sich eine Umsetzungsstrategie festlegen, die durch konsensfähige Spielregeln bestimmt ist. Dazu gehört letztendlich die Einholung des Commitments, die Umsetzungsstrategien der Fusion mittragen zu wollen – wenn nötig auf der Produkt- und Organisationsebene bei jedem (Key)Mitarbeiter vor Ort. Auch absolutes Spezialistentum darf in diesem Fall nicht vor Konsequenzen schützen.

Das Risiko, das sich »schlechte« Stimmung auf den Markt überträgt (negativer kultureller Transfer), ist groß. Die Konsequenz: Die Fusion scheitert, weil der Erfolg von Umsetzungsstrategie stark an die kooperative Einbindung der Mitarbeiter gebunden ist. Das müssen Szenarien berücksichtigen. Sie dürfen zunächst einmal nicht »spezielle Strategie« prä-determinieren. Sie müssen zunächst einmal inmitten all der Komplexität das Spiel »Fusion« transparent und kommunizierbar in seine Schlüsselkomponenten zerlegen. Dies kann schmerzen. Im Zweifelsfall ist eine Trennung von »Blockieren« besser als Tolerierung fortgesetzter Konfrontationen.

Ressourcen: Notwendig ist die Bestimmung der Sachmittel und der personellen Ressourcen (extern, intern), die in den Fusionsprozess einzubinden sind (Rollenbeschreibung und Wirkungen auf den Fusionsablauf). Dabei zeigt sich, dass die personell zur Verfügung stehenden Ressourcen den eigentlichen Engpass der Fusion darstellen. Der Erfolgsdruck, der auf die in den Fusionsablauf Eingebundenen einwirkt, häufig hervorgerufen durch die Doppelbelastung der Einbindung in das operative Geschäft, führen auch beim »besten Willen/Glauben« an den Erfolg häufig zum Misserfolg: Die Belastungsfaktoren sind einfach zu hoch. Die Szenarien für die Ressourcenplanung kommen nicht umhin, auch diesen Umstand zu berücksichtigen. Die Umsetzung einer Fusionsstrategie bedingt eine adäquate (möglicherweise teure) Personalplanung, die auch Engpässe berücksichtigt.

Gewinne/Verluste: Erklärtes Ziel von Fusion ist die Maximierung des Unternehmensgewinns, die Steigerung des Börsenwertes der beteiligten Unternehmen, um die Ansprüche von Shareholdern (und Stakeholdern!) zu befriedigen. Dazu ist jeder Fusionsablauf mit einer detaillierten Finanzstrategie und Planung zu unterlegen. Der Detaillierungsgrad lässt auf die Qualität der Planung schließen und gewährleistet die monetäre Bewertbarkeit von Einzelszenarien und letztendlich die Erfolgsmessung der Umsetzung. Als Berater darf man hier kein Protagonist eines »Über-Controllings« sein. Aber die Erfahrung zeigt: Was hier für Erwartungen mit einer Unternehmensfusion verknüpft wurden, war in einigen Fällen haarsträubend und entbehrte jeglicher realen Grundlage. Jedes fusionierte Unternehmen hat eine Erfolgsmesslatte und das ist der Marktwert oder die Börsenkapitalisierung. Ist dabei »1 + 1 > 2«, kann man von Erfolg sprechen.

Strategien: Eine auf Mitbewerber ausgerichtete (Fusions)Strategie muss fast zwangsläufig einer Konfrontationsstrategie folgen. Ein auf Mitbewerber fokussiertes Szenario muss mögliche Mitbewerber identifizieren und geeignete Strategien zum Umgang mit Mitbewerbern entwickeln. Hilfreich bei der Umsetzung derartiger Strategien ist die Kooperation mit Unternehmen, die eine Umsetzung der eigenen Strategie unterstützen können. Dazu gehören gemeinsame Produkt- oder Marketingstrategien (Hersteller von Computer und Software kooperieren WINTEL). Gemeinsame Strategien können zu Erschließung neuer Märkte führen, wenn etwa der bisherige Wirkungskreis regional begrenzt war.

Unter dem ganzheitlichen Motto »Costs can not be managed – only activities can« sind Aktivitäten die Optimierungsparameter der Wirtschaftlichkeit. Damit muss das (Fusions)Szenario eine Spannbreite haben, das auch die folgenden (Grenz)Strategien entwickelt. Dazwischen muss sich alles wohl organisiert abspielen können. Zum einen tritt jedes Unternehmen der Fusion nach wie vor mit den gleichen Produkten am Markt auf. Die Eigenständigkeit wird betont, das bisherige kulturelle Profil soll konserviert werden. Das kann eine erfolgreiche Strategie sein, wenn Fusionspartner in ihrem Marktsegment erfolgreich sind und Kunden durch die Betonung eines gemeinsamen Profils eher abgeschreckt werden. Zum anderen wird die Eigenständigkeit nicht betont. Hier ist die sofortige Entwicklung eines gemeinsamen Profils prioritär. Dann müssen die Kunden unter diesem Leitbild von den Vorteilen dieser Strategie überzeugt werden, sonst droht Abwanderung.

Die Autoren haben als Berater diesen Prozess von Strategieentwicklung bei zwei Finanzdienstleistern miterlebt. Im ersten Fall wurde zunächst das lokale Profil beibehalten und vorsichtig in Richtung der globalen Strategie angepasst. Den Marktanteil in Deutschland konnte das Unternehmen erheblich erweitern. Im zweiten Fall hatten nicht absehbare Schadenverläufe zu Verlusten geführt. Ein Investor wurde gesucht und gefunden. Das Profil des Unternehmens wurde grundlegend geändert, unsichere Produktsparten eingestellt. Die Maßnahmen wurden vom Markt honoriert, die Geschäfte konnten fortgesetzt werden.

Wir haben hier erlebt, wie wichtig es ist, in einer gemeinsamen Sprache zur Diskussion von Alternativen die Gründe für eine vorgeschlagene Strategie erläutern zu können. Viele Fusionen starten trotzdem blauäugig. Sie basieren oft auf einem einzigen Standbein (vorhandene Kriegskasse), und eine Fusionsstrategie wird, wenn überhaupt, auch oft nur rudimentär formuliert. Ich habe hier erlebt, wie wichtig es ist, mit einer »Anleitung« zum gemeinsamen strategischen Denken schon im Vorfeld die richtige Anfangsstrategie zu identifizieren. Zu oft mangelt es dabei an »Technik« zum gemeinsamen strategischen Denken. Zu oft fühlt man sich deshalb an die Zeilen von Karl Kraus erinnert: »Nach Ägypten war's nicht weit. Aber bis man zum Südbahnhof kommt.«

Fazit: Erfolgreiche Unternehmensfusion ist eine große Kunst. Es muss gelingen, schwierige Umfelder möglicher Chancen und Risiken konsistent in konsensfähige Szenarien einzubeziehen. Erst aus diesen Szenarien sind bestmögliche Fusionsstrategien abzuleiten, die dann auch monetär bewertbar sind. Chapeau vor dem Management, das diese Leistung vollbringt.

22 Organisationsrisiko: Problemlösung als Beratungsleistung

Als er auf dem Planeten ankam, grüßte er den Laternenanzünder ehrerbietig.

»Guten Tag. Warum hast du deine Laterne eben ausgelöscht?«

»Ich habe die Weisung«, antwortete der Anzünder, »Guten Tag.«

»Was ist das, die Weisung?«

»Die Weisung, meine Laterne auszulöschen. Guten Abend.«

Und er zündete sie wieder an.

»Aber warum hast du sie soeben wieder angezündet?«

»Das ist die Weisung«, antwortete der Anzünder.

»Ich verstehe nicht«, sagte der kleine Prinz.

»Da ist nichts zu versteh'n«, sagte der Anzünder, »Die Weisung ist eben die Weisung. Guten Tag.«

Und er löschte seine Laterne wieder aus.

Antoine de Saint-Exupéry, Der kleine Prinz

Umfeld: Traditionelle Organisationsstrukturen weichen auf. Immer öfter werden Einheiten mit temporärem Charakter gebildet, die über den (Miss)Erfolg der Umsetzung von Strategie entscheiden (Projektgruppen, Task Forces). Immer öfter sind für Beteiligte Lösungen zu suchen, die für sie zwar akzeptabel, aber nicht optimal sind.

Benötigt wird ein integrierender Ansatz für Teams, Projekte, Verlagerung organisatorischer Kompetenz nach außen (Dienstleister/Berater), fixe Organisationseinheiten und so weiter. Das bedeutet: Szenarien und vor allem die Entwicklung von Szenarien muss für Beteiligte nachvollziehbar und operabel sein. Dabei ist die Frage: Wie werden Konflikte, die aus dem (Zusammen)Spiel von Organisationsformen resultieren, bewältigt? Zwei erfolgskritische Aspekte für Organisationsentwicklung sind dabei stets zu beachten.

Zum einen sind integrative Organisationsansätze umzusetzen. Hier sind Teams, Task Forces, Projekte, Organisationseinheiten und so weiter geeignet zu koordinieren. Hier sind teils äußerst schwierige Dialoge zum Überwinden psychologischer Barrieren zu bewältigen. Zum anderen ist mit dem Einsatz moderner Datenverarbeitungstechnik das Aufheben klassisch funktionaler Grenzen unter Kontroll- und Sicherheitsaspekten (technisch) geeignet zu gestalten. Hier sind Betroffene für das Moment zu sensibilisieren: Nicht Technologie, sondern das Verhalten der Anwender zählt. Hier heißt, dass ein Unternehmensnetz nicht »totgesichert« werden kann, bei Sicherheitsarchitekturen die richtige Balance zu finden: »(Zu) viel« Geld in Monitoring, Intrusion-Detection, Datensicherung und physikalische Sicherheit zu investieren, darf nicht die Performance reduziert. Tom Peters bringt die Spitzen der im Berateralltag oft verborgen liegenden Klippen auf den Punkt: »Es ist einfacher, eine Organisation zu zerschlagen und neu aufzubauen, als sie zu verändern«.

Elemente sehen

Die Gestaltung flexibler dynamischer Organisationen ist einerseits eine der größten künftigen Herausforderungen. Andererseits ist die Gestaltung flexibler dynamischer Organisationen eine der gravierendsten Schwachstellen bei sich dynamisch entwickelnden Unternehmensumfeldern. Warum? Abläufe und Aufgaben zur Bewältigung der Daueraufgaben sind bekannt. »Orga-Schemeta« füllen in schweren Folienbänden die nicht enden wollenden Regalmeter. Aber dennoch gibt es keine Regalmeter für dynamische Organisationskonfiguration und Risikobeurteilung als Reaktion auf wechselnde interne und externe Anforderungen. Es ist Praxis: Dauerhaft eingerichtete Organisationseinheiten werden auch bei sich ändernden Anforderungen an das Unternehmen nicht hinterfragt. Konsequente dynamische Organisationsentwicklung führt ein Schattendasein. Ich musste es oft erleben, häufig treten diese Einheiten nur aus ihrem Schatten, um den Wandel zu torpedieren.

Die Risiken und Schäden, die von Organisationseinheiten ausgehen, die nicht richtig in den Organisationsfluss eingebettet sind beziehungsweise nicht adäquat in künftige Unternehmenskonzepte passen, können beträchtlich sein. Dem VW-Konzern sind, wie bekannt, enorme Schäden durch eine Einheit entstanden, die in ihrem eigenen Spielregelsystem höchst riskante spekulative Geschäfte betreiben konnte. Auch ich muss täglich miterleben, wie unsinnige Organisationsregelungen getroffen werden, weil Vorstandsbereiche sich nicht über neue Strukturen (Strategien) einigen können. Es entstehen die bekannten chaotischen Zustände: Beteiligte Mitarbeiter resignieren und Kostensenkungsappelle der Vorstände verpuffen wirkungslos. Bewusstsein auf der Führungsebene dringt nicht bis zur operativen Ebene durch.

Rasche Besserung dieser unerfreulichen Situation ist nicht in Sicht. Meist wird routinemäßig auf Wohlvertrautes zurückgegriffen. Ein umfassendes Bild wird nicht gezeichnet. Das klassische Verfahren zur Bewältigung dieses Dilemmas hat zwei Seiten. Die erste Seite ist: Sachmittel inklusive Personalressourcen werden erhöht oder (und) Prozesse und Aufgaben werden auf externe Dienstleister verlagert. Die zweite Seite (und das ist die schlechtere) ist: Konflikte werden erst nach Erreichen einer bestimmten Eskalationsstufe mit den Methoden des Konfliktmanagements ausgetragen oder sogar schlicht ausgesessen. Hier kann dann auch ein

Berater nichts mehr herbeizaubern. Hier ist zunächst einmal aus der Vogelperspektive die Situation der Beteiligten zu verstehen und den Beteiligten auch zu kommunizieren, um das Fortschreiten von Übersteuerungstendenzen zu vermeiden. Dabei behält der Grundsatz, wonach zwar Aktivitäten, nicht aber Risiken ausgelagert werden können, in jedem Fall seine Gültigkeit.

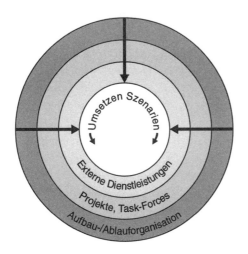

Abbildung 22.1 Zu integrierende Organisationsformen

Mit Elementen umgehen

Wichtiger Faktor für die Bildung des Unternehmenswertes und das Standing am Markt sind Skill und organisatorisches (Zusammen)Spiel der Mitarbeiter: Sie bestimmen die Personalkultur, die nach außen dringt. Sie bestimmen den Erfolg bei der Rekrutierung qualifizierter Mitarbeiter.

Bei international operierenden Konzernen ist es notwendig, nationale Eigenheiten der Problembehandlung, Problemlösung und Problemumsetzung in das Unternehmensprofil zu integrieren: Am Ende muss ein internationales Markenzeichen entstehen. Dies ist leichter gesagt als getan. Denn in internationalen Projekten kann es schnell zu Irritationen von Projektteilnehmern kommen. Hier ein (Bei)Spiel: Die klassische deutsche Vorgehensweise in einem Projekt ist die folgende. Entsprechend den Anforderungen an das Endergebnis werden alle Realisierungsschritte im Detail genau geplant, um möglichst keine Abweichungen und Veränderungen bis zum Ende zuzulassen. Bei Amerikanern herrscht in einem Projekt eine andere Vorgehensweise vor: Sie ist eher (r)evolutionär geprägt. Entsprechend der Zielvorgabe werden Prototypen erarbeitet, die, sind sie erfolgreich, in die Gesamtlösung integriert werden. Dabei kann ein Ansatz, der sich als Irrweg erwiesen hat, komplett verworfen werden. Das Ergebnis: Beide Parteien verzweifeln, sind sie in ein gemeinsames Projekt eingebunden, an der Mentalität der anderen, obwohl beide Parteien aus ihrer Sicht doch das jeweils Beste für das Projekt wollen.

Für funktionierende Projektabläufe sind zwei grundlegende Voraussetzungen zu erfüllen. Zum einen: Soll Organisation funktionieren, lautet die Forderung, dass sich Organisationsregelungen an aktuellen Anforderungen ausrichten müssen. Historischer Ballast kostet nicht nur viel Geld, er fördert nichtkooperatives Verhalten von Mitarbeiten, die in die Organisationsprozesse eingebunden sind, und mindert die Reaktionsfähigkeit des Unternehmens auf nicht erwartete Ereignisse. Ballast gehört über Bord geworfen. Zum anderen: Soll das (Zusammen)Spiel der Mitarbeiter funktionieren, lautet die Forderung, dass grundlegende Handlungsweisen, die aus nationalen Gegebenheiten und bestimmten Rollen resultieren, den Beteiligten transparent gemacht werden müssen. Lösungen müssen auch aus der Sicht der anderen durchdacht werden können. Vielleicht ergeben sich aus dieser Sicht ja erst die tatsächlich relevanten Vorteile. Deshalb: (Projekt)Arbeit in Organisationen erfordert mehrdimensionales Denken.

Einige Gründe für Letzteres werden grob am Beispiel eines durchgeführten internationalen Projektes skizziert. Vorgreifend sei einer der wohl wichtigsten Fallstricke von Projektmanagement explizit benannt. Es ist die Frage zu beantworten: Wie können Win-loose-Situationen oder Loose-loose-Situationen noch Werte schaffend in Win-win-Situationen transformiert werden? Die Antwort: Es ist zu erkennen, dass vorgefundene Spiele nicht einfach nur passiv zu spielen sind. Spiele müssen bei Bedarf aktiv gestaltet werden können. Dazu ist frühzeitig und methodisch (strategisch) über die Konsequenzen der Veränderung von Spielen nachzudenken. Oft befreit schon das bewusste Erkennen dieser Option aus den mentalen Fallen des Projektmanagements. Viele (negative) Merkmale, die man als selbstverständlich voraussetzt, sind plötzlich nicht mehr selbstverständlich. Sie sind nicht mehr Parameter, sondern Gestaltungsvariable. Jeder Leser mag unter diesem größeren Bild von Projekt entscheiden, wie viele ungeprüfte Spiele vor seinem Erfahrungshintergrund in diesem Sinne in seinen Projekten nicht des Spielens wert sind.

Nun das Szenario kurz und knapp: Ein international engagierter Versicherer hat das Ziel, die Kostensituation zu verbessern. Die Gestaltung marktgerechter Produkte lässt zwei Trends erkennen. Zum einen werden Produkte vermarktet, die in genau derselben Ausprägung von allen Mitkonkurrenten angeboten werden. Zum anderen werden Produkte nachgefragt, die genau den Bedürfnissen der Klientel entsprechen müssen. Der erste Fall führt, wie sich zeigt, zu fallenden Margen, da Kunden nur durch die Preisgestaltung zum Abschluss bewegt werden können. Im zweiten Fall ist der Aufwand der Produktgestaltung, der Vertriebskonzeption und

Akquisition wesentlich größer, wird aber oft mit besseren Margen belohnt, bis die Konkurrenz ähnliche Produkte anbieten kann. Insgesamt zeichnet sich der deutsche Versicherungsmarkt durch konservative Produktstrategien aus. Das hat zumindest für die etablierten Gesellschaften den Vorteil, dass auf der Basis der Altbestände noch »ganz gut« verdient wird.

Märkte: Ziel ist die globale Implementierung einer Kostenrechnung auf der Basis von Spartenerträgen und Spartenaufwendungen. Bei den global verteilten Business Units soll so eine gezielte Produktsteuerung auf den verschiedenen globalen Märkten erreicht werden. Den global agierenden Business Units sollen entsprechend der vorhandenen günstigen Kostenstruktur die Verantwortung für Produktbereiche übertragen werden.

Mitbewerber: Ziel gegenüber den Mitbewerbern ist die eigene Kostenführerschaft, mit anderen Worten bessere Spartenerträge gegenüber vergleichbaren Produkten und auf den Märkten der Mitbewerber. Dies ermöglicht die Verdrängung von Mitbewerbern durch günstigere Tarife im Marktsegment.

Produkte: Produktmix bleibt bestehen.

Key Player: Globales Management, global etabliertes Beratungsunternehmen als Vertragsnehmer für die Umsetzung, Projektgruppe vorwiegend bestehend aus Mitarbeitern des US-amerikanischen Headquarters und lokalen Mitarbeitern.

Entwicklungen: Ziel ist das Erreichen verbesserter Erträge bei Versicherungsprodukten, die auf unterschiedlichen regionalen Märkten etabliert sind. Sinkenden Erträgen soll vorgebaut und unrentable Produkte sollen vom Markt genommen werden.

Strategien: Entwicklung eines einheitlichen internen Konzernberichtswesens für die Produktsteuerung auf regionalen Märkten, um die Produktrentabilität nachhaltig zu erhöhen.

Ressourcen: Interne Projektmitglieder, externe Berater, Mitarbeiter vor Ort, erhebliche Reisekosten für die Feinabstimmung, neue Hartware- und Softwaresysteme.

Gewinne/Verluste: Nachhaltige Ertragsverbesserung der etablierten Produkt durch kurzfristige Ertragsteuerung und Simulation/Planung.

Marktentwicklung: Die objektive Lage: Standardprodukte der Versicherungen sind preissensitiv. Je besser die Kostenlage, desto besser die Absatzchancen. Damit ist klar: Das Projektteam muss die kostenbildenden Faktoren festlegen. Da unsere amerikanischen Projektteilnehmer die Projektinitialisierung durchführten, waren alle wichtigen Parameter aus »Gods own Country« abgeleitet. Das Problem war, dass sich Rechnungslegungsvorschriften von USA und Deutschland erheblich unterscheiden. Als Folge führte der in Deutschland präsentierte Vorschlag zu gewaltigen Irritationen. Allen Einwendungen zum Trotz wurde zunächst an diesen Prototypen weitergearbeitet. Es stellt sich die Frage, wie eine projektadäquate Vorgehensweise hätte aussehen müssen. Zur Szenarienerstellung: Welche Spannbreite innerhalb der nationalen Regelungen, die dieses Projekt betreffen, sind für die Identifizierung von Kosten bildenden Faktoren relevant? Welche Faktoren werden wie angewandt? Abgeleitet aus Summe alle nationalen Anforderungen hätte in Abstimmung nationaler Interessen ein gemeinsames Modell (das auf Kompromissen beruht) zur Bestimmung relevanter Kostenfaktoren erarbeitet werden müssen. Das Resultat: Es wurden bisher mehrere Anläufe gestartet. Sie haben bisher nicht zu einem Ergebnis geführt.

Produktentwicklung: Produktentwicklung beschreibt die Ergebnisse, die für die Umsetzung des Kostenreportings genutzt wurden. Die Basis für die Umsetzung bildet eine bekannte ERP(Enterprises Ressource Planning)-Lösung. Diese wird von internationalen Unternehmen meist eingesetzt. Die Probleme: Als Ergebnis der Projektarbeit waren die Komponenten der ERP-Lösung anzupassen. Das gesamte Konzernreporting für die Kostenrechnung sollte auf dieser ERP-Lösung beruhen. Gleichzeitig sollte ein konzernweit einzuführende Data Warehouse mit diesen Informationen gefüttert werden. Szenarienentwicklung: Entwickeln eines Konsenses über die zugrunde liegenden Kostendefinitionen. Beschreiben, welche Komponenten wie im ERP-System umgesetzt werden sollen. Definieren der Befüllungsanforderungen für das Data Warehouse.

Informationspolitik: Die Umsetzung einer verbindlichen Norm für die Erfassung und den Vergleich von Kosten, die vergleichbare Produkte verschiedener Regionen betreffen, erfordert Konsens über das angewandte Mess- und Beurteilungsverfahren. Im konkreten Fall wurde der Prozess mit einem ausgeprägten nationalen Background gestartet. Das Problem: Es gab sofort Widerstand der Units, die sich nicht mit dem Messverfahren identifizieren konnten, obwohl die Strategie, den Ursprungsansatz durchzusetzen, geschickt gewählt war. Indem ein fertiges Modell zu einer umsetzenden Anforderung erstellt wurde, sollten bestehende Informationsdefizite (wir nennen das »Taktik der Überrumpelung«) bei den Beteiligten zur Durchsetzung des Modells genutzt werden. Ein mehr Erfolg versprechendes alternatives Szenario hätte schon frühzeitig auf ein kooperatives Modell aufsetzen können. Auf der Basis nationaler Interessen hätte es einen Konsens zur Ermittlung relevanter Kosten finden müssen. Dieser Weg wurde letztendlich auch beschritten, zuvor wurden aber mehrere Ansätze »in den Sand« gesetzt.

Rollenverhalten der externen und internen Player

Wie bereits erwähnt wurde das Kernmodell (Core) zur Kostenerfassung und Kostenbemessung in den USA entwickelt. Begleitet wurde die Entwicklung von einer Unternehmensberatung, die auch das Roll-out in die Business Units begleiten sollte. Das Problem war, dass die bisher skizzierten nationalen Konflikte auf die Mitarbeiter dieser Unternehmensberatung ausstrahlten. Es kam, was kommen musste: Nationale Berater wurden abberufen, die nicht »auf Linie« lagen. Dies führte zu dem Dilemma, dass die Beratung, die auch als Wirtschaftsprüfungsgesellschaft international tätig ist, gerade die Aufgabe gehabt hätte, ein entwickeltes Modell auf die internationale Eignung zu prüfen. Hier stellt sich die Frage: Hatte Beratung nur »Feigenblattfunktion«, um die Legitimität des entwickelten Modells zu dokumentieren? Die Konsequenz: Werden externe Dienstleister in die Umsetzung von Prozessen einbezogen, sind sie entsprechend ihrer Rolle in die Umsetzungsszenarien einzubeziehen. Denn auch externe Partner sind Risikofaktoren, die über Erfolg oder Misserfolg entscheiden.

Gewinnerwartung: Gewinnerwartung bezieht sich auf das konkrete Projekt. Geplant war eine einheitliche Kostenkontrolle. Sie sollte bei allen Units zur Verbesserung der Kostensituation zu höheren Erlösen führen. Eine solche Planung ist abhängig von der Schnelligkeit der Projektumsetzung. Konkurrenten arbeiten ebenfalls durch Verbesserung ihrer Kostensituation an der Verbesserung der Attraktivität ihrer Produkte. Das Problem hier: In diesem Fall zog sich die Umsetzung über drei Jahre. Man muss hier nicht von Gewinnerwartungen, sondern von Verlustverursachung sprechen. Wer drei Jahre benötigt, um effiziente Kostenkontrolle zu entwickeln, kann nicht ernst genommen werden. Im Gegenteil, es werden Kosten verursacht, die in keiner Relation zu dem erzielten Ergebnis stehen. Die Konsequenz: Gewinnerwartung muss selbst Bestandteil der Szenarien sein. Sie ist die Messlatte für die Effektivität der Projektumsetzung, weil sich nur dann Risiken hinsichtlich von Eintritt und Vermeidung monetär bewerten.

Fazit: Beherrschung von »Organisation« im internationalen Umfeld ist mehr als nur Beherrschung von Kostenrechnungssystemen. Getroffene organisatorische Regelungen müssen so effektiv und so effizient sein, das in kürzester Zeit auch auf nicht prognostizierbare Entwicklungen reagiert werden kann. Unnötiger Ballast muss abgeworfen werden. Er kostet nicht nur; er verhindert schnelle Reaktionen auf sich verändernde Umwelten.

Teil 4
Das Drehbuch für Strategie

23 Wie man strategisches Risikomanagement umsetzt

Der Zufall begünstigt den vorbereiteten Geist.

Louis Pasteur

Basel II liefert den formalen aber (noch) nicht präzise formulierten Rahmen für prozessorientiertes Risikomanagement. Die Steuerungsimplikationen sind brisant und werden kontrovers diskutiert. Für Institute sind die Konsequenzen in der Tat gravierend. Neben grundsätzliche quantitative Veränderung tritt zusätzlich ein breites Spektrum neuer qualitativer Anforderungen an Organisation, Prozesse und Datenqualität. Auf einen kurzen Nenner gebracht, kann man sagen: Es ist die Diktion von Basel II, dass es zum Bestandteil von Risikomanagement wird, zu lernen, von neuen Voraussetzungen auszugehen. Der Zweck von Risikomanagement hat Renaissance. Es ist die Zukunft zu verbessern und nicht die Vergangenheit zu erklären.

Dies ist leichter gesagt als getan. Dass im Risikomanagement bewusster wahrzunehmen ist, dass die Zukunft zwar ungewiss, jedoch nicht unvorstellbar ist, hat Konsequenzen: Bei der Neuaufstellung von Risikomanagement kann das Abstrakte nicht mehr vor dem Konkreten stehen. Risikomanagement ist durch das gleichzeitige Hochziehen vom Abstrakten und Konkreten umbauen.

Der mit Basel II verbundene qualitative Sprung erhält durch den komplexen Zusammenhang der Gleichzeitigkeit von Theorie und Praxis seine konsequenzenreichen Konturen. Ist in den trüben Informationsfluten der Networks Überraschung oft nur noch gegen den Anschein der Normalität als Bedrohung (das heißt: Risiko) wahrnehmbar, ist bewusster wahrzunehmen, dass trotz aller Anstrengungen die Entscheidungsumfelder nur umfassender, aber nicht umfassend zu kontrollieren sind. Dem Gefahrenpotenzial des Moments, dass etwas, was heute als ungefährlich erscheint, schon morgen als gefährlich gelten kann, kann nicht mehr dadurch begegnet werden, dass man immer erst dann aktiv wird, wenn die Dinge bereits passiert sind.

Das WTC-Desaster machte die Konsequenzen des Verkennens des kleinen Unterschiedes zwischen Sicherheit und wahrscheinlicher Sicherheit auf bisher dramatischste Weise deutlich. Die moderne Welt antreibende Zukunftsinterpretationen, die um Zufall im Sinne der Stochastik kreisen, können (zu) schnell zerbrechen. Dabei steht gerade der (Irr)Glaube an (Ab)Sicherung durch routinemäßig gefahrenes hoch automatisiertes Risikomanagement für höchst verwundbare Stellen unserer Zivilisation. Beim WTC-Desaster sorgte ein Zug von bösartiger Genialität und nicht prä-determiniertes Risiko aus der Maschine dafür, dass das exakt quantifizierte Risiko plötzlich in scheinbar beliebig viele Partikel kontingenter isolierter Einzelereignisse zersprang, die in einem Zusammenhang standen, der im Voraus statistisch nicht messbar war. In diesem Sinne steht Gerhart Hauptmanns Urteil: »Die Qual von gestern muss die Tat von heute werden« für das Vermächtnis des 11. September 2001 an Risikomanagement.

Ist Risikomanagement keine Zweigstelle von künstlicher Intelligenz und Expertensystemen, weil einerseits Risikomanagementtechniken mit gutem Urteilsvermögen anzuwenden sind und andererseits die Grenzen von Risikomanagement schlicht und einfach auch anzuerkennen sind, ist die Qualität der Logik zum Durchwandern noch unbekannter Risikolandschaften der entscheidende Faktor, der mit der Performance von Risikomanagement die Qualität von Risikoprophylaxe bestimmt. Um ein Bild zu gebrauchen, reicht es nicht mehr aus, sich zum Durchwandern von Olympia an der Beschreibung des Pausanias zu orientieren, der Heiligtümer und Sehenswürdigkeiten in einer nur schlecht nachvollziehbaren Reihenfolge erläutert. Risikomanagement im Wandel braucht klare Bilder, um das zu erreichen, was es erreichen will.

Hier ist die Routine von Prognostik umfassende Antizipation von Entwicklung die größte Herausforderung. Hier ist die Kenntnis nur weniger Faktoren für Erfolg und Misserfolg das Problem. Hier gibt es keine schlichten Regeln und keine einfachen Rezepte zum Verstehen des Wechselspiels von Kooperation und Nicht-Kooperation in Ökonomie, Politik und Gesellschaft. Hier greifen Ansätze zu kurz, die mit dem Ausschließen von Informationsasymmetrie gerade den Faktor ausschließen, der alles antreibt. Hier ist es falsch, von effizienten (Finanz)Märkten zu reden. Bei alle Informationsquellen effizient verarbeitenden Märkten gibt es keine Anreize mehr, mit dem Sammeln von Informationen durch Informationsvorsprung den Raum für Innovation zu schaffen.

Die in Basel II vorgesehenen Regelungen zum aufsichtsrechtlichen »Review Process« stehen dann auch dafür, dass eine neue Risikokultur zur informierten Entscheidungsfindung durch eine neue Kultur in der Kommunikation mit den Aufsichtsbehörden innerhalb der Bankorganisation selbst und zwischen den Banken als Wettbewerbern zu schaffen ist. Damit dies gelingt, sind differenzierte und hinreichend elastische Schemata für Risikomanagement zu entwickeln. Unter dem Bild einer Bank als Informationsportfolio und Prozessportal ist das Absichern strategische Risiken richtungsweisend. Hier rückt der Entscheider als Stratege in den Fokus. Hier entstehen die Komplexität des Konkreten und die Kompliziertheit des Abstrakten durch eine sich wechselseitig bedingende Schrittfolge, deren Spuren sich irgendwann in der Weite der facettenreich aufgewickelten Strategiedimension verlieren. Urteilte doch Friedrich von Schlegel: »Denke dir ein Endliches ins Unendliche gebildet, so denkst du einen Menschen.«

Sind Wege in der Strategiedimension neu zu treten und ist die Auswahl ausgetretener Wege in der Strategiedimension zu verbessern, kommt Spieltheorie ins Spiel. Je nach Erfordernis der Situation wird transparent und (»noch«) rechenbar auf rein zufällige, nicht auf Willensakten basierende Risiken genauso zugegriffen wie auf Risiken, die aus Willensakten resultieren. Hier ist das Entscheidende: Als Strategiepraktik ist Spieltheorie adaptiver Problemlösungsprozess, der mit dem ursächlichen Zugriff auf die Treiber von Strategie (das heißt Spieler/Risikoträger) auch auf die Pluralität von Risiko bestmöglich zugreift.

Um im Bild zu bleiben: Der Wertschöpfungsprozess spieltheoretisch fundierten Risikomanagements beginnt mit der Bestellung (das heißt dem Problem) und endet mit der Leistung (das heißt der Lieferung), wobei sich alle Beteiligten am Topos von Strategie orientieren. Da Strategie ein dynamisches Aktions/Reaktions-Muster ist, das unterschiedliche Perspektiven zu einem kohärenten Ganzen verdichtet, und Strategieerfolg davon abhängt, wie kompetent sich Strategie den Veränderungen der Umwelt stellt, gilt für den »Wert« strategischen Risikomanagements (Spieltheorie) das Urteil von Jean de La Fontaine: »An seinem Werk erkennt man den Handwerksmann.«

Halten wir fest: Ist einerseits in der Praxis immer öfter festzustellen, dass sich die gewohnte Ordnung der Dinge aufzulösen beginnt, und ist andererseits anzuerkennen, dass es aus prinzipiellen Gründen keine »goldene Regel« für Strategie gibt, muss ein strategischer Ansatz mit schablonenhaften Ratschlägen geizen. Er muss wohlfundierte Empfehlungen geben, über deren Potenzial in letzter Konsequenz der Entscheider zu entscheiden hat.

In diesem Sinne ist strategisches Risikomanagement eine offene Veranstaltung, die nur bestmöglich zu organisieren ist. Ein Entscheider entscheidet nicht vollumfänglich erklärbar: »Thought is free.« In diesem Sinne gilt La Fontaines Urteil auch für das im Buch aus spieltheoretischen Überlegungen entwickelte Konzept für strategisches Risikomanagement. Es steht für geschlossene Lösung im Speziellen und offene Problemlösung im Generellen: »Truth is stranger than fiction.«

In Abbildung 23.1 ist das Konzept hoch verdichtet visualisiert. Das Beratungskonzept selbst ist Gegenstand der Geschäftstätigkeit von www.risk-vision.com.

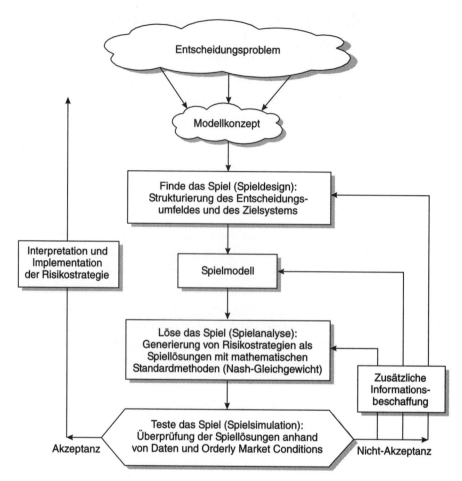

Abbildung 23.1 Strategisches Risikomanagement

Epilog: Der Untertan steht auf dem Zauberberg

Ton knetend, formt man Gefäße. Doch erst ihr Hohlraum, das Nichts, ermöglicht die Füllung. Das Sichtbare, das Seiende, gibt dem Werk die Form. Das Unsichtbare gibt ihm Wesen und Sinn.

Laotse

Die Erfolge kalkulierenden Risikomanagements sind unbestreitbar. Sie trüben jedoch zunehmend eine Reihe von Mängeln. Als momentaner Super-GAU erfüllte sich am 11. September 2001 mit den Anschlägen auf die Zwillingstürme des World Trade Centers in Manhattan und auf das Pentagon in Washington, D. C., Jean-Paul Sartres Urteil »Das Nichts sucht das Sein heim.«

Machtvoll trat hervor: Zerbrechlichkeit kann trotz (oder gerade) wegen der Stabilisierung und Routinisierung von Handlungsabläufen schnell eintreten. Informationsnetze sind keine passiven Hintergründe, vor denen sich risikobewehrte Ereignisse nur abspielen. (Zu) Machtvoll trat in den USA, für jedermann wahrnehmbar, eine neue Quelle von Unsicherheit in den Lichtkegel: Sind Unternehmen als komplexe (Informations)Portfolios geschäftlicher und finanzwirtschaftlicher Risiken zu begreifen und darzustellen, ist Risikomanagement mehr als die Fähigkeit, mit einigen grundlegenden Konzepten zur Messung von Risiko umgehen zu können. Strategisches Denken ist nicht zu ersetzen, wenn es nicht mehr reicht, die aktuellen Risiken exakter als der Wettbewerb zu bewerten.

Auch wenn es ein langer und dorniger Weg ist: Risikomanagement muss die Strategiedimension differenziert ausleuchten können. Es muss seine Kraft vergrößern, um nicht vor den Turbulenzen der Märkte zu verblassen. Im festen Spielregelsystem der Orderly Market Conditions im Großen gibt es keine vergleichsweise festen Spielregeln für die Akteure im Kleinen. In Mikrostrukturen eng aufgewickelt und kompliziert gefaltet und in der Zeitdimension aufquellend, hat Risiko in von Informationen getriebenen Networks eine komplexe Tiefenstruktur. Finanzmärkte handeln Information.

Hier ist Risiko eine spezifisch ausgeprägte Informationsstruktur. Hier ist das Spiel von Kooperation und Nicht-Kooperation kein rituelles Nullsummenspiel, wo sich die gegenseitigen Standpunkte weitestgehend aufheben. Hier hat Risiko mehr Dimensionen, als das menschliche Auge sieht, geschweige denn eine Messbarkeitslogik (welche auch immer) erfassen kann. Mit Erfolgsstreben verbundene Risiken eröffnen Beobachtungsfenster, die in Form und Erscheinung vom Informationsstand des Beobachters abhängen.

Rückbesinnung ist gefragt. Risikomanagement wurde für Entscheidungsträger entwickelt, deren Entscheidungen reale Konsequenzen verspüren. Risikomanagement muss ein System sein, das Entscheidungsträgern hilft, sich Mehrdeutigkeiten so zu stellen, dass sie auflösbar sind, indem man sie in Alternativen, Ereignisse, Überzeugungen und Präferenzen umwandelt, die logisch analysiert werden können. Vor dem Status quo muss man sagen: Nie zuvor waren Szenarien so wichtig, aber niemals zuvor war es so schwierig, Szenarien adäquat zu formulieren.

Treten Fragen an die Stelle von Richtlinien, schulen Standardlösungen, ohne zu lernen. In diesem Sinne hat (Standard)Risikomanagement keine sichere Basis. Sein theoretischer Rahmen ist nicht ausgereift, ist der Prüfstein nicht die Eleganz und Performanz mathematischer Analyse, sondern das Gericht der Investoren. Risikomanagement spielt nicht mit dem Puzzle »Risiko«; es ist ein Teil davon. Beherrscht niemand das Spiel mit der inhaltlichen Beliebigkeit so virtuos wie Finanznetze und strahlt auch niemand notfalls so viel oberflächliche Regelmäßigkeit wie Finanznetze, klingt Napoleons Urteil »Du sublime au ridicule il n'y a qu'un pas« (Vom Erhabenen zum Lächerlichen ist es nur ein Schritt) wie eine Warnung.

Nicht Endergebnisse fokussierend, sondern die Sachverhalte so beschreibend, dass Schlüsse zu ziehen sind, muss es gelingen, die Risiko treibenden Prinzipien zu begreifen und anzuwenden: Der Realität gewappnet ins Auge zu sehen heißt, frühzeitig über das Nachdenken zu können, was man sehen könnte. In diesem Sinne ist modernes Risikomanagement eine offene Veranstaltung: Es ist strategisch. Es steht durch verstehendes Hinterfragen für die Verbesserung der Routinen von nicht-strategischem (Standard)Risikomanagement. Mit anderen Worten muss einerseits strategisches Risikomanagement bestmögliche Antworten auf die Frage geben: Was sind die Ursachen von Risiko und was ist seine Natur? Andererseits muss strategisches Risikomanagement sicherstellen, dass diese Antworten zum festen Bestandteil des Risikomanagements selbst werden.

Um im Bild zu bleiben: Sartres Urteil identifiziert differenziert das Management von Risiko (nicht unbedingt Risikomanagement) im doppelten Sinne als schwierig. Einerseits ist das Management von Risiko grenzenlos. Es lässt sich nicht auf Punkt und Komma quantifizieren, weil es alles durchzieht. Andererseits ist das Management von Risiko unscharf. Es scheint sich näheren Blicken immer wieder zu entziehen: »Nichts« zu fassen bedeutet einerseits der Versuchung zu widerstehen, dem »Nichts« überall dorthin zu folgen, wo es einen hinführen will. »Nichts« zu fassen bedeutet andererseits der Versuchung zu widerstehen, das »Nichts« mit dem pauschalen Schwarz-(Kopf/Up)/Weiß (Zahl/Down)-Denken des Münzwurfs mechanistisch auf die Funktionen und die Wechselwirkungen eines physikalischen Kontextes exakt festzulegen.

Ist in Informationsnetzen, die (Un)Fähigkeit, Wissen zu vernetzen und praktisch vorausschauend anzuwenden, das Problem, sind auch abseits der Routinen von hoch automatisiertem Risikomanagement die Grautöne sichtbar zu machen. In diesem Sinne ist strategisches Risikomanagement (wie das Buch) nur eine herkunftsbedingte Übersetzung der Realität. Es muss (wie das Buch) im übertragenen Sinne das Dilemma der Medizin vermeiden, das Bernhard Kathan in seinem lesenswerten Buch »Das Elend der ärztlichen Kunst« rigoros fokussiert: »Der Zerlegung des Körpers folgte die Zerlegung der menschlichen Beziehungen, an die Stelle des erkalteten Leichnams tritt die erkaltete Interaktion.«

Nichtsdestotrotz: Auch qualitative Risiken quantifizierendes strategisches Risikomanagement ist (k)eine philosophische Veranstaltung. Bestmöglich sind Kennzahlen und Szenarien strategisch zu fundieren. Dies leistet Spieltheorie. Als Träger für in Methoden offene Theoriebildung in der Strategiedimension, stellt Spieltheorie Risikomanagement auf die Schultern der ausgefeilten (mathematischen) Methoden von (Standard)Risikomanagement. Das Bild, das Newton auf den Schultern der Riesen Kopernikus, Kepler und Galileo stand, erfasst recht gut das Zusammenspiel von Spieltheorie und Finanzmathematik.

Dass Newton das »Alte« nicht zerstörte, sondern das »Neue« dadurch schuf, dass er das »Alte« verallgemeinernd ummantelte, ist das Entscheidende, wenn es um das Verhältnis von Spieltheorie und Finanzmathematik geht. Letztere ist ein Teil von Ersterer. Die Spieltheorie greift an dem Problem, dass die Brownsche Bewegung als stereotype Logik des reflexbedingten Zweitschlages jeden Positionsbezug mit Zeitverzögerung begleitet. Dabei greift Spieltheorie ganzheitlich, weil Spieltheorie nicht ignoriert, dass der Entscheidungswille und die Entscheidungsbereitschaft des Managements heute wichtiger sind denn je.

Anders gewendet ist zu sagen: Risiko(Spiel)Strategien stehen für finanzmathematischen »State of the Art«. Um der einfachsten Argumentation willen kann man sagen: Spiele sind differenzierte Gesprächsangebote, denen Spieltheorie per Spielmodell die endgültige mathematische Form hinzufügt. Hier ist das Einhalten dieser Schrittfolge das »Prae«, durch welches die Mathematik rund um das berühmte Nash-Gleichgewicht in Strategiepraktik mündet. Finanzmärkte und (Bank)Organisationen werden mit diesem Vorgehensschema nicht als unbewegliche Teile begriffen und nicht mit unbeweglichen Instrumenten kontrolliert, wenn durch eine versierte Kombination situationsspezifisch vordefinierter Strategiebausteine in einem ersten Schritt die Strategiedimension strukturiert wird, in die

Risikoentscheidungen eingebettet sind. So operationalisiert Spieltheorie mit der Fundierung strategischen Risikomanagements aber gerade die Steuerungsimplikationen moderner Prüfungspraxis.

Mit höchstem Umsetzungsdruck wird durch Basel II der Prozessstruktur gegenüber der Gebildestruktur das Primat zugewiesen. Ist die Absicherung von Aufgabenerfüllung aus einer Hand (Risiko) das Ziel, ist Strategie ernst zu nehmen. Es muss Teil von Risikomanagement werden, dass Risikomanagement ein Balanceakt ist. Den Sachverhalt verkürzend kann man sagen: Das Neue von Basel II ist, dass Risiko dadurch neue Qualitäten hat, weil nicht mehr ignoriert wird, dass die nicht ausmessbare Freiheit des Strategen wie ein (un)sichtbarer Kitt das Basel-II-Regelwerk zusammenhält.

In diesem Sinne lebt Risikomanagement. In diesem Sinne gehorchen Risiken strategischen Prinzipien, die gerade dadurch strategisch (ergebnisoffen) sind, weil sie das Wesen von Risiko nicht durch Zahlen routinemäßig entqualifizieren. Das ist zu respektieren. Dies beschränkt das Buch auf eine in dem Sinne abstrakte Ebene, dass konkrete Kennzahlen fehlen müssen, weil Strategie ein sich entwickelnder Prozess ist, der im Ergebnis offen ist. Dessen adäquate Handhabung gebietet es, von konkreten Vorschriften Abstand zu nehmen. Ein strategischer Entscheider ist nicht ausmessbar – sein Verhalten ist bestenfalls antizipierbar. Dafür steht die Spieltheorie. Ist Risikomanagement spieltheoretisch fundiert, ist es strategisch. Es wird als Bestandteil von Risikomanagement respektiert, dass Risiko im »Auge des Betrachters« entsteht. Im Rahmen der Orderly Market Conditions gibt es für ihn kein Ende im Spiel zur Veränderung des Spiels.

Wie müssen Global Player mit Risiken umgehen? Wie kann Spieltheorie Risikomanagement wertschöpfend fundieren? Was ist der Wert, dass Spieltheorie dafür steht, dass das Bewusstsein zum Bestandteil von Risikomanagement wird, dass Vertrauen auf die Zukunft, das nur auf Routinen beruht, notwendigerweise brüchig ist? Gebrauchen wir ein letztes erklärendes Bild. Wir nehmen das bekannte »Huhn-Paradox« von Bertrand Russell. Hier illustriert den Wert der Spieltheorie das Problem der Erwartung eines Huhns. Es wird jeden Tag von seinem Besitzer gefüttert. Am Tag X wird dem Huhn jedoch (für das Huhn plötzlich und überraschend) vom Besitzer der Kopf abgeschlagen. Das Huhn hatte nicht verstanden, weshalb es jeden Tag gefüttert wurde. Etwas klüger zu sein, als es Russells Huhn gestern war, dafür steht die Risiko nicht wie ein Orakel befragende Spieltheorie.

Selbst wenn es auf den ersten Blick nicht so erscheint, ist dies keineswegs wenig. Risiko in interaktiven Netzwerken ist die Akkumulation von nicht antizipierten Folgen von Spielzügen in irgendwelchen Spielen. Diese Spiele gilt es rechtzeitig zu erkennen. Dazu ist Risiko nicht nur nach den (Spiel)Regeln der Stochastik mathematisch zu denken. Sei es darum, dass moderne Infrastruktur höchst störanfällig durch Sabotage, menschliches Versagen oder Naturereignisse ist. Oder sei es darum, dass die Risikomanagement antreibenden hoch automatisierten Routinen so komplexe Abhängigkeiten schaffen, dass Menschen kaum noch in der Lage sind, die darin eingebetteten Risiken zu steuern.

In diesem Sinne kamen die Ereignisse rund um den 11. September 2001 zwar überraschend, aber keineswegs unerwartet. Und so muss Risikomanagement in der Lage sein, die hohe Volatilität der Märkte zu beherrschen, ohne Ereignisse exakt benennen zu können. In diesem Sinne schafft Spieltheorie »Wert«, in dem sie das Moment organisiert, dass sich verändernde Verhältnisse zu neuen Einsichten führen, die aber auch wieder neue Sichtweisen bedingen. Was ist der Wert von Spieltheorie in diesem Spiel ohne Ende auf Punkt und Komma? Die Antwort ist »Ignorabimus« (Wir werden es nie wissen). Wir müssen es auch nicht bis ins letzte Detail wissen! Der Untertan steht in der Tat auf dem Zauberberg, wenn aufgrund des Respekts vor der Freiheit der Entscheidung des Strategen ab irgendeinem Punkt einer strategischen Analyse (will sie ernst genommen werden) von konkreten Vorschriften Abstand zu nehmen ist.

Abbildung E.1 Holzschnitt von Camille Flammarion (1888)

Anhang

A   Glossar

Auszahlung (Pay-off)   Nutzen, den ein Spieler aus einem *Spielausgang* zieht.

Beste Antwort   Eine Strategie, die für einen Spieler gegen gegebene Strategien der Mitspieler (Opponenten) stets mindestens so gut ist wie jede andere Strategie dieses Spielers.

Black-Scholes-Formel   Risikopräferenzfreier mathematischer Schlüssel zur Bestimmung des Wertes von *Optionen*. Löste das von Louis Bachelier (1870 bis 1946) um 1900 erstmals formulierte Problem der Optionspreisfindung. Entwickelt von Fisher Black (1938 bis 1995), Robert Merton (*1944) und Myron Scholes (*1941).

Brownsche Bewegung   Beispiel für einen speziellen *Random Walk*, benannt nach dem schottischen Botaniker Robert Brown (1773 bis 1858), der 1827 bei der Untersuchung von Pollenkörnern unter dem Lichtmikroskop eine unregelmäßige Zickzackbewegung beobachtete; die Bewegung der Moleküle in einem Gas folgt ebenfalls einer Zickzackbewegung: Anzahl, Stärke und Richtung der stoßenden Moleküle ändern sich ständig so, dass die beobachtete zufällige Brownsche Bewegung entsteht.

CAPM (Capital Asset Pricing Model)   Das klassische Gleichgewichtsmodell für die Bewertung von risikobehafteten Wertpapieren (Aktien). Es baut auf der Portfoliotheorie von Harry M. Markowitz (*1923) auf. Es basiert insbesondere auf der Annahme homogener Information unter den Marktteilnehmern (*Informationssymmetrie*).

Common Knowledge   Etwas ist Common Knowledge, wenn alle Spieler es wissen, alle Spieler wissen, dass alle anderen Spieler es wissen, und so fort ad infinitum.

EMH (Efficient Market Hypothesis)   Gegenstand kontroverser Diskussionen von »Professionals« und »Academics«. Nach der »starken« Effizienzmarkthypothese spiegeln Wertpapierpreise stets die gesamte preisrelevante Information. Mit anderen Worten: Selbst Insiderinformation ist nutzlos.

Entscheidungsanalyse   Aktivitäten zum Finden *bester Antworten* in *Spielen gegen die Natur.*

Erwartungswert einer Wahrscheinlichkeitsverteilung   Mittlerer Wert der betreffenden Zufallsgröße, wobei die möglichen Werte der *Zufallsgröße* mit den jeweiligen Wahrscheinlichkeiten ihres Auftretens gewichtet werden.

Extensive Form des Spiels   Eine formale Beschreibung eines *Spiels* mit endlich vielen Spielzügen; eine extensive Form nennt die beteiligten Spieler, zeigt die Alternativen, die die Spieler in dem Spiel haben, sowie die Informationsbedingungen, unter denen die Entscheidungen jeweils erfolgen, benennt gegebenenfalls eine Wahrscheinlichkeitsverteilung für Zufallszüge (Züge des *Zufallsspielers*) und gibt eine Nutzenbewertung für die *Spielausgänge* an.

Ganzheitlichkeit   Steht für die Sicht, dass durch *Prozesse* vernetzte Gefüge von Wirkungen und Rückwirkungen, die sich meist anders verhalten, als es aus dem Studium ihrer sichtbaren Teile ablesbar ist, die Beziehungen zwischen den Dingen »nichtlinear« regeln.

Gemischte Strategie   Eine Wahrscheinlichkeitsverteilung über den *reinen Strategien* eines Spielers.

Informationssymmetrie   Eine der Grundannahmen klassischer Finanzmarktmodelle. *CAPM*-Informationssymmetrie liegt vor, wenn alle entscheidungsrelevanten Informationen *Common Knowledge* ist.

Informationsasymmetrie Liegt vor, wenn in einem Spiel wenigstens ein Spieler entscheidungsrelevante *private Information* besitzt. Mit anderen Worten: Teile der spielrelevanten Information sind nicht *Common Knowledge*.

Logik Lehre von den Prinzipien des richtigen Denkens und Beweisführens fokussiert für die Mathematik wichtige Bereiche wie Entscheidbarkeitstheorie und Beweistheorie.

Moral Hazard Das *Risiko*, dass eine Seite einer Geschäftsbeziehung nach Vertragsabschluss ein Verhalten wählt, das aus Sicht der anderen Seite nachteilig ist.

Nash-Gleichgewicht Eine Kombination von Strategien, die wechselseitig *beste Antworten* auf die jeweiligen anderen Strategien sind. Benannt nach John Nash (*1928).

Die Natur Name für den *Zufallsspieler* in einem *Spielmodell*.

Normalverteilung Wahrscheinlichkeitsverteilung, mit der viele natürliche Phänomene beschrieben werden können. Gefunden von Carl Friedrich Gauß (1777 bis 1855). Wegen ihrer charakteristischen grafischen Form spricht man auch von der »Gaußschen Glockenkurve«.

Optionen Kontrakte, die dem Käufer das Recht einräumen, das dem Vertrag zugrunde liegende Finanzinstrument zu einem im Vertrag spezifizierten Preis innerhalb der im Vertrag genannten Zeitperiode zu kaufen beziehungsweise zu verkaufen.

Paradigma Erklärungsmodell, Denkmuster (»Weltanschauung«), das von vielen Menschen geteilt wird. Heute dominiert das *Ganzheitlichkeitsparadigma*.

Portfolio Ein Korb von Finanzassets oder Wertpapieren.

Principal-Agent-Struktur Ein *Moral-Hazard*-Problem, das auftritt, wenn ein Manager (»der Agent«) aufgrund gegebener Anreize Entscheidungen eher nach Eigeninteresse als im Interesse des Eigentümers (»der Prinzipal«) trifft.

Private Information Etwas ist private Information eines Spielers, wenn es nicht *Common Knowledge* ist.

Problème des Partis Inhalt des Briefwechsels aus dem Jahre 1654 zwischen Blaise Pascal (1623 bis 1662) und Pierre de Fermat (1601 bis 1665) zu mathematischen und moralischen Fragen des Grafen Antoine Gombault Chevalier de Méré (1607 bis 1684) zum Glücksspiel. Dieser Briefwechsel gilt mit der »Pascalschen Mathematik des Glückspiels« (Lösung von Paciolis Punkte-Balla-Problem) als zentral für die Entstehung der Wahrscheinlichkeitstheorie.

Prozess Vorgang, wo durch Aufgaben Produkte/Service produziert wird. Da Prozesse definiert werden, gibt es nicht *den* Prozess, sondern viele Prozesse, die von Sichtweise und Definition des Betrachters abhängen. Da in Prozessen Informationen gehandelt werden, ohne dass Spielregeln den Wahrheitsgehalt garantieren, ist ein Prozess ein Sample von *Zufallsspielern*.

Quantentheorie Theorie über mikrophysikalische Phänomene, die fokussiert, dass Vorgänge in der Natur nicht kontinuierlich, sondern sprunghaft erfolgen und dass mikrophysikalische Ereignisse nicht beliebig genau vorhersagbar, sondern nur Wahrscheinlichkeitsaussagen über das Eintreten solcher Ereignisse möglich sind; begründet von Max Planck (1858 bis 1947) im Jahr 1900.

Random Walk Bedeutet Zufallsbewegung und ist auch Synonym für »Irrfahrt« – die charakteristische Eigenschaft eines Random Walk ist die Unabhängigkeit der einzelnen Schritte; der nächste Schritt des »Random Walkers« hängt nur von seiner momentanen Position (Gegenwart) ab und nicht von den zuvor besuchten Orten (Vergangenheit).

Reine Strategie Eine Strategie, die für jede Entscheidungssituation eines Spielers in deterministischer Weise einen *Spielzug* festlegt.

Risiko Der Grad an Unsicherheit über den Rückstrom eines Projekts oder eines Assets. (Strategische Risiken materialisieren sich in Form von Wettbewerbsnachteilen: Sie sind Ausdruck von vergebenen oder zukünftigen Chancen).

Risikomanagement Aktivitäten zur Antizipation und Steuerung von *Risiko*.

Schrödingers Katze Für Objekte der Quantenwelt gilt: Sie befinden sich so lange in einer Überlagerung aller möglichen Messergebnisse, bis eine Messung gemacht wird. Erwin Schrödingers (1887 bis 1961) berühmtes Gedankenexperiment mit der Katze zeigt die merkwürdigen Konsequenzen, die sich durch die Schlüsselposition, die der Beobachter in der Quantentheorie einnimmt, ergeben.

Spiel Eine interpersonelle Konfliktsituation.

Spiel gegen die Natur Eine Entscheidungssituation mit dem *Zufallsspieler* (»die Natur«) als Opponenten .

Spielausgang Ein mögliches Endergebnis der Entscheidungen der Spieler.

Spielmodell Eine formale Darstellung eines *Spiels*.

Spieltheorie Die Theorie des optimalen Verhaltens in interpersonellen Konfliktsituationen; der französische Mathematiker Emile Borel (1871 bis 1956) gehörte zu den Ersten, die sich wissenschaftlich mit Aspekten der Spieltheorie befassten. Als Begründer der Spieltheorie gilt der ungarisch-amerikanische Mathematiker und Physiker John von Neumann (1903 bis 1957).

Spielzug Eine mögliche Wahl, die ein Spieler in einem Spiel ausführen kann.

Strategische Form des Spiels Eine formale Darstellung eines Spiels, die beteiligte Spieler angibt, alle *reinen Strategien* der Spieler auflistet und die *Auszahlungen* benennt, die Spieler bei den jeweiligen Strategienkombinationen erhalten.

Strategie Ein vollständiger Plan, nach dem ein Spieler das Spiel spielen kann; eine Strategie muß für jede Entscheidungssituation eines Spielers einen *Spielzug* festlegen.

Unvollständige Information Ein Spiel wird unter unvollständiger Information gespielt, wenn Unsicherheit über die Struktur des Spiels für wenigstens einen Spieler besteht, mit anderen Worten, wenn ein oder mehrere Spieler spielrelevante *private Information* besitzen.

Varianz einer Wahrscheinlichkeitsverteilung Mittlere quadratische Abweichung der möglichen Werte der betreffenden Zufallsgröße von dem Mittelwert der Verteilung.

Vollständige Information Ein Spiel wird unter vollständiger Information gespielt, wenn die Struktur des Spiels *Common Knowledge* ist.

Wahrscheinlichkeit Begriff zur Klassifikation von Ereignissen nach dem Grad der Möglichkeit ihres Eintretens.

Wahrscheinlichkeitsrechnung Teilgebiet der Mathematik, das sich mit den Gesetzmäßigkeiten zufälliger Ereignisse befasst.

Wahrscheinlichkeitstheorie Teilgebiet der Mathematik, das sich mit Zufallsereignissen und der Bestimmung der Wahrscheinlichkeit ihres Eintretens befasst.

Wahrscheinlichkeitsverteilung Eine Auflistung der möglichen Werte einer Zufallsgröße und der Wahrscheinlichkeiten, mit denen die einzelnen Werte auftreten.

Zufallsgröße Der Begriff »zufällig« drückt die Abhängigkeit vom Zufall aus. Er wird im Gegensatz zu determiniert gebraucht.

Determiniert sind jene Beziehungen, die durch Funktionen vollständig (ohne Fehler) darstellbar sind. Ein Zufallsexperiment ist ein Experiment, dessen Ausgang durch keine Regel exakt vorherbestimmbar ist. Eine Zufallsgröße (Zufallsvariable) ist eine Vorschrift, die den möglichen Ausgängen eines Experiments reelle Zahlen zuordnet.

Zufallsspieler Der Zufallsspieler (»die *Natur*«) ist derjenige Spieler, der in einem *Spielmodell* mit bekannten Wahrscheinlichkeiten Zufallszüge macht.

B   Personenverzeichnis/Zitaten-Guide

Lang ist die Geschichte der Mythen und Erklärungsversuche zum Bau der ägyptischen Pyramiden: Bei einigen weiß man bis heute nicht mit Sicherheit, wie sie im Detail konstruiert und gebaut wurden - aber sie stehen.

Auch Risikomanager von heute sind unermüdliche Architekten. Sie schaffen zwar keine Werke für die Ewigkeit. Aber dennoch: Sie haben etwas mit den Baumeistern des alten Ägypten gemeinsam: Sie stellen staunenden Investoren ein fertiges Gebäude namens Risikoportfolio nämlich auch nur noch vor. Nur sie kennen die Details des Bauplans, dessen Konstruktion Investoren schon meist nicht mehr verstehen.

Ist der Motor der Entwicklung ein ständiges Auftauchen neuer Fragen ohne endgültige Antworten, stärkt oft erst Schützenhilfe von prominenter Stelle die Überzeugungskraft von eigener Argumentation. Ja mehr noch: Schützenhilfe von prominenter Stelle macht umständliche Erläuterungen erst überflüssig. Beide Eigenschaften von Zitaten muss das Buch nutzen, weil den Paradigmenwechsel im Risikomanagement keine Formel mehr aufschließt, die in knapper Form zu präsentieren ist.

Letzteres steht für das Brisante und Prekäre des modernen Risikomanagements: Risikomanagement muss neu gedacht werden. Hier nimmt ein Zitat die notwendige Überzeugungsarbeit ab. Hier reduziert ein Zitat das Problem, das notwendige Neue gegen vielerlei Widerstände durchzusetzen. Hier gilt die Erkenntnis von Ludwig Wittgenstein: »Auch Worte sind Taten.«

A

Abs, Hermann Josef 66
Adams, John 31
Aquin, Thomas von 31, 145
Aristoteles 105, 107, 124, 237, 305
Arrow, Kenneth 45, 152
Ashby, Ross 197
Äsop 154, 227
Aurel, Mark 221

B

Bach, Johann Sebastian 309
Bayes, Thomas 112
Benn, Gottfried 49
Bernoulli, Jakob 31, 43, 49, 107, 111, 222, 319

Bernstein, Peter 11
Bismarck, Otto Fürst von 32
Bloch, Ernst 98, 310
Bohr, Niels 28, 134, 194
Bölls, Heinrich 22
Boltzmann, Ludwig 320
Bookstaber, Richard 310
Braun, Wernher von 258
Brecht, Bertold 71, 333
Brown, Robert 129, 184
Bruno, Giordano 17

C

Cantor, Georg 188
Chaitin, Gregory 180

Chesterton, Gilbert Keith 294
Churchill, Winston 257
Clausewitz, Carl von 113, 117, 227, 243
Crockett, David 229

D

d'Alemberts, Jean Baptist le Rond 163
Darwin, Charles 324
Demokrit 106
Derman, Emanuel 72
Descartes, René 24
Dickens, Charles 239
Dirac, Paul 157
Disraeli, Benjamin 148, 353
Dörner, Dietrich 168
Dostojewskij, Fjodor 31, 43
Drucker, Peter 345
Dürrenmatt, Friedrich 195, 240

E

Eigen, Manfred 163
Einstein, Albert 9, 18, 25, 28, 71, 132, 138,
   144, 167, 181, 195, 199, 237, 260, 280, 327
Emerson, Ralph Waldo 195, 343
Epikur 106, 107
Erathostenes 107
Euklid 187, 319

F

Fama, Gene 68
Fermat 108, 111, 112
Fermat, Jean de 107, 222, 251
Feynman, Richard 157, 182, 188
Fontane, Theodor 198
French, Ken 68
Friedrich der Große 115, 353

G

Galbraith, John Kenneth 294
Galilei, Galileo 71, 124, 240, 377
Galle, Johann Gottfried 159
Gauß, Carl Friedrich 223, 224
George, Eddie 155
Goethe 23, 28, 77, 191, 207, 319
Grillparzer, Franz 73

H

Hamel, Gary 353
Hammings, Richard 250
Hauptmanns, Gerhart 245
Hebbel, Christian Friedrich 76
Heisenberg, Werner 167, 182, 186, 241
Helmholtz, Hermann von 247
Heraklit 353
Homer 51
Hopper, Grace 81
Huxley, Aldous 136
Huygens, Christiaan 222

I

Iacocca, Lee 316

J

Jakob 112
Jaspers, Karl 114
Jefferson, Thomas 123
Jorion, Philip 230

K

Kahn, Herman 328
Kant, Immanuel 302
Karlin, Samuel 221
Kästner, Erich 100
Kathan, Bernhard 377
Keller, Gottfried 76
Kepler, Johannes 71, 377
Keynes, John Maynard 65, 147, 190, 294
Knight, Frank 46
Koestler, Arthur 184
Kolmogorov, Andrej 182
Kolumbus, Christoph 100, 193
Konfuzius 70
Kopernikus, Nikolaus 71, 377
Kostolany, Andre 46
Kraus, Karl 359
Kuhn, Thomas 123

L

La Fontaine, Jean de 373
Laotse 13, 242, 375
Laplace 195, 300

Laplace, Pierre Simon 125
Laski, Harold 173
Laub, Gabriel 134
Le Pen, Jean-Marie 330
Leeson, Nigel 230
Leibniz, Gottfried Wilhelm 319
Leontieff, Wassily 199
Lewin, Robert 10
Lichtenberg, Bernhard 319
Lichtenberg, Georg Christoph 14, 15, 34
Lord, Kelvin 157
Lorenz, Konrad 135
Lucas, Robert 297

M

Machiavelli, Niccolò 28, 223, 326
Macmillan, Harold 298
Markowitz, Harry 60, 188
Matsushita, Konsuke 325
Maxwell, James Clerk 162, 177, 195, 300
Maxwells 178
McDonough, William 248
McLuhan, Marshall 233
Méré, Chevalier de 107, 109
Merton, Robert 81, 136, 169
Miller, Merton 142
Mintzberg, Henry 257
Moivre, Abraham de 113
Moltke, Helmuth Graf von 227
Musil, Robert 304

N

Naisbitt, John 349
Napoleon 125, 250, 376
Neidhardt von Gneisenau, August Graf 227
Neumann, John von 31
Newton, Isaac 71, 107, 124, 159, 191, 260, 279, 377
Nietzsche, Friedrich 115
Novalis 34, 159

O

Ockham, William of 172, 178, 183
Ortega y Gasset, José 176

P

Pacioli, Luca 107, 250, 251
Pascal, Blaise 94, 107, 108, 111, 188, 222, 251
Pasteur, Louis 371
Perikles 117
Peters, Tom 362
Planck, Max 137, 181
Platon 23, 108, 162, 173
Plautus 162
Popper, Karl 94, 209, 304
Porter, Michael 227
Prahalad, C.K. 353
Pratt, John 45
Protagoras 314

R

Raabe, Wilhelm 254
Racine, Jean 353
Rilke, Rainer Maria 260
Rousseau, Jean-Jacques 133, 291
Russell, Bertrand 26, 308, 378

S

Saint-Exupéry, Antoine de 211, 335, 361
Samuelson, Paul 155
Sanio, Jochen 60
Sartre, Jean-Paul 375
Schiller, Friedrich 35, 56, 279
Schlegel, Friedrich von 373
Schnitzler, Arthur 73
Schopenhauer, Artur 11, 99, 305
Schrödinger, Erwin 180ff, 185, 186, 191, 313
Schumpeter, Joseph 53, 186, 200
Seneca 307, 338
Seume, Johann Gottfried 28
Shakespeare, William 15, 192, 211
Shannon, Claude 180
Shiller, Robert 153, 185
Smith, Adam 190, 195, 300
Sokrates 76
Spengler, Oswald 279
Spinoza, Baruch de 177
Sunzi 223

T

Teller, Edward 49
Terenz 77
Thales 107
Tolstoi, Leo 73

V

van der Rohe, Mies 28
Vergil 157
Voltaire 115

W

Walras, Léon 300
Washington, George 31, 221

Watson, Thomas J. 73, 109
Watzlawik, Paul 90, 175, 192, 293
Weavers, Warren 236
Weizsäcker, C. F. von 207, 209
Welch, Jack 267
Wellington, Herzog von 204
Wheeler, John Archibald 136, 349
Wiener, Norbert 126, 149, 176
Wigner, Eugene 200
Winkler, Ruth 163
Wittgenstein, Ludwig 240, 315

X

Xenophanes 242

C   Literatur

Aigner, M.; Behrends, E.: *Alles Mathematik*, Berlin 2000

Aumann, R.: *Handbook of Game Theory*, Amsterdam 2002

Basieux, P.: *Abenteuer Mathematik*, Hamburg 1999

Berninghaus, S.(Hrsg.): *Strategische Spiele*, Berlin 2002

Bernstein, P.: *Wider die Götter*, München 1997

Bewersdorff, J.: *Glück, Logik und Bluff*, Wiesbaden 2001

Bieta, V.; Siebe, W.: *Spieltheorie für Führungskräfte*, Wien 1998

Bierman, S.; Fernandez, L.: *Game Theory with Economic Applications*, New York 1998

Blum, W.: *Die Grammatik der Logik*, München 2002

Börner, Ch.: *Strategisches Bankmanagement*, München 2000

Casti, J.: *Would Be Worlds*, New York 1998

Colomer, J. M.: *Strategic Transitions*, Charlotte 2000

Cope, M.: *Consulting mit System*, München 2002

Financial Times Deutschland: *Mastering: Strategie*, München 2001

Dacunha-Castelle, D.: *Spiele des Zufalls*, München 1997

Davis, M.: *Spieltheorie für Nichtmathematiker*, München 1999

Dawkins, R.: *Der entzauberte Regenbogen*, Hamburg 2002

Dembo, R. S.; Freeman, A.: *Revolution des finanziellen Risikomanagements*, München 1998

Deutsch, H. P.: *Derivate und Interne Modelle*, Darmstadt 2001

Dittmer, G.: *Rationales Management*, Berlin 2001

Dixit, A.K.; Nalebuff, B. J.: *Spieltheorie für Einsteiger*, Stuttgart 1997

Dockner, E. (Hrsg.): *Differential Games in Economics and Management*, Cambridge 2000

Eller, R. (Hrsg.): *Bankbezogene Risiko- und Erfolgsrechnung*, Stuttgart 2001

Elton, E.; Gruber, M.: *Modern Portfolio Theory and Investment Analysis*, New York 1995

Favre-Bulle, F.: *Information und Zusammenhang*, Berlin 2001

Fischer, E.: *Die andere Bildung*, Berlin 2001

Forgo, F. (Hrsg): *Introduction to the Theory of Games*, London 1999

Fröhlich, A. W.: *Mythos Projekt*, Bonn 2002

Fröhling, O.: *KonTraG und Controlling*, München 2000

Fudenberg, D.; Tirole, J.: *Game Theory*, Cambridge. Mass.1993

Gaulke, M.: *Risikomanagement in IT-Projekten*, München/Wien 2002

Genz, H.: *Wie die Naturgesetze Wirklichkeit schaffen*, Wien 2002

Gigerenzer, G.: *Das Einmaleins der Skepsis*, Berlin 2002

Gleason, J.: *Risikomanagement*, Frankfurt/New York 2001

Goldberg, J.; von Nitzsch, R.: *Behavioral Finance*, München 1999

Görgen, F.: *Versicherungsmarketing*, Stuttgart 2001

Görnitz, Th.: *Quanten sind anders*, Heidelberg/Berlin 1999

Grams, T.: *Grundlagen des Qualitäts- und Risikomanagements*, Braunschweig 2001

Grenadier, S.: *Game Choices*, Prentice Hall 2000

Hamel, G.: *Das revolutionäre Unternehmen*, München 2000

Hammer, M.: *Business back to Basics*, München 2002

Haugen, R.: *The New Finance-The Case against Efficient Markets*, New York 1996

Hehen, E.: *Asset Management in Kapital- und Versicherungsgesellschaften*, Wiesbaden 2002

Hering, E.; Rieg, E.: *Prozessorientiertes Controlling Management*, München/Wien 2001

Hommel, U. (Hrsg.): *Realoptionen in der Unternehmenspraxis*, Heidelberg/New York 2001

Irle, A.: *Finanzmathematik*, Stuttgart/Leipzig 1998

James, A.: *Game Theory*, Albion/Harwood 2000

Jones, A.: *Game Theory*, Cambridge 2000

Kahan, B.: *Das Elend der ärztlichen Kunst*, Berlin 2002

Kaplan, R.; Norton, P.: *Die strategiefokussierte Organisation*, Stuttgart 2001

Kendall, R.: *Risk Management*, Wiesbaden 1998

Kerber, M.: *Eigenkapital verwandte Finanzinstrumente*, Stuttgart 2002

Kiehling, H.: *Börsenphilosophien*, Basel 2000

Korn, E.; Korn, R.: *Optionsbewertung und Portfolio-Optimierung*, Wiesbaden 2001

Kranebitter, G.: *Due Diligence*, München 2002

Kreps, D.: *Game Theory and Economic Modelling*, Oxford 1992

Kumpf, A.: *Balanced Scorecard in der Praxis*, Landsberg/Lech 2001

Küppers, B.: *Die Einheit der Wirklichkeit*, München 2000

Leis, J.; Nowak, E.: *Ad-hoc-Publizität nach § 15 WpHG*, Stuttgart 2001

Loistl, O.; Petrag, R.: *Asset Management Standards*, Stuttgart 2002

Mehlmann, A.: *Wer gewinnt das Spiel?*, Wiesbaden 1997

Mc Millan, J.: *Games, Strategies & Markets*, Oxford 1992

Mérö, L.: *Logik der Unvernunft*, Hamburg 2000

Mohe, M. (Hrsg): *Consulting: Problemlösung als Geschäftsmodell*, Stuttgart 2002

Nagel, K.; Stalder J.: *Rating*, München 2002

Osborne, M.; Rubinstein, A.: *A course in Game Theory*, Cambridge. Mass 1994

Pichl, A.: *Hedge Funds*, Stuttgart 2001

Presber, R.; Stengert U.: *Kreditrating*, Stuttgart. 2002

Richter, K.: *Wider die Herrschaft der Zahlen*, Klagenfurt 1999

Rieck, Ch.: *Spieltheorie*, Wiesbaden 1993

Ritzberger, K.: *Foundation of Non-Cooperative Game Theory*, Oxford 2002

Rosenmüller, J.: *Game Theory*, Boston 2000

Rubinstein, A.: *Economics and Language*, Cambridge 2000

Sandmann, K.: *Einführung in die Stochastik der Finanzmärkte*, Heidelberg 2001

Schmelzer, H.; Sesselmann, W.: *Geschäftsprozessmanagement in der Praxis*, München 2002

Sharp, W.: *Portfolio Theory and Capital Markets*, New York 1970

Shefrin, H.: *Börsenerfolg mit Behavioral Finance*, Darmstadt 2000

Shiller, R, J.: *Irrationaler Überschwang*, Frankfurt/New York 2000

Sieg, G.: *Spieltheorie*, München 2000

Sigmund, K.: *Spielpläne*, Hamburg 1995

Stahel, A.: *Klassiker der Strategie*, Zürich 1996

Vester, F.: *Die Kunst vernetzt zu denken*, Darmstadt 1999

v. Neumann, J.; Morgenstern, O.: *Spieltheorie und wirtschaftliches Verhalten*, Würzburg 1963

Watson, J.: *Strategy*, Norton & Company 2001

Wiese, H.: *Entscheidungs- und Spieltheorie*, Berlin 2002

Wilms, F.: *Systemorientiertes Management*, München 2001

Wolf, K.; Runzheimer, B.: *Risikomanagement und KonTraG*, Wiesbaden 2000

Ziegler, A.: *Game Theory Analysis of Options*, Berlin 1999

Zimmermann, H.: *State Preference Theorie und Asset Pricing*, Heidelberg 1998

D   Die Autoren

Dr. Volker Bieta ist Mitbegründer der RiskVision GmbH. Nach seinem Wirtschaftsdiplom an der Universität Bielefeld promovierte er am Institut für Mathematische Wirtschaftsforschung über Spieltheorie, die er bei Reinhard Selten (Nobelpreis 1994) studierte. Vor seiner Beratertätigkeit war er Dezernent in der Kommunalverwaltung und im Gesundheitswesen. Sein Interessenschwerpunkt ist die Entwicklung und Umsetzung von Strategie bei Banken, Versicherungen und im Gesundheitswesen. Dr. Bieta ist auch Lehrbeauftragter für Financial Risk Management und Spieltheorie an der Universität Trier.

Johannes Kirchhoff ist Mitbegründer und CEO der RiskVision GmbH. Neben einem Studium der BWL absolvierte er eine IT-Ausbildung. Er ist Gast beim MZSG St. Gallen. Während der deutschen Wiedervereinigung arbeitete er als Senior Consultant in Projekten der Textilindustrie, in der chemischen Industrie und bei Energieversorgern. Seine 1993 gegründete Consulting Firma PET GmbH beteiligt sich an Projekten bei Versicherungen und Bankinstituten, die sich u.a. mit SAP Software Implementierung, weltweiten Controlling- und Accountingstandards befasst. Seine besonderen Interessensschwerpunkte liegen in den Themenbereichen IT-Technologien, Accountingstandards und Strategien, dort insbesondere in der Methodik zur Gestaltung von Veränderungsprozessen.

Dr. Hellmuth Milde ist Professor für Finanzierung und Internationale Unternehmensführung an der Universität Trier und gleichzeitig Professor für Allgemeine Betriebswirtschaftslehre am Centre Universitaire de Luxembourg. Neben Auslandsstationen als Associate Professor in Kanada (McGill University) und den USA (UCLA) war er auch Inhaber der »Stiftungsprofessur Deutsche Bundesbank« an der Freien Universität Berlin. Seine Lehr- und Forschungsschwerpunkte sind Finanzmärkte, Finanzkontrakte und Finanzinstitutionen.

Dr. Wilfried Siebe gehört zu den Mitbegründern der RiskVision GmbH. Nach seinem Doktor der Mathematik an der Universität Münster habilitierte er bei Nobelpreisträger Reinhard Selten in Bonn. Nach verschiedenen Forschungsstationen in Salzburg unter Howard Raiffa und in Belgien am CORE (Center for Operations Research and Econometrics) ist er jetzt Inhaber des Lehrstuhls für Mikroökonomie an der Universität Rostock. Sein Interessengebiet ist Advanced Competitive Strategy mit den Schwerpunkten »Value Creating Decisions«, »Creating Options«; und »Changing the Game«.

Index

A

adaptive Problemlösungsprozesse 373
Adressenausfallrisiken 121
Adverse-Selection-Risiken 284
Agency-Kontext 287
Agency-Modell 286
Agent 286
Akquisition 365
Aktiengesetz (AktG) 118
Aktienkurse 111
Allfinanzkonzepte 332
All-Risk-Kontrakte 257
Alternative Risk Transfer 18, 137, 296
Anlagegeschäft 34
Anomalie 66
Antizipation 296
Arrow, Kenneth 52
Arrow-Pratt-Maß 45
Asset Backed Securities (ABS) 280, 351
asymptotische Modellbildung 187
Atomismus 97
Ausfallrisiko 128, 281
Aviation Risks 331
AXA 331

B

Balla-Spiel 107ff., 250
Bank für Internationalen Zahlungsausgleich 135
Barings Bank 17, 74, 84, 189, 353
Basel II 46, 60, 72, 75, 90f., 95ff., 113, 117, 119ff., 123, 140, 154f., 168, 171, 174, 179f., 184, 188, 190, 193, 196, 207f., 217, 228, 235, 242, 245, 254, 280, 291, 316, 326, 371, 378
Basel II aus Sicht des Mittelstands 349
Basel III 280
Bayes-Theorem 112
Behavioral Finance 97, 146, 153, 155, 190
Behavioral Risk 70
Benchmark 308
Beobachtbarkeit 46
Bestmodell 127
Best-Practice-Strategie 324
Betriebsrisiken 121

Bewertungssysteme 20
Beziehungsmuster 206
Bilanzierungsrichtlinien des IAS (International Accounting Standard) 332
Bilanzzahlen 71
Bi-Matrix 262, 272
Binomialbaum 253
Black-Scholes-Formel 17, 27, 72, 74, 84, 145, 148, 150, 152, 155, 188, 200, 205, 315
Börse 34, 99, 145
Börsengeschehen 65
Börsenhandel 138
Börsenindex 61
Börsenkapitalisierung 358
Börsenkurse 132
Brownsche Bewegung 33, 113, 129ff., 134, 143, 148, 150, 157, 168, 176, 186, 196, 243, 257, 377

C

Call Option 183
Capital Asset Pricing Model (CAPM) 62, 65f., 68, 70f.
Cashflow 75, 169
Chancen/Risiken-Differenzierungen 173
Chaostheorie 306
Chrysler 354
Commerzbank 357
Compliance 342
Conservatism 154
Controlling 75, 332
Counterparty Risk 146, 176
Critical Path 334

D

Daimler-Benz 74, 354
Data Warehouse 366
Datenbanken 125, 134
Datensicherung 362
degree of risk aversion 41
degree of riskiness 41
Denkhorizont 172
Derivate 114, 176
Derivateportfolio 135

Determinismus/Indeterminismus-Dicho-
tomie 107
Dichtefunktionen 39, 74
Diffusionsprozess 32
Digitalisierung 19
Diversifikation 50, 58f., 63
Diversifizierung von Risiko 128
Dokumentationssysteme 125
Dresdner Bank 357
Due Diligence 146

E

Effizienzlinie 52, 54f., 61, 71
Effizienzportfolios 60
Eigenkapitalaufnahme 351
Eigenkapitalquote 117
Eigenkapitalunterlegungen 349
Eintrittswahrscheinlichkeiten 45, 336
Einzelszenarien 358
Elektronensprünge 126
Elementary Risk 331
El-Niño-Phänome 174
Emerging Markets 132
EMH 68, 72
empirische Evidenz 67
empirischen Kapitalmarktforschung 33
Endowment Effect 154
Entscheidungsbaum 271
Entscheidungsproblem 40
Entscheidungsprozesse 162
Entscheidungssituation 42
Entwicklung der Finanzmärkte 184
erfolgreiche Unternehmensfusionen 359
Ergebnisoffenheit 103
ERP-Lösung 366
Ertragsraten 69
Ertragsreduktion 50
Erwartungsnutzen 43f., 63
Erwartungsprofit 43
Erwartungsrendite 63
Erwartungswerte 39, 53, 113, 128, 253
Euklidische Standardgeometrie 93
Event Risk 70
externe Dienstleister 362

F

Factoring-Unternehmen 350
Fair Value 167
Financial Engineering 82, 131
Financial Engineers 149, 160, 191, 319
Finanzdienstleister 345
Finanzierungsalternativen 351
Finanzierungslösungen 114
Finanzinnovationen 148
Finanzmärkte 73, 76, 81, 126, 138, 169
Finanzmarktentscheidungen 32
Finanzmarktlösungen 114, 315
Finanzmarktmodelle 32
Finanzmarktprognostik 155
Finanzmarktrealität 153
Finanzmarkttheorie 33, 200
Finanzmathematik 56, 59, 83, 85, 96, 98,
114, 122f., 131, 134, 137, 147, 164, 171, 189
Finanznetze 25, 34, 128, 132, 134, 140, 162,
180, 227, 231, 236, 278, 376
Finanznetzrisiken 213
Finanzströme 47, 104, 149
Finanztheorie 33, 45, 65, 70f.
Firewalls 31
First Best Solutions 75
First-Best-Lösung 262
Flexibilität 81, 89
Fondsinvestment 137
Fondsszenario 184
Fremdkapitalgeber 350
Früherkennung 97
Früherkennung von Risiken 254
Früherkennungssystem für Phänomene 230
Frühindikatoren 137
Frühwarnung 97, 135
Fundamentalfaktoren 84
Fusionen 354
Fusionsrisiken 353
Fusionsstrategien 359
Fuzzy Logic 306

G

Gambler's Fallacy 92
ganzheitliche Problemlösungskonzepte 76
Ganzheitlichkeitsparadigma 183
Gaußss''sche Glockenkurve 39
Gebrauchsnutzen 43

Gesamtbanksteuerung 211
Gesamtrisikobetrachtung 67
Gesamtrisikolösung 331
Geschäftsprognosen 34
Geschäftsprozess 271
Geschäftsprozessgestaltung 122
Geschäftsprozessrisiken 121
Gestaltungsvariablen 364
Gewinnchancen 62
Gewinnerwartungen 367
Gewinnmitnahme 62
Glamour Stocks 68
global agierende Business Units 365
Global Player 22, 75, 90, 231f., 316, 331, 353,
   378
Global Villages 19
Glücksspiel 102f., 107
Governance-Prozesse 338
Grenzbedingungen 19
Grenzwertsätze 72
Growth Stocks 68

H
Halbwertszeit 115
Handelsgesetzbuch (HGB) 118
Handlungsregeln 74
Heavy Tails 131
Hidden Action 47
Hidden Information 47
Hidden-Action-Risiken 284
Hidden-Information-Risiken 284
Hold-up-Risiken 284

I
Identifikation 75
Implementationsprobleme 248
Information als Wirtschaftsgut 187
Information-Overload 21
Informationsasymmetrie 47, 88, 97, 141,
   149, 154, 174, 178, 372
Informationsbroker 340
Informationsdienste 82
Informationsdiffusion 89, 200
Informationseffizienz 32
Informationsehrlichkeit 187, 210

Informationsgesellschaft 87, 103, 125
Informationsinsider 71
Informationsmanagement 95, 303
Informationsnetze 31, 76, 88, 353, 377
Informationsoutsider 70
Informationspooling 341
Informationsportfolio 122, 133, 292, 317
Informationsprozesse 187, 210
Informationsrisiken 21, 125, 136, 140, 148
Informationssicherungssysteme 85
Informationsstörung 128
Informationsströme 82, 134, 215
Informationssymmetrie 32, 83, 88, 96, 131,
   178
Informationssysteme 81, 106
Informationsszenario 130
Informationstechnologie 84
Informationstrukturen 165
Informationsunsicherheit 96
Informationsverhalten 206
Informationsvorsprung 372
Integration der Projektergebnisse 335
integrative Finanzierungslösungen 87
integrierte Finanzierungslösungen 212
interagierende Selektionsumgebungen 165
Interaktionsprozesse 261
internationale Projekte 363
interne Liquiditätsplanung 350
Interne Modelle 46
interne Rentabilität 111
Intrusion-Detection 362
Investitionsgüter 351
Investment Banking 128
Investmentbanker 33
Investoren 61, 70f., 82, 94, 96, 128, 131, 133,
   145, 156, 171
IRB-Ansatz (Internal Rating Based
   Approach) 119
Itô-Lemma 130, 257
IT-Projekte 334

K
Kapitalmerging 353
Kapitalrendite 111
Kapitalvernichtung 355

Kasinos 43
Kausalität 185
Kennzahlen 19, 68
Key Player 336, 343, 346, 357
Known Risks 216, 218
Kombinationen 55
Kommanditgesellschaften 351
Kommunikationsnetze 81
Kommunikationsprozesse 175
Konfliktsituation 276
Konfliktsituationen 342
Kontextanalyse 96
Kontextsensibilität 94
KonTraG 46, 72, 75, 117f., 123, 180, 280, 291, 326
Kontrollillusion 86, 92, 136, 183, 223, 249, 307, 319
Kontrollmöglichkeiten 102
Konzeptualisierung 96
Koordinationsproblem der Profitcenter 274
Korrelation 51
Korrelationskoeffizienten 51, 53
Kostenrechnungssysteme 367
Kovarianzen 53
Kovarianzrisiko 59
Kreditrisikoerfassung 174
Kreditvergabe 117
Krisenmanagement 138
Kuhnscher Paradigmenwechsel 68
kundenspezifische Risikopakete 82
Kursänderungen 62
Kursanpassungen 62
Kursschwankungen 82
Kursverfall 62
Kursverläufe 85

L

Lackmustest 317
Lean Management 326
Leasing 351
LMTC-Fund 353
Local Player 331
Lösungsprozesse 122
Long Term Capital Management (LTCM) 74
Loose-loose-Situationen 364
Lucas-Kritik 297

M

makro-prudentielle Aufsicht 178
Managementfit 352
Man-Made-Ereignisse 20
Man-mMade- Ereignis 86
Marktanomalien 156
Markteffizienz 63
Markt-Effizienz-Hypothese 61
Markteffizienzhypothese 130
Marktportfolio 61
Marktpreisrisiken 121
Marktstrategien 356
Marktteilnehmerverhalten 137
Marktverhalten 137
Marktwert 358
Marktwerte 68
Martingal 130, 167, 253, 257
Mathematisierung der Spielmetapher 240
Maxwellsche Gleichungen 199
Maxwellscher Dämon 164
Mentalitätsdifferenzen 161, 244
Messbarkeit von Risiko 19
Messbarkeitslogik 73, 89, 133, 161, 211, 232, 245
Messbarkeitsproblem 112, 170
Messmethodik 236
Method Risk 189, 192
Methoden des Konfliktmanagements 362
Me-too-Strategien 345
mikro-prudentielle Aufsicht 178
Milestones 334
Mindware 88, 230
Mittelstand 60
Model Risk 187
Modeling Value 250
Modellbildung 95, 124, 131, 133, 139
Modellstrukturen 191
moderne Infrastruktur 378
moderne Prüfungspraxis 313
Monitoring 284, 362
Moral Hazard-Risiko 146
Moral-Hazard-Risiken 284
Moral-Hazard-Risiko 287
Münzprognostik 23
Münzwurf 26, 83, 86, 95, 101ff., 105, 109f., 113, 130, 138, 159, 177
Münzwurf-Analogie 17

N

Nash-Gleichgewicht 35, 214, 263, 272, 311, 377
Navigationssysteme 47, 338
Network Communities 20, 81f., 86, 90, 133, 167, 320
Network Economy 101, 145
Netzwerkmathematik 246
Netzwerkrealität 260
Netzwerkrisiken 296
Neuronale Netze 306
New Basel Capital Accord 117
New Economy 68
News Networks 140
Normalverteilung 113, 130, 136f., 189
Normalverteilungshypothese 137

O

Ockhams Ökonomieprinzip 183
Ödipus-Metapher 249
ökonometrische Methoden 66
offenes Organisationsprinzip 133
open problems 71
operationale Risiken 119, 128
Operationalisierung von Zielen 193
operative Geschäfte 358
Operative Risk 256
optimale Wertpapierkombination 50
Optimierungskalkül 317
Optionen 151, 205
Optionsgeschäfte 209
Optionspreistheorie 149
Orange County 189
Orderly Market Conditions 152, 169, 293, 302, 375, 378
Organisationskonfigurationen 362
Organisationsregelungen 364
Organisationsrisiken 361
Organizational Distress 90, 308, 325
Organizational Freeze 90, 308, 325
Overconfidence 154

P

Pareto-Prinzip 239
People Risk 89f., 187, 189, 212, 230, 239, 245, 256, 287, 327
Performancemessungen von Fonds 134

Periodenergebnisse 36
Personalressourcen 362
Petersburger Paradoxon 153
Phantomrisiken 25
Planungshorizont 172
Poolrisiko 281
Portfolio 183
Portfoliodiversifikation 50
Portfolioentscheidungen 49
Portfolioerträge 52, 54
Portfoliomanagement 49, 56, 60
Portfoliooptimierung 83
Portfoliorendite 57
Portfoliorisiko 52, 54, 58f., 63
Portfoliotheorien 59, 233
postmoderne Wissensgesellschaft 340
praktikable Zielindikatoren 342
Preiskriege 348
Pricing 169, 218
Principal-Agent-Ansatz 286
Prinzip der Kausalität 298
Prinzip der Objektivierbarkeit 299
Prinzip der Prognostik 299
Prinzip der Stetigkeit 299
Prinzipal 286
Problemlösungen 82
Problemlösungsmethode 201
Produktdesign 347
Produktionsfaktor 81
Produktionsprozess 283
Produktmix 365
Produktstrategien 356
Profitverluste 274
Prognose 137, 190, 330
Prognosekontexte 127
Prognosemodelle 25, 88
Prognosen 113, 123, 134, 278, 343
Prognoseprinzipien 123
Prognoseprobleme 170
Prognosequalität 135
Prognosesicherheit 125
Prognosesystem 150
Prognoseumfelder 60
Prognoseverteilung 135
Prognosezeiträume 123
Prognostik 19f., 134, 136, 179, 296, 372
Projektmanagement 333, 337
Projektplanung 334

Projektumsetzung 334
Prototypen 363
Proxygröße 61
Prozessdynamik 285
Prozesse 129
Prozessmanagement 137
Prozessmodell 127
Prozesstechnologie 81

Q

qualitätsgesicherte Wertschöpfung 300
Qualitätssicherung 27, 91f., 191
Quantenphysik 25, 107, 124f., 181
Quantentheorie 137
Quantifizierung 75
Quantil 135

R

Random Walks 32, 62, 129
Rating-Agenturen 247
Ratings 60, 117, 349
Ratingsysteme 119
Rauschen 126, 128
reaktive Nachsorge 91
Realoptionsansatz 206
Rechtsrisiken 121
Reduktionsproblematik 296
Reengineering 326
Refinanzierungslösungen 175
Relativitätstheorie 137, 159
Renditeerwartungen 68
Rendite-Risiko-Profile 82
Renditezahlen 68
Reservationsprämie 42
Ressourcen 343, 365
Returnverteilungen 111
Review Process 203, 372
Riester-Rente 345f.
Risiken 156, 170
Risikoanalysen 140
Risikoaversion 63
Risikoaversionsgrad 43
Risikoaversionskoeffizient 41
Risikobeurteilungen 332
Risikobewältigung 311
Risikoentscheidungen 35

Risiko-Ertrags-Relationen 292
Risikofinanzierung 82
Risikofrüherkennung 47, 93, 135, 138, 190,
    247, 258, 260, 311, 318
Risikofrühwarnung 47, 83, 93, 190, 201, 306,
    311, 318
Risikohandhabung 283
Risikohöhe 67
Risikokapital 350
Risikolandschaften 65
Risikomanagementsysteme 135, 293
Risikomanager 26
Risikomaß 114
Risikomessung 117
Risikomethode 117
Risikomix 300
Risikomodelle 70, 85, 104, 115, 120, 123, 127,
    150, 163, 183, 187, 196, 206
Risikoneutralität 46, 153
Risikophilosophie 86f.
Risikopolitiken 119, 311
Risikoportfolios 61, 331
Risikopotenziale 87, 90, 94, 121, 212, 232, 286
Risikoprämien 59, 70
Risikoprofile 117
Risikoprophylaxe 87, 94, 156, 176, 372
Risikoquellen 180
Risikoreduktion 50
Risikosituationen 74
Risikosteuerungen 117, 332
Risikostrategien 132, 208, 333
Risikoszenarien 331
Risikotragfähigkeit 92
Risikotreiber 307
Risikoumfelder 212
Risikouniversum 180
Risikoverständnis 85
Risikowert 67
Risk Communities 19, 21, 86, 133, 166, 296,
    319, 323
Risk Inspection 241
Risk Steering Group 267
RiskVision 323, 341
RiskVision-Beratungskonzept 342
Rückversicherungsportfolio 331

S

Scanning 284
Schrödinger-Gleichung 124
Screening 146, 288
Second Best Solutions 75, 262
Security Market Line (SML) 63
Self Selection 288
Shareholder Value 75, 87, 199, 204, 238, 294, 310
Shareholder-Value-Ansatz 242
Shareholder-Value-Management 121f., 351
Shareholder-Value-Philosophie 18, 187
sichere Anlageformen 346
Sicherheitsdenken 31
Sicherheitslösung 58
Sicherheitsnetze 32
Signalling 288
Situationskomplexität 129
SML 67
Sonderfaktoren 66
Sophistizierung 24
Spartenaufwendungen 365
Spartenerträge 365
Special Purpose Vehicle (SPV) 281
Spielanalogien 103, 191
Spielmetapher 167, 192, 211
Spielmodelle 279
Spielregeln 24
Spielsimulationen 248
Standardrisikomodelle 20, 73
State Contingent Claims 149, 152
Steuerungen 75
Steuerungsimplikationen 97, 121, 242, 291, 371, 378
Steuerungsprobleme 118
Steuerungssystematiken 121
stochastische Modellbildung 76
stochastische Optimierungskalküle 83
stochastische Prozesse 194
stochastisches Messbarkeitsproblem 215
Strategiebildungen 302
Strategiedefinitionen 227
Strategiedimensionen 28, 210, 373
Strategiefähigkeit 244
Strategiekonzepte 71
Strategienkombinationen 263
strategische Handlungsmodelle 336

strategischer Beratungsansatz 76
Strategisches Radar 285
strukturierte Strategiefindung 296
Substanzwerte 68
Supervisory Review Process 46
Synergien 330
systematische Risiken 63
Szenarienbündel 355
Szenarienentwicklungen 339, 366
Szenarienmanagement 340

T

Tangentialportfolio 61
Task Forces 340, 361
Taylorismus 325
Teilchen/Risiko-Analogie 129
Teilspielperfektheit 273
The Old View 32, 35, 71, 73, 76
Third-Best-Lösung 262
Tradingsysteme 257
traditionelle Organisationsstrukturen 361

U

Überlebensprinzip 324
Überlebensstrategie 327
Überlebenswahrscheinlichkeit 74
Überrendite 62
Umsatzrendite 111
Universalismus 105
Unknown Risks 188, 193, 212
Unternehmensgewinne 358
Unternehmensgröße 66f.
Unvorhersagbarkeiten 92, 133
Ursachenfaktoren 35

V

Value at Risk 83, 134
Value-Based-Management 46, 326
Value-Based-Philiosophie 338
Valuing Models 250
Varianzen 38, 53, 113, 128
Veränderungsszenarien 326
Verhalten des Finanzmarktes 190
Verhaltensrisiken 70
Verlustverursachungen 367
Vermarktungsstrategien von Investment-fonds 178

vernetzte Computersysteme 145
vernetztes Denken 343
Versicherungsschutz 32
Vertriebskonzeptionen 364
Volatilität 19
VW 362

W

Wachstumsaktien 69
Wachstumseffekte 69
Wachstumsunternehmen 68
Wahrscheinlichkeit 101, 111, 114, 135f., 182, 190, 232, 274
Wahrscheinlichkeitsrechnung 194
Wahrscheinlichkeitstheorien 138, 184
Wahrscheinlichkeitsverteilungen 156, 265f.
Weissagungsorakel 106
Wertaktien 69
Wertorientierung 117
Wertpapiere 114, 122
Wertpapierkombinationen 51
Wertpapierlinien 66
Wertpapiermarktlinie 63
Wertpapiermischungen 51
Wertpapierportfolio 49

Wertpapierpreise 62
Wertpapierrenditen 53
Wertpapierrisiken 58, 63
Wertschöpfung 285
Wertschöpfungskette 261
Wertschöpfungsketten 121, 294
Wertschöpfungsprozesse 127, 373
Wettbewerbsverhalten 348
Win-loose-Situationen 364
Win-win-Situationen 364
Wissenswelten 180
Wissenverarbeitungsprozesse 234
WTC-Desaster 20f., 24f., 75, 84, 92, 118, 230, 234, 256, 258, 301, 371

Z

Zahlungskonditionen 351
Zufall 100ff., 104, 106, 111, 126, 129, 224, 237
Zufallsgrößen 51
Zufallsprozesse 62, 70
Zufallsvariablen 128
Zukunftsantizipation 250
Zukunftsbewältigung 108, 223
Zukunftsextrapolation 250
Zustandsrisiken 32, 70

Jürgen H. Daum

Intangible Assets oder die Kunst, Mehrwert zu schaffen

Mit Beiträgen von David P. Norton, Leif Edvinsson und Baruch Lev

Unternehmenserfolg beruht heute nicht mehr auf Produktionsanlagen, Kapital und Eigentum, sondern auf immateriellen Werten, den Intangible Assets. Geschäftsbeziehungen, Marken, Bekanntheitsgrad, Ideen und Prozesse gehören genauso dazu wie Unternehmenskultur, Know-how und Innovationskraft.
Und neue Produktivfaktoren verlangen neue Methoden und Instrumente der Unternehmenssteuerung.
Welche Werkzeuge braucht das moderne Management? Wie wird das Unternehmen von morgen gesteuert? Jürgen H. Daum liefert Antworten.

Galileo Business
480 S., 2002, geb.
49,90 €
ISBN 3-89842-112-0

Dirk Dobiéy, John J. Wargin

Management of Change

Kontinuierlicher Wandel in der digitalen Ökonomie

*Galileo Business
240 S., 2001, geb.
34,90 €
ISBN 3-89842-122-8*

Können wir lernen, unsere Arbeit und unser Unternehmen ständig neu zu erfinden? Wir können – und wir müssen! Das Internet mit seinen umwälzenden Informations- und Kommunikationstechnologien verlangt permanente Veränderungen. Führungskräfte und Mitarbeiter versuchen, neue Verhaltensweisen und Wertesysteme zu etablieren, neue Modelle der Führung und der Wissensteilung einzuführen, während sie gleichzeitig gegen Widerstand und Skepsis ankämpfen. Die Autoren liefern Ihnen mit diesem Buch Theorie und Praxis des Veränderungsmanagements. Das Buch bietet Konzepte und Strategien, mit denen Sie Akzeptanz schaffen, veränderte Rollen kommunizieren oder neues Führungsverhalten etablieren können. Checklisten helfen beim Umgang mit der Dynamik des Wandels.

Galileo Business

Dies ist nicht die letzte Seite ...

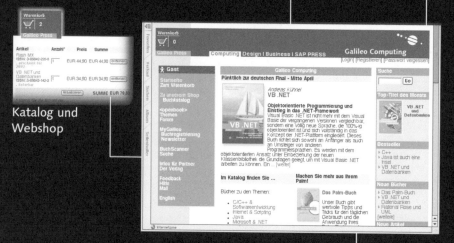